Thomas Rid

Mythos Cyberwar

THOMAS RID

MYTHOS CYBERWAR

Über digitale Spionage, Sabotage und andere Gefahren

Aus dem Englischen
von Bettina Engels und Michael Adrian

Edition
Körber

Die englische Originalausgabe erschien 2013 unter dem Titel »Cyber War Will Not Take Place« bei Oxford University Press/Hurst, London sowie 2017 bei C. Hurst & Co. Publishers Ltd., London UK, 2017

Bibliografische Information der Deutschen Nationalbibliothek

Die Deutsche Nationalbibliothek verzeichnet diese Publikation in der Deutschen Nationalbibliografie; detaillierte bibliografische Daten sind im Internet unter http://dnb.d-nb.de abrufbar.

Umschlag: Groothuis. www.groothuis.de
Cover: iStockphoto.com/MATJAZ SLANIC
Herstellung: Das Herstellungsbüro, Hamburg|
www.buch-herstellungsbuero.de
Druck und Bindung: CPI – Clausen & Bosse, Leck
Printed in Germany

ISBN 978-3-89684-260-2

www.edition-koerber.de

Inhalt

Vorwort

Es ist zu einer beliebten Phantasie geworden, dass uns ein Cyberkrieg droht. Hollywood hat derlei Befürchtungen bereitwillig aufgegriffen und für uns bebildert. Filme wie *Kriegsspiele*[1] oder, etwas aktueller, *Stirb langsam 4.0*[2] wandeln dabei auf vorhersehbaren erzählerischen Pfaden: Finstere Mächte mobilisieren geheime und komplexe Computernetzwerke, um die Welt ins Chaos zu stürzen, ganze Nationen in Geiselhaft zu nehmen und durch einen Einbruch in die gewaltigen und mächtigen Computersysteme des Pentagons einen Atomkrieg auszulösen. Solche Ängste haben immer einen Nerv getroffen. So war auch HAL, Stanley Kubricks alles kontrollierende Maschine an Bord eines Raumschiffs in seinem Film *2001 – Odyssee im Weltraum*[3] aus dem Jahr 1968, eine eindringliche Verkörperung der tief sitzenden menschlichen Angst, die Kontrolle an die Technik zu verlieren. In Zeiten, in denen immer mehr Menschen und Dinge online gehen, greifen solche Befürchtungen stärker um sich denn je.

Die meisten Menschen, ob jung oder alt, arbeiten mit Computern, ohne das Zusammenspiel von Hardware und Software wirklich zu verstehen. Sehr viele tragen ihr Smartphone permanent bei sich. Und sehr viele sind geradezu süchtig nach Vernetzung und checken, wo sie gehen und stehen, ihre E-Mails oder Nachrichten-Feeds aus den Sozialen Netzwerken. Eine ganze Generation ist in dem Glauben aufgewachsen, ihr persönliches und berufliches Glück hänge von digitalen Geräten und permanenter Erreichbarkeit ab. Wer auf seinem Touchscreen herumfingert, noch bevor der Frühstückskaffee fertig ist, wird intuitiv verstehen, dass praktisch alles, was der Tag noch bringen kann, computergesteuert ist: das Wasser aus der Leitung, die Kaffeemaschine, versorgt mit Strom aus dem Kraftwerk, die Ampelschaltung im Straßenverkehr und die S-Bahn, mit der er oder sie zur Arbeit fährt, der Geldautomat, an dem sie Geld holt, der Aufzug, der sie in ihr Büro transportiert, das Flugzeug, das sie nach Berlin oder Neu-Delhi oder New York bringt, das Navigationssystem, das ihr in einer unbekannteren Stadt den Weg weist, und vieles andere mehr. All diese Lebensbegleiter sind mittlerweile alltäglich und unscheinbar geworden – solange sie funktionieren. Genauso alltäglich und allgegenwärtig ist die perfide Angst, dass hinterhältige Bösewichter permanent darauf lauern, in diese Computer und ihre gesamte Software einzudringen und sie zu zerstören, um so ganze Gesellschaften in die Knie zu zwingen: Kein Wasser wird mehr fließen, die Lichter werden verlöschen, Züge entgleisen, Banken unsere Finanzdaten verlieren, Chaos wird auf den Straßen ausbrechen, und Flugzeuge werden vom Himmel fallen. Niemand, so die Devise, ist vor dem kommenden Cyberkrieg sicher, unser digitaler Untergang nur eine Frage der Zeit.

Diese Ängste führen uns in die Irre. Sie lenken uns von der wirklichen Bedeutung des Themas Cybersicherheit ab: Vieles spricht dafür, dass Cyberangriffe keine neuen Schneisen für gewaltsame Auseinandersetzungen schlagen, sondern vielmehr das Gewaltniveau ehemals gewaltsamer Konflikte absenken. Erst im 21. Jahrhundert wurde es Streitkräften möglich, Radarstationen und Raketenwerfer lahmzulegen, ohne das Luftabwehrsystem eines Gegners bombardieren und dabei Bedienmannschaften und womöglich Zivilisten töten zu müssen. Heute lässt sich das durch einen Cyberangriff bewerkstelligen. Erst im 21. Jahrhundert sahen sich Geheimdienste in der Lage, gewaltige Mengen an Geheiminformationen durch Computerhacks herauszufiltern und herunterzuladen, ohne Spione an gefährliche Orte zu entsenden, wo diese erst einmal Informanten bestechen, erpressen und gegebenenfalls schädigen müssten. Erst seit dem 21. Jahrhundert können Rebellen und Widerstandskämpfer mit gewaltlosen Mitteln den staatlichen Machtanspruch untergraben, indem sie Anhänger und Sympathisanten online mobilisieren und zu Tausenden auf die Straße bringen.

Der weltweite Vormarsch vernetzter Computer verändert das Geschäft von Soldaten, Spionen und Subversiven. Der Cyberspace erzeugt neue – und oft nicht gewaltsame – Handlungsoptionen. Aber auch diese neuen Optionen stoßen auf je eigene Beschränkungen und Schwierigkeiten, die wiederum alle gleichermaßen betreffen, ob sie sich vor neuen Angriffsmöglichkeiten zu schützen versuchen oder die neuen Technologien offensiv für ihre Ziele nutzen wollen. Das vorliegende Buch lotet die Möglichkeiten und Grenzen politisch motivierter Gewalt im Cyberspace aus, mag diese im Namen eines Staates erfolgen oder nicht.

Die zunehmende Häufigkeit technisch raffinierter Computerhacks birgt zweifellos erhebliche Risiken und Gefahren, und so ist es ganz entscheidend, diese Risiken und Gefahren richtig zu verstehen und adäquat zu beantworten, damit sie sich entschärfen lassen. Aus diesem Grund sei hier ein kurzes Wort zur neueren Debatte über Cybersicherheit erlaubt: Denn sie ist unzulänglich und vielerorts von unterirdischer Qualität. Die allgemeine Diskussion findet in Technologie-Fachblättern, Zeitschriften und spezialisierten Netzforen, aber natürlich auch in den Massenmedien, der Wissenschaft, in Blogs und Mikroblogs statt. Sie wird auf unzähligen Workshops und Konferenzen geführt, zu denen Vertreter der Privatwirtschaft, des Staates, der Nachrichtendienste und des Militärs sowie Hacker und Wissenschaftler aus vielen wissenschaftlichen Disziplinen zusammenkommen. Sie erfolgt sowohl öffentlich als auch hinter verschlossenen Türen oder gar unter strengster Geheimhaltung. Zweifellos produziert eine Reihe ausgewiesener Experten regelmäßig hoch qualifizierte Forschungsergebnisse zum Thema Cybersicherheit; ohne deren solide Arbeit hätte dieses Buch gar nicht geschrieben werden können. Doch je weiter man in politische oder militärische Kreise, in Denkfabriken, Parlamente, Ministerien und Militärakademien vordringt, desto rarer scheinen sich echte Spezialisten zu machen und desto schriller wird der Ton. Die Naivität der strategischen Debatte erweist sich am Aufkommen eines merkwürdigen Jargons, der sich nicht zuletzt in der von politischen Bescheidwissern und nicht wenigen Uniformträgern geradezu inflationär gebrauchten substantivierten Form des Wortes »cyber« ausdrückt und ungefähr so klingt: »Ich interessiere mich für Cyber« oder »Wie definiert man Cyber?« – eine Frage, die mir ein Beamter allen Ernstes stellte, unmittelbar nachdem ich bei einer Präsentation vor beiden Kammern des britischen Parlaments empfohlen hatte, dieses trendige, aber leere Schlagwort *nicht* substantivisch zu gebrauchen. Weder Informatiker, Programmierer oder Experten für Softwaresicherheit noch Technikjournalisten oder seriöse Wissenschaftler verwenden »Cyber« normalerweise als Substantiv. Überhaupt habe ich im Lauf der Jahre ein extremes Misstrauen gegenüber »Substantivierern« entwickelt, die oft kaum einen Gedanken an die erforderlichen technischen Details zu verschwenden scheinen – ein Phänomen, das sich in Washington ebenso beobachten lässt wie in London, Paris, Berlin und anderswo. Umso wichtiger ist es, die Qualität der Debatte zu beflügeln. Die Öffentlichkeit hat eine informiertere, differenziertere und realistischere Diskussion verdient als die bisher geführte. Und sie verdient auch besser durchdachte und umgesetzte Richtlinien und Gesetze zur Cybersicherheit.

Mythos Cyberwar wurde in dem Bestreben geschrieben, der Leserschaft einen fundierten und dennoch verständlichen Beitrag zu dieser Debatte an die Hand zu geben, in dem Versuch, die Diskussion zu vertiefen, den Hype herunterzukochen und angemessen auf einige der drängendsten Sicherheitsfragen einzugehen.

Das Buch soll Studenten, Analysten und Journalisten als Quelle dienen. Die Diskussionen und Seminare über Cybersicherheit finden in verschiedenen akademischen Fachrichtungen statt, von denen Politikwissenschaft und Informatik an erster Stelle stehen, gefolgt von Rechtswissenschaft und Soziologie. Ich hoffe, dass all die unterschiedlichen Rezipienten dieses Buch aufschlussreich finden werden: Ingenieurinnen, Computercracks und Technikfreaks profitieren vielleicht von der strategischen Vogelperspektive, Politexpertinnen und Soziologen ziehen womöglich einen Nutzen aus den verständlich dargestellten technischen Details, und Studierende all dieser Disziplinen wissen vielleicht beides zu schätzen. Als einzelner Autor kann man sich allerdings nicht der Illusion hingeben, das gesamte Spektrum der Cybersicherheit abzudecken, wie die lange Liste von Danksagungen deutlich macht. Um der besseren Zugänglichkeit willen sind die neun Kapitel dieses Buches als eigenständige Essays angelegt, von denen jeder mit je eigenen Fragen, Argumenten und Mikro-Fallstudien aufwartet.

Eine Bemerkung noch zu den hier verwendeten Quellen. Die anregendsten Debatten um die jüngsten Entwicklungen im Bereich der Cybersicherheit spielen sich nicht in wissenschaftlichen Zeitschriften ab, sondern in zahlreichen Technologie-Blogs und auf Websites, die man nicht als Blog bezeichnen kann. Auch von den wichtigsten längeren Studien und Berichten sind viele nicht in Zeitschriften erschienen, die sich nach akademischen Konventionen zitieren lassen, sondern auf Websites von Unternehmen oder manchmal von Einzelpersonen. Andere Artikel, die womöglich schwieriger aufzutreiben sind, zitiere ich mit einer URL. Weil aber viele URLs so aufgebläht und oft kurzlebig sind, habe ich beschlossen, stattdessen einen bitly.com-Link mit Statistiken zur Verfügung zu stellen[4], der dem Leser den vollständigen Link, das Datum seiner ersten Verwendung und weitere Nutzerstatistiken bietet – selbst wenn dieser Link abgelaufen ist.

Das Argument

Über den tragischen Sommer 1914, in dem Europa seinen politischen Absturz in den Ersten Weltkrieg erlebte, schrieb der französische Dramatiker Jean Giraudoux Mitte der dreißiger Jahre sein berühmtes Theaterstück *La guerre de Troie n'aura pas lieu (Kein Krieg in Troja)*.[5] Die Handlung des Zweiakters spielt innerhalb der Stadtmauern Trojas. Hektor, ein enttäuschter trojanischer Feldherr, bemüht sich vergeblich, den Krieg mit den Griechen, wie ihn die Seherin Kassandra prophezeit hat, abzuwenden. Giraudoux, Veteran des Ersten Weltkriegs, war im französischen Außenministerium am Quai d'Orsay tätig. Seine Tragödie ist eine eloquente Kritik an den europäischen Politikern, Diplomaten und Intellektuellen, die damals gerade wieder dabei waren, die Höllenhunde des Krieges zu entfesseln. Im November 1935 hatte das Stück am Théâtre de l'Athénée in Paris Premiere, fast genau vier Jahre bevor sich die unheilvollen Ahnungen des Dramatikers bewahrheiten sollten.

Wenn man den jüngeren Einlassungen zum Thema Cyberkrieg Glauben schenken möchte, dann ist die Welt heute wieder an einem ähnlichen Punkt angelangt wie 1935. »Der Cyberkrieg wird kommen!«, erklärten John Arquilla und David Ronfeldt von der Denkfabrik RAND (»Research and Development«) Corporation im Jahr 1993.[6] Das Establishment brauchte eine Weile, um ihren Gedanken aufzugreifen. »Der Cyberspace ist ein Bereich, in dem die Air Force fliegt und kämpft«, verkündete Michael Wynne, Staatssekretär und ziviler Leiter des amerikanischen Luftwaffenamts, 2006. Vier Jahre später blies die Pentagon-Führung ins gleiche Horn. »Auch wenn der Cyberspace ein vom Menschen erschaffener Bereich ist«, schrieb der amerikanische Vize-Verteidigungsminister William Lynn 2010 in einem Artikel für *Foreign Affairs*, »ist er für militärische Operationen mittlerweile von ebenso großer Bedeutung wie Land, Meer, Luft und Weltraum.«[7] Richard Clarke, der ehemalige Cybersicherheitspapst im Weißen Haus, malte Katastrophen an die Wand, die »9/11« wie ein Kinderspiel aussehen lassen würden, und forderte »sechs einfache Maßnahmen, die wir jetzt ergreifen müssen, um eine Katastrophe im Cyberkrieg zu verhindern«.[8] Im Februar 2011 warnte der damalige CIA-Direktor Leon Panetta den für die Aufsicht der Geheimdienste zuständigen Ausschuss des Repräsentantenhauses, das United States House Permanent Select Committee on Intelligence: »Das nächste Pearl Harbor könnte durchaus ein Cyberangriff sein.«[9] Als Pentagon-Chef wiederholte Panetta später seine düstere Warnung. Ende des Jahres 2012 orakelte Mike McConnell, bis 2009 George W. Bushs Direktor der nationalen Nachrichtendienste, Amerika könne es sich nicht leisten, »auf die Cyber-Parallele zum Einsturz des World Trade Centers zu warten«.[10] Doch während amerikanische Politiker laut vor dem digitalen Untergang warnten, waren Amerikas Geheimagenten gerade damit beschäftigt, einen hochraffinierten, später als »Stuxnet« bekannt gewordenen Computerwurm freizusetzen, der das iranische Programm zur Atomanreicherung in Natanz zerstören sollte. Ein weithin beachteter investigativer Artikel in *Vanity Fair* kam zu dem Schluss, das Ereignis sei ein Vorgeschmack auf die destruktive neue Gestalt der Kriegsführung im 21. Jahrhundert: »Stuxnet ist das Hiroshima des Cyberkriegs.«[11]

Aber stimmt das eigentlich? Stehen die Kassandras auf der richtigen Seite der Geschichte? Konfrontieren uns Cyberkonflikte tatsächlich mit einem »fünften Bereich« der Kriegsführung? Steht uns wirklich ein Cyberkrieg bevor?

Dieses Buch vertritt die Position, dass mitnichten ein Cyberkrieg stattfinden wird – und beabsichtigt damit auch keine Anspielung auf den ironischen Beiklang Giraudoux'. *Mythos Cyberwar* ist vielmehr als Kommentar über die Vergangenheit, die Gegenwart und die absehbare Zukunft zu lesen: Es hat in der Vergangenheit keinen Cyberkrieg gegeben, es findet gegenwärtig keiner statt, und es ist überaus wahrscheinlich, dass auch in Zukunft keiner über uns hereinbrechen wird. Vielmehr geschieht das genaue Gegenteil: eine durch Computer ermöglichte Offensive gegen die Gewalt an sich. Denn alle bisherigen und aktuellen politischen Cyberattacken sind – im Gegensatz zur Computerkriminalität – raffinierte Versionen dreier Tätigkeiten, die so alt sind wie die menschlichen Konflikte selbst: Sabotage, Spionage und Subversion. Bei näherer Betrachtung sind Cyberangriffe sogar eher ein Mittel zur Eindämmung als zur Eskalation politischer Gewalt, und zwar aus dreierlei Gründen. Zum einen ermöglichen auf der hoch entwickelten technischen Seite ein als Waffe eingesetzter Programmcode sowie komplexe *Sabotage*operationen extrem präzise Angriffe auf die Funktionsfähigkeit technischer Systeme des Gegners, ohne dass die diese Systeme bedienenden und kontrollierenden Menschen dabei *unmittelbar* körperlich zu Schaden kämen. Noch wahrscheinlicher aber sind Szenarien einer codebasierten Sabotage, die mit hohen finanziellen Verlusten einhergehen und extrem imageschädigend sind, auch wenn dabei keinerlei Hardware zu Schaden kommt. Zum anderen wandelt sich die *Spionage*: Durch Computerangriffe lassen sich Daten herausschleusen, ohne zuvor Menschen einschleusen, also durch hochriskante Operationen in Gefahr bringen zu müssen. Paradoxerweise verhält es sich aber so, dass die Geheimdienste umso weniger Cyberspionage im engeren Sinne betreiben, je fähiger sie in diesem Bereich werden. Und schließlich die *Subversion*: Vernetzte Computer und Smartphones machen es möglich, Anhänger friedlich für politische Ziele zu mobilisieren. Die Untergrabung der Legitimität einer herrschenden Ordnung, mithin des kollektiven Vertrauens in diese Ordnung, bedarf also unter Umständen vor allem dann weniger gewaltsamer Mittel als zu früheren Zeiten, wenn der Staat kein Monopol über die Kommunikationsmittel mehr besitzt. Dies gilt insbesondere für die Frühphasen von Unruhen.

Doch angriffslustige Technikenthusiasten sollten sich nicht zu früh freuen. Denn dieser Wandel im Charakter der politischen Gewalt schränkt nämlich seinerseits die Möglichkeiten ein. Und diese begrenzten Möglichkeiten vermindern die Nützlichkeit von Cyberattacken in hohem Maße. Der klassische Einsatz organisierter Gewalt und die Gefährdung eines speziell für diesen Zweck ausgebildeten Personals bringen einzigartige Vorteile mit sich, die sich im Cyberspace, wenn überhaupt, nur schwerlich replizieren lassen. Diese Beschränkungen gelten wiederum für alle drei Formen der politischen Gewalt auf unterschiedliche Weise. Für die Aktivisten der Subversion bedeuten die neuen Formen der Online-Organisation und -Mobilisierung zunächst einmal auch eine größere Mobilität der Mitglieder, eine stärkere Abhängigkeit von Zielen und einen geringeren Einfluss der Anführer, die einst vielleicht noch persönlich inneren Zusammenhalt und Disziplin erzwingen konnten. Eine Bewegung in Gang zu setzen, ist heutzutage weit einfacher geworden, mit ihr Erfolge einzufahren hingegen schwieriger. Reine Cyberspionage ohne menschliche Informanten stellt zudem diejenigen, die anschließend die Daten in einen Zusammenhang bringen, also geheimdienstliche Erkenntnisse interpretieren, bewerten und in politische (oder kommerzielle) Vorteile ummünzen sollen, vor völlig neue Probleme. Es ist mit anderen Worten zwar einfacher geworden, an bestimmte Daten heranzukommen, nicht aber, diese Daten auch zu nutzen. Und schließlich ist auf technischer Seite die Herausforderung immens, Cyberwaffen für übergeordnete politische Ziele und nicht nur für einmalige, nicht wiederholbare Sabotageakte einzusetzen, die eher etwas für Computernerds mit Tunnelblick sind als für Staatenlenker mit politischer Weitsicht.

Die Argumentation des Buches wird in den ersten sieben Kapiteln entfaltet. Das erste Kapitel umreißt, was ein Cyberkrieg ist – oder vielmehr, was ein Cyberkrieg wäre, wenn er denn tatsächlich stattfände. Jede Erörterung dieser Frage muss an der Begrifflichkeit ansetzen. Ein Akt des Angriffs muss bestimmten Kriterien genügen, um als kriegerische Handlung gelten zu können: Er muss instrumentell, also ein Mittel zum Zweck sein; er muss politisch und vor allem potentiell gewaltsam sein. Im zweiten Kapitel wird untersucht, wie sich im Zusammenhang mit Cyberattacken das Verständnis von Gewalt verändert. Das dritte Kapitel ist der zunehmend beliebten Idee der »Cyberwaffen« gewidmet und reflektiert das Potential und die Grenzen von Schadsoftware. Anschließend widmet sich das Buch einzelnen häufig zitierten Beispielen für politische Offensiv- oder Gewaltakte im Cyberspace. Das vierte Kapitel thematisiert die *Sabotage*. Bis heute hat es auf der ganzen Welt noch keinen einzigen nennenswerten physisch zerstörerischen Angriff auf hochsensible und schlecht gesicherte industrielle Kontrollsysteme – etwa von Kraftwerken, des Stromnetzes oder anderer elementarer Bestandteile der Infrastruktur – gegeben; hier wird eine mögliche Erklärung für dieses auffällige (und vielleicht ja nur vorübergehende) Ausbleiben vorgeschlagen und das wahre Risiko eines zukünftigen (alles lahmlegenden) Großangriffs auf die Infrastruktur einer Industriegesellschaft abgeschätzt. Das fünfte Kapitel nimmt *Spionage* im Sinne von Attacken auf Computernetzwerke unter die Lupe. Die Cyberspionage stellt in vielerlei Hinsicht eine Paradoxie dar: Sie findet fast immer in Form eines – natürlich unblutigen – Einbruchs in ein Netzwerk statt, der für entwickelte Nationen zugleich die grundsätzlichste und potentiell umwälzendste Bedrohung darstellt, allerdings zumeist aus ökonomischen Gründen und nicht im engeren Sinne aus Gründen der nationalen Sicherheit. Im sechsten Kapitel geht es um die vielleicht am weitesten verbreitete Form von politischer Gewalt im Cyberspace, die *Subversion*. Eines seiner Zwischenergebnisse lautet, dass die Einstiegskosten für subversive Aktivitäten zwar durch Technologie gesunken, die Hürden für ihren nachhaltigen Erfolg dagegen aber höher geworden sind. Das siebte Kapitel bewertet das Problem der *Attribution*, also der Rückverfolgung oder Zuordnung eines Angriffs als dem Dreh- und Angelpunkt der Cybersicherheit. Wenn man die Attribution endlich als ein politisches und nicht so sehr als ein technisches Problem begreift, dann versteht man auch, dass dieses Problem selbst eine Funktion der Schwere des Angriffs ist. Das Schlusskapitel bietet eine Zusammenfassung und eröffnet die Aussicht auf eine Fortsetzung der Debatte jenseits der allzu strapazierten Metapher des »Cyberkriegs«.[12]

1. Was ist ein Cyberkrieg?

Der prägnanteste und grundlegendste Begriff vom Krieg findet sich immer noch bei Carl von Clausewitz. Sunzi aber, der wesentlich ältere Strategietheoretiker, geisterte in den 1990er Jahren dennoch häufiger durch die Debatten um Informationskriege, obwohl der chinesische General und Philosoph eher mit griffigen Aphorismen als mit systematischen Theorien aufwartet – weite Teile seines Buchs *Die Kunst des Krieges* aus dem Jahr 500 v. Chr. lesen sich wie ein abgehackter Twitter-Feed. Sunzis moderne preußische Nemesis hat ein wesentlich präziseres und in sich konsistenteres Instrumentarium für eine gründliche Analyse anzubieten. Selbst wenn Clausewitz' Begriffe und Vorstellungen natürlich in vielerlei Hinsicht ebenso an ihre Grenzen stoßen, stellen sie doch für Fachleute und Verantwortliche des Militärs immer noch eine Art von Grundwortschatz dar. Clausewitz nennt drei Hauptkriterien, die jeder aggressive oder defensive Akt erfüllen muss, um als eigenständige Kriegshandlung zu gelten. Die bislang bekannt gewordenen Cyberattacken genügen diesen Kriterien nicht.

Das erste Element ist die gewaltsame Natur des Krieges. »Der Krieg ist also ein Akt der Gewalt, um den Gegner zur Erfüllung unseres Willens zu zwingen«, schreibt Clausewitz auf der ersten Seite seines Buches *Vom Kriege*.[1] Jeder Krieg impliziert den Einsatz von Gewalt. Birgt eine Handlung nicht wenigstens ein Gewaltpotential, ist sie auch keine Kriegshandlung und kein bewaffneter Angriff – und der Gebrauch des Wortes wird eine metaphorische Dimension annehmen, so wie beim »Krieg« gegen die Fettleibigkeit oder dem »Krieg« gegen den Krebs. Eine echte Kriegshandlung bzw. ein bewaffneter Angriff ist prinzipiell immer und manchmal de facto tödlich, mindestens für einige Beteiligte auf mindestens einer Seite. Lässt man den Aspekt der körperlichen Gewalt vollkommen unter den Tisch fallen, dann ist »Krieg«, um mit Jack Gibbs zu sprechen, ein Larifari-Begriff.[2] Dasselbe gilt für die Idee einer Waffe. In Clausewitz' Denken ist Gewalt bei allen Kriegen die entscheidende Größe. Die beiden Feinde – denn er betrachtet normalerweise zwei Parteien – versuchten, die Gewalt eskalieren zu lassen, es sei denn, »Friktionen«, Unwägbarkeiten oder die Politik hinderten sie daran.[3]

Das zweite Element, das Clausewitz am Krieg hervorhebt, ist sein instrumenteller Charakter. Eine Kriegshandlung ist immer instrumentell, sie folgt also unter Einsatz eines bestimmten Mittels einem bestimmten Zweck: Physische Gewalt bzw. die Androhung physischer Gewalt ist das *Mittel*, dem Feind den Willen des Angreifers aufzuzwingen das *Ziel*. Eine solche Definition ist »wenigstens in der theoretischen Vorstellung notwendig«, argumentiert Clausewitz.[4] Um das Kriegsziel zu erreichen, muss ein Feind wehrlos gemacht werden oder, genauer gesagt, gegen seinen Willen in eine Lage versetzt werden, in der jeder Versuch einer Veränderung dieser Lage durch weiteren Einsatz von Waffengewalt mindestens in den Augen dieses Feindes nur weitere Nachteile mit sich bringen würde. Gänzliche Wehrlosigkeit ist lediglich die extreme Form dieser Situation. Beide Kriegsparteien bedienen sich der Gewalt auf diese instrumentelle Art und Weise, sie formen das Verhalten des jeweils anderen, sie geben einander, wie es der preußische Philosoph ausdrückt, das Gesetz.[5] Der instrumentelle Gebrauch von Mitteln findet auf technischer, operativer, strategischer und politischer Ebene statt. Je höher das erwünschte Ziel gesteckt ist, desto schwieriger ist es zu erreichen. Entgegen der etwas gestelzten Sprache seiner Zeit formuliert Clausewitz hier hier ohne Umschweife: »[D]ie politische Absicht ist der Zweck, der

Krieg ist das Mittel, und niemals kann das Mittel ohne Zweck gedacht werden.«[6]

Damit sind wir beim dritten und wichtigsten Merkmal des Krieges – seinem politischen Charakter. Eine Kriegshandlung ist immer politisch. Über das unmittelbare Ziel einer Schlacht, den Feind »niederzuwerfen« und wehrlos zu machen, mögen Kommandeure wie Strategen vorübergehend den eigentlichen Zweck des Krieges aus den Augen verlieren. Der Krieg ist niemals ein einzelner Akt oder eine einzelne Entscheidung. In der wirklichen Welt ist der eigentliche Zweck des Krieges immer ein politischer. Er geht über die Anwendung von Gewalt hinaus. Diese Einsicht ist es, die Clausewitz' berühmter Satz ausdrückt: »Der Krieg ist eine bloße Fortsetzung der Politik mit anderen Mitteln.«[7] Um politisch zu sein, muss ein politisches Gebilde oder der Repräsentant eines politischen Gebildes, egal, wie es verfasst ist, eine Absicht, einen Willen besitzen. Diese Absicht muss zum Ausdruck gebracht werden. Und der Wille der einen Seite muss dem Gegner zu irgendeinem Zeitpunkt der Auseinandersetzung übermittelt werden (was nicht heißt, dass er öffentlich gemacht werden müsste). Ein Akt der Gewalt und seine eigentliche politische Absicht müssen sich zu irgendeinem Zeitpunkt der Konfrontation auch einer Seite zurechnen lassen. Die Geschichte kennt keine Kriegshandlungen, die sich nicht früher oder später zurechnen ließen.[8]

Um diese Kriterien auf Cyberattacken anwenden zu können, muss zunächst einmal eine wesentliche Modifikation vorgenommen werden. Das alles entscheidende Element jeder kriegsähnlichen Handlung bleibt der »Einsatz von Gewalt«. Ein solcher Einsatz von Gewalt ist üblicherweise ziemlich massiv und kompakt, auch wenn man ihn in seine einzelnen Bestandteile zerlegen kann. In den meisten bewaffneten Konflikten – konventioneller oder nicht konventioneller Art – erfolgt der Einsatz von Gewalt mehr oder weniger unvermittelt: sei es ein F-16-Bomber, der Ziele aus der Luft beschießt, Artillerie-Trommelfeuer oder ein Drohnenangriff, selbst gebaute Sprengkörper, die am Straßenrand platziert werden, oder gar ein Selbstmordattentäter auf einem öffentlichen Platz. In all diesen Fällen wird die auslösende Tat eines Kämpfers oder Aufständischen – etwa das Drücken eines Knopfes oder Betätigen eines Abzugs – unverzüglich und unmittelbar zu Todesopfern führen, selbst wenn ein Zeitzünder oder eine Fernbedienung zwischengeschaltet ist wie bei Drohnen oder Cruise Missiles, und auch dann noch, wenn ein programmiertes Waffensystem halb autonom darüber zu entscheiden vermag, welches Ziel es anpeilt und welches nicht.[9] Eine Cyberkriegshandlung würde ganz anderen Spielregeln gehorchen.

Im Rahmen einer Cyberkriegshandlung wird der eigentliche Einsatz von Gewalt wahrscheinlich in einer wesentlich komplexeren und vermittelteren Abfolge von Ursachen und Wirkungen bestehen, die letztlich zu Zerstörung und Verlusten führt.[10] Ein Szenario, das man sich in diesem Zusammenhang gerne ausmalt, ist ein chinesischer Cyberangriff auf das amerikanische Festland, sollte etwa die Taiwan-Frage eine schwere politische Krise auslösen. Mittels sogenannter Logikbomben, die zuvor in das amerikanische Elektrizitätsnetz eingeschleust wurden, könnten die Chinesen mit einem flächendeckenden Stromausfall eine gesamte Großstadt lahmlegen. Dies könnte einen immensen Verlust an Finanzdaten zur Folge haben. Züge könnten entgleisen und verunglücken. Luftverkehrssysteme und ihre Back-ups könnten zusammenbrechen, wodurch Hunderten von Flugzeugen in der Luft die Kommunikationsverbindung abgeschnitten wäre. Die industriellen Kontrollsysteme hochsensibler Kraftwerke, etwa von Atommeilern, könnten beschädigt werden, was in letzter Konsequenz den Ausfall des Kühlkreislaufs, eine Kernschmelze und die Verseuchung der Umwelt bedeuten könnte[11] – dabei würden Menschen schwer verletzt oder sogar getötet werden. Militäreinheiten könnten außer Gefecht gesetzt werden. In einem solchen Szenario ist die Kausalkette, durch die der Umstand, dass jemand auf einen Knopf drückt, mit dem Umstand verbunden ist, dass ein anderer verletzt wird, vermittelt und von Zufällen und Friktionen durchsetzt. Doch auch eine derart vermittelte, durch einen Cyberangriff verursachte Zerstörung *könnte* zweifellos eine Kriegshandlung darstellen, auch wenn nicht die Mittel, sondern nur die Folgen mit Gewalt verbunden wären.[12] Außerdem *könnten* nicht gewaltsame Cyberattacken in hoch vernetzten Gesellschaften auch ohne gewaltsame Effekte ökonomische Auswirkungen haben, die über den Schaden eines vergleichsweise kleineren physischen Angriffs hinausgehen.[13] Derartige Szenarien haben zum einen weithin große Verwirrung gestiftet: »Selten hat man über etwas so Wichtiges mit so wenig Klarheit und offenbar so wenig Verständnis gesprochen wie über dieses Phänomen«, kommentierte Michael Hayden, der ehemalige Direktor sowohl der Central Intelligence Agency (CIA) als auch der National Security Agency (NSA).[14] Und zum anderen weisen all diese Szenarien bislang ein entscheidendes Manko auf: Sie gehören ins Reich der Fiktion, um nicht zu sagen: der Science-Fiction.

Wenn wir den Einsatz von Gewalt im Krieg als physisch gewaltsam, instrumentell und politisch verstehen, dann gibt es keinen Cyberangriff, der diesen drei Kriterien gleichermaßen genügt. Doch nicht nur das: Es hat bislang überhaupt nur wenige Cyberangriffe gegeben, die auch nur *einem* der Kriterien genügen. Um diese These zu belegen, wollen wir die am häufigsten zitierten Angriffe Fall für Fall und Kriterium für Kriterium durchgehen.

Der physisch zerstörerischste Cyberanschlag war bislang wahrscheinlich die Explosion einer sibirischen Pipeline – so er denn wirklich stattgefunden hat. Im Rahmen einer verdeckten Operation bedienten sich die Amerikaner 1982 angeblich manipulierter Software, um an der russischen Urengoi-Surgut-Tscheljabinsk-Pipeline, die die Gasfelder von Urengoi in Sibirien über Kasachstan mit den europäischen Märkten verbindet, eine große Explosion herbeizuführen. Da für das gigantische Pipeline-Projekt ein hoch kompliziertes Steuerungssystem benötigt wurde, waren die sowjetischen Betreiber gezwungen, die dafür notwendigen Computer auf dem freien Markt zu beschaffen. Die zuständigen russischen Behörden wollten die für die Überwachung und Steuerung des Systems erforderliche Software (Supervisory Control and Data Acquisition, SCADA) von den Vereinigten Staaten erwerben, bekamen aber eine Abfuhr. Daraufhin bezogen die Russen die Software von einer kanadischen Firma. Angeblich gelang es der CIA, einen Schadcode in das in Sibirien installierte Steuerungssystem einzuschleusen. Die Software, die die Pumpen, Turbinen und Ventile steuerte, war so programmiert, dass sie eine Weile störungsfrei funktionierte, irgendwann aber »die Pumpengeschwindigkeit und Ventileinstellungen derart veränderte, dass sie einen Druck erzeugten, dem die Verbindungen und Nähte der Rohrleitungen unmöglich standhalten konnten«, wie Thomas Reed, damals in Diensten der NSA, berichtete.[15] Im Juni 1982 verursachten die manipulierten Ventile mutmaßlich eine Explosion und ein Feuer »gigantischen« Ausmaßes, das noch vom Weltall aus zu sehen war. Die US Air Force soll die Detonation auf drei Kilotonnen beziffert haben, was der Explosion eines kleinen atomaren Sprengkopfs entspräche.[16]

Doch diese Geschichte hat gleich drei Haken. Der erste betrifft die russischen Quellen. Als Reeds Buch 2004 erschien, bestritt Wassilij Ptschelintsew, ein ehemaliger KGB-Führungsoffizier der Region Tjumen, in der die Explosion angeblich stattfand, die Geschichte. Er mutmaßte, Reed habe wohl von einer Explosion gesprochen, die sich nicht im Juni, sondern an einem warmen Apriltag desselben Jahres 50 Kilometer von der Stadt Tobolsk entfernt ereignet hatte und dadurch verursacht worden war, dass sich im tauenden Tundraboden Leitungen verschoben hatten. Bei dieser Explosion war offenbar niemand verletzt worden.[17] Obwohl die Medien in den frühen achtziger Jahren sehr wohl über gewöhnliche Unfälle und Pipeline-Explosionen in der UdSSR berichteten, findet man keine Pressemeldungen aus dem Jahr 1982, die Reeds angebliche Explosion bestätigen. Auch spätere russische Quellen erwähnen den Vorfall mit keinem Wort. 1990, als die Sowjetunion noch existierte, veröffentlichte Generalleutnant Nikolaj Brusnizyn ein bemerkenswertes, überaus detailreiches kleines Buch, das unter dem Titel *Openness and Espionage* (Offenheit und Spionage) auch ins Englische übersetzt wurde. Brusnizyn war zum damaligen Zeitpunkt stellvertretender Vorsitzender des Gossnab, des Staatlichen Komitees für die materiell-technische Versorgung. Sein Buch enthält ein kurzes Kapitel über »Computerspionage«, in dem er diverse Gerätschaften vorstellt, die der sowjetische Geheimdienst in den vorangegangenen Jahren gefunden habe. Er listet drei Arten von Entdeckungen auf: in Gehäuse eingebaute »Signalgeber«, die überwachen sollen, wo importierte Geräte installiert würden; »zusätzliche elektronische ›Einheiten‹, die nichts mit der Maschine selbst zu tun haben«, durch die sich Daten abgreifen und übertragen lassen; und »technische Vorrichtungen, die einen Computer vollkommen funktionsuntüchtig machen«, indem sie »sowohl die Computersoftware als auch den Speicher zerstören«.[18] Brusnizyn konnte sogar mit Beispielen aufwarten. Das drastischste von ihnen war dem General zufolge ein »Virus« auf einem Computer, den eine westdeutsche Firma an eine sowjetische Schuhfabrik verkauft hatte. Man sollte doch meinen, dass Brusnizyn von dem Überraschungsangriff auf die Pipeline, so er denn stattgefunden hätte, auch gewusst und höchstwahrscheinlich über ihn geschrieben hätte, und wenn nicht über das Ereignis selbst, dann doch mindestens über die Möglichkeit einer Hardwaresabotage. Das tat er aber nicht.

Der zweite Haken betrifft die zur damaligen Zeit verfügbare Technologie. Es ist ungewiss, ob man 1982 schon ohne Weiteres eine »Logikbombe« hätte verstecken können. Drei Jahrzehnte nach einem vermeintlichen Vorfall aber die insgeheim modifizierte Software eines industriellen Steuerungssystems zu analysieren, ist schwierig bis unmöglich. Doch ein paar allgemeine Feststellungen lassen sich durchaus treffen: Die Technologie war seinerzeit viel primitiver. Ein System zur Steuerung von Gasleitungen wäre Anfang der 1980er Jahre vermutlich eine relativ einfache »Zustandsmaschine« mit einem 8-Bit-Mikrocontroller gewesen. Höchstwahrscheinlich war es im Jahr 1982 immer noch machbar, alle möglichen Ergebnisse aller möglichen Dateneingaben zu testen. (Bei den späteren Mikroprozessoren ist das nicht mehr der Fall.) Durch einen solchen Test können alle versteckten Ergebnisse entdeckt werden – eine Eingabe »X« führt zur gefährlichen Ausgabe »Y«.[19] Die Software auf Mängel zu testen, wäre mit anderen Worten relativ einfach gewesen. Selbst mit der damals erhältlichen Technologie hätte ein Regressionstest nicht länger als einen Tag gedauert, schätzt der langjährige Technikjournalist Richard Chirgwin.[20] Kurz gesagt war es im Jahre 1982 noch wesentlich schwieriger, Schadsoftware zu verstecken.

Und schließlich der dritte Haken: Selbst nachdem die CIA das sogenannte Farewell-Dossier freigegeben hatte, in dem man nachlesen konnte, wie die Sowjetunion mit schadhafter Technologie versorgt werden sollte, bestätigte der Dienst die vermeintliche Explosion nicht. Und falls sie stattgefunden haben sollte, ist nicht klar, ob sie Menschenleben gekostet hat. Die Faktenlage ist in diesem Fall so dünn und fragwürdig, dass er nicht als Beweis für eine erfolgreiche Logikbombe herhalten kann.

Ein anderes viel zitiertes Beispiel für einen Cyberkrieg ist die koordinierte Überflutung estnischer Websites mit Anfragen, die Ende April 2007 begann. Seinerzeit war Estland eines der Länder mit der besten Netz-Infrastruktur; zwei Drittel aller Esten nutzten bereits das Internet, und 95 Prozent aller Bankgeschäfte fanden auf elektronischem Wege statt.[21] Das kleine, gut vernetzte baltische Land bot Cyberattacken eine breite Angriffsfläche. Die Geschichte hinter dem oft zitierten Ereignis nahm etwa zwei Wochen vor dem 9. Mai ihren Ausgang – jenem in Russland emotional hoch aufgeladenen Tag, an dem die Russen des Sieges über Nazi-Deutschland gedenken. Mit einem äußerst unsensiblen Timing hatten die Behörden von Tallinn beschlossen, das russische Denkmal für den unbekannten Soldaten des Zweiten Weltkriegs, einen zwei Meter großen Bronzesoldaten, vom Zentrum der Hauptstadt an den Stadtrand zu versetzen. Die russischsprachige Bevölkerung Estlands war darüber ebenso schockiert wie das russische Nachbarland. Am 26. und 27. April kam es in Tallinn zu gewaltsamen Ausschreitungen, im Zuge deren ein Mensch starb, 1300 Menschen verhaftet und 100 verletzt wurden.

Während der Straßenschlachten erreichte der Aufruhr auch das Internet. Die Cyberangriffe begannen in den späten Abendstunden des 27. April. Zunächst bedienten sich die Angreifer unbeholfener, technisch einfacher Methoden wie etwa einer Flut von Ping-Befehlen oder DoS-, d.h. Denial-of-Service- oder Dienstverweigerungsattacken – massenhafte schlichte Informationsanfragen an einen Server, wie die Aufrufe einer Website beispielsweise. Dann gestalteten sich die Anschläge etwas raffinierter. Am 30. April wurden erstmals einfache Botnetze eingesetzt, um den Umfang der DDoS-Attacken (der Distributed-Denial-of-Service oder dem durch Vielanfragen von zahlreichen verschiedenen Quellen herbeigeführten Zusammenbruch des Dienstes) auszuweiten, und auch zeitlich wurden diese kollektiven Aktionen immer koordinierter. Zu den Beeinträchtigungen zählten zudem E-Mail- und Kommentar-Spams sowie die Verunstaltung der Website der Estnischen Reformpartei. Estland erlebte damals die schlimmste DDoS-Attacke, die es je gegeben hatte. Die Angriffe wurden von einer extrem großen Menge gekaperter Computer – bis zu 85 000 – ausgeführt, und sie dauerten mit drei Wochen ungewöhnlich lange, nämlich bis zum 19. Mai. Ihren Höhepunkt erreichten sie am 9. Mai, an dem man in Moskau den Tag des Sieges feiert. 58 estnische Websites wurden gleichzeitig lahmgelegt. Die Online-Dienste der größten estnischen Bank, der Hansapank, fielen für 90 Minuten und am darauffolgenden Tag für weitere zwei Stunden aus.[22] Zwar bekamen Handel und Banken, Staat und estnische Gesellschaft diese koordinierten Internetproteste zu spüren, deren Auswirkungen aber blieben letztlich gering. Die einzige langfristige Folge des Vorfalls war, dass die estnische Regierung die NATO dazu bewegen konnte, in Tallinn ein Kompetenzzentrum zur Cyberabwehr einzurichten, nämlich das Cooperative Cyber Defence Centre of Excellence.

An dieser Geschichte ist einiges bemerkenswert. Es wurde nicht aufgeklärt, wer hinter den Angriffen steckte. Estlands Verteidigungsminister genau wie der oberste Diplomat des Landes machten den Kreml verantwortlich, konnten jedoch keine Beweise vorlegen. Am Ende musste die Behauptung, Estland habe die IP-Adressen einiger der an den Angriffen beteiligten Computer zur russischen Regierung zurückverfolgen können, dementiert werden. Weder die Experten des Atlantischen Bündnisses noch die der Europäischen Kommission waren in der Lage, digitale russische Fingerabdrücke bei der Operation nachzuweisen. Die russischen Vertreter nannten die Vorwürfe einer Beteiligung ihres Landes »unbegründet«.[23]

Es ist wichtig, die damals neuartige Erfahrung, die Estland machte, richtig einzuordnen. Mihkel Tammet, im estnischen Verteidigungsministerium für die Informations- und Kommunikationstechnologie zuständig, beschrieb das, was im Vorfeld der Angriffe geschah, als »ein dem Zusammenziehen von Armeen vergleichbares Zusammenziehen von Botnetzen«.[24] Andrus Ansip, der damalige Premierminister Estlands, fragte: »Wodurch unterscheidet sich eine Blockade der Häfen oder Flughäfen eines souveränen Staates von der Blockade staatlicher Institutionen und von Nachrichten-Websites?«[25] Das war natürlich als rhetorische Frage gemeint. Die Antwort ist ganz einfach: Im Gegensatz zu einer Seeblockade ist die »Blockade« von Websites nicht einmal potentiell gewaltsam; im Gegensatz zu einer Seeblockade war die

DDoS-Attacke nicht instrumentell an ein taktisches Ziel geknüpft, sondern ein Akt des ungerichteten Protests; und im Gegensatz zu Schiffen, die die Ausfahrt versperren, blieben die Pings ohne politische Rückendeckung anonym. Ansip hätte fragen können, wodurch sich eine Großdemonstration, die den Zugang zu einem Gebäude versperrt, von einer Website-Blockade unterscheidet. Der Vergleich wäre etwas passender, wenn auch aus einem weiteren Grund immer noch schief: Für eine Demonstration alter Schule müssen viel mehr reale Menschen auftauchen.

Vor dem Hintergrund eines Bodenkriegs zwischen der Russischen Föderation und Georgien ereignete sich ein Jahr später, im August 2008, ein weiterer großer Vorfall, der die Kassandra-Rufe vor einem Cyberkrieg befeuerte. Dieser kurze bewaffnete Konflikt entzündete sich an einer Gebietsstreitigkeit um Südossetien. Am 7. August beantwortete die georgische Armee Provokationen mit einem Angriff auf die separatistischen Kräfte Südossetiens. Einen Tag später folgte die militärische Reaktion Russlands. Doch schon am 29. Juli, also etwas über eine Woche vor dem bewaffneten Konflikt und der Hauptwelle des Cyberangriffs, die beide am 8. August begannen, kam es zu ersten Computerattacken auf georgische Websites. Es war möglicherweise das erste Mal, dass ein unabhängiger Cyberangriff synchron mit einer konventionellen militärischen Operation erfolgte.[26]

Bei den Cyberattacken gegen Georgien lassen sich drei Arten unterscheiden. Einige symbolisch wichtige Websites des Landes wurden verunstaltet, so zum Beispiel die Seiten der Zentralbank und des Außenministeriums. Am prominentesten stach eine Collage aus den Porträts von Adolf Hitler und dem georgischen Präsidenten Micheil Saakaschwili hervor. Die zweite Angriffsart bestand in DoS-Attacken gegen öffentliche und privatwirtschaftliche Websites des Landes. Sie trafen unter anderem verschiedene Internetauftritte der georgischen Regierung sowie den des georgischen Parlaments, richteten sich aber auch gegen Presseorgane, die größte georgische Geschäftsbank und andere mit weniger wichtigen Webpräsenzen. Der digitale Ansturm dauerte im Durchschnitt rund zwei Stunden und fünfzehn Minuten, der längste bis zu sechs Stunden.[27] Eine dritte Methode bestand darin, Schadsoftware in Umlauf zu bringen, um die Reihen der Angreifer und das Angriffsvolumen zu vergrößern. Diverse russischsprachige Foren halfen durch eine Verbreitung von Skripten, die es Nutzern ermöglichten, sich an der Aktion zu beteiligen; das Angriffsskript wurde sogar in einer archivierten Version – war.rar – gepostet, die sich primär gegen Websites der georgischen Regierung richtete. In ähnlicher Weise wurden E-Mail-Accounts georgischer Politiker gespammt.

Auch diese Episode hatte relativ geringe Auswirkungen. Ungeachtet der Kriegsrhetorik, deren sich die internationale Presse, die georgische Regierung und anonyme Hacker befleißigten, waren die Angriffe nicht gewaltsam. Zudem bot Georgien mit seinen 4,6 Millionen Einwohnern weit weniger Angriffsfläche für Attacken als Estland, weil es nicht sehr stark vernetzt war und nur wenige wichtige Dienstleistungen, wie Energie, Transport oder Bankwesen, überhaupt am Internet hingen. Abgesehen davon, dass eine Reihe georgischer Regierungs-Websites eine Zeit lang nicht aufrufbar war, hatte die ganze Angelegenheit kaum Folgen. Der Angriff war auch nur in sehr begrenztem Maße Mittel zu einem Zweck. Georgiens Zentralbank wies ihre Abteilungen an, alle elektronischen Dienste zehn Tage lang auszusetzen. Der wesentliche Schaden, den die Angriffe verursachten, bestand darin, dass sie die Möglichkeiten der Regierung zu internationaler Kommunikation beschnitten und auf diese Weise verhinderten, dass die Stimme des kleinen Landes in einem kritischen Moment gehört werden konnte. Sollten es die Angreifer auf diesen Effekt abgesehen haben, war seine Nützlichkeit allerdings begrenzt: Mit Googles Einwilligung unternahm das Außenministerium einen ungewöhnlichen Schritt und richtete einen Blog auf Googles

Blog-Plattform Blogger ein, sodass ein Kanal für Journalisten offen gehalten wurde. Vor allem aber war der Angriff seinem Wesen nach nicht wirklich politisch. Genau wie die Esten machte auch die georgische Regierung den Kreml verantwortlich. Doch auch in diesem Fall stritt der russische Staat seine Beteiligung an den Angriffen ab. Das Cyber-Security-Zentrum der NATO in Tallinn veröffentlichte bald darauf einen Bericht über die Angriffe. Obwohl es so aussah, als habe die digitale Überflutung auf koordinierte und gesteuerte Weise stattgefunden, und obwohl die Medien Russland in Verdacht hatten, »gibt es«, so schloss die NATO, »wie im Falle Estlands keinen schlüssigen Beweis«, wer hinter den DDoS-Angriffen steckt.[28]

Die Cyberangriffe, die mit den Straßenprotesten in Estland und dem kurzen Feldzug in Georgien einhergingen, waren Präzedenzfälle. Vielleicht lag es vor allem an der Neuartigkeit dieser Art von Attacken, dass sie derart viel öffentliche Aufmerksamkeit erregten und eine solche Kriegsrhetorik provozierten. Eine vergleichbare Beobachtung ließe sich für einen anderen Typus von »Cyberkrieg« machen, nämlich für hochkarätige Spionageoperationen wie die sogenannte Operation Moonlight Maze. Diesen etwas geisterhaften Namen erhielt ein hochgeheimer Fall von Cyberspionage, der 1999 aufgedeckt wurde. Die US Air Force stellte zufällig fest, dass jemand in ihre Netzwerke eingedrungen war, und alarmierte das FBI. Die Bundesermittler riefen die NSA zu Hilfe. Ihre gemeinsame Untersuchung förderte ein gewisses Muster zutage, nach dem jemand seit März 1998 in die Computer der NASA (National Aeronautics and Space Administration), des Energieministeriums und zahlreicher Universitäten und Forschungslabors eindrang. Dabei wurden Lagepläne militärischer Anlagen ebenso kopiert wie Konstruktionspläne und andere sensible Informationen. Die Störmanöver wurden fast zwei Jahre lang fortgesetzt. Dem Verteidigungsministerium gelang es, die Angriffe bis zu einem – damals so bezeichneten – Mainframe (Großrechner) in Russland zurückzuverfolgen. Doch auch in diesem Fall: keine Gewalt, unklare Ziele, keine politische Zuordnung.

Dennoch ist der empirische Trend nicht von der Hand zu weisen: In den vergangenen 15 Jahren haben Cyberattacken stetig zugenommen. Immer häufiger kommt es zu Großeinbrüchen in die Sicherheitsarchitektur staatlicher und privatwirtschaftlicher Ziele. Das Ausmaß der Angriffe wächst, ebenso wie die Zahl der an solchen Vorfällen beteiligten Personen, von Kriminellen über Aktivisten bis hin zur NSA. Die Bandbreite aggressiven Online-Verhaltens ist größer geworden. Zur gleichen Zeit hat die Raffinesse einiger Angriffe ein neues Niveau erreicht, und in dieser Hinsicht schlug der Computervirus Stuxnet, der Irans Atomprogramm stören sollte und 2010 entdeckt wurde, sicherlich ein neues Kapitel auf. Doch trotz all dieser Entwicklungen hat der im »Cyberkrieg« enthaltene Kriegsbegriff mehr mit dem »Krieg« gegen die Fettleibigkeit als mit dem Zweiten Weltkrieg zu tun – er hat eher eine metaphorische als eine strikt deskriptive Bedeutung. Es ist höchste Zeit, sich wieder auf traditionelle Begrifflichkeiten zu besinnen und Cyberangriffe als das zu verstehen, was sie in Wirklichkeit sind.

Um den Charakter einer Aggression zu bestimmen, ihre eher politische oder rein kriminelle Natur, empfiehlt es sich, Angriffe nach einer Skala zu sortieren, die von gewöhnlichen Verbrechen bis zum Extrem eines konventionellen Krieges reicht. Dann werden einige Unterscheidungsmerkmale sichtbar: Verbrechen sind in der Regel unpolitisch, Kriege sind immer politisch; Verbrecher verschleiern ihre Identität, uniformierte Soldaten stellen die ihre offen zur Schau. Politische Gewalt ist (genau wie die »politischen Verbrechen« der Kriminologie und der Rechtstheorie) auf dieser Skala in einer unklaren Mitte angesiedelt, sofern sie weder ein normales Verbrechen ist noch ein normaler Krieg. Der Einfachheit halber wollen wir diesen mittleren Bereich der Skala in drei Abschnitte unterteilen: Subversion, Spionage und Sabotage.

An allen drei Aktivitäten können sowohl Staaten als auch private Akteure beteiligt sein. Man neigt dazu, Cyberangriffe eher dem kriminellen Ende des Spektrums zuzuordnen. Am Maßstab einer sachgerechten Kriegsdefinition gemessen, hat es bis jetzt noch keinen bekannt gewordenen Cyber-»Kriegsakt« gegeben, sehr wohl aber politische Cyberattacken. Doch alle bekannt gewordenen politischen Cyberattacken – mögen sie kriminell sein oder nicht – lassen sich weder als gewöhnliche Verbrechen noch als konventionelle Kriege verbuchen. Ihre Absicht ist Subversion, Spionage oder Sabotage.

In allen drei Fällen geraten die Clausewitz'schen Kriterien durcheinander. Diese Handlungen müssen nicht mit Gewalt verbunden sein, um ihre Wirkung zu entfalten. Um zu funktionieren, müssen sie nicht instrumentell sein, da die Subversion Ausdruck kollektiver Leidenschaft und Spionage eher das Resultat einer Gelegenheit als einer Strategie sein kann. Und schließlich: Angreifer, die mit dem Ziel der Subversion, Spionage oder Sabotage tätig werden, handeln sehr wohl politisch; doch im scharfen Gegensatz zum Krieg haben sie wahrscheinlich dauerhaft oder mindestens zeitweise ein Interesse daran, nicht mit ihren Taten in Verbindung gebracht zu werden. Dies ist einer der Hauptgründe dafür, dass politische Verbrechen im Cyberspace, in dem es leichter ist, Spuren zu verwischen, als sie mit Gewissheit zuzuschreiben, stärker um sich greifen als Kriegshandlungen. Selbstverständlich können Subversion, Spionage und Sabotage – ob sie sich digitaler Mittel bedienen oder nicht – militärische Operationen flankieren. Beide Seiten können sich an derartigen Aktivitäten beteiligen und haben dies in der Tat schon seit Menschengedenken getan. Doch die Entwicklung digitaler Netzwerke zeigt ungleiche Auswirkungen. Um diese zu verstehen, müssen wir uns auf den Begriff der Gewalt zurückbesinnen.

2. Gewalt

Am 6. September 2007 bombardierte die israelische Luftwaffe die Baustelle eines Atomreaktors im nordsyrischen Deir ez-Zor. Im Vorfeld des Luftschlags schaltete ein israelisches Geheimkommando eine einzelne syrische Radarstellung in Tall al-Abuad nahe der türkischen Grenze aus – vermutlich auf dem Wege der Computersabotage. So ließ sich die physische Zerstörung der Radaranlagen vermeiden, bei der die Techniker des Systems ebenso wie unschuldige Zivilisten hätten zu Schaden oder gar zu Tode kommen können. Die konventionelle Alternative zur Computersabotage wäre ein Raketenangriff oder eine Undercover-Operation von Spezialeinheiten gewesen, um das Zielobjekt in die Luft zu sprengen. In einer Hinsicht hatte der Cyberangriff zum selben Ergebnis geführt wie ein physischer Angriff: Er hatte das Luftabwehrsystem außer Gefecht gesetzt. Doch wurde bei dem Cyberangriff Gewalt angewendet?

Wenn wir ernsthaft über »Cyberkrieg« diskutieren wollen, müssen wir uns auf ein paar grundlegende Dinge verständigen. Dazu gehört das Wesen der Gewalt im Allgemeinen und der Gewalt im Cyberspace im Besonderen. Erst dann lässt sich eine Antwort auf die entscheidende Frage finden: Was heißt Gewalt im Zusammenhang mit Cyberattacken? Ändert sich die Bedeutung des Gewaltbegriffs, wenn man ihn auf den Cyberspace bezieht? Das hängt davon ab, wo man die Grenze zwischen gewaltsamen und gewaltfreien Handlungen zieht und was genau man unter Gewalt versteht bzw. nicht versteht. Die Art und Weise, wie wir Gewalt begrifflich fassen, bildet die Grundlage für unser Verständnis der politischen, ökonomischen, militärischen und insbesondere ethischen Dimensionen von Cyberangriffen, ob sie gewaltsam sind oder nicht.

In diesem Kapitel möchte ich ein einfaches Argument mit einer überraschenden Pointe entwickeln: Bei den meisten Cyberattacken wird keine Gewalt angewendet; also kann man sie eigentlich auch nicht als gewaltsame Angriffe verstehen. Und Cyberangriffe, die ein – reales oder umsetzbares – Zwangspotential besitzen, *können nur indirekt mit Gewalt verbunden sein.* In mindestens vier Hinsichten ist eine im Cyberspace ausgeübte Gewalt weniger direkt als andere Formen von Gewalt: Sie ist weniger körperlich, weniger emotional, weniger symbolisch und infolgedessen weniger instrumentell als konventionellere Formen politischer Gewaltanwendung.

Doch können Cyberangriffe dasselbe Ziel erreichen, wie es auch politische Gewalt verfolgt: Sie können Vertrauen untergraben, insbesondere kollektives soziales Vertrauen in bestimmte Institutionen, Systeme oder Organisationen. So paradox es klingt: Indem sie gewissermaßen eine gewaltfreie Abkürzung wählen, erschüttern Cyberangriffe das soziale Vertrauen möglicherweise unmittelbarer, als es offene politische Gewalt vermag. Und sie tun es gänzlich im Verborgenen.

Ich entfalte meine Argumentation im Folgenden in vier Schritten. Das Kapitel beleuchtet zunächst die unterschiedlichen Medien oder Mittel, mit denen sich Gewalt ausüben lässt. Als Nächstes wird die zentrale Rolle des menschlichen Körpers für das Ausführen wie für das Erleiden von Gewaltakten diskutiert. Darauf folgt eine kurze Klärung des Begriffs der Gewalt *(violence),* den es von den Begriffen der Macht, der Autorität und, ganz entscheidend, von dem der Kraft *(force)* zu unterscheiden gilt; dabei wird das symbolische Wesen der Machtinstrumente *(instruments of force)* hervorgehoben. Den Abschluss bildet eine Erörterung des

Vertrauens und der entscheidenden Grenzen und Potentiale von Cyberangriffen.

Gewalt wird üblicherweise in drei Formen ausgeübt – durch Kraft, Energie oder Wirkstoffe.* Ein viertes, neues Medium ist die Software, deren Funktionsweise zwangsläufig indirekter ist – wenn man sie denn überhaupt als ein eigenständiges Medium auffassen möchte. Die ersten beiden Kategorien stammen aus der Physik, die dritte aus Chemie und Biologie. Die erste Instanz – die Kraft – ist die offensichtlichste. In der Physik ist Kraft als eine Größe definiert, die die Bewegung eines Körpers verändert bzw. die bei einem still stehenden Objekt eine Bewegung anstößt oder eine Deformation verursacht. Die Größe der Kraft lässt sich errechnen, indem man die Masse des Körpers mit seiner Beschleunigung multipliziert. Und in der Tat kombinieren fast alle Waffen physikalische Masse mit Beschleunigung, ob man es nun mit einer Faust, einem Stein, einer Pike, einer Kugel, einer Handgranate oder einem Marschflugkörper zu tun hat. Das zweite Mittel – die Energie – ist auf den ersten Blick vielleicht nicht ganz so offensichtlich, obwohl man sich seiner fast schon so lange bedient wie der mechanischen Kraft, um Menschen zu irgendetwas zu zwingen, sie zu verletzen oder zu töten. Feuer, Hitze und Explosionen werden als machtvolle und hochgradig zerstörerische Gewaltmittel eingesetzt. Im alten chinesischen Handbuch des Sunzi, *Die Kunst des Krieges*, ist ein Kapitel dem »Angriff mit Feuer« gewidmet.[1] Zu den weniger verbreiteten Formen der Verwendung von Energie in Kriegen zählen beispielsweise Elektroschockwaffen oder Laser. Das dritte Gewaltmittel sind Wirkstoffe. Einige Waf-

* Im Deutschen lässt sich diese begriffliche Abgrenzung eigentlich nicht in dieser Weise durchführen, worauf der Autor im Folgenden selbst hinweist, da sich im deutschen Begriff der »Gewalt« viele Aspekte dessen verbinden, was im Englischen als »force« oder »power« bezeichnet wird, A.d.Ü.

fen funktionieren weder mittels physikalischer Kraft noch mittels Energie, sondern nutzen Kampfstoffe, um ihrem Zielobjekt zu schaden. Das offensichtlichste Beispiel für solche Kampfstoffe sind biologische und chemische Waffen – schließlich müssen sie nicht unbedingt mit einer Granate oder einem Marschflugkörper abgefeuert werden, die sie exakt ins Ziel tragen, um dort ihre tödliche Ladung freizusetzen. Der Kampfstoff selbst ist es, der den Schaden verursacht. Als Waffe verwendete Wirkstoffe schädigen, verletzen oder töten den menschlichen Organismus: Anthrax, Endosporen, die zu Atemwegsinfekten und vielfach zum Atemstillstand führen; Senfgas, ein chemischer Wirkstoff, der Blasen und Verbrennungen verursacht und stark karzinogen ist.

Bei jeder Debatte über Gewalt im Zusammenhang mit Cyberattacken muss man zunächst ein paar grundlegende philosophische Einsichten zur Kenntnis nehmen. Von fast allen Instrumenten, die sich in gewalttätiger Absicht einsetzen lassen, unterscheidet sich ein Programmcode wesentlich in zweierlei Hinsicht. Die erste grundlegende Einschränkung besteht darin, dass die durch einen Programmcode verursachte Gewalt indirekt ist. Sie muss das Zielsystem erst zu einer Waffe umfunktionieren. Der Code besitzt von sich aus weder Kraft noch Energie. Jeder Cyberangriff mit dem Ziel der physischen Zerstörung, sei es der Zerstörung von Dingen oder der Schädigung von Menschenleben, ist vielmehr auf die Kraft oder Energie angewiesen, die dem anvisierten System innewohnt oder durch es geschaffen wird. Ein Softwarecode führt, mit anderen Worten, keine Sprengladung mit sich. Eine durch Programmcode verursachte Zerstörung verhält sich somit *parasitär zum Ziel der Attacke*. Selbst der raffinierteste Cyberangriff kann einen Menschen nur dann körperlich verletzen, wenn er das Gewaltpotential des anvisierten Systems entfesselt. Es könnte ein Verkehrssteuerungssystem sein, das ein Zugunglück oder einen Flugzeugabsturz herbeiführt; ein Kraftwerk, das explodiert oder Strahlung freisetzt; ein Damm, der bricht und eine verheerende

Sturzflut auslöst; eine Pipeline, die in die Luft geht; Lebenserhaltungssysteme in einem Krankenhaus, die in Notfallsituationen zusammenbrechen; oder sogar der Herzschrittmacher eines Patienten, der durch gezieltes Ausnutzen von Softwaremängeln zum Aussetzen gebracht wird. Noch hat sich in der Realität allerdings nichts dergleichen zugetragen. Tödliche Cyberangriffe, die zweifellos möglich wären, sind bislang immer noch Stoff von Science-Fiction-Romanen und Actionfilmen. Kein einziger Mensch ist je durch einen Cyberangriff ums Leben gekommen oder verletzt worden.

Computercodes können zweitens nur auf computergesteuerte Maschinen, nicht aber auf Menschen direkt einwirken. Die Art und Weise, wie ein Virus – oder irgendeine andere Malware – ein Computersystem schädigt, lässt sich in gewissem Sinne damit vergleichen, wie ein biologischer Virus einen Organismus infiziert. Der deutsche Informatikstudent Jürgen Kraus ersann 1980 diesen metaphorischen Vergleich zwischen Schadprogrammen und Viren und prägte den heute allgegenwärtigen Begriff des Computervirus. In seiner Diplomarbeit über *Selbstreproduktion bei Programmen* zeigte er, dass selbstreproduzierende Programme folgenlos blieben, wenn sie sich nicht im Speicher eines Computers befänden: »Erst im Rechner und dann auch erst, wenn das Programm wirklich läuft, ist ein selbstreproduzierendes Programm in der Lage zur Reproduktion und Mutation.«[2] Kraus wies allerdings auf einen wichtigen Unterschied hin: Ein biologischer Virus besitzt die Fähigkeit, seinen eigenen Reproduktionsprozess zu starten, während sich ein Computervirus nur durch ein Betriebssystem aktivieren lässt. Der entscheidende Unterschied aber war für Kraus so selbstverständlich, dass er ihn gar nicht eigens erwähnte: Biologische Viren können nur biologische Systeme beeinträchtigen; Computerviren können nur durch Programmiersprachen gesteuerte Maschinen stören. Ein biologischer Virus kann, mit anderen Worten, an einem Gebäude oder einem Fahrzeug keinen direkten

Schaden anrichten, genauso wenig, wie ein Computervirus einem Menschen oder einem Tier unmittelbar schaden kann.

Schließlich bleibt noch ein besonderer hypothetischer Fall eines parasitären Cyberanschlags zu erwähnen. Viele moderne Waffensysteme, von Artilleriegeschützen bis zu Unterwasserdrohnen, werden durch Software, durch Programmcode, gesteuert. Immer mehr Systeme dieser Art werden in Zukunft mehr oder weniger autonome Entscheidungen treffen können. Beim Internationalen Roten Kreuz hat man diese Entwicklung bereits vorweggenommen und über mögliche Änderungen am humanitären Völkerrecht nachgedacht. Doch ist Vorsicht geboten. Software, die ein integraler Bestandteil von Waffensystemen ist, sollte nicht als Teil eines Cyberangriffs verstanden werden – sonst verlöre dieser Begriff seine Bedeutung: Jedes komplexe Waffensystem, in das auf die eine oder andere Weise Computer integriert sind, müsste dann nämlich als eine Art Cyberangriff gelten. Das wäre nicht sinnvoll. Eine Ausnahme gibt es allerdings: ein komplexes automatisiertes Waffensystem, das gehackt wird. Wenn ein als Waffe eingesetzter Programmcode nur dadurch physische Zerstörung hervorrufen kann, dass er das anvisierte Zielobjekt modifiziert, dann ist das perfekte Zielsystem eines, das dem Angreifer die größtmögliche Flexibilität und das größte Zerstörungspotential verspricht: Deshalb stellt ein mit Waffen bestücktes, ferngesteuertes Fluggerät, etwa eine Predator- oder eine Reaper-Drohne, für einen Cyberangriff theoretisch gesehen ein viel attraktiveres Ziel dar als ein Kraftwerk oder ein Flugverkehr-Kontrollsystem. Denn hier kann ein Aggressor nicht nur ein klobiges System, das nie als Waffe gedacht war, zu einer Waffe umfunktionieren – er könnte eine wirkliche Waffe zu *seiner* Waffe machen. In der Praxis ist etwas Derartiges allerdings nie vorgekommen, und man kann es sich auch nur schwer vorstellen. Der einzige aktenkundige Vorfall, der eine gewisse Ähnlichkeit mit einem solchen Angriff aufweist, ereignete sich im Juni 2012. In einem Stadion der Stadt Austin kaperten Wissenschaftler des Radionavigation Laboratory der Universität von Texas in Austin eine kleine Überwachungsdrohne, die sich auf einem Testflug befand. Die Forscher »täuschten« das GPS-System der Drohne, indem sie ihr Navigationsgerät mit einem Signal speisten, das stärker war als das Satellitensignal der regulären GPS-Navigation. Die Wissenschaftler konnten mithin die Befehle an die Drohne überschreiben und dadurch ihre Flugbahn bestimmen. Einem Bericht von Fox News zufolge hatte der Bau des hierfür verwendeten Gerätes nicht mehr als 1000 US-Dollar gekostet.[3] Wesentlich bekannter ist allerdings das folgende, ziemlich fragwürdige Beispiel: Anfang Dezember 2011 fiel den Iranern im Nordosten des Landes, nahe der Stadt Kaschmar, eine von der CIA betriebene American Lockheed Martin RQ-170-Sentinel-Drohne in die Hände. Ein anonymer iranischer Ingenieur, der mit der Untersuchung des erbeuteten Fluggeräts betraut war, behauptete, die dortigen Spezialisten für elektronische Kriegsführung hätten die GPS-Navigation der Drohne getäuscht.[4] Nachdem auch die CIA den Vorfall zehn Wochen lang untersucht hatte, wurde bekannt gegeben, ein fehlerhafter Datenstrom sei dafür verantwortlich gewesen, dass das Bedienpersonal den Kontakt zu der Drohne verloren hatte; also vermutlich doch keine Einmischung oder Störung seitens der Iraner.[5] Obwohl derlei Täuschungen (»Spoofing«) technisch gesehen möglich sind, ist es doch ziemlich unwahrscheinlich, dass ein solcher Angriff auf eine komplexere, bewaffnete Militärdrohne im Feld erfolgreich sein könnte: Die Steuerungsbefehle werden vermutlich verschlüsselt sein, die Flughöhe kann ein Problem darstellen, und einen GPS-Empfänger zu täuschen, ist nicht dasselbe, wie in ein Kontrollsystem einzudringen, das die todbringenden Raketen einer Militärdrohne auf ein bestimmtes Ziel abschießen kann.

Wie ich auf den vorangegangenen Seiten zu zeigen versucht habe, lässt sich der menschliche Körper durch Cyberattacken nur indirekt verwunden. Er ist aber in verschiedener Hinsicht die

Grundlage aller Gewalt, da er sowohl den Akt des Angreifens als auch das Angegriffenwerden erst möglich macht. Man muss diese prinzipielle Rolle des menschlichen Körpers in Rechnung stellen, um die emotionalen Grenzen softwaregestützter Gewalt und die symbolischen Grenzen von Cyberangriffen zu verstehen.

Insbesondere unter jenen Vertretern der politischen Philosophie, die sich mit dem Phänomen der Gewalt und den Möglichkeiten ihrer Überwindung beschäftigen, gibt es eine lange Tradition, die vom menschlichen Körper aus denkt. Im Fokus der Aufmerksamkeit steht dabei dessen Verletzbarkeit. Das Erste, was einem in diesem Zusammenhang wahrscheinlich einfällt, sind Thomas Hobbes' Ausführungen zur Verletzlichkeit der schutzlosen menschlichen Existenz. Als treibende Kraft hinter jeder politischen Organisation bestimmt Hobbes die universelle Schwäche aller Menschen und ihre daraus resultierende Schutzbedürftigkeit. Es lohnt sich, die Eingangspassage von Kapitel 13 des *Leviathan* vollständig zu zitieren:

> »Die Natur hat die Menschen in den körperlichen und geistigen Fähigkeiten so gleich geschaffen, daß sich zwar zuweilen einer finden lassen mag, der offensichtlich von größerer Körperkraft oder schnellerem Auffassungsvermögen ist als ein anderer; jedoch wenn man alles zusammenrechnet, ist der Unterschied zwischen Mensch und Mensch nicht so beträchtlich, daß ein Mensch daraufhin irgendeinen Vorteil für sich fordern kann, auf den ein anderer nicht so gut wie er Anspruch erheben könnte. Denn was die Körperkraft betrifft, so hat der Schwächste genügend Kraft, den Stärksten zu töten, entweder durch einen geheimen Anschlag oder durch ein Bündnis mit anderen, die sich in derselben Gefahr wie er befinden.«[6]

Diese egalisierende Verletzlichkeit bildet die begriffliche Grundlage für Hobbes' berüchtigte Bestimmung des »Naturzustands«

als eines Krieges aller gegen alle und die normative Grundlage für den Gesellschaftsvertrag, der diesen anarchischen Naturzustand überwinden soll. Denn dieser permanente Kriegszustand, in dem sich die Menschen mangels einer politischen Ordnung befänden, verhindert Hobbes zufolge jede sinnvolle gesellschaftliche Entwicklung und Kultur. Was in Hobbes' berühmten Worten unter derartigen Umständen herrschen würde, wäre »ständige Furcht und die Gefahr eines gewaltsamen Todes«; infolgedessen wäre das Leben des Menschen notgedrungen »einsam, armselig, widerwärtig und kurz«.[7] Aus diesem Grund muss die Selbsthilfe nach Hobbes' Ansicht verhindert, das heißt, muss die Gewalt dem Menschen entrissen, monopolisiert[8] und dem Kollektiv, also dem Gemeinwesen oder »Commonwealth«, übertragen werden. Man beachte, dass diese grundlegende Einsicht nach wie vor die Basis der meisten Vertragstheorien, Rechtstheorien und de facto auch des modernen Staatsbegriffs bildet.[9]

Der deutsche Soziologe und Politikwissenschaftler Wolfgang Sofsky hat diesen Strang des politischen Denkens in seinem überaus anregenden *Traktat über die Gewalt* weitergeführt.[10] Sein Buch ist für unseren Kontext nicht zuletzt deshalb so hilfreich, weil es sich, genau wie Cyberangriffe, über Staatsgrenzen hinwegsetzt und nicht auf innere oder äußere Gewalt beschränkt. Im politischen Gemeinwesen wie auf internationaler Ebene bildet der Körper für Sofsky den Mittelpunkt der menschlichen Existenz. Wegen ihrer Körperlichkeit sind alle Menschen »verletzungsmächtig« und »verletzungsoffen«.[11] Der Körper bildet so gesehen das erste Instrument und das erste Ziel der Gewalt. Diesen beiden Seiten – der aktiven und der passiven, der Aggression und dem Schutz, dem Angriff und der Verteidigung – möchte ich mich nun der Reihe nach zuwenden.

Der Körper ist das erste und vordringliche *Ziel der Gewalt*. Selbst wenn moderne Waffensysteme für die Zerstörung von Gebäuden, Bunkern oder Barrikaden gemacht sind, so bleibt letztlich doch der menschliche Körper ihr eigentliches Ziel. Diese grundlegende Tatsache muss man sich bewusst machen. Der körperlichen Gewalt eines Verbrechers oder Feindes ausgeliefert zu sein, ist für den Überlebenden eine Erfahrung, die den Augenblick der Aggression überdauert und sein gesamtes Leben verändert. Ein Gewaltopfer wird diese Erfahrung nicht vergessen, wie Sofsky in drastischen, aber durchaus angemessenen Worten schildert. Je nach der Intensität des Angriffs kann das Opfer aus dem Ereignis, das sein Leben nachhaltig verändert hat, dauerhafte physische und psychische Wunden davontragen. Sofsky schreibt:

> »Der Schmerz ist das leibhaftige Vorzeichen des Todes, und die Angst ist zuletzt nur ein Abkömmling der Todesangst. Was im Tod nicht mehr empfindbar ist, zwingt der Schmerz dem Menschen auf: die Hinfälligkeit seines Leibes, die Zerstörung des Bewusstseins, die Negation der Existenz. Davon weiß der Überlebende im eigenen Leib. Er spürt, dass das Sterben begonnen hat.«[12]

Genau wie eine schwere Krankheit führt Gewalt dem Einzelnen die Fragilität seiner Existenz, die Nähe des Todes vor Augen. Jeder, der für gewisse Zeit in einem Kriegsgebiet gewesen ist, hat, selbst wenn ihm persönlich die Erfahrung von Gewalt erspart blieb, ein Verständnis für diese existentielle Dimension entwickelt. Die engen Freundschaften, die oft in Kriegsgebieten geschlossen werden, sind Ausdruck dieser hochemotionalen Erfahrung. Persönliche Gewalt kann einen Menschen zerbrechen, ein irreversibles Trauma hervorrufen, ja die Existenz eines Menschen zerstören – und ebenso kann politische Gewalt eine politische Gemeinschaft zerbrechen, ein schweres kollektives Trauma hervorrufen und die Gemeinschaft praktisch auslöschen. Aus diesem Grund ist, wie Sofsky schließt, »keine Sprache von größerer Überzeugungskraft als die Sprache der Gewalt«.[13]

Daraus folgt die zweite große Einschränkung: Die im Cyberspace ausgeübte Gewalt ist nicht nur indirekt und vermittelt; sie wird vermutlich auch emotional weniger folgenreich sein. Aufgrund seines intermediären und gewissermaßen umständlichen Wesens wird ein Cyberangriff wahrscheinlich nicht in demselben Maße dazu angetan sein, Furcht und Schrecken zu verbreiten, wie ein koordinierter Terroranschlag oder eine konventionelle Militäroperation. Ein koordinierter Cyberangriff, der in dem Land, gegen das er sich richtet, Schmerz und Leid ähnlichen Ausmaßes verursacht wie eine gezielte Bombardierung, ist zum gegenwärtigen Zeitpunkt schlechthin unvorstellbar.[14] Und ein Vergleich mit der Luftmacht ist hier vielleicht instruktiv: Die Effektivität von Luftschlägen wurde im Laufe der Geschichte – vom Zweiten Weltkrieg über den Vietnamkrieg, den Zweiten Golfkrieg und die Intervention im Kosovo bis zum israelischen Krieg gegen die Hisbollah im Jahr 2006 – immer wieder überschätzt. In allen Fällen überschätzten die Befürworter militärischer Vergeltungsmaßnahmen aus der Luft die psychologischen Wirkungen solcher Luftschläge und unterschätzten die Widerstandskraft des Gegners – und das, obwohl zweifellos Bombenangriffe eine über alle Maßen schreckliche Erfahrung sind.[15] In Anbetracht dieser Geschichte des unerschütterlichen Optimismus und übermäßigen Selbstvertrauens überrascht es vielleicht nicht, dass es die Luftstreitkräfte und nicht die Bodenstreitkräfte waren, die sich als Erste für die Cyberidee erwärmten und fortan erklärten, ihre Piloten würden nun im viel beschworenen »fünften Bereich«[16] des Cyberspace »fliegen, kämpfen und siegen«.[17] Doch Cyberwaffen, die ähnlich großen Schaden und Schmerz verursachen könnten wie die Bombardierungen von Dresden, London, Belgrad oder Beirut, wären (zumindest bislang) selbst für einen zweitklassigen Science-Fiction-Roman keine hinreichend plausible Annahme.

Wenn es einmal das erste Todesopfer eines Cyberangriffs zu vermelden gibt – und »wenn« scheint hier die angemessenere Konjunktion zu sein als »falls« –, dann wird der öffentliche Aufschrei und, abhängig von den konkreten Umständen, die kollektive Angst zweifellos groß sein. Doch sobald sich der Staub gelegt hat, wird die Panik wahrscheinlich einer nüchterneren Bewertung weichen. Nach menschlichem Ermessen wird man wohl, mit Sofsky gesprochen, schließen, dass die Sprache der Gewalt im Cyberspace einfach nicht besonders überzeugend ist. Ein weiterer Grund für die eingeschränkte Anwendbarkeit von Gewaltinstrumenten im Cyberspace oder von Cyberwaffen ist deren begrenzte symbolische Wirkung. Auch für ein Verständnis der Waffensymbolik spielt der Körper eine wesentliche Rolle.

Der Körper ist nämlich auch das erste *Instrument der Gewalt*, die erste Waffe. Das »erste« signalisiert an dieser Stelle keine Priorität, sondern den Beginn einer anthropologischen und letztlich technischen Entwicklung, die noch in vollem Gange ist. Drei Dinge nehmen nämlich unaufhörlich zu: die Schlagkraft der Waffen, die notwendigen Fähigkeiten, um sie zu bedienen, und der Abstand zu ihrem Ziel. Man muss nicht eigens darauf hinweisen, dass es die tödliche Erfindungsgabe des menschlichen Verstandes war, die die meisten Waffen ersonnen und auch die Fähigkeiten optimiert hat, die für ihre Konstruktion und Bedienung nötig sind. Doch die allererste Waffe des Menschen war sein nackter Körper, und alle Gewaltinstrumente sind letztlich Verlängerungen des menschlichen Körpers. Am Beispiel einfacher Waffen, wie etwa eines Knüppels, eines Messers oder eines Schwertes, lässt sich diese Einheit von Instrument und Nutzer am besten illustrieren. Kampfsportler, die in den raffinierten Techniken des Fechtens oder Kendos, einer japanischen Form des Schwertkampfs, ausgebildet sind, werden intuitiv verstehen, dass der Zweck eines – mental wie körperlich – harten Trainings darin besteht, den Gebrauch der Waffe so natürlich wie den Gebrauch der eigenen Arme und Beine, aber wesentlich effektiver zu machen. Vor diesem Hintergrund versteht man Ausdrücke wie: mit der Waffe »eins werden« oder sie »fühlen«. Und nicht nur Fechter, Bogen-

oder Scharfschützen sind mit diesen Redewendungen vertraut. Die angestrebte Einheit von Kämpfer und Waffe beschränkt sich nicht auf die relativ einfachen traditionellen Instrumente der Gewalt. Sie gilt auch für komplexere Waffensysteme. Der Pilot eines F-15-Kampfjets oder ein Artillerieschütze verbringt ebenfalls lange Stunden in der Luft oder auf dem Schießstand, um die Bedienung dieser Zerstörungswerkzeuge zur Routine werden zu lassen. Ziel ist es, dass der Pilot – sogar bei komplexeren Manövern und unter Stress – nicht mehr über die grundlegenden Abläufe nachdenken muss, sondern sich ganz und gar auf die anderen Aspekte einer Operation zu konzentrieren vermag. Auch das Flugzeug wird also letztlich zu einer Verlängerung des menschlichen Körpers. Und je komplexer die Waffe ist, desto mehr wird ihr Gebrauch Spezialisten der Gewaltanwendung vorbehalten sein, die eigens zu diesem Zweck ausgebildet wurden.

Die Technologie beeinflusst das Verhältnis von Gewalt und menschlichem Körper auf asymmetrische Weise: Sie hat die Instrumente der Gewalt dramatisch verändert – auf die Grundlage der Gewalt, nämlich die äußerste Verletzbarkeit des menschlichen Körpers, hatte sie allerdings keinen Einfluss. Die Technologie kann für einen physischen Abstand zwischen dem Gewalttäter und seinem Akt sorgen; Gleiches gilt aber nicht für die Opfer der Gewalt. Wenn der nackte menschliche Körper als Instrument der Gewaltausübung fungiert, dann wird der Körper des Opfers durch eine Faust oder einen Fuß getroffen. Ist das Instrument der Gewalt ein Messer, dann schneidet eine Klinge in das Fleisch des Opfers. Ein Pfeil trifft die Schulter des Opfers aus kurzer Distanz. Die Kugel eines Scharfschützen zerfetzt das Körpergewebe aus Hunderten von Metern Entfernung. Die Detonation einer Granate wird meilenweit entfernt Knochen brechen. Und eine Langstreckenrakete kann Menschen über Tausende von Kilometern und über Kontinente hinweg töten. Der Mensch kann die Gewaltausübung an Artefakte, an Waffensysteme delegieren, das Erleiden von Gewalt aber bleibt eine intime körperliche Erfahrung. Die Komplexität, die Präzision und das Zerstörungspotential von Waffensystemen und der Spezialisierungsgrad der Menschen, die sie bedienen, haben kontinuierlich zugenommen.

Die Tatsache, dass Angriffswaffen immer leistungsfähiger werden, betont zugleich ihre symbolische Funktion. Damit wären wir bei der dritten Grenze angekommen, an die Cyberwaffen stoßen: Sie eignen sich nur sehr bedingt für symbolische Zwecke. Der durchtrainierte Körper eines Boxers oder Ringers ist auch außerhalb des Rings ein Symbol seiner Stärke; das Schwert diente traditionell als Symbol für den Ruhm, die Kampftüchtigkeit und den gesellschaftlichen Status seines Trägers. Das Vorzeigen von Waffen ist immer ein wichtiger und legitimer Bestandteil ihres Gebrauchs gewesen. So ist beispielsweise der *Jambiya*, ein traditioneller Krummdolch, der wie eine riesige Gürtelschnalle getragen wird, für einen jemenitischen Mann bis heute das sichtbarste Statussymbol; ein New Yorker Polizist mit Pistole im Halfter flößt sicherlich mehr Respekt ein als ein unbewaffneter Sheriff; und die spektakulären Militärparaden, die in Peking abgehalten werden, sind natürlich einzig und allein dafür gedacht, die imposante Macht des Regimes zur Schau zu stellen. Auch eine ganze Reihe von Militärmanövern dient hauptsächlich der Machtdemonstration. So kann man aus strategischen oder taktischen Gründen wichtige Verbände wie eine Flugzeugträgerkampfgruppe an strategisch bedeutsamen Punkten auffahren oder einfach eine Patrouille vorbeimarschieren, -fahren, -segeln oder -fliegen lassen.[18] Sogenannte *Show-of-force*-Operationen zeigen die militärische Stärke einer Luftwaffe besonders eindrücklich. Dabei wird dann zum Beispiel das feindliche Territorium im Tiefflug überflogen, um den Gegner taktisch einzuschüchtern. Mit zunehmender militärischer Schlagkraft und Reichweite der Waffen sowie den entsprechenden Anforderungen an ihre Bedienung wächst auch das Bedürfnis nach Symbolik: Denn natürlich ist es billiger, Waffensysteme lediglich zur Schau zu stellen und nur mit ihrem Einsatz zu drohen, als sie tatsächlich zu gebrauchen. Auch aus ethisch-politischen Gründen ist der symbolische Einsatz von Waffen selbstverständlich vorzuziehen. Den extremen Ausdruck dieser Entwicklung bilden Atomwaffen. Mit den Cyberwaffen aber verhält es sich ganz anders. Ihre Schlagkraft lässt sich viel schwerer als Drohkulisse aufbauen als das Zerstörungspotential konventioneller Waffen. Exploit-Codes kann man nicht auf dem Schlachtfeld aufmarschieren oder gar auf imposanten Fahrzeugen über riesige städtische Plätze rollen lassen. Die Veröffentlichung eines gefährlichen Exploit-Codes, der in der Lage wäre, die Website, sagen wir, des Verteidigungsministeriums zu infiltrieren, würde unmittelbar zu einem Sicherheits-Update führen und die Cyberwaffe, noch bevor sie überhaupt zum Einsatz gekommen wäre, wieder neutralisieren. Ganz eigene Probleme ergeben sich etwa bei dem Versuch, mittels Cyberwaffen einen Warnschuss in Richtung auf ein potentielles Ziel abzugeben, um den Gegner einzuschüchtern. Einige dieser Probleme werden wir im nächsten Kapitel eingehender behandeln, an dieser Stelle sei zunächst nur auf die neuartigen und unerwarteten Schwierigkeiten von Machtdemonstrationen im Cyberspace hingewiesen.

Bislang haben wir also drei Grenzen entdeckt: Codebasierte Gewalt stößt in körperlicher, emotionaler und symbolischer Hinsicht an eine Grenze. Die Einschränkungen liegen hier auf der Hand; und es bedarf keiner großen begrifflichen Vorarbeiten, um sie einzusehen. Es gibt aber eine andere, um nicht zu sagen die wichtigste *Grenze* von Cyberangriffen, die zugleich ihr größtes *Potential* darstellt, für die das nicht gilt.[19] Um diese beiden Aspekte genauer herausarbeiten zu können, brauchen wir einen etwas stabileren Stand in der politischen Theorie der Gewalt. (Kurz angemerkt sei, dass sich dieses Buch an unterschiedliche Lesergruppen richtet: an solche, die sich in erster Linie für Konflikte und nur in zweiter Linie für Computer interessieren, und an jene Leser, die sich vor allem für neue Technologien und deren Auswirkungen auf unser Leben interessieren. Für beide Kreise ist politische Theorie wahrscheinlich nicht unbedingt die erste Lektüre ihrer Wahl. Ich möchte dennoch gerade Leser mit eher praktischen Interessen dazu ermutigen, sich auf die folgenden Seiten einzulassen, denn die hier angestellten theoretischen Überlegungen folgen keiner schlechten akademischen Gewohnheit. Man darf nämlich, davon bin ich überzeugt, die Theorie nicht den Wissenschaftlern überlassen. Theorie muss vielmehr zu einem *persönlichen Wissen* und ihre Elemente müssen zu einem begrifflichen Instrumentarium werden; nur so kann man herausfinden, wie sich Konflikte besser verstehen, überstehen oder vermeiden lassen. Ohne ein solches begriffliches Instrumentarium geht es einem nicht viel anders als einem Architekten ohne Zeichentisch, einem Schreiner ohne Zollstock oder – einem Soldaten ohne Gewehr.)

Politische Gewalt ist immer instrumentell, das heißt, sie dient einem politischen Zweck; und dieser Zweck besteht immer in der Beeinflussung von Vertrauensverhältnissen. Durch Gewalt kann man nämlich entweder Vertrauen stiften und erhalten oder es erschüttern und zersetzen. Terrorismus beispielsweise ist ein Mittel, um das Vertrauen der Bevölkerung in ihren Staat zu untergraben. Um Vertrauen zu erhalten oder zurückzugewinnen, kann der Staat seine Gewalt dazu gebrauchen, Verbrecher (oder Terroristen) – diejenigen also, die den Gesellschaftsvertrag durch die Anwendung von Gewalt gegen andere Bürger und deren Eigentum verletzt haben – ausfindig zu machen und zu verhaften. Die politische Mechanik der Gewalt hat also zwei strikt gegensätzliche Seiten: eine konstruktive, die der Aufrechterhaltung des Vertrauens dient, und eine destruktive, die auf die Erschütterung des Vertrauens abzielt. Beide Seiten schließen einander aus und sollen im Fortgang jeweils für sich genommen betrachtet werden. Erst dann lässt sich über eine etwaige Nützlichkeit von Cyberattacken befinden.

Ein kurzer Exkurs zum Vertrauen ist an dieser Stelle notwendig. Vertrauen ist für jede Gesellschaft eine existentielle Ressource.[20] Möglicherweise sind Vertrauen und Vertrauenswürdigkeit gerade aufgrund ihrer überragenden Bedeutung in der politischen Theorie so umstrittene Begriffe. Da Vertrauen nun einerseits fundamental, der Vertrauensbegriff aber andererseits abstrakt und umstritten ist, müssen wir genau definieren, wie wir ihn im Rahmen unserer Argumentation verwenden wollen. Die politische Theorie unterscheidet zwischen zwei ziemlich unterschiedlichen Arten von Vertrauen: Sie versteht Vertrauen zunächst einmal als persönliche Beziehung zwischen zwei Individuen.[21] Beispiele hierfür sind die Vertrauensverhältnisse, die zwischen mir und meinem Bruder, zwischen Ihnen und Ihrem Installateur oder zwischen einem Fahrgast und einem Taxifahrer bestehen. Solche Vertrauensverhältnisse sind immer auf Handlungen bezogen: Mein Bruder könnte mir seine kleine Tochter anvertrauen, solange er weg ist; Sie vertrauen darauf, dass der Installateur Ihre Therme repariert, während Sie bei der Arbeit sind; und ein Fahrgast vertraut dem Taxifahrer, dass er ihn auf dem schnellsten Weg ans gewünschte Ziel bringt und nicht ausraubt. Die zweite Art von Vertrauen bezieht sich nicht auf den psychologischen Zustand eines Individuums, sondern auf eine kollektive Eigenschaft und meint das Vertrauen, das Individuen kollektiven Institutionen entgegenbringen.[22] Bei einer solchen Institution kann es sich um eine Bank, einen Anwalt, eine Fluglinie, die Polizei, die Armee, den Staat oder um abstraktere Entitäten wie das Bankwesen oder die Rechtsordnung handeln. Auch Verhältnisse des institutionellen Vertrauens beziehen sich auf eine Tätigkeit oder Dienstleistung: Kunden vertrauen darauf, dass ihre Bank ihr Geld nicht veruntreut, sie vertrauen darauf, dass die Fluggesellschaften ihre Flugzeuge ordnungsgemäß warten und betreiben, und die Bürger vertrauen darauf, dass die Polizei sie im Notfall schützt. Auf den zweiten Blick allerdings erweisen sich persönliches Vertrauen und institutionelles Vertrauen als miteinander verknüpft. Sie werden Ihrem Installateur wahrscheinlich nicht allein deshalb trauen, weil er ein netter Kerl ist, sondern zumal, weil sie wissen, dass ihm im englischen oder französischen oder deutschen Rechtssystem strafrechtliche Konsequenzen drohen, wenn er Ihr Vertrauen missbraucht. Ähnliches gilt für die Fahrt mit dem Taxi. Ein aufmerksamer Reisender, der in Kairo unmittelbar nach der Revolution von 2011, als Recht und Gesetz teilweise außer Kraft gesetzt waren, nach einem Taxi Ausschau hielt, wird deshalb vermutlich deutlich weniger Vertrauen in das ordnungsgemäße Verhalten eines Taxifahrers gehabt haben. Vertrauenswürdige, stabile Rechtsinstitutionen können mithin nur zwischen jenen Individuen interpersonales Vertrauen stiften, die diese Institutionen repräsentieren oder an sie gebunden sind.[23]

Das Vertrauen in den Mittelpunkt zu stellen, erschließt der Theorie der politischen Gewalt eine neue Dimension. Zugleich gewinnen wir auf diese Weise ein wesentlich detaillierteres Bild von dem Ziel, das ein Angriff verfolgt, und diese zusätzlichen Details sind für die Beurteilung der unterschiedlichen Formen von Cyberattacken von großer Bedeutung. Eine Attacke – mag sie in Form eines Hacks stattfinden oder nicht, mit gewaltsamen Mitteln verbunden sein oder nicht – kann ein wesentlich bescheideneres Ziel verfolgen als den Sturz einer Regierung oder ihre vollständige Delegitimierung. Nicht alle politische Gewalt ist revolutionär; nicht alle Aktivisten sind Rebellen, und nicht alle politischen Angriffe bedienen sich gewaltsamer Mittel. Ein Attentat kann sich gegen etwas so Spezifisches richten wie eine konkrete politische Maßnahme einer bestimmten Regierung, eine bestimmte Geschäftspraktik eines einzelnen Unternehmens oder den Ruf eines Individuums.

In Händen der staatlichen Autorität ist Gewalt zur Aufrechterhaltung des sozialen Vertrauens gedacht. Um zu ermessen, was das in letzter Instanz bedeutet, rufe man sich drei wohlbekannte

Maximen der politischen Theorie in Erinnerung. Erstens ist Gewalt ein *implizites* Element jeder Rechtsordnung, selbst der modernsten. Jeder herrschenden politischen Ordnung wohnt ein gewisses Maß an Gewalt inne – schließlich sind Staaten dann stabil, wenn sie das Monopol legitimen physischen Zwangs erfolgreich für sich beanspruchen. Jede Rechtsordnung ist letztlich, um es in juristischen Worten zu sagen, eine Zwangsordnung.[24] Einer der interessantesten Autoren in diesem Zusammenhang ist Alexander Passerin d'Entrèves, ein aus dem mehrsprachigen Aostatal in den italienischen Alpen stammender politischer Philosoph des 20. Jahrhunderts. In seinem Buch *The Notion of the State* setzt sich Passerin d'Entrèves eingehend mit dem Staat und seinem Einsatz von Gewalt auseinander. »Der Staat ›existiert‹, insoweit es eine Gewalt *[force]* gibt, die seinen Namen trägt«, schrieb er in Bezug auf den stillschweigenden Charakter der Zwangsandrohung, die den Subtext und das Fundament aller Rechtsstaatlichkeit bildet. »Genau wie die Beziehungen der Staaten untereinander sind auch die Beziehungen des Staates zu den Individuen Kräfte- bzw. Zwangsverhältnisse *[relations of force]*.«[25] Eines der berühmtesten Hobbes-Zitate bringt dieses implizite Zwangsmoment der Gesetzesherrschaft auf den Punkt: »Und Verträge ohne das Schwert sind nur Worte […].«[26]

Diese implizite Gewalt *wird* zweitens *zu Macht (power)*. Und es ist Vertrauen, das Gewalt zu Macht werden lässt. Genauer: Soziales Vertrauen beruht letztlich auf Rechtsstaatlichkeit und Rechtsstaatlichkeit wiederum darauf, dass der Staat innen- wie außenpolitisch sein Gewaltmonopol verteidigt und behauptet. Dieser Gedanke mag auf den ersten Blick komplex erscheinen, auf ihm aber ruht der moderne Staat. Er bildet auch den Ausgangspunkt für einen Großteil der politischen Theorie, die, in Passerin d'Entrèves' Worten, der langen und rätselhaften Verwandlung von Gewalt *(force)* in Staatsgewalt *(authority)* bzw. der Frage gewidmet ist, was »Gewalt zu Gesetz, Angst zu Respekt, Zwang zu Zustimmung – Notwendigkeit zu Freiheit [werden lässt]«.[27] Es würde selbstverständlich den Rahmen der vorliegenden Arbeit sprengen, dieser Frage hier im Einzelnen nachzugehen. Doch eine kurze Rückbesinnung auf einige der einflussreichsten politischen Denker wird schnell deutlich machen, dass Vertrauen ein ganz entscheidender Begriff ist. Noch einmal Hobbes:

> »Das *Amt* des Souveräns (ob Monarch oder Versammlung) besteht in dem Zweck, zu dem ihm die souveräne Macht anvertraut wurde, nämlich, für die *Sicherheit des Volkes* zu sorgen […].«[28]

Kollektives Vertrauen in die Institutionen des Staates ist eine der Qualitäten, die Gewalt *(violence)* in staatliche Macht verwandeln. John Locke, ein für die Geschichte des westlichen politischen Denkens fast ebenso wichtiger Philosoph wie Hobbes, brachte diese Dynamik wortgewandt zum Ausdruck. Für Locke spielt der Begriff des Vertrauens eine sogar noch größere Rolle:

> *»Politische Gewalt [power]* ist jene Gewalt *[power]*, die jeder Mensch im Naturzustand hatte und die er in die Hände der Gesellschaft gegeben und innerhalb der Gesellschaft an die Regierenden, die die Gesellschaft über sich eingesetzt hat, und zwar mit jenem ausdrücklichen oder stillschweigenden Vertrauen, daß sie zu seinem Wohl und zur Erhaltung seines Eigentums gebraucht werde.«[29]

Wenn die Gewalt *(force)* vom Souverän gebraucht wird, um das Recht durchzusetzen, hört sie auf, reine Gewalt *(violence)* zu sein. Indem sie zu einer Vertreterin der Rechtsordnung wird, sieht sich die Gewalt *(force)* institutionalisiert bzw. »beschränkt« – »durch die bloße Tatsache der Beschränkung hört Gewalt *[force]* auf, bloße Gewalt zu sein«, wie es Passerin d'Entrèves ausdrückt – und wird zu Macht *(power)*.[30]

Drittens ist politische Gewalt *(violence)* – egal ob in roher oder in ihrer impliziten, beschränkten Form als Macht – *immer instrumentell.* Walter Benjamin hält in seinem Essay »Zur Kritik der Gewalt« fest, »daß Gewalt zunächst nur im Bereich der Mittel, nicht der Zwecke aufgesucht werden kann«. Dieser ursprünglich im Jahr 1921 publizierte Aufsatz ist eine klassische Quelle für die Gewaltforschung.[31] Benjamin machte auch auf den konstitutiven Charakter der Gewalt, auf ihr »rechtsetzendes« Wesen aufmerksam. Im Einklang mit realistischen Politikwissenschaftlern und positivistischen Rechtstheoretikern stellt sich Benjamin vor, dass »die Personen aller ihrer Gewalt zugunsten des Staates sich begeben«[32], um an späterer Stelle zwischen einer »rechtserhaltende[n]« und einer »rechtsetzenden« Funktion der Gewalt zu unterscheiden.[33]

Während in der Theorie des Krieges und gewiss auch in der Rechtstheorie ein gewisser Konsens herrscht, gilt dies doch nicht für die Theorie der Gewalt – auch wenn sowohl im Krieg wie im Recht Zwang *(force)* und in letzter Instanz Gewalt *(violence)* zum Einsatz gebracht werden. Es kommt vielleicht nicht von ungefähr, dass ein Großteil der theoretischen Überlegungen zur Gewalt – ebenso wie zu Krieg und Recht – von Philosophen und Politikwissenschaftlern stammt, die deutsch oder mindestens deutschsprachig waren. Aus zwei Gründen ist dies nicht überraschend: zum einen, weil die deutsche Geschichte insbesondere während des 19. und der ersten Hälfte des 20. Jahrhunderts, in jener Zeit also, in der die meisten einschlägigen Texte zu diesem Thema entstanden, außergewöhnlich gewalttätig war. Die Texte stammen von Verfassern klassischer Werke der Soziologie und Politikwissenschaft wie Karl Marx, Max Weber, Walter Benjamin, Hannah Arendt und Carl Schmitt, aber auch von Autoren wie Carl von Clausewitz, dessen Buch *Vom Kriege* ein Grundlagentext der Kriegstheorie ist, oder Hans Kelsen, der mit seiner *Reinen Rechtslehre* einen Klassiker der Jurisprudenz geschrieben hat. Der überaus vielschichtige Begriff der »Gewalt«, der sich nicht ohne Weiteres ins Englische übersetzen lässt, spielt in all diesen Texten eine

Schlüsselrolle. Das führt uns zum zweiten Grund, warum deutsche Verfasser auf diesem Gebiet so prägend waren. Das Deutsche »beschränkt« Gewalt *(violence)* von Anfang an – oder genauer gesagt, es unterscheidet zumeist nicht zwischen *violence*, *force* und *power*. Der Begriff der Gewalt kann so verwendet werden wie in »Staatsgewalt«, auf Englisch *power of the state*, oder wie in »Gewaltverbrechen«, *violent crime*. Diese Grundbegriffe der klassischen politischen Theorie bringen die wichtigsten Grenzen genauso wie das wichtigste Potential von Cyberangriffen zum Vorschein.

Cyberattacken – gewaltsamer oder nicht gewaltsamer Art – haben für die Bildung und Bewahrung von Vertrauen nur einen begrenzten Nutzen. Zunächst einmal werden gewaltsame Cyberangriffe bzw. deren Androhung wohl niemals einen impliziten Teil der Rechtsordnung bilden. Durch Spionage, Sabotage oder Subversion ließe sich gewiss keine Zwangsordnung aufrechterhalten und schon gar nicht begründen. Denkbar wäre eine innerstaatliche Überwachung zu diesem Zweck; doch eine solche ergänzende Maßnahme wäre hochumstritten und sicherlich kein geeignetes Zwangsmittel im eigentlichen Sinne. Daraus folgt, dass uns ein strenger Begriff der Cybergewalt *(cyberpower)** zum augenblicklichen Zeitpunkt nicht viel weiterbringt. Die programmcodegestützte Gewalt besitzt deshalb einen nur sehr begrenzten instrumentellen Nutzen. Sie hat wenig oder gar kein Potential, Vertrauen zu erhalten, und kann allenfalls dazu beitragen, Vertrauen zu erschüttern. Diese Einschränkung verweist allerdings zugleich auf ihr größtes Potential: Cyberangriffe können damit sogar bessere Wirkungen auf nicht gewaltsame Weise erzielen.

Auch politische Gewalt ist ein Mittel zur Erschütterung des Vertrauens. Selbst wenn sich keine Gruppe öffentlich zu einem Terroranschlag bekennen sollte, so gilt für die Urheber politischer

* Der Autor übersetzt »power« an dieser Stelle selbst als »Gewalt«, A.d.Ü.

Gewalt, besonders in ihrer extremen Form des Terrorismus, dennoch umstandslos, dass sie alles für die größtmögliche öffentliche und mediale Aufmerksamkeit tun. Die Grundidee maximaler Sichtbarkeit besteht darin, eine zentrale Botschaft an eine maximale Zahl von Empfängern zu übermitteln: Seht, euer Staat kann euch nicht schützen, ihr könnt nicht darauf vertrauen, dass euer Staat für eure Sicherheit sorgt. Es gibt zwei verschiedene Möglichkeiten, um die Glaubwürdigkeit eines Staates bzw. einer Regierung zu diskreditieren, die ansonsten nicht viel miteinander gemein haben: zum einen terroristische Gewalt, die sich willkürlich gegen Zivilisten richtet und dabei auch keine Rücksicht auf alte Menschen, Frauen oder Kinder nimmt. Alle politische Gewalt, insbesondere aber die brutalste willkürliche Gewalt, übermittelt eine Botschaft, die eigentlich nicht im Interesse der Kämpfer liegen kann: Wir machen keine Unterschiede, wir sind brutal, wir nehmen keine Rücksicht auf das Leben Unschuldiger. Doch in der Hitze des gewaltsamen innenpolitischen Konflikts überwiegt allemal der Vorteil des zunehmenden Vertrauensverlusts auf Seiten der Bevölkerung den Nachteil einer solchen Negativwerbung. Die andere Möglichkeit ist ein Krieg zwischen zwei Staaten. Wenn die Armee eines Landes gegen die Streitmacht eines anderen Landes in den Krieg zieht, dann gehört es zu ihren wichtigsten Zielen, die Verbindung zwischen der gegnerischen Bevölkerung und ihrer Regierung zu kappen. Diese Verbindung ist eine Form von institutionellem Vertrauen. Clausewitz hat das Volk bekanntermaßen als eines der drei Elemente einer »wunderlichen Dreifaltigkeit« bestimmt (und die anderen beiden Elemente als die Regierung und das Heer). Das Volk, schrieb der preußische Kriegsphilosoph, ist die Quelle der Leidenschaft und der Energie, die man braucht, um die nationalen Kriegsanstrengungen fortzusetzen. Deshalb werden öffentliche Meinung und nationaler Kampfgeist zusammenbrechen, wenn die Bevölkerung mehrheitlich den Glauben daran verliert, dass ihre Regierung und ihr Heer siegreich sein können. Auf unterschiedliche Weise gilt diese Dynamik nicht nur für Demokratien, sondern für alle politischen Systeme. Moderne Streitkräfte versuchen deshalb nicht weniger als gewaltbereite Gruppen, die öffentliche Sichtbarkeit ihrer überlegenen Feuerkraft zu maximieren.[34] In regulären wie irregulären Konflikten besteht eines der Hauptziele für Generäle wie für Terroristen darin, die Meinungsführer in der Bevölkerung eines Landes davon zu überzeugen, dass ihre derzeitige Regierung weder nach außen noch im Innern in der Lage sein wird, das Gewaltmonopol zu behaupten oder wieder an sich zu reißen.

Cyberattacken können die Vertrauenswürdigkeit einer Institution auf gewaltfreie Weise erschüttern. Hier kommt es stark auf die konkreten Umstände an. Natürlich ist politische Gewalt nicht die einzige Möglichkeit, um das Vertrauen in eine Regierung, eine Institution, eine politische Maßnahme, ein Unternehmen oder jemandes Kompetenz zu untergraben. Sie ist auch weder die üblichste noch die wirksamste oder genaueste Methode. Gewalt ist lediglich das äußerste Extrem eines politischen Angriffs. In liberalen Demokratien wie den Vereinigten Staaten sind die meisten Formen gewaltfreien politischen Engagements und Protests nicht nur legal, sie werden, insbesondere rückblickend, auch als legitim erachtet. Ein gutes Beispiel hierfür ist die US-amerikanische Bürgerrechtsbewegung. Doch selbst extreme Formen des politischen Denkens und Handelns sind durch den Ersten Zusatz zur amerikanischen Verfassung geschützt.[35] In weniger liberalen politischen Gemeinschaften sind bestimmte Formen gewaltfreien politischen Engagements sicherlich illegal. Je illiberaler ein System ist, desto mehr Formen des nicht gewaltsamen Protestes wird dieses System verbieten (das Kapitel über Subversion wird sich noch näher mit diesen Fragen beschäftigen).

Cyberangriffe, sowohl in gewaltsamer wie nicht gewaltsamer Form, können das Vertrauen in bestehende Institutionen, egal ob Regierungen, Unternehmen oder gesellschaftliche Normen im Allgemeinen, sehr effektiv untergraben. Cyberangriffe lassen sich präziser platzieren als herkömmliche politische Gewalt: Sie unterminieren nicht unbedingt das staatliche Gewaltmonopol an sich. Vielmehr lassen sie sich ganz individuell auf bestimmte Firmen oder öffentlich-rechtliche Körperschaften zuschneiden, um gezielt nur deren Autorität zu beschädigen. Die Logik der Vertrauenssabotage durch Cyberattacken lässt sich am besten anhand von Beispielen illustrieren. Vier Fälle sollen uns im Folgenden helfen, einige Erkenntnisse zu sortieren.

Die gravierendsten Konsequenzen hatte vielleicht der Hackerangriff auf die IT-Sicherheitsfirma DigiNotar. DigiNotar war einmal eine der führenden Zertifizierungsstellen (CA oder *certificate authority*) mit Hauptsitz in den Niederlanden, gegründet von einem privaten Rechtsanwalt zusammen mit der niederländischen Notariatskammer. CAs stellen digitale Zertifikate aus, und DigiNotar war ins Leben gerufen worden, um diese Aufgabe für die niederländische Regierung und Privatkunden zu übernehmen. Im Sprachgebrauch der Kryptographen ist die CA eine sogenannte vertrauenswürdige dritte Partei, oft abgekürzt als TTP *(trusted third party)*, die wirksam als vertrauensbildender Dritter zwischen zwei anderen Parteien fungiert. Das tut sie, indem sie beglaubigt, dass das genannte »Subjekt« (der Eigentümer) des Zertifikats einen öffentlichen Schlüssel für ein bestimmtes Verschlüsselungsverfahren besitzt. Eine zertifizierte Website findet sich im Browser normalerweise durch ein kleines grünes Schloss oder ein anderes grünes Symbol, links von der Adresszeile des Browsers angezeigt. Alle gängigen Browser waren so konfiguriert, dass sie den Zertifikaten von DigiNotar automatisch trauten. Einige der meistgenutzten elektronischen Dienste der niederländischen Regierung verließen sich auf Zertifikate der später kompromittierten Firma, wie zum Beispiel die zentrale Kfz-Registrierungsstelle der Niederlande, der Rijksdienst voor het Wegverkeer, oder DigiD, eine Identitätsmanagement-Plattform, mit deren Hilfe die niederländische

Steuer- und Zollverwaltung durch eine nationale Identifikationsnummer, die *Burgerservicenummer*, die Identität der Bürger online verifizieren konnte. Angesichts der Art von Dienstleistung, die DigiNotar als Zertifizierungsstelle anbot – deren wichtigstes Produkt Vertrauen war –, war sie per definitionem ein willkommenes Ziel für Cyberangriffe.

Der Angriff erfolgte am 10. Juli 2011.[36] Der selbsternannte »Comodo-Hacker« verschaffte sich Zutritt zum Computersystem des Unternehmens und stellte im Laufe von zehn Tagen 530 falsche Zertifikate aus, darunter solche, die vorgeblich von Google, Skype, Mozilla, aber auch von großen westlichen Geheimdiensten wie der CIA, dem Mossad und dem britischen MI6 stammten.[37] Neun Tage später, am 19. Juli, entdeckten die Mitarbeiter von DigiNotar einen Einbruch in ihre Zertifikat-Infrastruktur, doch das Unternehmen machte diese Information zum damaligen Zeitpunkt nicht publik. Es zog alle falschen Zertifikate zurück, die es aufspürte – insgesamt rund 230 –, was allerdings umgekehrt hieß, dass über die Hälfte der falschen Zertifikate unentdeckt blieb.[38] Mindestens eines dieser Zertifikate wurde anschließend für sogenannte Man-In-The-Middle- oder MITM-Angriffe gegen Kunden von Gmail oder anderen verschlüsselten Google-Diensten verwendet. Durch das Abfangen des Datenverkehrs waren unbekannte Angreifer in der Lage, Passwörter und alles andere zu stehlen, was die ahnungslosen Nutzer des jeweiligen Google-Dienstes unter ihrem Account tippten oder speicherten. Die niederländische Sicherheitsfirma stellte normalerweise keine Zertifikate für den kalifornischen Internetgiganten aus. Dass Google in Wirklichkeit gar keine Geschäftsbeziehung mit dem Aussteller der Zertifikate unterhielt, nahm dem Angriff nichts von seiner Schlagkraft – alle verbreiteten Browser, von Firefox über Chrome bis zum Internet Explorer, akzeptierten die gefälschten Zertifikate von DigiNotar trotzdem als echt. Erst sechs Wochen später, am 27. August, fiel einem iranischen Nutzer auf, dass etwas nicht stimmte. Alibo, wie er sich nannte, hatte die jüngste Version des Google-Browsers Chrome auf seinem Computer installiert und bemerkte eine ungewöhnliche Warnung auf seinem Gmail-Account, als er seine Mails abrief. Im Mai 2011, also zwei Monate zuvor, hatte Google Chrome seinen Browser gerade durch die *Public key pinning*-Funktion ergänzt. Das bedeutete, dass Google letztlich »fest codierte« Fingerabdrücke für seine eigenen Webdienste in Chrome hinterließ. Chrome ignorierte dann einfach gegensätzliche Informationen von CAs und blendete den Nutzern eine Warnung ein.[39] Alibo sah diese Warnung und postete an jenem Samstag eine Frage in einem Google-Forum: »Ist das MITM auf Gmails SSL?«, fragte er mit Verweis auf einen Man-In-The-Middle-Angriff und ein gebräuchliches Verschlüsselungsprotokoll, das Secure Sockets Layer, in gebrochenem Computerenglisch.[40]

Die Reaktion ließ nicht lange auf sich warten. Immerhin war es das erste Mal, dass der schädigende Gebrauch eines falschen Zertifikats im Internet ans Licht gekommen war, wie eine Gruppe, die sich dem Schutz der Bürgerrechte im Internet verschrieben hat, die Electronic Frontier Foundation, hervorhob.[41] Schon am darauffolgenden Montag erschienen Updates für Internet Explorer, Firefox und Chrome, die alle Zertifikate von DigiNotar ablehnten und dem Nutzer eine entsprechende Warnung anzeigten. »Die Browserhersteller Google, Mozilla und Microsoft kündigten nacheinander an, dass sie alle von DigiNotar ausgegebenen digitalen Zertifikate auf Dauer blockieren würden, was einen umfassenden Vertrauensverlust in die Glaubwürdigkeit der DigiNotar-Dienste zum Ausdruck brachte«, berichtete das Magazin *Wired*. Der Vorfall an sich und der anschließende Umgang der niederländischen Zertifizierungsstelle mit der Datenschutzverletzung hatten das Vertrauen der Kunden in diese Firma unwiderruflich zerstört. Das niederländische Innenministerium machte die Sache nicht besser, als es verkündete, die Regierung der Niederlande könne die sichere Nutzung der eigenen Websites nicht mehr garantieren.

Am 20. September 2011 meldete VASCO, der Eigentümer von DigiNotar, Insolvenz für das Unternehmen an.

Der Einbruch hatte eine beträchtliche Größenordnung. Er ermöglichte eine Flut von Folgeangriffen. Wenn ein Zertifikat in Anspruch genommen wird, schickt der Browser mittels eines bestimmten Internetprotokolls namens Online Certificate Status Protocol (OCSP) eine Anfrage an einen antwortenden Server der Ausstellerfirma, um den Widerrufsstatus eines Zertifikats abzufragen. Das Protokoll informiert den Antwortserver, dass ein bestimmter Netzwerkhost zu einem bestimmten Zeitpunkt ein bestimmtes Zertifikat verwendet. Die erste Statusabfrage zu dem falschen *.google.com-Zertifikat ging 17 Tage nachdem das Zertifikat ausgestellt worden war, nämlich am 27. Juli, ein. Eine Woche später, am 4. August, stieg die Anzahl der bei DigiNotars OCSP-Antwortservern eingehenden Anfragen einer amtlichen Untersuchung zufolge »massiv« an. Die betroffenen Nutzer befanden sich zumeist in Iran.[42] Der Verdacht lag also nahe, dass iranische Dissidenten, von denen viele Google vertrauten, um sicher über das Internet zu kommunizieren, Ziel des Angriffs waren.[43] Rund 300 000 eindeutige IP-Adressen wurden identifiziert, die Zugang zu Google suchten, von denen über 99 Prozent aus Iran stammten. Und dass einige wenige nicht von dort kamen, lag im Wesentlichen nur daran, dass sich iranische Nutzer hinter einem ausländischen Proxy-Server versteckten. Irgendjemand in Iran versuchte also, in kürzester Zeit mehr als eine Viertelmillion Nutzer auszuspionieren.[44] Wer dieser Jemand war, ist bis heute ungeklärt. Der ursprüngliche Angriff auf DigiNotar mag das Werk eines Einzelnen gewesen sein. Der nach einem früheren Angriff auf die Firma Comodo benannte Comodo-Hacker beschrieb sich selbst als 21-jährigen Teheraner Studenten der Softwareentwicklung – und als regimetreuen Patrioten.[45] In einem Interview, das die *New York Times* kurz nach den berüchtigten Angriffen abdruckte, bezeichnete sich dieser Hacker als Verehrer des Ajatollah Ali Chamenei und Verächter der Grünen Protestbewegung in Iran. Von allen möglichen Zertifizierungsstellen habe er DigiNotar deshalb ausgewählt, weil sie niederländisch sei, verriet er der *Times*.[46] Der angeblich wütende Student machte die niederländische Regierung für den Tod von 8000 Muslimen verantwortlich, die 1995 während des Bosnienkrieges in Srebrenica ermordet worden waren:

> »Wenn die niederländische Regierung damals 8000 Muslime für 30 niederländische Soldaten eintauschte und animalische serbische Soldaten noch am selben Tag 8000 Muslime töteten, muss die niederländische Regierung dafür bezahlen; es hat sich seither nichts geändert, nur 16 Jahre sind vergangen. Die 13 Millionen Dollar, die die niederländische Regierung an DigiNotar bezahlt hat, werden *direkt* in den Müll wandern müssen, das kann ich aus KM [Kilometern] Entfernung tun! Das reicht erst mal, damit die niederländische Regierung begreift, dass 1 muslimischer Soldat so viel wert ist wie 10 000 niederländische Regierungen.«[47]

Diese Erklärung ist nicht ganz glaubwürdig. Viel wahrscheinlicher ist dagegen, dass DigiNotar einfach, wie man im Hacker-Jargon sagt, »tief hängenden Früchten« gleichkam, also leichte Beute war. Bei einer unmittelbar nach dem Hack erfolgten Überprüfung kam heraus, dass das Unternehmen nicht einmal Mindestsicherheitsstandards einhielt: Es hatte schwache Passwörter, keine Virenschutzprogramme und keine aktuellen Sicherheits-Updates. Das, was die Industrie als »mangelhafte Hygiene« bezeichnet, schuf somit die Voraussetzung für den letztlich naheliegenden Angriff. Noch am 30. August fand die führende finnische Sicherheitsfirma F-Secure diverse selten besuchte Seiten von DigiNotars Webauftritt verunstaltet. Diese Seiten waren zum Teil schon seit über zwei Jahren nicht aktualisiert worden und trugen offenbar noch immer die Spuren von älteren Hackerangriffen anderer Gruppen.[48] Nicht unwahrscheinlich also, dass DigiNotar unter Hackern den zweifelhaften Ruf eines gefundenen Fressens genoss. Ob der selbsternannte Online-Rächer nun wirklich aus eigenem Antrieb handelte oder nicht, ist am Ende gar nicht entscheidend. Jedenfalls gab er freimütig zu, seine Informationen an die iranische Regierung weitergegeben zu haben. »Mein Land sollte Google, Skype, Yahoo usw. kontrollieren können«, teilte der mutmaßliche Comodo-Hacker der *New York Times* per E-Mail mit. »Ich knacke alle Verschlüsselungsalgorithmen und gebe meinem Land die Macht, sie alle zu kontrollieren.« Die Bespitzelungswelle nach dem 4. August ging mit großer Wahrscheinlichkeit von Institutionen des iranischen Staates oder deren Repräsentanten aus, möglicherweise von Internetanbietern, die ahnungslose Gmail-Kunden – ein E-Mail-Dienst, der unter technisch beschlagenen Nutzern wegen seiner hohen Sicherheitsstandards beliebt ist – ausspionierten.

Der DigiNotar-Fall macht deutlich, wie Cyberangriffe Vertrauen erschüttern können. Nicht nur das Vertrauen in die niederländische Zertifizierungsstelle DigiNotar wurde unwiderruflich zerstört. Da sich die niederländische Regierung auf deren Vertrauenswürdigkeit verlassen hatte, versetzte der Angriff auch ihrer eigenen Glaubwürdigkeit vorübergehend einen Schlag, den das Innenministerium durch einen transparenten Umgang mit der Krise zu mildern versuchte.

Beim bereits erwähnten Beispiel der Angriffe auf die estnische Regierung und einige Privatunternehmen im Mai 2007 galt der Anschlag ebenfalls einem Konglomerat von öffentlichen und privaten Zielen. Die – wie man annehmen darf: politisch motivierten russischen – Täter sahen höchstwahrscheinlich nicht voraus, wie massiv die Reaktion ausfallen und zu welch hohem Grad an öffentlicher Sichtbarkeit ihre DDoS-Attacken schließlich führen würden. Die politische Führung Estlands wurde von den Angriffen kalt erwischt und suchte händeringend nach einer – sowohl praktisch als auch politisch-strategisch – angemessenen Antwort.

»Die Angriffe richteten sich gegen die grundlegende elektronische Infrastruktur der Republik Estland«, sagte Jaak Aaviksoo, der damals gerade neu berufene estnische Verteidigungsminister:

> »Alle großen Geschäftsbanken, Telefongesellschaften, Medienkanäle und Namensserver – die Telefonbücher des Internets – spürten die Auswirkungen, von denen die Mehrheit der estnischen Bevölkerung betroffen war. Es war das erste Mal, dass ein Botnetz die nationale Sicherheit einer gesamten Nation bedrohte.«[49]

Aaviksoo stellte sich damals die Frage, ob er sich auf Artikel 5 des NATO-Bündnisses berufen sollte, der eine kollektive Vergeltung für jeden bewaffneten Angriff auf ein NATO-Land garantiert. Da die meisten Staaten der NATO einen Cyberangriff allerdings nicht als »bewaffneten Angriff« betrachten und dies nicht einmal in der aufgeheizten Situation dieser dreiwöchigen Krise taten, hätte Aaviksoo gar nicht die Möglichkeit gehabt, die Karte des Bündnisfalls zu ziehen. »Kein einziger Verteidigungsminister der NATO würde einen Cyberangriff zum gegenwärtigen Zeitpunkt eindeutig als militärischen Akt werten«, räumte er ein und fügte hinzu: »Dennoch muss diese Angelegenheit in nächster Zukunft geklärt werden.«[50] Ein Mitarbeiter des estnischen Verteidigungsministeriums beschrieb das, was dem Angriff vorausging, als »ein dem Zusammenziehen von Armeen vergleichbares Zusammenziehen von Botnetzen«.[51] Andere Minister teilten seine Sorge. Zur Zeit des Angriffs war Urmas Paet Außenminister von Estland. Er machte von Anfang an den Kreml verantwortlich: »Die Europäische Union wird angegriffen, weil Russland Estland angreift«, schrieb er in einer Stellungnahme vom 1. Mai 2007, und weiter: »Die Angriffe sind virtuell, psychologisch und real.«[52] Der estnische Premierminister Ansip wurde bereits im letzten Kapitel zitiert: »Wodurch unterscheidet sich eine Blockade der Häfen oder Flughäfen eines souveränen Staates von der Blockade staatlicher Institutionen und von Nachrichten-Websites?«[53] Ene Ergma, die Sprecherin des estnischen Parlamentes, die einen Doktortitel des russischen Instituts für Weltraumforschung trägt, wählte eine andere Analogie. Sie verglich den Angriff mit dem Abwurf einer Atombombe und der dadurch freigesetzten unsichtbaren Strahlung. »Wenn ich mir eine nukleare Explosion und die Explosion, die im Mai in unserem Land stattgefunden hat, angucke«, gab Ergma im Hinblick auf die Cyberattacke dem Magazin *Wired* gegenüber zu Protokoll, »dann sehe ich im Grunde dasselbe. Wie nukleare Strahlung hinterlässt auch ein Cyberkrieg keine blutenden Wunden, doch er kann alles zerstören.«[54] Nicht nur in dem kleinen baltischen Land reagierte man mit einer gewissen Panik. Auch in den Vereinigten Staaten waren die Falken unter den Politikbeobachtern davon überzeugt, eine echte, neue und brandgefährliche Bedrohung ausgemacht zu haben. Ralph Peters, ein pensionierter Geheimdienstoffizier der Armee und notorischer außenpolitischer Scharfmacher, schrieb zwei Wochen nach dem Anschlag auf Estland einen erregten Gastkommentar für *Wired*. Darin warf er dem Verteidigungsministerium vor, eine neuartige und möglicherweise verheerende Gefahr zu unterschätzen:

> »[D]as Pentagon scheint das gefährliche Potential dieses neuen Bereichs der Kriegsführung nicht ganz zu begreifen. Wenn man sich die Verteidigungsausgaben ansieht, dann fließen die Dollars immer noch in überwältigendem Maße in Altsysteme aus dem Kalten Krieg, die zur Bekämpfung sowjetischer Panzerarmeen, nicht russischer E-Brigaden gedacht waren.«[55]

Den Vereinigten Staaten könnte ein fataler Überraschungsangriff drohen, behauptete Peters, ein Angriff, neben dem Pearl Harbor »buchstäblich wie eine Pappmascheeattrappe« aussehen würde, schrieb er mit einem Frank Zappas Song »Cheepnis« entlehnten Ausdruck.[56]

Rückblickend betrachtet erscheinen diese Vergleiche zwar eher überzogen und realitätsfern. Und doch sollte man sie nicht allzu leichtfertig als Übertreibungen abtun. Die Sorgen von Aaviksoo, Ansip und Peters waren echt und ehrlich gemeint – sie sind Ausdruck der Tatsache, dass das Vertrauen in die bisherigen Sicherheitssysteme erfolgreich zerstört wurde. Insbesondere angesichts solch martialischer Analogien muss man unbedingt darauf hinweisen, dass sowohl der Hackerangriff auf DigiNotar als auch das estnische DDoS gewaltfrei abliefen. Dennoch gelang es ihnen, das öffentliche Vertrauen in eine Firma bzw. in die Fähigkeit eines Landes, mit einem neuen Problem zurechtzukommen, wirksam zu beschädigen. Im einen Fall war die Beschädigung des Vertrauens irreparabel. (DigiNotar musste Insolvenz anmelden.) Im anderen Fall war sie nur vorübergehend: Ein paar Jahre nach dem Angriff verfügte Estland über eine bessere Verteidigung, besseres Personal und ausgezeichnete Fähigkeiten und Fachwissen, um mit einem nationalen Cybersicherheitsvorfall zurechtzukommen.

Deshalb wollen wir uns nun drittens dem einzigen vielleicht wirklich gewalttätigen Cyberangriff zuwenden, der »auf freier Wildbahn« stattgefunden hat: Stuxnet.[57] Selbst dieser eine Cyberangriff, der in gewissem Umfang mit physischer Zerstörung verbunden war, auch wenn sie lediglich technisches Gerät betraf, hatte eine starke psychologische Komponente. Er war darauf angelegt, Vertrauen zu untergraben, nämlich das Vertrauen der Wissenschaftler in ihre Systeme und in sich selbst sowie das Vertrauen einer politischen Führung in ihre Fähigkeit, erfolgreich Atomwaffen entwickeln zu können. Als der Computerwurm Stuxnet erste Erfolge bei der Zerstörung iranischer Zentrifugen verzeichnete, wussten die iranischen Betreiber über zwei Jahre lang nicht, was vor sich ging. Die Operation hatte begonnen, lange bevor Obama im Januar 2009 als Präsident vereidigt wurde, vielleicht sogar schon im November 2005. Unabhängige Sicherheitsfirmen entdeckten die Schadsoftware erst im Juni 2010. Die Absicht bestand ursprünglich darin, so viele iranische Zentrifugen wie möglich zu beschädigen. Doch die amerikanisch-israelischen Angreifer wussten vermutlich, dass man die physische Wirkung auch dafür nutzen konnte, einen weit schädlicheren psychologischen Effekt zu erzielen: »Geplant war, dass sie sich wegen der Ausfälle bescheuert vorkommen sollten, und genau das passierte«, wie ein amerikanischer Beteiligter an den Angriffen der *New York Times* verriet.[58] Der Grundgedanke lautete, dass die iranischen Ingenieure, sobald ein paar Maschinen ausfielen, größere Maschinengruppen, sogenannte »Kaskaden«, die 164 Zentrifugen miteinander verbinden, abschalten würden, weil sie ihrer eigenen Technologie misstrauten und von einer Sabotage in allen Zentrifugen ausgingen. In der Internationalen Atomenergiebehörde, der mächtigen UN-Aufpasserorganisation in Wien, ging das Gerücht, die Iraner hätten das Vertrauen in ihre eigenen Systeme und Instrumente so grundsätzlich verloren, dass die Leitung der großen kerntechnischen Anlage von Natanz – in einem außergewöhnlichen Schritt – die Ingenieure angewiesen habe, sich in die Anlage zu setzen und ihre Beobachtungen per Funk mitzuteilen, um so die Ablesungen an den Instrumenten zu verifizieren.[59] Eine solche Verwirrung kam den Angreifern sehr gelegen: »Sie reagierten über«, so ließ einer der an der Operation Beteiligten wissen, »und das warf sie noch weiter zurück.«[60] Die Iraner, die an dem nuklearen Anreicherungsprogramm mitarbeiteten, fingen an, sich gegenseitig die Schuld in die Schuhe zu schieben und sogar Leute zu entlassen. Stuxnet war, wie sich herausstellte, nicht der einzige Anschlag auf das Selbstbewusstsein der iranischen Ingenieure. Man muss sich vor Augen halten, dass die Stuxnet-Operation wahrscheinlich ganz und gar geheim bleiben sollte. Am erschütterndsten für das Selbstvertrauen wäre es wohl gewesen, wenn die iranischen Ingenieure und die Führung Irans gar nicht herausgefunden hätten, dass ihre Arbeit sabotiert wurde. Die wirksamsten Cyberattacken sind wahrscheinlich die, die nie aufgedeckt werden.

Ein überaus seltsamer digitaler Folgeangriff ereignete sich am 25. Juli 2012 – ein instruktives viertes Beispiel für erschüttertes Vertrauen. Ein recht ungewöhnlicher Anschlag traf zwei der Urananreicherungsanlagen in Iran: Einige Computer fuhren herunter, während andere »Thunderstruck« spielten, einen aggressiven, energiegeladenen Song der australischen Rockband AC/DC. Ein Wissenschaftler der iranischen Atomenergieorganisation (AEOI) ergriff die Initiative und wandte sich an den prominenten und überaus renommierten Forschungsleiter der finnischen Antivirenfirma F-Secure, Mikko Hypponen. Hypponen bestätigte, dass die E-Mails, die er bekam, aus der AEOI stammten:

> »Ich schreibe Ihnen, um Ihnen mitzuteilen, dass unser Atomprogramm ein weiteres Mal von einem neuen Wurm mit Exploits angegriffen und beschädigt wurde, Exploits, die unser Automatisierungsnetzwerk in Natanz sowie in Fordo, einem anderen Werk in der Nähe von Qom, abgeschaltet haben.«[61]

F-Secure konnte keine der Einzelheiten bestätigen, die in der E-Mail erwähnt wurden. Der anonyme iranische Wissenschaftler hatte offenbar aus einer internen Mail zitiert, die von den »Cyberexperten« der Organisation an die Forscherteams geschickt worden waren. Die Mail verwies auf das gebräuchliche Tool zum Aufspüren von Schwachstellen und Entwickeln eines Exploit-Codes, Metasploit, und erwähnte den Umstand, dass die mysteriösen Angreifer angeblich Zugang zum virtuellen privaten Netzwerk (VPN) der iranischen Atomenergieorganisation hatten. Ungebeten erklärte der Wissenschaftler, der Angriff habe »das Automatisierungsnetzwerk und die Hardware von Siemens« lahmgelegt. Dann kam er auf das merkwürdigste Element zu sprechen, welches später Hunderte von Zeitungsartikeln füllen sollte, nachdem Bloomberg zum ersten Mal über die in F-Secures Blog veröffentlichte E-Mail berichtet hatte:

»An einigen Arbeitsplätzen spielte plötzlich mitten in der Nacht und in voller Lautstärke irgendeine Musik. Ich glaube, was man hörte, war ›Thunderstruck‹ von AC/DC.«[62]

Etwas Vorsicht ist hier allerdings angebracht. Denn der einzige Bericht über den Vorfall stammt von einem iranischen Wissenschaftler, der jene Information aus eigenem Antrieb an eine Firma für Antivirussoftware weitergab. Zudem ist unklar, ob man den Anschlag als den jüngsten einer Reihe amerikanischer Cyberangriffe betrachten sollte, die möglicherweise mit Stuxnet begonnen hat. Auf den ersten Blick steht die Aktion, durch die iranische Ingenieure so offen und plakativ angegriffen wurden, in krassem Gegensatz zu den geheimen Anschlägen durch Stuxnet oder Flame – die raffinierte Spionageprogramme waren. Andererseits aber rechneten die Angreifer vielleicht gar nicht damit, dass dieses für die Iraner doch eher peinliche Hochgehen der AC/DC-Bombe überhaupt publik werden würde. So oder so war es also nicht überraschend, dass Fereidun Abbassi, der Chef der AEOI, die ganze Angelegenheit wenige Tage später bestritt. »Wer glaubt denn wirklich so eine Geschichte? Sie ist absolut haltlos; so etwas hat es nie gegeben«, äußerte sich Abbassi gegenüber der iranischen Nachrichtenagentur ISNA.[63]

Die Geschichte kann sehr wohl ein Schwindel gewesen sein. Man sollte sie aber auch nicht ganz bedenkenlos abtun. Immerhin scheint AC/DC bei amerikanischen Soldaten der beliebteste Soundtrack für den Kampfeinsatz zu sein; so wurde beispielsweise die Stadt Falludscha im Irakkrieg 2004 von amerikanischen Marines zu den lauten Riffs des AC/DC-Songs »Hells Bells« gestürmt.[64] Insofern kann man sich die Operation als Teil eines größeren psychologischen Zermürbungskrieges vorstellen, durch den das Vertrauen der iranischen Ingenieure in ihre Systeme, ihre Kompetenzen und das gesamte Projekt Zug um Zug erschüttert werden sollte. Wer in Europa oder in den Vereinigten Staaten die Nachrichten verfolgt, wird einer solchen Geschichte vielleicht keinen Glauben schenken – sollte sie sich aber doch so zugetragen haben, hätten sich Abbassis Ingenieure, nachdem ihr System wieder einmal einem vollkommen unerwarteten Anschlag zum Opfer gefallen war, sicherlich gefragt, wozu die mysteriösen Angreifer sonst noch in der Lage waren.

Gewalt, die in Form eines zur Waffe umfunktionierten Computercodes ausgeübt wird, stößt also, um noch einmal zusammenzufassen, in mehrerer Hinsicht an Grenzen: Sie ist weniger physisch, weil sie immer nur eine indirekte Gewalt ist. Sie ist weniger emotional, weil sie weniger persönlich und intim ist. Und da symbolische Gewalt im Cyberspace nur sehr begrenzt funktioniert, ist codebasierte Gewalt auch weniger instrumentell als konventionellere Formen der Gewaltanwendung. Doch ungeachtet dieser Einschränkungen können die psychologischen Effekte von Cyberanschlägen, kann ihr Vertrauen erschütterndes Potential nichtsdestoweniger ausgesprochen effektiv sein.

Zu Beginn dieses Kapitels hatten wir uns gefragt, ob der israelische Cyberangriff auf das Luftabwehrsystem Syriens im August 2007 gewalttätig war oder nicht. Vor dem Hintergrund unserer Analyse ist die Antwort nun klar: Er war es nicht. Nur der damit verbundene Luftschlag auf den beinahe fertiggestellten Atomreaktor war mit Gewalt verbunden. Der Cyberanschlag selbst aber hatte zwei Auswirkungen, für die früher ein Militärschlag notwendig gewesen wäre: Erstens neutralisierte er die Bedrohung durch die syrischen Luftabwehrbatterien. Das war eine entscheidende Leistung, die ein ungehinderteres und möglicherweise schnelleres und erfolgreicheres Luftbombardement ermöglichte. Die zweite Auswirkung ist aber vielleicht noch wichtiger: Der Cyberanschlag trug dazu bei, das Vertrauen des syrischen Regimes in seine eigenen Möglichkeiten und den Glauben zu erschüttern, dass es seine wichtigsten Anlagen in Zukunft vor israelischen Angriffen würde schützen können.

Baschar al-Assad beschloss daraufhin, Syriens Anreicherungsprogramm nicht wiederaufzunehmen; dieses zweite, weniger greifbare Ergebnis hatte also möglicherweise den nachhaltigeren Effekt.

3. Cyberwaffen

In den Tagen und Stunden, die dem Nachmittag des 19. März 2011 vorausgingen, bereiteten die Luftstrategen Frankreichs, Großbritanniens und diverser anderer NATO-Staaten fieberhaft die unmittelbar bevorstehende Bombardierung militärischer Ziele in Libyen vor. An ebenjenem Märzwochenende kam es in Washington zu einer außergewöhnlichen Diskussion zwischen Verteidigungsministerium und Weißem Haus. Sollte Amerika sein Arsenal von Cyberwaffen gegen das libysche Luftabwehrsystem einsetzen?[1] Nachdem die Generäle und Computercracks des Pentagons dem Präsidenten die Möglichkeiten auseinandergesetzt hatten, beschloss dieser, die Zeit sei noch nicht reif für Cyberwaffen.

Die kleine Szene hinter den Kulissen ist Teil einer wesentlich größeren Debatte um Cyberangriffswaffen. Im September 2011 warnte der stellvertretende amerikanische Verteidigungsminister William Lynn: »Eine Terrorgruppe, der zerstörerische Cyberwaffen in die Hände fallen, könnte praktisch unverzüglich zuschlagen.«[2] Im Januar 2012 gab das Verteidigungsministerium seine Pläne bekannt, Amerikas Streitkräfte darauf vorzubereiten, dass sie »einen alle Bereiche – Land, Luft, Meer, Weltraum und Cyberspace – umfassenden Militäreinsatz durchführen könnten«.[3] Um einem neuen Wettrüsten und neuen Formen des militärischen Konflikts im Cyberspace vorzubeugen, regten unter anderem China und Russland an, über Möglichkeiten der »Cyberrüstungskontrolle« nachzudenken.

Doch diese Debatte und die ersten Versuche, sie in ein politisches Programm zu übersetzen, greifen zu kurz. Was die Anwendung von Gewalt im Cyberspace angeht, sind einige grundlegende Fragen bisher noch nicht beantwortet, ja nicht einmal erforscht: Was genau sind »Cyberwaffen« überhaupt? Wodurch unterscheidet sich ein als Waffe eingesetzter Programmcode von physischen Waffen? Was unterscheidet die verschiedenen Cyberangriffswerkzeuge? Und gelten die Dynamiken und Normen, die den Einsatz von Waffen auf dem konventionellen Schlachtfeld bestimmen, auch im Cyberspace?

Es gibt ein breites Spektrum von Cyberwaffen, das von *allgemeinen Werkzeugen mit allerdings geringem Potential* bis hin zu *speziellen, aber hochpotenten Waffen* reicht. Ein didaktisch anschaulicher Vergleich macht diese Polarität etwas deutlicher. »Cyberwaffen« mit geringem Potential sind wie Paintballpistolen: Man kann sie irrtümlich für echte Waffen halten, sie lassen sich ohne Weiteres im Handel erwerben, wo sie normalerweise als »Spielzeug« verkauft werden, und man sieht jeden Treffer sofort – bei genauerem Hinsehen allerdings verlieren diese »Waffen« etwas von ihrem bedrohlichen Charakter. Cyberwaffen mit großem Zerstörungspotential könnte man mit hoch entwickelten »Fire-and-Forget«-, also selbst zielsuchenden Waffensystemen, wie z. B. Anti-Radar-Lenkflugkörpern, vergleichen: Sie erfordern zielspezifische Informationen, die in das Waffensystem einprogrammiert werden, beträchtliche Investitionen in Forschung und Entwicklung, einen ausreichenden Vorlauf, und während sie einerseits vollkommen neue taktische Möglichkeiten eröffnen, sind sie doch andererseits mit neuen Einschränkungen verbunden. Diese Unterscheidung erlaubt es uns, eine doppelte Hypothese zu formulieren, die einigen Vorurteilen der laufenden Debatte deutlich widerspricht. Maximiert man das Zerstörungspotential einer Cyberwaffe, so hat dies voraussichtlich zweierlei Folgen: Das Ausmaß an Ressourcen, Informationen und Zeit, die man benötigt, um sie zu bauen und einzusetzen, wird sich signifikant *erhöhen* – andererseits werden sich die Anzahl der Ziele, das Risiko von Kollateralschäden sowie das Droh- und Zwangspotential von Cyberwaffen durch eine Vergrößerung ihres Zerstörungspotentials wahrscheinlich erheblich *verringern*.

Die Argumentation dieses Kapitels erfolgt in drei Schritten. Zunächst soll die Begrifflichkeit der Cyberwaffen geklärt werden. Danach schlage ich in Anlehnung an die wichtigsten bekannt gewordenen empirischen Fälle eine mögliche Klassifikation von Cyberangriffswerkzeugen vor. Und schließlich soll gezeigt werden, warum man *nicht einmal* komplexe und wirkmächtige elektronische Angriffsinstrumente sinnvollerweise als Cyberwaffen bezeichnen kann. Am Ende des Kapitels werden drei Probleme umrissen, vor die uns Cyberwaffen stellen. Diese drei Probleme werden einen entscheidenden Einfluss darauf haben, wie die Entwicklung und Anwendung von destruktiv eingesetztem Programmcode in Zukunft aussehen wird.

Waffen sind, schlicht gesagt, Schädigungswerkzeuge. Seit Menschengedenken haben Menschen Waffen verwendet, um ihre Beute oder sich gegenseitig zu jagen. Unter die Kategorie der Waffe fallen Nuklearsprengköpfe genauso wie der kampfsportgestählte menschliche Körper, ihr »Nutzwert« reicht von der Zerstörung einer ganzen Stadt bis zur Verteidigung einer einzelnen Person. Dennoch wird in Theorie und Praxis oft so getan, als verstünde sich der Begriff der »Waffe« von selbst. Erstaunlicherweise findet sich nicht einmal im *Department of Defense Dictionary of Military and Associated Terms* der Vereinigten Staaten, einem beeindruckenden Kompendium von 550 Seiten, in dem von *abort* (Abbruch) bis *Zulu time* (Zulu-Zeit) alles Mögliche definiert wird, eine Definition von »Waffe«, geschweige denn von »Cyberwaffe«.[4] Für die Zwecke unseres Buches definieren wir eine Waffe einfach als *ein Instrument, das dafür gebraucht wird oder dafür konzipiert ist, physischen, funktionellen oder geistigen Schaden an Strukturen, Systemen oder Lebewesen zu verursachen oder anzudrohen*. Diese allgemeine Definition ist für die Entwicklung eines genaueren Verständnisses von Cyberwaffen ein wichtiger Baustein.

Der Begriff der Cyberwaffe ist wesentlich umfassender als der des Cyberkriegs. Cyberkrieg ist ein hochproblematischer, ja gefährlicher Begriff. Wie bereits beschrieben, muss eine kriegerische Handlung instrumentell, also zweckgebunden, politisch und potentiell tödlich sein, ob sie im Cyberspace stattfindet oder nicht.[5] Kein bekannt gewordener einzelner Cyberangriff genügt diesen Kriterien, womit der »Cyberkrieg« vorerst nichts weiter als eine Metapher ist. Dies gilt nicht für Cyberwaffen. Waffen kommen nicht nur im Krieg zum Einsatz, sie werden für ganz unterschiedliche Zwecke verwendet: um anderen Angst einzujagen, zur Selbstverteidigung, um etwas zu stehlen oder zu beschützen, zur Erpressung, Überwachung oder um in ein Gebäude einzudringen, um Recht und Gesetz durchzusetzen, zu fliehen oder Sachen zu zerstören, aber auch zum Training, auf der Jagd, bei Sport und Spiel. Natürlich können Waffen auch dazu dienen, Kriege zu führen, und einige der komplexeren Waffensysteme, etwa Kriegsschiffe oder Flakgeschütze, wurden ausschließlich zu diesem Zweck entwickelt. Die meisten Waffen aber werden weder im Krieg eingesetzt, noch sind sie für den Kriegseinsatz gedacht. Das gilt ebenso für Cyberwaffen.

Während die Rede vom *Cyberkrieg* also kontraproduktiv und irreführend ist, kann es durchaus hilfreich und klärend sein, über *Cyberwaffen* zu sprechen. Doch die begriffliche Präzision bleibt auch hier ein Problem: »Zur Zeit besteht kein internationaler Konsens im Hinblick auf die Definition einer ›Cyberwaffe‹«, klagte das Pentagon im November 2011 und lenkte damit elegant von der Tatsache ab, dass auch innerhalb des Verteidigungsministeriums darüber kein Konsens besteht.[6] In diesem Buch werden wir eine Cyberwaffe als eine Untermenge der allgemeinen Kategorie der Waffe verstehen: als einen *Computercode, der dafür gebraucht wird oder dafür konzipiert ist, physischen, funktionellen oder geistigen*

Schaden an Strukturen, Systemen oder Lebewesen zu verursachen oder anzudrohen.

Die psychologische Dimension ist ein wichtiger Aspekt des Waffengebrauchs im Allgemeinen und des Gebrauchs von Cyberwaffen im Besonderen, und zwar in zweierlei Hinsicht: Die erste psychologische Dimension besteht in *der Absicht des Angreifers, einem Ziel Schaden anzudrohen oder zuzufügen*. Ein Instrument kann ausdrücklich als Waffe bestimmt sein, wie etwa ein Gewehr, oder zu einer Waffe umfunktioniert werden, wie etwa ein Hammer, mit dem jemand bedroht oder attackiert wird.[7] Einfache und komplexe Produkte lassen sich ebenso gut für friedliche wie für kriegerische Zwecke verwenden. Für Waffensysteme mit einem einzigen Zweck gilt genau wie für umfunktionierte Gegenstände, dass ein Instrument dann als Waffe gebraucht wird, wenn ein Akteur *beabsichtigt, es so zu gebrauchen*; ob etwas oder jemand tatsächlich Schaden nimmt, ist dabei zweitrangig. Ein Gewehr lässt sich beispielsweise zum Einschüchtern benutzen, auch wenn es nicht funktioniert oder wenn die Kugel ihr Ziel verfehlt. Dennoch kommt in beiden Fällen eine Waffe zum Einsatz, einfach weil ein Angreifer in einer bestimmten Situation die Absicht hatte, sie als solche einzusetzen.

Dieselbe Logik gilt auch für Cyberwaffen. Zur Illustration mag der bemerkenswerte Vorfall dienen, der sich im Wasserkraftwerk des Sajano-Schuschensker-Stausees in Russland ereignet hat. Der US-amerikanische General Keith Alexander, ehemals Direktor der National Security Agency und Leiter des United States Cyber Command, führte den Vorfall in einer Rede als Beispiel für die *potentiellen* Risiken von Cyberattacken an.[8] Mit einer Höhe von 245 Metern und einer Spannweite von über einem Kilometer ist die Staumauer von Sajano-Schuschensk die größte in ganz Russland; sie staut den mächtigen Fluss Jenissei in Chakassien im zentralen Südsibirien.[9] Am 17. August 2009, kurz nach Mitternacht westeuropäischer Zeit, wurde eine 940-Tonnen-Turbine, eine der zehn

640-Megawatt-Turbinen des Kraftwerks, von einem sogenannten Wasserhammer, einem plötzlichen Anstieg des Wasserdrucks, aus ihrer Verankerung gerissen. Es folgte eine Transformatoren-Explosion. Die ungewöhnlich starken Vibrationen der Turbine hatten nach und nach die Bolzen ermüdet, mit denen ihre Abdeckung befestigt war. Bei diesem Unfall starben 75 Menschen, in Russland stiegen die Energiepreise an, und der Wiederaufbau des Kraftwerks sollte 1,3 Milliarden Dollar kosten. Die Unglücksturbine 2 war schon seit einiger Zeit nicht mehr voll funktionsfähig gewesen, außerdem wurde das Kraftwerk schlecht geführt, doch das verhängnisvolle Ereignis, das die Katastrophe schließlich auslöste, scheint ein Feuer im rund 800 Kilometer entfernten Kraftwerk von Bratsk gewesen zu sein. Als die Energieeinspeisung aus Bratsk abfiel, erhöhten die Behörden die Belastung des Schuschensker Kraftwerks per Fernregelung. Die plötzliche Spannungsspitze überlastete die Turbine 2, die nach 29 Jahren und zehn Monaten kurz vor dem Ende ihrer vorgesehenen Laufzeit von 30 Jahren stand.[10] Das Ereignis wäre ein Paradebeispiel für den Einsatz von Cyberwaffen gewesen, hätten irgendwelche Angreifer den Zusammenbruch des Kraftwerks absichtlich herbeigeführt (wofür sie im Vorfeld sehr detailliert über die Instandhaltungsmängel hätten Bescheid wissen müssen, die seit Langem bestanden). Keine entsprechende Absicht war aber hier am Werk. Und Absichtlichkeit ist vermutlich das einzige Kriterium, durch das wir einen Anschlag von einem Unfall unterscheiden können.

Eine zweite psychologische Dimension kommt ins Spiel, wenn mit einer Waffe gedroht bzw. ihr Einsatz angekündigt oder erwartet wird: nämlich *das seitens des Zielobjekts wahrgenommene Potential einer Waffe, echten Schaden anzurichten*. Man wird dabei in Erinnerung behalten wollen, dass ein Angreifer sein Ziel erreichen kann, indem er lediglich mit einer Waffe droht, ohne physischen Schaden zu verursachen; oder dass der Angreifer mit seiner Waffe unmittelbar Schaden anrichten kann, ohne dies zuvor anzukündigen. Außerdem wird das Opfer einer solchen Drohung den Zerstörungswillen des Angreifers und das Zerstörungspotential seiner Waffe gegebenenfalls unterschiedlich beurteilen. Ich möchte diesen Unterschied gerne mit einem fiktiven Beispiel illustrieren: Nehmen wir an, ein bewaffneter Bankräuber betritt eine Bank und bedroht den Bankangestellten mit einer Paintballpistole; *sowohl* der Bankangestellte *als auch* der Bankräuber gehen davon aus, dass die Pistole echt und mit echten Kugeln geladen ist; das Geld wird ausgehändigt, der Bankräuber flieht. Kam hier eine Waffe zum Einsatz? Vermutlich ja. Dieses fiktive Szenario ist weniger ungewöhnlich, als es vielleicht den Anschein hat; es gestattet uns lediglich, die Kontraste schärfer herauszuarbeiten. Die Geschichte der Bürgerkriege und Staatenkriege hält eine Fülle von Beispielen parat, in der die Zerstörungskraft des Angreifers gewaltig überschätzt wurde, sowohl seitens des Angegriffenen wie auch des Angreifers selbst.[11]

Das Beispiel mit der Paintballpistole führt uns deshalb unweigerlich zu einer scheinbaren Paradoxie: Nehmen wir an, der Bankangestellte merkt, dass die Pistole des Bankräubers gar nicht scharf schießen kann. Wäre sie dann immer noch eine Waffe? Die Antwort lautet Nein. Mit dem Verlust ihrer Drohfunktion wäre die falsche Waffe keine Waffe mehr, selbst dann nicht, wenn der Bankräuber davon überzeugt wäre, eine echte Waffe in Händen zu halten. Kurzum, die Zweckmäßigkeit einer Waffe hängt wesentlich von der Wahrnehmung der bedrohten Partei ab. In jedem realen bewaffneten Konflikt entwickeln Opfer wie Aggressor rudimentäre Theorien über das Schädigungspotential einer Waffe und ihre eigene Fähigkeit, diesen Schaden zu überstehen oder zu verkraften. Die subjektiven Einschätzungen werden sich im Ernstfall natürlich mal als mehr, mal als weniger realistisch erweisen. Die tatsächlich eingesetzte Waffe ist oftmals schlagkräftiger oder harmloser als gedacht. Im Falle von Cyberwaffen ist diese Diskrepanz besonders groß: Öffentlich bekannte Cyberwaffen verfügen über eine viel geringere Schlagkraft als gemeinhin angenommen.

Cyberwaffen lassen sich in einem Spektrum anordnen: Am allgemeinen und vergleichsweise harmlosen Ende des Spektrums befindet sich Malware, die ein System zwar von außen beeinflussen kann, aber technisch nicht in der Lage ist, in das System hineinzugelangen und unmittelbar Schaden zu verursachen – und die damit der sprichwörtlichen Paintballpistole gleicht. Am spezifischen, hochwirksamen Ende des Spektrums steht eine Schadsoftware, die sich wie ein intelligenter Agent verhalten kann – die imstande ist, sogar in geschützte und physisch isolierte Systeme einzudringen und Outputprozesse *autonom* zu beeinflussen; somit kann sie unmittelbar Schaden anrichten und gleicht der intelligenten, ihr Ziel selbst suchenden sprichwörtlichen Fire-and-Forget-Bombe. Irgendwo dazwischen liegen böswillige Netzeinbrüche, etwa das pauschale Eindringen in ein System, durch das sich aber keine ausgesuchten Prozesse identifizieren und beeinflussen lassen, aber auch gezielte und spezifische Hacks, die geeignet sind, funktionellen und sogar physischen Schaden anzurichten.

Am harmlosen Ende des Spektrums ist der *Paintballpistolen-Effekt* angesiedelt. Eine Software, die zur Erzeugung von Datenverkehr eingesetzt wird, um einen Server zu überlasten, fügt im strengen Sinne keinem Lebewesen, keiner Struktur und keinem System Schaden zu; sie führt nur zur vorübergehenden Verlangsamung oder Stilllegung eines Systems, ohne diesem dabei unmittelbar zu schaden. Man kann DoS-Angriffe leicht organisieren und sich relativ leicht vor ihnen schützen, außerdem haben sie eine hohe Sichtbarkeit – und die Erfahrung, einem Angriff ausgesetzt zu sein, der um der größeren Wirksamkeit willen auf eine Vielzahl von angreifenden Computern verteilt wurde, kann beim ersten Mal beängstigend sein; ein solcher Angriff kann also durchaus psychische Folgen haben und mittelbar Schäden verursachen:

Ein anhaltender DDoS-Angriff von großem Datenvolumen legt womöglich die Website einer Bank für einen längeren Zeitraum lahm; verunstaltete Websites mögen den Ruf einer Organisation nachhaltig schädigen; und Spionage oder Diebstahl geistigen Eigentums können ein Unternehmen in eine unvorteilhaftere Marktposition bringen. Diese Formen der Schädigung aber sind Sekundäreffekte, kein *direkter*, durch eine Cyberwaffe verursachter Schaden.[12] Bei näherem Hinsehen hört die »Waffe« auf, eine Waffe zu sein.

Als Beispiel lässt sich die Reaktion Estlands auf die große DDoS-Attacke Ende April 2007 anführen, von der schon die Rede war. Die praktischen Auswirkungen der von Russland aus koordinierten Online-Proteste gegen estnische Unternehmen sowie die estnische Regierung und Gesellschaft waren merklich, hielten sich letztlich aber auch in einem sehr begrenzten Rahmen. Gleichzeitig jagten die Angriffe den Funktionären und Bürgern Estlands wirklich Angst ein.

Am entgegengesetzten Ende des Spektrums mit hohem Schädigungspotential befindet sich der Fire-and-Forget-Marschflugkörper. Eine hilfreiche militärische Analogie stellt hier etwa die speziell zur Bekämpfung von Radaranlagen konzipierte Luft-Boden-Rakete HARM (High-Speed-Anti-Radiation-Missile), eine der weltweit verbreitetsten Anti-Radar-Waffen. Die entscheidende Neuerung dieses ursprünglich von Texas Instruments produzierten Lenkflugkörpers ist ein Sucher mit eingebautem intelligentem, programmierbarem Videoprozessor, der darauf ausgelegt ist, die charakteristischen Pulsfrequenzen feindlicher Radargeräte zu erkennen. Das heißt, die Waffe kann in ein bestimmtes Gebiet abgefeuert werden, in dem sie dann nach geeigneten Radarzielen sucht und dabei freundliche und feindliche Radaranlagen nach ihrer jeweiligen Frequenz unterscheidet. Die Raketensoftware ist aber nicht nur in der Lage, feindliche Impulsgeber zu identifizieren, sie besitzt darüber hinaus noch eine Entscheidungslogik, mit der sie anschließend das wertvollste Ziel auswählen und anpeilen kann. Die Rakete lässt sich als intelligenter Agent begreifen. In der Informatik versteht man unter einem »intelligenten Agenten« ein autonomes Programm, das in der Lage ist, die Umwelt, in der es sich befindet, auszuwerten und in Funktion eines vorgegebenen Zieles autonom auf sie zu reagieren. Dieses Vermögen ist erforderlich, um die optimalen Ziele zu treffen.

Die sprichwörtliche »HARM«-Rakete unterscheidet sich in mindestens fünf wichtigen Aspekten von der sprichwörtlichen »Paintball«-Pistole. Ihr Ziel ist es zunächst einmal nicht nur, den Datenverkehr an den Schnittstellen zur Öffentlichkeit zu unterbrechen, sondern in ein System einzudringen. Zweitens soll sie nicht in ein beliebiges System eindringen, welches sich gerade als anfällig erweist, sondern in bestimmte Systeme von besonderem Interesse. Diese Systeme sind, drittens, normalerweise überdurchschnittlich gut geschützt. Für jeden Cyberangreifer, der real etwas zerstören will, werden industrielle Prozesse, öffentliche Dienstleistungen und zivile oder militärische Telekommunikations-Netzwerke vermutlich die bevorzugten Ziele sein. Die computerisierten Steuerungssysteme in solchen Einrichtungen sind in der Regel besser gesichert als weniger kritische Systeme. Wenn das Ziel eines eigenständigen Cyberangriffs viertens darin besteht, selbst physischen Schaden anzurichten, statt lediglich einen konventionellen Schlag vorzubereiten, dann muss das Zielobjekt ein eigenes physisches Zerstörungspotential besitzen. Denn ein als Waffe benutzter Computercode hat schließlich keine Sprengladung im Gepäck, wie schon im zweiten Kapitel ausgeführt. Durch Veränderung oder Anhalten laufender Prozesse muss der potentielle physische Schaden durch das Zielobjekt selbst hervorgerufen werden. Und schließlich soll der angreifende Agent ein infiltriertes System wahrscheinlich nicht einfach abschalten, sondern laufende Prozesse subtil beeinflussen, damit ein bösartiger Plan aufgeht. Fährt man nämlich ein industrielles Steuerungssystem herunter, wird dies vielleicht nur den unerwünschten Effekt auslösen, dass ein Notsicherungsmechanismus oder ein Back-up-System anspringt oder die Techniker sogleich nach dem Fehler suchen. Um als Waffe wirksam zu sein, muss eine Angriffssoftware einen laufenden Prozess deshalb womöglich in böser Absicht beeinflussen, und wenn die bösartige Aktivität eine Weile dauert, dann sollte dies darüber hinaus heimlich geschehen. Doch einen aktiven Prozess gezielt heimlich oder offensichtlich zu beeinflussen, ist weitaus schwieriger, als einfach den virtuellen Ausschalter zu betätigen. Drei reale Fälle von Schadprogrammen mögen dies illustrieren.

Unser erstes Beispiel ist umstritten.[13] Möglicherweise manipulierte die CIA Anfang der achtziger Jahre das Steuerungssystem einer sowjetischen Pipeline, um eine Großexplosion herbeizuführen. Die gewaltige Detonation, die sich im Jahr 1982 ereignete, war vermutlich keine Folge einer Systemabschaltung, sondern einer Manipulation der Druckregelventile im laufenden Steuerungsprozess, durch die absichtlich ein Überdruck in der Gaspipeline erzeugt wurde. Unser zweites Beispiel ist der israelische Cyberangriff, der dem Ziel diente, das syrische Luftabwehrsystem auszuschalten. Dabei sollte nicht einfach die gesamte Luftabwehr-Radarstation heruntergefahren werden – was verdächtig gewesen wäre und einen Alarm oder Nachforschungen hätte auslösen können –, sondern man wollte das laufende System so austricksen, dass es für einen begrenzten Zeitraum keine Informationen über sich nähernde Flugzeuge weitergeben konnte. Unser drittes und berühmtestes Beispiel ist der Computerwurm, der das iranische Atomprogramm sabotierte. Auch in diesem Fall wurden die Zentrifugen von Natanz nicht einfach abgeschaltet. Bevor Stuxnet den laufenden Prozess zu sabotieren begann, fing er von den Sensoren zunächst Inputwerte wie den Zustand eines Ventils oder die Betriebstemperaturen ab, speicherte diese Daten und versorgte den rechtmäßigen Steuergerätecode mit falschen, zuvor aufgezeichneten Inputsignalen, während die echten Prozesse im Hintergrund unbemerkt manipuliert wurden.

Den letzten beiden Fällen müssen wir uns etwas ausführlicher zuwenden (die Explosion der Pipeline wurde ja schon im ersten Kapitel behandelt). Der Einsatz einer Schadcodewaffe kann in Verbindung mit einer konventionellen Streitmacht oder ohne diese stattfinden. Eines der spektakulärsten Beispiele für einen kombinierten Schlag war die Operation »Obstgarten«, der am 6. September 2007 ausgeführte israelische Bombenangriff auf eine Atomreaktoranlage in Deir ez-Zor im Norden Syriens. Zur Vorbereitung des Hauptangriffs auf die Reaktoranlage hatte die israelische Luftwaffe offenbar eine syrische Radarstation in Tall al-Abuad nahe der türkischen Grenze unschädlich gemacht. Der israelische Angriff war eine Kombination aus elektronischer Kriegsführung und Präzisionsschlägen, bei der das syrische Stromnetz nicht zu Schaden kam. Es gelang den Israelis, eines der leistungsfähigsten Luftabwehrsysteme der Welt erblinden zu lassen, mit einem gesamten Geschwader von F-15I- und F-16I-Kriegsflugzeugen unbemerkt in den syrischen Luftraum einzudringen, die Baustelle zu bombardieren und sich anschließend wieder zurückzuziehen.[14] Auf den Vorher/Nachher-Satellitenaufnahmen des unter Beschuss genommenen Standorts am Euphrat, die die amerikanische Regierung später veröffentlichte, war zu sehen, dass die im Bau befindliche Atomanlage rund 145 Kilometer vor der irakischen Grenze in Schutt und Asche gelegt worden war. Die Programmierarbeit für die Operation wurde wahrscheinlich von der größten geheimdienstlichen Einheit der israelischen Verteidigungskräfte, der Einheit 8200, durchgeführt.[15] Die Techniker bedienten sich möglicherweise eines sogenannten *Kill Switchs* oder Notausschalters, den ein Vertragnehmer in das Luftabwehrsystem eingebaut hatte, um es gegebenenfalls stilllegen zu können.[16] Die Einzelheiten der Operation sind bis heute Verschlusssache, mithin nicht bestätigt. Eines soll an dieser Stelle aber betont werden: Die Cyberkomponente der Operation »Obstgarten« war für den Erfolg des israelischen Bombenangriffs vermutlich entscheidend. Aus diesem Grund sollte man den Cyberangriff, obwohl er selbst nichts zerstörte, als integralen Bestandteil einer größeren Militäroperation ansehen. Während also der Cyberangriff für sich genommen – ohne die militärische Komponente – weder einen kriegerischen Akt noch einen bewaffneten Angriff dargestellt hätte, war er doch die Bedingung der Möglichkeit für den erfolgreichen Militärschlag. Das verhielt sich bei einem anderen, sogar noch spektakuläreren Vorfall jüngeren Datums völlig anders.

Der als »Stuxnet« bekannte Computerwurm war der bislang mit Abstand komplexeste Cyberangriff. Dieser präzise Angriff auf ein spezielles Ziel, nämlich das iranische Nuklearanreicherungsprogramm in Natanz, war ein unabhängiger, codebasierter Sabotageakt, der mit keiner konventionellen Militäroperation einherging. In der amerikanischen Regierung lief die Operation unter dem Codenamen »Olympische Spiele«. Diese Bezeichnung wurde allerdings erst bekannt, nachdem unabhängige Wissenschaftler den Programmcode der Schadsoftware entdeckt, über Monate analysiert und seine Bedrohung in der Regel unter dem Namen »Stuxnet« verhandelt hatten. Da sich dieser inoffizielle Name letztlich durchsetzte, werde auch ich bei dem in der Öffentlichkeit besser bekannten (und darüber hinaus eleganteren) Namen bleiben. Vieles deutet darauf hin, dass »Olympische Spiele« den Codenamen für ein größer angelegtes Programm bildeten, das mehr als nur den Stuxnet-Angriff umfasste. Wahrscheinlich war er Teil einer größeren Operation, zu der mindestens noch eine weitere öffentlich bekannt gewordene Infiltrationssoftware gehörte. Mit Sicherheit kann man jedenfalls sagen, dass sich die Stuxnet-Kampagne über mehrere Jahre hinzog. Das Programm lief offenbar fast sieben Jahre lang, von November 2005 bis Juni 2012.[17] Wahrscheinlich fand der Hauptangriff im Zeitraum von Juni 2009 bis Juni 2010 statt, als IT-Sicherheitsfirmen erstmals öffentlich auf den Wurm aufmerksam machten. Stuxnet zeichnete einen Zeitstempel und andere Systeminformationen auf. So waren die Software-Ingenieure nach Monaten harter Arbeit in der Lage, die Infektionsgeschichte des Wurms nachzuvollziehen, die Bedrohung zu »reverseengineeren« und die mit ihr verbundene Absicht zu verstehen. Die folgenden Abschnitte sollen einen kleinen Einblick in die Komplexität und Raffiniertheit des Stuxnet-Wurms geben.

Die Sabotagesoftware war speziell für industrielle Steuerungssysteme geschrieben worden. Solche Steuerungssysteme bestehen aus Stapeln kastenförmiger Hardware ohne Tastatur oder Monitor, die von einer speicherprogrammierbaren Steuerung (SPS) betrieben werden. Um die Steuerungen einer Industrieanlage zu programmieren, müssen die Anlagenbediener sie gelegentlich an einen Laptop anschließen, in der Regel an einen Field PG, ein spezielles Industrienotebook von Siemens. Anders als auf dem Steuerungssystem und der Steuerung selbst läuft auf den Field PGs Microsoft Windows; aller Wahrscheinlichkeit nach waren die Field PGs von Natanz nicht mit dem Internet und nicht einmal mit einem internen Netz verbunden.[18]

Die erste Schwierigkeit für die Angreifer bestand deshalb in der Suche nach einer praktikablen Infektionsstrategie. Um sein ausgewähltes, weder mit dem unsicheren Internet noch mit irgendwelchen internen Netzen verbundenes und somit gewissermaßen durch einen »Luftspalt« geschütztes Zielobjekt zu erreichen, musste Stuxnet in die Umgebung des Zielobjekts eingebracht werden und sich dort verbreiten. Höchstwahrscheinlich fand die Infektion über ein Wechsellaufwerk wie z. B. einen USB-Stick statt. Das Angriffsvehikel war so programmiert, dass es seinen Anwendern erlaubte, sich per Command-and-Control-Server mit dem Wurm zu verbinden. Doch da das letztlich angepeilte Ziel nicht vernetzt war, »war die gesamte für eine Sabotage des Systems erforderliche Funktionalität direkt in die ausführbare Stuxnet-Datei integriert«, wie Symantec im aktualisierten *W32.Stuxnet Dossier*, einer maßgeblichen Analyse des Wurm-Codes, festhielt.[19] Der Einspeisungsmechanismus des Wurms war, zumindest in einer späteren Version, aggressiv ausgelegt. Die Liste der begleitenden und nicht zielführenden Infektionen war lang: Ende 2010 hatte der Wurm in Dutzenden von Ländern ungefähr 100 000 Hosts infiziert, von denen sich allerdings 60 Prozent in Iran befanden. Sinn und Zweck dieser aggressiven Infektionsstrategie war möglicherweise eine Maximierung der Chance, dass der Wurm schließlich auf einem für die Programmierung der SPS von Natanz verwendeten Field PG landen würde. Auch menschliche Erfüllungsgehilfen haben vielleicht willentlich oder unwillentlich zu einer Infiltration des Zielobjekts beigetragen.[20]

Eine zweite Schwierigkeit stellte – in Symantecs Worten – Stuxnets »Sabotagestrategie« dar. Der Wurm war speziell auf zwei speicherprogrammierbare Steuerungen von Siemens zugeschnitten, nämlich auf die Modelle 6ES7-315-2 und 6ES7-417, auch bekannt als Code 315 und Code 417. Ziel des Angriffs über Code 417 war wahrscheinlich die Dampfturbine K-1000-60/3000-3 des Kernkraftwerks Buschehr, des Angriffs über Code 315 vermutlich die Gaszentrifugen von Natanz.[21] Sobald sich der Wurm mit diesen Steuerungen verband, überprüfte er ihre Konfigurationen und stellte fest, welche Anlage sie fuhren. Fand Stuxnet nicht die richtige Konfiguration, dann geschah nichts. Wenn er aber fand, wonach er suchte, brachte der Wurm eine Sequenz in Gang, die eine von drei Schadroutinen einspeiste. Diese Schadroutinen hatten die Aufgabe, die Ausgangsfrequenzen spezifischer Motorentreiber zu verändern. Mithin war Stuxnet darauf programmiert, industrielle Prozesse zu stören und dadurch Rotoren, Turbinen und Zentrifugen physisch zu beschädigen. Der Angriff war darauf ausgerichtet, die Zentrifugen so langsam zu lädieren, dass die Betreiber des Kraftwerks lange keinen Verdacht schöpften. Das iranische Atomanreicherungsprogramm sollte durch die Beschädigung der Hardware vermutlich einfach um Jahre zurückgeworfen werden, da sich die erforderlichen Ersatzkomponenten nicht so leicht auf dem freien Markt besorgen lassen würden.

Mit dieser Vorgehensweise war eine dritte Anforderung verbunden, nämlich die Heimlichkeit des Wurms. Bevor Stuxnet mit der Sabotage von Prozessen begann, fing er Eingangswerte von Sensoren ab, etwa den Zustand eines Ventils oder Betriebstemperaturen, zeichnete sie auf und versorgte den rechtmäßigen Steuerungscode mit vorbespielten falschen Inputsignalen, während im Hintergrund die laufenden Prozesse heimlich manipuliert wurden. Man wollte auf diese Weise nicht nur die Anlagenbediener im Kontrollraum hinters Licht führen, sondern die digitalen Sicherungssysteme insgesamt unterlaufen und außer Kraft setzen. Stuxnet verschleierte auch die Modifikationen, die er am Steuerungscode vornahm. Und selbst bevor er eine Schadroutine einspeiste, operierte Stuxnet im Verborgenen: Er verfügte über Mechanismen zur Umgehung von Virenschutzprogrammen; er konnte die Kopien seiner eigenen Dateien auf den Wechsellaufwerken verstecken und seine eigenen Programmbausteine verbergen, wenn auf einer Steuerung eine Aufzählung ausgeführt wurde, und auf Maschinen, die nicht zum Zielobjekt führten, löschte er sich wieder.

Nach Einschätzung Ralph Langners, eines deutschen Sicherheitsberaters für Steuerungssysteme, der den Angriffscode des Wurms als Erster ausgelesen und analysiert hatte, konnte nur eine »Cyber-Supermacht« die Ressourcen und Investitionen aufbringen, die in Stuxnet geflossen waren.[22] Die Obama-Administration gab später zu, dass sie die Schadsoftware in Zusammenarbeit mit israelischen Spezialisten für Computerangriffe entwickelt hatte. Die erste Herausforderung für die Operation bestand darin, die erforderlichen geheimdienstlichen Informationen zu beschaffen. Da jedes Steuerungssystem eine einzigartige Konfiguration darstellt, brauchten die Angreifer hochpräzise Informationen über die jeweiligen Schaltpläne der einzelnen Systeme. »Wahrscheinlich kannten sie sogar die Schuhgrößen der bedienenden Techniker«, sagte Langner. Vermutlich hatte man Iran die Konstruktionspläne des Zielsystems gestohlen oder vielleicht sogar durch eine mit dem späteren Stuxnet verwandte, als »Leuchtfeuer« bekannte frühere Version der Spionagesoftware außer Landes geschleust. Ein weiterer Aspekt war die Entwicklung des Schadprogramms selbst: Der Code war so speziell, dass die Angreifer wahrscheinlich eine spiegelbildliche Umgebung – möglicherweise einschließlich Attrappe einer Anreicherungsanlage – errichten mussten, um ihren Wurm zu perfektionieren.[23] Stuxnet besaß darüber hinaus Routinen zur Infektion von Netzwerken; er war mit Peer-to-Peer-Update-Mechanismen ausgestattet, die offenbar selbst mit infizierten Geräten ohne Internetanschluss kommunizieren konnten und imstande waren, Programmcode in industrielle Steuerungssysteme einzuspeisen und diesen zugleich vor den Anlagenbedienern zu verbergen. Die Programmierung eines derart komplexen Software-Agenten bedurfte ausreichender Zeit, finanzieller Mittel, eines größeren Teams von Hauptentwicklern sowie einer Qualitätskontrolle und eines Managements.[24] Der Schädling bestand außerdem aus teuren und schwer erhältlichen Elementen: aus vier Zero-Day-Exploits (d. h. vorher unbekannten und deshalb ungemein wertvollen Sicherheitslücken); zwei gestohlenen digitalen Zertifikaten; einem Windows-Rootkit (also einem »Administratorenbausatz«, der einen privilegierten Zugang zum System garantiert); und sogar dem allerersten Rootkit für speicherprogrammierbare Steuerungen überhaupt.[25] Bis heute ist nicht ganz geklärt, wie erfolgreich der Stuxnet-Angriff auf das iranische Atomprogramm letztlich war. Mit Sicherheit lässt sich aber sagen, dass die Computersabotage durch diese Operation ein vollkommen neues Niveau erreichte.

Stuxnet ist auch in verschiedener anderer Hinsicht bemerkenswert. Zum einen erstaunt das Ausmaß an Informationen, das in die Waffe selbst einprogrammiert wurde. Das Angriffsvehikel war so programmiert, dass seine Anwender in Washington die Möglichkeit hatten, durch einen Command-and-Control-Server mit dem Wurm in Verbindung zu treten. Doch da das Zielobjekt, auf das man es abgesehen hatte, nicht vernetzt war, war – wie schon gesagt – »die gesamte für eine Sabotage des Systems erforderliche Funktionalität direkt in die ausführbare Stuxnet-Datei integriert«.[26] Erwähnenswert ist weiterhin, dass die Operation zu keinerlei Kollateralschäden führte. Nach landläufiger Vorstellung verursachen Cyberwaffen mit eingebauten aggressiven Infektionsstrategien zwangsläufig unkontrollierbare Kollateralschäden.[27] Das Bild, das man dabei vor Augen hat, ist das eines biologischen Virus, der versehentlich aus einem Labor entweicht und eine Pandemie auslöst. Doch der Vergleich ist irreführend. Stuxnet infizierte zwar eine große Menge von Hostrechnern, er verursachte auf diesen Computern aber keinerlei Schäden. In allen uns bekannten Fällen von hoch entwickelten Cyberwaffen waren begleitende Infektionen keineswegs gleichbedeutend mit unbeabsichtigten Kollateralschäden.

Eine weitere beispielhafte Demonstration einer Cyberwaffe fand ein paar Jahre später gewissermaßen auf dem Schießstand statt. »Schießstand« soll heißen, dass sich der Vorfall in einer Test- und Schulungsumgebung ereignete. 2006 testete das Idaho National Laboratory die sogenannte »Aurora«-Schwachstelle, durch die einige nordamerikanische Kraftwerke elektronischen Angriffen ausgesetzt waren. Der Testangriff richtete sich gegen einen eine Million Dollar teuren und 27 Tonnen schweren industriellen Diesel-Generator. Ziel der Übung war, die riesige Maschine aus einer Entfernung von 100 Meilen in kontrollierter Umgebung durch einen internetgestützten Cyberangriff dauerhaft funktionsuntüchtig machen. Im Laufe des Tests begann der grüne Generator zunächst zu zittern und zu beben, dann zu rauchen, um schließlich den Geist aufzugeben. Das Labor präsentierte einen 21-zeiligen Code, der angeblich »dafür verantwortlich war, dass der Generator explodierte«.[28] Der Schadcode führte offenbar dazu, dass sich die Stromkreisunterbrecher in rascher Folge immer wieder an- und abschalteten; die damit verbundene Vibration verursachte einen Dauerschaden.[29]

Manchmal liegt nur ein schmaler Grat zwischen einer Cyberwaffe und etwas, das keine Cyberwaffe ist. Doch eine Grenze zwischen beidem zu ziehen, ist von größter Wichtigkeit. Denn zum einen hat dies sicherheitsrelevante Folgen: Lässt sich ein Instrument nicht potentiell als Waffe gebrauchen, um einem oder mehreren Menschen zu schaden, dann ist es natürlich weniger gefährlich. Zum anderen hat diese Unterscheidung politische Auswirkungen, denn ein unbewaffneter Übergriff birgt weniger politischen Sprengstoff als ein bewaffneter, bei dem im Prinzip Gebäude beschädigt und Menschen verletzt oder getötet werden können. Und schließlich hat die Abgrenzung auch rechtliche Konsequenzen: Wird irgendetwas als Waffe eingeordnet, dann kann es, wenigstens im Prinzip, auch verboten werden, und man kann seine Entwicklung, seinen Besitz oder seinen Gebrauch unter Strafe stellen.

Die Grenze zwischen Waffen und Nichtwaffen ist also analytisch relevant: Ein entscheidender erster Schritt auf dem Weg zu einem angemessenen Verständnis der Cyberbedrohung und zur Entwicklung geeigneter Reaktionen ist die Feststellung, dass etwas gegebenenfalls *keine Waffe ist*.

Die typischsten und kostspieligsten Cyberangriffe dienen wahrscheinlich Spionagezwecken. Doch selbst ein hoch entwickeltes Schadprogramm, das ausschließlich mit dem Ziel entwickelt und eingesetzt wird, heimlich Daten von einem Netzwerk oder einer Maschine abzuschöpfen, ist *keine Waffe*. Folgerichtig betrachtet das Kriegsvölkerrecht Spionage nicht als bewaffneten Angriff. Drei einschlägige Beispiele für Dinge, die man fälschlich für Cyberwaffen halten könnte, sollen uns bei der Begriffsklärung behilflich sein.

Das erste Beispiel für etwas, das *keine* Cyberwaffe darstellt, ist ein zur Waffe umfunktioniertes kleines Gerät (statt eines Programmcodes). Natürlich kennt die Welt der Spionage technisch ausgereifte Operationen dieser Art wie winzige Abhörwanzen oder explodierende Stifte und Zigarren. Und obwohl diese Dinge in Krimis sicherlich eine prominentere Rolle spielen als in der Realität, kommen sie doch gelegentlich auch hier vor. Einer der berühmtesten »James-Bond-reifen-Fälle« war die Ermordung des Palästinensers Yahya Abd-al-Latif Ayyasch, genannt »der Ingenieur«. Ayyasch, ein wichtiger Bombenbauer für die Hamas und den Islamischen Dschihad, baute unkonventionelle Spreng- und Brandvorrichtungen für zahlreiche Terroranschläge und Selbstmordattentate. Er war einer der meistgesuchten israelischen Staatsfeinde. Am 5. Januar 1996 wurde er vom israelischen Inlandsgeheimdienst Schin Bet ermordet. Der Schin Bet hatte 15 Gramm Hexogen, einen hochbrisanten Sprengstoff aus der Gruppe der Nitramine, im Mobiltelefon eines Freundes und Vertrauten von Ayyasch deponiert. Zu diesem Zweck hatten die israelischen Agenten dem Onkel des Freundes und dessen Frau weisgemacht, Ayyasch lediglich abhören zu wollen. Das Paar half auf diese Weise unwillentlich, das tödliche Handy am Ohr des Ingenieurs zu platzieren.[30]

Weniger bekannt ist die Tatsache, dass die Hisbollah nur wenige Jahre danach einen ähnlichen, technisch etwas weniger anspruchsvollen Coup landete, bei dem sie in die geheimste und technologisch avancierteste Einheit der israelischen Streitkräfte, Einheit 8200, eindrang, die zehn Jahre später angeblich an der Entwicklung von Stuxnet beteiligt war. Anfang 1999 wurde bei einer Razzia im Südlibanon ein Mobiltelefon der Hisbollah mit leerem Akku gefunden. Ein Offizier des militärischen Geheimdienstes lieferte das Gerät bei der Funkaufklärungseinheit ab, von wo es in das Hauptquartier der Einheit 8200 nahe der Glilot-Kreuzung im Norden von Tel Aviv gelangte. Als zwei Offiziere versuchten, das Telefon an ein Ladegerät anzuschließen, explodierte es; beide Soldaten wurden bei der Explosion schwer verletzt. Einer von ihnen verlor seine Hand.[31] Natürlich lassen sich harmlose Geräte zu tödlichen Waffen umfunktionieren, wenn man sie mit Sprengsätzen oder anderen Schadfunktionen ausrüstet. Doch solche kriegerischen Spielereien fallen eher unter die Kategorie der unkonventionellen Spreng- und Brandvorrichtungen als unter die Kategorie waffenfähig gemachter Computercodes.

Die zweite Nichtwaffe, die hier vorgestellt werden soll, ist dagegen intellektuell interessanter: der ILOVEYOU-Wurm, vielleicht das bislang teuerste unspezifische Angriffswerkzeug. Am 5. Mai 2000 verbreitete sich in Windeseile eine neue Malware, indem sie in ein allgemeines Skriptmodul eindrang. Ein 24-jähriger Collegestudent von den Philippinen namens Onel de Guzman hatte den Wurm programmiert. Von Manila aus verbreitete er sich innerhalb eines einzigen Tages über den gesamten Globus und infizierte dabei rund 45 Millionen Windows-Computer. Der Wurm verschickte Liebesbrief-Mails an ganze Adressbücher und gab sich somit als eine den jeweiligen Empfängern bekannte Person aus. Der in den Medien auch als »Loveletter« apostrophierte Virus war in der Lage, Audio- und Bilddateien zu überschreiben und diese durch Schadcode zu ersetzen. Durch die Masse von Anfragen brachen in Großbritannien 30 Prozent aller E-Mail-Server in Privatunternehmen zusammen. Der weltweite Schaden, den der Wurm anrichtete, wurde auf über 10 Milliarden US-Dollar geschätzt. Infiziert wurden auch Computer von Regierungsstellen und Verteidigungseinrichtungen. Das interne Kommunikationssystem des britischen Unterhauses fiel komplett aus. Im Pentagon wiederum verseuchte der Virus, dem damaligen Sprecher des amerikanischen Verteidigungsministeriums, Kenneth Bacon, zufolge, vier geheime interne Systeme[32], und er wurde auch auf etwa einem Dutzend CIA-Computern gefunden.[33] Man muss dabei festhalten, dass ILOVEYOU keinerlei Daten an externe Server weitergab. Diese kleine Software besaß nicht mal eine Command-and-Control-

Infrastruktur, sondern operierte auf primitive Weise autonom. Dennoch ist es durchaus möglich, dass eine solche allgemeine Schadsoftware materielle Schäden verursacht. Anfang 2003 war dies in Ohio beinahe der Fall.

Ein drittes Beispiel für etwas, das man irrtümlich für eine Cyberwaffe halten könnte, war der sogenannte Slammer-Wurm. Am 25. Januar 2003 löste dieser hocheffiziente Wurm einen bislang einzigartigen Vorfall im Kernkraftwerk Davis-Besse in Oak Harbor, Ohio, ungefähr 130 Kilometer westlich von Cleveland, aus. Das Kraftwerk besteht aus einem einzigen Druckwasserreaktor. Schon zehn Monate zuvor, im März 2002, war es in der Anlage zu einem der schlimmsten atomaren Störfälle der amerikanischen Geschichte gekommen, allerdings vollkommen unabhängig von Computerproblemen. Bei Wartungsarbeiten war zufälligerweise aufgefallen, dass Borsäure, die aus einem undichten Steuerstab austrat, ein fußballgroßes Loch in den Reaktordeckel gefressen hatte.

Nach diesem Vorfall wurde der Reaktor zwei Jahre lang für Reparaturarbeiten stillgelegt. Davis-Besse war also nicht am Netz, als der Slammer-Wurm zuschlug. Der Wurm drang über eine ungenannte Vertragsfirma in das abgeschaltete Kernkraftwerk ein, und zwar durch eine einfache T-1-Telefonleitung, die die Computer der Fremdfirma mit dem Firmennetzwerk von FirstEnergy, dem Betreiber von Davis-Besse, verband. Wie spätere Untersuchungen ergaben, umging diese T-1-Leitung die Firewall des Kraftwerks. Dale Wuokko von FirstEnergy erklärte die umgangene Firewall gegenüber der Nuclear Regulatory Commission, der US-amerikanischen Atomaufsichtsbehörde, nach dem Vorfall folgendermaßen: »Im Grunde ist dies eine Backdoor vom Internet zum internen Firmennetzwerk, die das Personal des Unternehmens nicht kontrolliert hatte«, schrieb er. »Einige Leute in der Netzwerkdienste-Abteilung des Unternehmens waren sich dieser T-1-Verbindung bewusst, andere nicht.«

Der als SQL-Slammer bekannte Wurm verbreitete sich von den frühen Morgenstunden des 25. Januar 2003 (5.30 Uhr Greenwich-Zeit) an wie ein Lauffeuer. Er nutzte zwei Pufferüberläufe eines häufig verwendeten Microsoft SQL Servers aus. Der winzige Programmcode generiert zufällige IP-Adressen und kopiert sich dann selbst an diese Adressen. Wenn das Programm Glück hat und eine dieser Adressen zu einem Host führt, der eine ungepatchte Version von Microsoft SQL Server ausführt, dann wird diese Maschine infiziert und fängt an, das Internet wahllos mit weiteren Würmern zu bombardieren. Die Schwachstelle, die der Wurm ausnutzte, war tatsächlich schon seit einem halben Jahr bekannt, und Microsoft hatte, sechs Monate bevor sich Slammer so rasend schnell durchs Internet verbreitete, ein Sicherheits-Update herausgebracht – wie man zu Microsofts Ehren sagen muss, sogar noch bevor die Schwachstelle öffentlich bekannt wurde. Doch nicht jeder hatte das Patch installiert, nicht einmal bei Microsoft selbst und, wie sich herausstellte, eben auch nicht die Betreiber von David-Besse. Die Administratoren wussten in Wirklichkeit nicht einmal, dass es ein Patch für die Schwachstelle gab.

Ein paar Dinge sind bemerkenswert an SQL-Slammer. Der Wurm selbst war winzig; sein Programmcode bestand aus nicht mehr als 376 Byte und passte in ein einziges UDP-Paket (der Wurm war, mit anderen Worten, kleiner als eine leere E-Mail ohne Text oder Betreffzeile). Außerdem nutzte er ein besonderes Internetprotokoll, das es einem Computer erlaubt, eine Nachricht an einen anderen Computer zu senden, ohne dafür erst durch vorherige Kommunikation spezielle Übertragungskanäle zu eröffnen; die E-Mail- und Browserdaten waren für diesen Zweck ausreichend. Ein Angriff bestand aus einem einzigen Paket, das an den UDP-Port 1434 geschickt wurde. So war der Wurm in der Lage, sich durch zufälliges Scannen zu übertragen, ohne dass seine potentiellen Opfer zuvor antworten mussten. Das bedeutete, dass jeder verseuchte Host einzelne, aber hocheffiziente »Fire-and-Forget«-

Pakete hinauspustete, die den Wurm enthielten. Eine infizierte Maschine mit einer normalen Internetverbindung von 100 Mbps konnte realistischerweise 26 000 Scans pro Sekunde produzieren. Damit war Slammer der schnellste Wurm der Computergeschichte.[34] Als die rasante Verbreitung von Slammer den Internetverkehr an diesem Samstagmorgen weltweit verlangsamte, verloren viele Computer ihren gesamten berechtigten Datenverkehr, *waren aber immer noch imstande, den Wurm zu versenden und zu erhalten*, weil dieser so klein und wendig war. Analysen zufolge befiel der Wurm wahrscheinlich über 75 000 Hosts, sodass das Internet von jedem dieser Hosts mit Scans bombardiert wurde. Die dadurch bedingte Verlangsamung führte zu Ausfällen von Computernetzen, zur Streichung von Flügen, zu Störungen bei Geldautomaten und sogar zur Behinderung von Wahlen.[35]

Auch das Firmennetzwerk von Davis-Besse sah sich durch die weltweite Flut verworrener Datenpakete beeinträchtigt und verlangsamt. Das Firmennetzwerk des Kraftwerksbetreibers war, wie sich bald herausstellte, mit dem industriellen Steuerungsnetzwerk des Kraftwerks verbunden, was nicht der Fall sein sollte (solche Verbindungen erleichtern es den Kraftwerksbetreibern, auf Echtzeitdaten zuzugreifen, doch idealerweise sollten diese Verbindungen schreibgeschützt sein). Um 16.00 Uhr Ortszeit bemerkten die Techniker des Kraftwerks eine Verlangsamung des Netzwerks. 50 Minuten später brach das Anzeigesystem für Sicherheitsparameter zusammen, das dazu dient, die Sicherheitsanzeigen des Kraftwerks zu überwachen, also etwa Kühlsysteme, Kerntemperaturen und externe Strahlungssensoren.[36] 23 Minuten später, um 17:13 Uhr, brach auch der weniger kritische Computer für den Kraftwerksprozess zusammen. Es sei darauf hingewiesen, dass beide Systeme über analoge Back-ups verfügten, die von dem umgehenden Wurm nicht betroffen waren.[37] Nach sechs Stunden hatten die Ingenieure des Kraftwerks beide Systeme wiederhergestellt.

Drei Dinge sollten wir im Hinblick auf den Davis-Besse-Vorfall festhalten. Erstens war der Nuklearangriff des Slammer-Wurms beunruhigend, aber letztlich ein Fehlschlag: Selbst wenn sich Davis-Besse *nicht* »in einem brennelementfreien, sicheren Zustand« befunden hätte, wie es der Vorsitzende der Nuclear Regulatory Commission in seiner Antwort auf den besorgten Brief des Kongressabgeordneten Edward Markey ausdrückte, hätten die Backup-Systeme wahrscheinlich einen ernsteren Vorfall verhindert.[38] Zweitens war Slammer das genaue Gegenteil eines gezielten Angriffs. Die Auswirkungen des Wurms auf Davis-Besse waren reiner Zufall und teilweise die Folge schlechter Systemadministration im Kernkraftwerk. Eine derartige Menge von Zufällen vorherzusehen und einzuplanen, wäre für einen Angreifer, der ein bestimmtes Ziel vor Augen hat, eine ziemliche Herausforderung. Allerdings sollte man drittens einräumen, dass der Störfall ungeachtet dieser Einschränkungen zeigt, wie real die Gefahr eines verhängnisvollen – und gerade auch eines versehentlichen – Cyberangriffs in Wirklichkeit ist.

Bisher haben wir uns in diesem Kapitel mit einer Reihe unterschiedlicher Cyberattacken beschäftigt, darunter gezielten Angriffen wie Stuxnet und allgemeinen wie Slammer. Diese Fälle fördern eine gewisse begriffliche Spannung zwischen hochgradig allgemeiner, ungezielter Schadsoftware und hochspeziellen, zielgerichteten Schadprogrammen zutage. Bei genauerem Hinsehen lassen sich im Zusammenhang mit dieser begrifflichen Spannung drei Probleme erkennen, die für einen Angriff mit Cyberwaffen wahrscheinlich charakteristisch sind.

Das erste Problem werden wir hier als *Problem der Allgemeinheit* bezeichnen. Vermutlich gibt es im Bereich konventioneller Waffen kein sinnvolles Äquivalent zur genannten Spannung zwischen allgemeinen und spezifischen Cyberwaffen. Dort haben wir am einen Ende des Spektrums den hochpräzisen Einsatz von Gewalt, beispielsweise durch einen Scharfschützen: Es gibt nur ein Ziel, eine Kugel, die trifft oder ihr Ziel verfehlt. Am anderen Ende des Spektrums steht beispielsweise ein hochinfektiöser und giftiger biologischer Wirkstoff: Ist der Killervirus einmal freigesetzt, kann er sich außerhalb jeglicher Kontrolle – selbst der des ursprünglichen Angreifers – verbreiten. Diese Vergleiche hinken natürlich gewaltig. Dennoch können sie möglicherweise eine Vorstellung vermitteln, wie das Problem der Allgemeinheit für die Konstrukteure von Cyberwaffen aussieht. Unter den meisten, wenn nicht gar unter allen Umständen wird jemand, der einen Programmcode zu politischen Zwecke einsetzen will, beide Extreme vermeiden wollen: Er möchte keine Waffe, die so speziell ist, dass sie vielleicht nur ein einziges Zielsystem zu treffen vermag. Denn ein solitärer Angriff dieser Art lässt sich unmöglich wiederholen, was sein Bedrohungspotential stark einschränkt. Andererseits möchte er aber auch möglichst keine Waffe entwickeln, die so allgemein ist, dass sie, einmal im Einsatz, außer Kontrolle geraten und unabsehbare Kollateralschäden erzeugen kann. Nach den verfügbaren empirischen Daten zu urteilen, ist das erste Szenario wesentlich wahrscheinlicher als das zweite. Doch ist es wichtig, die Risiken angemessen einzuschätzen.

So ist es keineswegs selbstverständlich, dass die in unterschiedlichen Systemen geschulten Experten für Computersicherheit das Gefahrenpotential allgemeiner Angriffe richtig beurteilen. Dass ihnen das hierfür notwendige Wissen oft fehlt, liegt an der Komplexität und Einzigartigkeit der meisten Rechnerinstallationen. Diese bestehen normalerweise aus einem maßgeschneiderten Mix von Hardwaretypen, Netzwerken und Softwaresystemen, darunter meist auch jahrealte Software-Anwendungen, sogenannte »Altsysteme«. Einzelne Komponenten derartig umfänglicher Systeme werden vielleicht bedarfsweise mit Updates versehen oder ausgetauscht, was zur Folge hat, dass sich das gesamte System und seine Prozesse permanent verändern. Diverse Organisationen besitzen, entwerfen, betreiben, warten und administrieren möglicherweise die verschiedenen Teile eines so komplexen Systems; dieser Dynamik unterliegen gleichermaßen moderne kommerzielle, staatliche oder militärische Computeranlagen. Das gesamte Problem ist in der Tat so komplex, dass es zu einem eigenen Forschungsgegenstand der Informatik geworden ist. Die Erforschung komplexer, großformatiger IT-Systeme, zu denen auch industrielle Steuerungssysteme gehören, wird unter anderem von amerikanischen und europäischen Regierungen finanziert. In den Netzwerken industrieller SCADA-Steuerungsanlagen und in deren programmierbaren Feldgeräten sind die möglichen Schneisen und Konfigurationen für einen Angriff normalerweise ziemlich speziell, was einen weitestgehend allgemeinen Angriff eher unwahrscheinlich macht.

Doch das Problem allgemeiner Waffen ist nach wie vor empirisch nicht erforscht. Dale Peterson, einer der führenden SCADA-Experten der Welt, hat drei Formen des Angriffs auf industrielle Steuerungssysteme unterschieden: *einfache Angriffe*, die das System schlicht zusammenbrechen lassen oder seine ordnungsgemäßen Abläufe unterbrechen, indem sie zum Beispiel das in diesen Systemen verbreitete Fehlen von Authentifizierungen ausnutzen; *moderate Angriffe*, bei denen die Angreifer Informationen über einen Prozess besitzen und dadurch wissen, wie sie einen physischen Bestandteil oder ein Subsystem beschädigen können; und *komplexe Angriffe*, bei denen Angreifer einen Prozess im Verborgenen über einen längeren Zeitraum hinweg manipulieren. Für einen einfachen Angriff braucht man weniger Informationen über Prozesse als für einen komplexen Angriff. Zur Illustration seiner These führt Peterson aus, wie sich etwa Schadfirmware auf die speicherprogrammierbaren Steuerungen der Firma Rockwell (Rockwell Automation ControlLogix PLC) laden ließe:

»Ein Angreifer könnte eine Reihe von Prozessen entwickeln, die etwa die speicherprogrammierbare Steuerung neustarten, eine gewisse Menge an falschen Werten ausgeben, willkürliche Schreibbefehle senden usw., und sie auf die Schadfirmware laden. Die Schadfirmware würde einen Pseudozufallszahlengenerator verwenden, um sowohl die Art als auch den Zeitpunkt einer Reihe von Angriffen zu bestimmen und dabei periodisch auftretende SPS-Ausfälle zu generieren. Die Schadfirmware ließe sich problemlos mithilfe eines Wurms verbreiten und so auf allen SPS ganz unterschiedliche periodisch auftretende Ausfälle erzeugen, die nur sehr schwer zu diagnostizieren wären. Für einen solchen einfachen Angriff bräuchte man nur wenig Prozesswissen.«[39]

Einfache allgemeine Angriffe auf ein besonderes Set von Maschinenkonfigurationen sind also möglich, mindestens theoretisch gesehen. Die Gretchenfrage lautet, wo die Grenzen allgemeiner Angriffe höherer Ordnung liegen. Stuxnet, der raffinierteste aktenkundig gewordene Angriff, war extrem spezifisch und hoch gezielt – die unbeabsichtigten Nebeninfektionen, die der Wurm auf scheinbar zufälligen Maschinen verursachte, hatten für die Besitzer und Nutzer dieser Computer eigentlich keine ernsteren Folgen. So wahrscheinlich es erscheint, so ungewiss ist es, ob die nächste Generation von hochpotenten Cyberwaffen einen derart spezifischen Zuschnitt haben wird. Die Zukunft wird es uns vermutlich lehren, entweder durch Erfahrung oder durch Erforschung.

Die zweite für Cyberwaffen charakteristische und gravierende Schwierigkeit ist *das Problem der Intentionalität*. Dieses Problem taucht im Zusammenhang mit Cyberattacken in unerwarteter Weise auf. Die zentrale Frage ist, wann ein bestimmter Angriff auf ein bestimmtes Ziel aufhört – oder anfängt –, das Instrument eines bestimmten Angreifers zu sein. Um diese Frage zu beantworten, müssen wir den Begriff des »Cyberangriffs« präzisieren. Zu Cyberangriffen zählen gewaltlose Vorfälle wie DoS-Attacken oder eigentlich die meisten Malware-Vorfälle, die einen Computer oder ein Computernetzwerk unberechtigt beeinflussen, aber auch Attacken, die gewaltsame Folgen haben können. Sogar (und zumal) eine relativ kurze und einfache Schadsoftware wie der SQL-Slammer-Wurm kann sich auf eher unspezifische Weise verbreiten und Zielobjekte befallen. Einfach gesagt kann Malware potentielle Hosts durch allgemeine Scans identifizieren, sich durch eingebaute Infektionsmechanismen verbreiten, in neue Hosts einschleusen, auf jenen Hosts wiederum ausführen (oder von einem ahnungslosen Anwender ausführen lassen) und diesen Kreislauf anschließend wiederholen. In der Begrifflichkeit der computerwissenschaftlichen Agenten-Theorie gilt eine solche Schadsoftware als »autonomer Agent«.[40] Autonome Agenten handeln eigendynamisch. Ihre Aktionen kann man deshalb als eine Form des Angriffs und nicht nur als Unfall betrachten.

Doch die Autonomie von Software-Agenten besitzt eine problematische Kehrseite. Der Slammer-Wurm ließe sich in der Tat mit einem biologischen Virus oder sogar mit einem Lauffeuer vergleichen: Sobald der Wurm angefangen hatte, sich eigenständig zu verbreiten, war er auch schon in dem Sinne außer Kontrolle geraten, dass die Software nicht mehr, wie andere, technisch anspruchsvollere Malware, unter dem Zugriff eines Command-and-Control-Servers stand. Selbst ihr Autor konnte sie danach nicht mehr aufhalten oder einhegen. Sie verbreitete sich wahllos. Waffen aber sind Schädigungs*werkzeuge*. Wenn der Urheber eines Angriffs nicht mehr imstande ist, das schädigende Instrument zu kontrollieren, verliert es seinen instrumentellen Charakter. Instrumenteller Charakter heißt, dass man das Verhalten eines Gegners oder Opfers beeinflussen kann – hat der Angreifer allerdings die Fähigkeit eingebüßt, durch einen entsprechend angepassten Gebrauch seines Instruments auf die Verhaltensänderung eines Gegners zu reagieren, indem er beispielsweise zugefügte Schmerzen vergrößert oder einen Angriff einstellt, dann wäre es für einen Gegner unvernünftig, sein Verhalten in der Hoffnung auf eine Mäßigung des Angreifers zu ändern. Deshalb müssen wir zwischen einem gewaltsamen Cyberangriff und einer Cyberwaffe unterscheiden – um als Cyberangriff zu gelten, muss ein Vorfall nicht unbedingt intentional und instrumentell sein. ILOVEYOUs Folgen für die CIA und SQL-Slammers Folgen für Davis-Besse darf man als Cyberangriffe werten: Doch auch wenn solche Vorfälle im Prinzip gewaltsame Folgen zeitigen könnten, haben sie doch ihren instrumentellen Charakter verloren. Folglich kann man in diesem Zusammenhang auch nicht von Cyberwaffen sprechen.

Aus den genannten Problemen der allgemeinen Waffen und der Intentionalität ergibt sich ein drittes Problem: *das Problem der lernenden Agenten*. Stuxnet ist auch deshalb bemerkenswert, weil er etwas nicht getan hat. Stuxnet war ein intelligenter Agent, der aufgrund von Umgebungsdaten einfache Entscheidungen treffen konnte; er war aber kein intelligenter *lernender* Agent. Eine Geheimstudie amerikanischer Nationallabore kam zu dem Ergebnis, der Wurm habe das iranische Atomprogramm wahrscheinlich ein bis zwei Jahre zurückgeworfen. »Beim ersten Mal wurden eine Menge Fehler gemacht«, zitierte die *New York Times* einen hochrangigen amerikanischen Beamten. »Er war ein Produkt der ersten Generation. Denken Sie an Edisons erste Glühbirnen oder an den Apple II.«[41] Ein Produkt der nächsten Generation wäre womöglich *lernfähig*. Viel Forschung und Förderung in der Informatik konzentrierte sich während der letzten zehn Jahre auf lernende Software-Agenten und maschinelles Lernen im Allgemeinen. Die Verteidigungsministerien und Geheimdienste der Vereinigten Staaten, Großbritanniens und Israels waren den allgemeinen Entwicklungen in der Informatikforschung bislang in der Regel ziemlich weit voraus, etwa im Bereich der Kryptographie oder der verteilten Systeme. Es wäre verwunderlich, wenn man dort noch keine intelligente lernfähige Cyberwaffe entwickelt hätte. Eine lernende Waffe könnte in der Lage sein, die Besonderheiten einer abgegrenzten Umgebung autonom zu beobachten und auszuwerten, mögliche Handlungsoptionen zu analysieren und anschließend zur Tat zu schreiten. Durch ein solches Vorgehen würden lernende Schadsoftware-Agenten sowohl das Problem der allgemeinen Waffen als auch das der Intentionalität auf gänzlich neue Weise aufwerfen.

4. Sabotage

Die Weltwirtschaft ist abhängig von Energie. Wichtigste Energiequelle ist das Erdöl, und der größte Öllieferant der Welt ist Saudi-Arabien. Die Ölproduktion des Landes befindet sich zum größten Teil in Händen des staatlichen Ölkonzerns Saudi Aramco. Am 15. August 2012 wurde dieser für die Weltwirtschaft zentrale Billionenkonzern mit ungefähr 54 000 Angestellten das Ziel eines Cyberangriffs, der 30 000 seiner Windows-Rechner – und damit rund drei Viertel der Arbeitsplätze des Unternehmens – so gründlich lahmlegte, dass sie sich nicht einmal mehr hochfahren ließen.[1]

Der Angriff hätte fatale Folgen haben können. Das Unternehmen gebietet über die größten nachgewiesenen Rohölreserven und produziert mehr Erdöleinheiten als jedes andere; 2011 förderte es 9,1 Millionen Barrel Rohöl pro Tag, 15 Prozent mehr als im Vorjahr. Es betreibt über 100 Öl- und Gasfelder, darunter auch das größte Ölfeld der Welt, das Ghawar-Feld. Saudi Aramco ist ein global operierender Konzern. Zu seinen Geschäftsfeldern gehören die Erschließung, Förderung, Produktion, Raffinerie und der Vertrieb von Erdöl, Gas, Mineralöl und anderen Petrochemikalien. Sitz der Firmenzentrale ist Dhahran, eine kleine Stadt in der östlichen Provinz Saudi-Arabiens, rund 50 Kilometer nordwestlich des Königreichs Bahrain. Seine geographische Lage deutet auf eine mögliche Motivation für den Cyberangriff hin, der sich just zu einem Zeitpunkt ereignete, als viele Angestellte gerade ihre Arbeit niederlegten, um Eid ul-Fitr zu begehen, das muslimische Fest des Fastenbrechens im Anschluss an den Ramadan. Einem gezielt auf

Saudi Aramco zugeschnittenen Computervirus gelang es, in das Firmennetzwerk einzudringen und sich anschließend über dessen Verbindungen zu verbreiten. Die Hauptfunktion der Schadsoftware bestand im Löschen von Daten und Überschreiben der Master-Boot-Record-Dateien, wodurch die infizierten Windows-Rechner nicht mehr gestartet werden konnten. Saudi Aramco ließ umgehend vermelden, dass sein Kerngeschäft, die Erschließung, Produktion und Raffination von Erdöl, durch den Angriff nicht in Mitleidenschaft gezogen worden war.

Dies hätte aber ohne Weiteres geschehen können. Gut möglich, dass die Computersysteme, die den Anlagenbetrieb und die Ölproduktion auf den Öl- und Gasfeldern des Konzerns steuern, sicher vom Internet abgeschirmt waren, wie Saudi Aramco behauptete. Auf jeden Fall aber war der für den Angriff eingesetzte Virus nicht in der Lage, irgendeines der Programme zu schädigen, die normalerweise auf industriellen Steuerungssystemen laufen. Solche SCADA-Systeme, die Ventile und Pumpen in entlegenen Ölanlagen steuern, sind nicht gut geschützt und stellen für geschickte Angreifer eine eher leichte Beute dar. Ein raffinierterer Angriff hätte die Ölproduktion also durchaus treffen können. Und obwohl die Attacke also keine unmittelbaren Folgen für die Feldoperationen hatte – während man unterstellen muss, dass praktisch alle anderen Geschäftsprozesse, unter anderem das allgemeine Management, die Personalabteilung, die Kundenbetreuung und das Marketing zwei Wochen lang weitgehend außer Gefecht gesetzt waren –, bezeichnete ein Firmeninsider die Stunden nach dem Anschlag dennoch als »kritisch« und als eine »enorme Herausforderung«.[2] Einige Websites der Firma waren über eine Woche nicht zu erreichen. E-Mails kamen als unzustellbar zurück. Die Ingenieure befürchteten einen Folgeangriff. Am Ende konnte Saudi Aramco sein Netzwerk erst am Samstag, den 31. August, also über fünfzehn Tage nach dem ursprünglichen Angriff, wieder in Betrieb nehmen.

Der Aramco-Hack wirft eine Reihe spannender grundsätzlicher Fragen auf. Er war nicht mit Gewalt verbunden und besaß auch kein unmittelbares Zerstörungspotential, wie die Analyse im Folgenden noch zeigen wird. Dennoch gelang es den Angreifern, Saudi Aramcos gutem Ruf zu schaden und die täglichen Geschäftsabläufe empfindlich zu stören. War der Angriff ein Akt der Sabotage? Was ist Sabotage allgemein gesprochen eigentlich? Welchen Sinn und Zweck hat sie? Muss sie unbedingt – mindestens potentiell – mit Gewalt verbunden sein? Und wie sieht das Sabotagepotential zukünftiger Cyberangriffe aus?

In diesem Kapitel vertrete ich die These, dass Schadsoftware und Cyberangriffe ideale Sabotagewerkzeuge sind. Cyberattacken, die ein System sabotieren sollen, können gewaltsam oder, wie in den meisten Fällen, gewaltlos sein. Je weiter die technische Entwicklung und je größer die Abhängigkeit einer Gesellschaft (einschließlich der öffentlichen Verwaltung, des Sicherheitssektors und der Industrie) von Technologie, desto größer ist das Potential für sowohl gewaltsame als auch gewaltlose Sabotageakte, insbesondere von codebasierter Sabotage. Das hat einen scheinbar widersprüchlichen Effekt: Je mehr sich Aktivisten oder Widersacher gegen direkte physische Sabotage und für Computersabotage entscheiden, umso leichter lassen sich Gewalt und Gewaltfreiheit unterscheiden, was wiederum zur Folge haben könnte, dass Saboteure ein gewaltloses Vorgehen einem gewaltsamen vorziehen.

Das Argument soll in vier Schritten entfaltet werden. Zunächst möchte ich das Wesen der Sabotage definieren und zeigen, was an ihr trotz der wachsenden Zahl von Cyberangriffen unverändert bleibt. In einem zweiten Schritt wird die historisch weit zurückreichende Spannung zwischen Störung und Zerstörung beleuchtet und umrissen, was sich im Hinblick darauf durch die Zunahme von Cyberangriffen verändert.

Anschließend stelle ich einige namhafte Fälle von Computersabotage im Detail vor. Das Kapitel schließt mit einigen Überlegungen zu den neuen Schwachstellen industrieller Steuerungssysteme, die voraussichtlich einen Einfluss auf die Zukunft der Sabotage haben werden.

Sabotage ist der gezielte Versuch, ein ökonomisches oder militärisches System zu schwächen oder zu stören. Jede Sabotage ist im Kern *technischer* Natur, sie bedient sich aber gegebenenfalls sozialer Vehikel. Die Mittel der Sabotage gehen nicht unbedingt mit physischer Zerstörung und offener Gewalt einher. Sabotage kann darauf angelegt sein, Maschinen oder Produktionsprozesse nur vorübergehend zu stören und jede gewaltsame Zerstörung ausdrücklich zu vermeiden. *Kommt es zur Anwendung von Gewalt, dann sind Dinge, nicht Menschen das bevorzugte Ziel*, selbst wenn letzten Endes die Kosten-Nutzen-Rechnung von Entscheidungsträgern beeinflusst werden soll. Sabotage ist normalerweise taktischer Natur und wird nur selten operative oder gar strategische Effekte zeitigen. Da Saboteure meistens offene Gewalt und eine politische Zuschreibung bewusst vermeiden, wird man Sabotage an sich in der Regel nicht als bewaffneten Angriff auffassen. Sie ist aber immer ein instrumenteller Akt; sowohl eine Vermeidung exzessiver Gewalt als auch die klandestine Urheberschaft können ihrem Zweck, nämlich der Beeinträchtigung eines technischen Systems, dienlich sein. Aus diesem Grund ist Sabotage eine indirekte Form von Angriff. Alle politische Gewalt zielt letztlich auf die Köpfe von Entscheidungsträgern, also, wie wir in einem früheren Kapitel schon gesehen haben, auf Menschen. Auch politische Gewalt, die sich dadurch, dass sie sich gegen Personen richtet, so viel öffentliche Aufmerksamkeit wie möglich verschafft, soll Entscheidungsträger beeinflussen. Anders als der Einsatz von Schusswaffen oder Sprengstoffen (oder Cyberwaffen) zielt Sabotage nicht darauf, den menschlichen Geist über den Umweg des menschlichen Körpers zu erreichen – vielmehr versucht Sabotage in erster Linie, ein technisches oder ökonomisches System zu schädigen und durch die Schädigung dieses Systems eine besondere Wirkung zu erzielen.

Trotz der neu hinzugekommenen Möglichkeit von Cyberangriffen haben sich die Grundgedanken der Sabotage in den letzten 100 Jahren kaum verändert. Wenn wir einen Blick auf die vergangenen 70 Jahre werfen, tritt diese Kontinuität zutage. 1944 erstellte das US-amerikanische Amt für strategische Dienste (*Office of Strategic Services*, OSS), die Vorgängerorganisation der CIA, das *Simple Sabotage Field Manual* und erklärte es zur Geheimsache. 1963 erfolgte die Freigabe dieses »Handbuchs der einfachen Sabotage«, in dem man detailliert nachlesen kann, wie die Achsenmächte ausgebremst werden sollten. Es war als eine Art Leitfaden für Menschen gedacht, die für die Achsenmächte arbeiteten und deren Kriegsanstrengungen von innen heraus zu sabotieren bereit waren, weil sie den Nationalsozialismus und den Faschismus ablehnten. Das Handbuch wartete mit vielen praktischen Tipps auf, wie man etwa Salz, Nägel, Kerzen und Kiesel zu Waffen umfunktionieren oder einer Organisation Steine in den Weg legen konnte, indem man Besprechungen und bürokratische Prozesse so ineffizient und unzulänglich machte wie nur möglich. In der Broschüre findet sich auch ein kurzer Abschnitt über die Idee der Sabotage selbst, der uns einen gewissen Eindruck davon vermittelt, was die amerikanischen Nachrichtendienste darunter verstanden:

> »Sabotage reicht von technisch anspruchsvollen Husarenstücken, die detaillierte Planung und den Einsatz speziell ausgebildeter Agenten erfordern, bis zu den unzähligen simplen Aktionen, die einzelne, normale Bürger-Saboteure ausführen können. [...] Einfache Sabotage bedarf keiner speziell vorbereiteten Werkzeuge oder Ausrüstung; sie wird von einfachen Bürgern verübt, die einzeln oder zu mehreren handeln können, ohne unbedingt aktiv mit einer organisierten Gruppe in Verbindung zu stehen; und sie wird so verübt, dass sie mit minimaler Verletzungs-, Entdeckungs- und Vergeltungsgefahr einhergeht.«[3]

Alle vier Hauptmerkmale, die in dieser Schlüsselpassage des Handbuchs vorkommen, besitzen im Kontext der Cyberangriffe des 21. Jahrhunderts noch ihre Gültigkeit: Erstens reicht auch das Spektrum der Online-Sabotage von technisch anspruchsvollen, minutiös geplanten und ausbildungsintensiven Operationen bis zu den diversen kleinen Aktionen, die Bürger-Saboteure ausführen können. Zweitens kann die Computersabotage ebenso von organisierten Gruppen oder gar Staatsorganen wie von Einzelpersonen geplant und in die Tat umgesetzt werden. Drittens lassen sich auch Softwareangriffe, die ein System sabotieren sollen, meist so durchführen, dass sie mit einem minimalen Risiko des Entdecktwerdens, der Zuschreibung und Vergeltung verbunden sind. Und viertens sind es nach wie vor speziell qualifizierte, auf eigene Rechnung oder als Repräsentanten externer Gegner agierende Insider, denen potentiell die verheerendsten Sabotageakte gelingen. Angesichts dieser vier unveränderten Dimensionen können wir uns fragen, in welchem Sinne sich die Sabotage im digitalen Zeitalter eigentlich verändert hat.

Eine Rückbesinnung auf die Ursprünge des Begriffs soll uns helfen, einige seiner neuen Merkmale zu verstehen. Das Wort »Sabotage« hat eine widersprüchliche Geschichte. Seine Wurzeln reichen bis zum Höhepunkt der Industrialisierung im 19. Jahrhundert zurück, als die Arbeiter sich gegen die katastrophalen Arbeitsbedingungen in den mechanisierten Fabriken auflehnten. Émile Pouget, ein um die vorletzte Jahrhundertwende aktiver französischer Anarchist, rief in Flugblättern und anderen Publikationen zur Sabotage auf. Ein *sabot* ist ein Holzschuh, der aus einem einzigen Stück Weichholz ausgehöhlt und traditionell von den bretonischen Bauern getragen wurde; heute zählt er in den Niederlanden zu den beliebtesten Touristensouvenirs. Seine Symbolik verdankt sich einem modernen Mythos, demzufolge französische Arbeiter ihre Holzschuhe in das fein abgestimmte Räderwerk der Fabrikanlagen geworfen haben sollen, um die Maschinen zum Stillstand zu bringen. Der Ausdruck der »Sabotage« war, wie Pouget 1910 in seiner gleichnamigen Broschüre schrieb, im Argot schon seit Jahrzehnten gebräuchlich. »Comme à coups de sabots«, wie »mit Holzschuhtritten«, stand für absichtlich ungeschicktes, langsames, unbedachtes und inkompetentes Arbeiten, durch das man den Produktionsprozess verlangsamte oder zum Stillstand brachte.[4] Der Ausdruck verbreitete sich, und sein metaphorischer Ursprung geriet insbesondere in Kulturen, die keine *sabots* kannten, allmählich in Vergessenheit. Das amerikanische Englisch kennt den Begriff des »monkeywrenching«, der sich auf eine vergleichbare Praxis bezieht: Dabei wurde ein schwerer Schraubenschlüssel in das Getriebe von Industriemaschinen geworfen, um sie zu beschädigen und Streikbrecher an der Fortsetzung ihrer Arbeit zu hindern. Als eine der frühesten Aktivistinnen der amerikanischen Gewerkschaftsbewegung und Repräsentantin der Industrial Workers of the World definierte Elizabeth Gurley Flynn Sabotage als »Verringerung der Effizienz«:

> »Sabotage bedeutet entweder, sich zu verlangsamen um die Quantität zu beeinträchtigen, oder die eigenen Fähigkeiten zurückzuhalten um die Qualität der kapitalistischen Produktion zu beeinträchtigen, oder ganz einfach schlechte Dienste zu leisten. […] Und diese drei Formen der Sabotage – die Qualität, Quantität und die Dienstleistungen in Mitleidenschaft zu ziehen – haben zum Ziel, auf den Profit des Fabrikbesitzers einzuwirken. Sabotage bedeutet, den Profit des Fabrikbesitzers zu bestreiken, um ihn dazu zu nötigen, bestimmte Konditionen zu gewährleisten, auch wenn die Arbeiter aus dem gleichen Grund streiken: um ihn zu etwas zu zwingen. Sie ist ganz einfach eine andere Form des Zwangs.«[5]

Manche Arbeiteraktivisten und Syndikalisten betrachteten Sabotage ausdrücklich als eine Möglichkeit, jene repressive Maschinerie physisch zu beschädigen, die sie ins Elend stürzte und die

Existenzgrundlage der ungelernten Arbeiter ganz grundsätzlich bedrohte, weil sie körperliche Arbeit überflüssig machte. Pouget zitiert einen Artikel aus dem Jahr 1900, der wenige Wochen vor einem wichtigen Pariser Arbeiterkongress erschien. Darin gibt das *Bulletin de la bourse du travail de Montpellier* Ratschläge zur Sabotage:

> »Wenn ihr Lokführer seid, könnt ihr ganz leicht mit irgendeinem Pulver oder sogar nur mit Sand die Lok langsamer machen, für Verspätungen sorgen und euren Ausbeuter zu einer kostspieligen Reparatur zwingen. Wenn ihr Schreiner oder Tischler seid, was ist einfacher, als ein Möbelstück zu verpfuschen, ohne dass euer Chef es merkt, sodass ihm Kunden verloren gehen?«[6]

Die Flugschrift brachte es zu einer gewissen Berühmtheit, weil sie so viele kluge Ratschläge parat hielt, wie man als Arbeiter unentdeckt Unfälle und Schäden provozieren konnte: Sie riet Verkäuferinnen, Stoffe auf schmutzige Böden fallen zu lassen, Bekleidungsarbeiterinnen, Materialfehler in den Textilien zu übersehen, und Maschinisten, das Ölen der beweglichen Teile der von ihnen gewarteten Maschinen zu vernachlässigen. Traditionell betrachtete man die Sabotage als eine taktische Zwangsmaßnahme, die sich gegen Eigentum, nicht aber gegen Menschen richtete. Doch obwohl nur Maschinen betroffen waren, debattierten die Syndikalisten der damaligen Zeit, die generell um die Frage der Gewaltanwendung rangen, ob widerspenstige Arbeiter letztlich versuchen sollten, Maschinen zu zerstören, oder ob sie diese lediglich für begrenzte Zeit außer Gefecht setzen sollten. Die Verlangsamung der Produktion war eine Sache, die Zerstörung von Eigentum, die rechtlich und politisch schlimme Folgen haben konnte, eine ganz andere. In Amerika warfen die politischen Gegner der Industrial Workers of the World den im Volksmund so genannten Wobblies vor, ihre Ziele in erster Linie mit roher Gewalt erreichen zu wollen. Einige Arbeitervertreter fühlten sich deshalb gezwungen, den Unterschied zwischen Gewalt und Sabotage hervorzuheben. Arturo Giovannitti, ein bekannter italoamerikanischer Gewerkschaftsführer und Dichter, hielt in seinem Vorwort zu der 1913 erschienenen englischen Übersetzung von Pougets Buch ein Plädoyer für die Sabotage. Sabotage sei, schrieb er:

> »Jeder kundige Eingriff am Produktionsapparat, der diesen nicht zerstören oder beschädigen, sondern nur übergangsweise stören und funktionsuntüchtig machen soll, um Streikbrechern das Handwerk zu legen und bei einem Streik die vollständige und tatsächliche Arbeitsniederlegung zu garantieren.«[7]

Das und nichts anderes ist Sabotage, ergänzte er eher im Gestus des politischen Aktivisten als in dem des Wissenschaftlers: »Sie hat nicht das Geringste mit Gewalt zu tun, weder gegen Leben noch gegen Eigentum.«[8]

Solche subtilen Unterschiede waren vielleicht theoretisch sinnvoll. Aus verschiedenen Gründen aber ließ sich in der Praxis oft nur schwer zwischen unwiderruflicher Zerstörung und vorübergehender Störung unterscheiden. Zwei dieser Gründe können uns etwas über die neuartigen Möglichkeiten der Cybersabotage lehren. Zum einen gibt es den Unterschied zwischen Hardware und Software. Erfordert die vorübergehende Unterbrechung eines Prozesses eine Beschädigung der Hardware, dann ist es schwierig, eine Grenze zwischen Gewalt und Sabotage zu ziehen. Dies veranschaulicht ein Beispiel aus dem frühen 20. Jahrhundert, als Telekommunikationseinrichtungen zu einem beliebten Sabotageziel wurden. Damals mussten sich Sabotageakte gewissermaßen gegen die Hardware richten, da es so etwas wie Software noch nicht gab. Im Zuge der französischen Post- und Eisenbahnstreiks von 1909 und 1910 durchtrennten Saboteure Signaldrähte und stürzten Telegraphenmasten um. Vielleicht war das Durchtrennen eines Telegraphendrahts ja nur als vorübergehende Störung gedacht, de facto aber wurde dadurch auch Eigentum zerstört. Die Unterscheidung zwischen Gewalt und Gewaltfreiheit war noch aus einem weiteren Grund schwierig, nämlich wegen der Dynamik von Gruppenkonflikten. Auch hierfür liefern die Arbeitskämpfe aus der Zeit des Ersten Weltkriegs ein lehrreiches Beispiel: Viele Gewerkschaftsaktivisten wussten, dass Situationen, in denen sich die streikenden Arbeiter den kapitalistischen Kräften des Staates widersetzten, in Gewalt umschlagen konnten. Vincent Saint John, seines Zeichens Bergarbeiter, Wobbly und einer der einflussreichsten amerikanischen Gewerkschaftsführer, brachte diesen Umstand klar zum Ausdruck: »Es ist nicht so, dass wir Gewalt gutheißen; doch wir werden unseren Mitgliedern gewiss nicht empfehlen, sich wie Vieh schlagen und erschießen zu lassen. Die Gewalt wird uns in aller Regel aufgezwungen.«[9] Seine Sorgen waren keineswegs unbegründet, denn allzu leicht verwandelten sich Arbeiterstreiks und -demonstrationen in gewaltsame Ausschreitungen. Man denke nur an den Grabow Riot, blutige Auseinandersetzungen zwischen gewerkschaftlich organisierten Sägewerksarbeitern und der Galloway Lumber Company in Louisiana, bei denen am 7. Juli 1912 vier Menschen ums Leben kamen und rund 50 verletzt wurden. Wir können festhalten, dass Sabotage in früheren Zeiten, als es noch kein Internet gab, schnell in Gewalt gegen Maschinen und, in Gruppensituationen, gegen Personen umschlug.

Beide Problematiken erübrigen sich im Zeitalter der Computerangriffe weitgehend. Dadurch wird es einfacher, zwischen gewaltsamen und gewaltlosen Angriffen zu unterscheiden. Gewalt lässt sich leichter eindämmen oder gänzlich vermeiden: Normalerweise beeinträchtigen Cyberattacken Software und Geschäftsabläufe – doch ist es wesentlich schwieriger geworden, mittels einer Softwareattacke Hardware oder mechanischen Industrieabläufen zu schaden. Der Anwendungsbereich gewaltloser Cyberangriffe ist folglich größer geworden, und ein raffinierter Cyberangriff, bei dem Daten gelöscht oder korrumpiert werden, ohne dass er die industriellen Abläufe materialiter beeinträchtigt, bleibt gewaltlos. Der Shamoon-Angriff auf Saudi Aramco vom August 2012 ist dafür ein ideales Beispiel. Weder Hardware noch Menschen kamen dabei physisch zu Schaden. Da aber vermutlich die Festplatten von 30 000 Computern dauerhaft gelöscht wurden, kam der Angriff Saudi Aramco zeitlich und finanziell um ein Vielfaches teurer zu stehen, als es bei einem kleinen Sabotageakt an der Maschinerie in einer seiner Förderanlagen der Fall gewesen wäre. Diesen hätte man möglicherweise leichter beheben und vertuschen können. Dem Vernehmen nach beauftragte der Ölgigant sechs Computersicherheitsunternehmen damit, die kriminaltechnischen Untersuchungen des Angriffs und die anschließenden Aufräumarbeiten zu begleiten. Liam Murchu war für Symantec an der Aufklärung des Vorfalls beteiligt. »Die Bedrohungen, mit denen wir es sonst zu tun haben, sind normalerweise nicht so verheerend«, sagte Murchu der Nachrichtenagentur Reuters. »Etwas ähnlich Destruktives haben wir wahrscheinlich seit zehn Jahren nicht erlebt.«[10] Das heißt, gewaltlose Cyberangriffe können durchaus wirkungsvoller, schädigender und instrumenteller sein als (Cyber- oder andere) Angriffe, die mit Gewalt verbunden sind.

Durch Online-Attacken ist es auch leichter oder überhaupt erst möglich geworden, Sabotage von situationsbedingten Gruppendynamiken zu unterscheiden. Sollten an einer Online-Sabotage überhaupt Gruppen beteiligt sein, dann ist es doch höchst unwahrscheinlich, dass dies zu gewaltsamen Ausschreitungen und Blutvergießen führt – schließlich werden sich Aktivisten und Verursacher einer programmcodebasierten Sabotage kaum gemeinsam auf die Straße oder an irgendeinen anderen Ort begeben. Beide Entwicklungen sind neu. Und beide möchte ich im Folgenden durch eine genauere Begutachtung jüngerer Fälle von gravierenden Sabotageakten durch Cyberattacken analysieren.

Zu diesem Zweck wollen wir uns noch einmal einige technische Details des Shamoon-Angriffs im Einzelnen vor Augen führen. Der zunächst rätselhafte Anschlag im damals von Cyberangriffen geplagten Nahen Osten ereignete sich in dem ansonsten ruhigen Sommermonat August 2012. Die Attacke ging als »Shamoon« in die Annalen ein, weil die mit dem Fall befassten Virenschutz-Spezialisten der zu untersuchenden Software diesen Namen gaben. Er verdankte sich kurioserweise einem Verzeichnisnamen aus einer der Zeichenketten der Schadsoftware,

C:\Shamoon\ArabianGulf\wiper\release\wiper.pdb

Shamoon heißt auf Arabisch nichts anderes als »Simon«. Ein erster und, wie sich bald herausstellte, falscher Verdacht war, dass der Virus etwas mit dem Sami Shamoon College of Engineering, Israels größter und renommiertester Ingenieursschule, zu tun haben könnte. Die Malware hatte die Form einer kleinen 900-Kilobyte-Datei, von der Teile verschlüsselt waren. Sie besaß drei funktionelle Komponenten: einen Viren-Dropper, um zusätzliche Module zu installieren; einen Wiper zum unwiderruflichen Löschen von Dateien; und ein Reporting-Tool, das den Anwendern der Software bestimmte Einzelheiten zurückübermittelte. Nachdem man die kleine Datei höchstwahrscheinlich in Form eines E-Mail-Attachments in das Zielnetzwerk eingeschleust hatte, verbreitete sie sich über gemeinsame Netzwerkverbindungen auf andere Rechner. Die Schadroutine der Software war auf die Zerstörung von Daten ausgerichtet. Sie überschrieb sowohl den Teil der Festplatte, der für das Rebooten des Systems verantwortlich war, als auch Partitionstabellen und die meisten Dateien mit zufälligen Daten, darunter auch mit dem kleinen Teil eines Bildes, auf dem angeblich eine brennende amerikanische Flagge zu sehen war.[11] Aufgrund des destruktiven Potentials der Schadsoftware wies das Computersicherheits-Ereignis- und Reaktionsteam der US-Regierung (Computer Emergency Response Team, CERT) darauf hin, dass »eine mit der Malware infizierte Organisation operationale Auswirkungen wie den Verlust geistigen Eigentums oder die Störung entscheidender Systeme erleben könnte«. Die Gruppe hob aber auch hervor, dass die Software nur ein begrenztes Zerstörungspotential besaß: »Es liegen uns keine Hinweise darauf vor, dass es Shamoon speziell auf industrielle Steuerungssysteme oder auf US-amerikanische Regierungseinrichtungen abgesehen hat.«[12] Ebenso wenig gab es – trotz ihres anfänglichen Erfolgs – irgendwelche Anhaltspunkte dafür, dass es der Software gelungen war, kritische Systeme zu stören.

Eine bis zum damaligen Zeitpunkt nicht in Erscheinung getretene Gruppe, das »Scharfe Schwert der Gerechtigkeit« *(Cutting Sword of Justice)*, reklamierte in einem in fehlerhaftem Englisch geschriebenen Pastebin-Eintrag die Urheberschaft des Angriffs gegen Saudi Aramco für sich. Auf dieser Plattform pflegen Hacker erbeutete Daten in einfacher Textform abzulegen. Als Erstes äußerten sich die Angreifer zu ihrer Absicht und erklärten sich solidarisch mit den gegen staatliche Unterdrückung protestierenden Aufständischen in den Ländern des Arabischen Frühlings:

> »Im Namen einer gegen Unterdrückung gerichteten Hackergruppe, die genug hat von den Verbrechen und Grausamkeiten, die sich in vielen Ländern der Welt zutragen, insbesondere in den Nachbarländern Syrien, Bahrain, Jemen, Libanon, Ägypten und …, und auch vom doppelzüngigen Umgang der Weltgemeinschaft mit diesen Nationen, wollen wir mit unserer Aktion die Hauptunterstützer dieser Katastrophen treffen.
>
> Einer der Hauptunterstützer dieses Katastrophen *[sic]* ist das korrupte Al-Saud-Regime, das solche repressiven Maßnahmen durch muslimische Ölreserven finanziert. Al-Saud ist bei der Verübung dieser Verbrechen ein Komplize. An seine *[sic]* Händen klebt das Blut unschuldiger Kinder und Menschen.«

Nachdem die Gruppe ihre Beweggründe und Ziele offengelegt hatte, berichtete das »Scharfe Schwert der Gerechtigkeit« von einer ersten laufenden Aktion:

> »Als Erstes wurde eine Maßnahme gegen den Aramco-Konzern ergriffen, die größte Geldquelle des Al-Saud-Regimes. Bei diesem Schritt drangen wir in ein System des Aramco-Konzerns ein, indem wir die gehackten Systeme in verschiedenen Ländern nutzten, um einen bösartigen Virus zu verschickten *[sic]* und in diesem Unternehmen dreißigtausend miteinander verbundene Computer zu zerstören. Die Zerstörungsmaßnahmen begannen am Mittwoch, dem 15. August 2012, vormittags um 11:08 Uhr (saudi-arabischer Ortszeit) und werden in wenigen Stunden abgeschlossen sein.«[13]

Diese anonyme Erklärung war höchstwahrscheinlich authentisch. Symantec erfuhr erst von der neuen Malware, nachdem diese Nachricht gepostet worden war. Die Sicherheitsfirma bestätigte, dass die Uhrzeit 11:08 Uhr vormittags, die auf Pastebin genannt wurde, in Shamoon tatsächlich hart verdrahtet war. Zwei Tage später ließen die Hacker einen weiteren Eintrag folgen, in dem sie Tausende von IP-Adressen veröffentlichten, die, wie sie verlauten ließen, zu den infizierten Computern gehörten.[14] Obwohl Saudi Aramco diese Behauptungen nicht kommentierte, ging man bei Symantec davon aus, dass die Adressen in der Tat zum saudischen Ölproduzenten gehörten.[15] Was Aramco allerdings später bestätigte, war die Anzahl der verseuchten Computer: Sie lag, so wie das »Scharfe Schwert der Gerechtigkeit« geschrieben hatte, tatsächlich bei 30 000. Auch die folgenden Angriffe waren zielgerichtet und beschränkten sich wahrscheinlich auf weniger als 50 Einzelaktionen weltweit, von denen die meisten folgenlos blieben. Ein weiteres Opfer aber wurde durch die Angriffe stärker in Mitleidenschaft gezogen: RasGas aus Qatar, ebenfalls einer der weltgrößten Erdgasexporteure.

Shamoon richtete sich gegen den Energiesektor; zu den wesentlichen Funktionen des Virus gehörte die Datenvernichtung; und in der oben zitierten Zeichenkette steckte sogar ein Hinweis auf die Permanent-Löschfunktion (»wiper«). War Shamoon also in Wirklichkeit Wiper, das rätselhafte Schadprogramm, das 2012 iranische Computersysteme angriff? Schließlich war das iranische Regime unter regimekritischen Aktivisten und Rebellen in der gesamten arabischen Welt nicht weniger unbeliebt als Saudi-Arabien. Dennoch lautet die Antwort mit ziemlicher Wahrscheinlichkeit Nein. Kaspersky Lab, das Wiper am intensivsten erforschte, wies auf die unterschiedlichen Löschroutinen und Treiber-Dateinamen hin. Am auffälligsten aber war vielleicht, dass den Polit-Hackern ein paar Programmierfehler unterlaufen waren, darunter auch ein grober Schnitzer. Shamoon sollte am 15. August 2012 um 8:08 Uhr koordinierte Weltzeit mit dem Ausradieren der saudischen Dateien beginnen – doch in seiner Datums-Prüfroutine steckte ein logischer Fehler: Die Datumsabfrage der Software stellte den Angriffsbefehl ungewünscht auf ein beliebiges Jahr nach 2012 zurück, falls der Monat vor dem 15. August lag. Deshalb zählte der Februar 2013 so, als läge er *vor* dem August 2012. Die Entwickler des Kaspersky Lab werteten diesen Fehler als weiteren Beleg dafür, dass Shamoon eine Nachahmungstat technisch unbedarfterer Hacktivisten war und keinesfalls ein Folgeangriff der hochprofessionellen Entwickler, die Wiper oder sogar Stuxnet geschrieben hatten; »von erfahrenen Programmierern würde man kaum erwarten, dass sie eine Datumsabgleich-Routine vermasseln«, schrieb Dmitry Tarakanov, einer der Kaspersky-Analysten.[16] Unklar bleibt allerdings nach wie vor, wie genau es Shamoons Urheber schafften, in die Netzwerke von Saudi Aramco einzudringen.

Ein weiterer Fall von Cybersabotage im Nahen Osten ist für unsere Zusammenhänge ebenfalls interessant. Ende April 2012 tauchte ein recht mysteriöses Stück Schadcode auf. Alireza

Nikzad, ein Sprecher des iranischen Ölministeriums, bestätigte, dass es einen Angriff auf Datensysteme gegeben hatte. Vermutlich als Vorsichtsmaßnahme trennte Iran daraufhin seine wichtigsten Ölexportterminals am Persischen Golf vom Internet. Nikzad betonte aber, dass es den Angreifern nicht gelungen sei, Daten zu beschädigen oder zu zerstören:

> »Dieser Cyberangriff hat die wichtigsten Daten des Ölministeriums und der Nationalen Iranischen Ölgesellschaft (NIOC) nicht beschädigt, denn die allgemeinen Server sind von den Hauptservern getrennt, auch ihre Leitungen sind weder miteinander noch mit dem Internetdienst verbunden … Wir haben ein Back-up von allen primären und sekundären Daten, und in dieser Hinsicht gibt es kein Problem.«[17]

Die Malware stellte ihre Opfer und alle diejenigen, die anschließend versuchten, die neue Bedrohung zu verstehen, vor ungewöhnliche Schwierigkeiten: Sie war so programmiert, dass sie nicht nur Dateien der angegriffenen Computernetzwerke löschen sollte, sondern auch sich selbst und alle Spuren des Angriffs. Folglich standen keine Kopien des Schadcodes zur Verfügung, die man hätte analysieren können. Monatelang versuchten die führenden Virenschutzfirmen vergeblich, Wiper zu finden. Manch ein externer Beobachter zweifelte bereits an der Richtigkeit der Nachrichtenberichte über einen weiteren Cyberangriff gegen Iran. Doch Kaspersky Lab, die russische Softwaresicherheitsfirma, die insbesondere in jenen Ländern beliebt zu sein scheint, in denen man privaten amerikanischen Sicherheitsunternehmen mit Vorbehalten begegnet, konnte einige Sachverhalte eruieren. Es gelang dem russischen Unternehmen, an »Dutzende« von Festplattenabbildern der von Wiper angegriffenen Computersysteme heranzukommen, wahrscheinlich entweder direkt von einem seiner iranischen Kunden oder aber unter Mitwirkung der russischen Geheimdienste. Ein Festplattenabbild ist die exakte Kopie einer kompletten Festplatte zu einem bestimmten Zeitpunkt. Kaspersky Lab konnte bestätigen, dass der Angriff in den letzten zehn Tagen des April 2012 tatsächlich stattgefunden hatte.[18] Die Planer des Angriffs hatten zwei Prioritäten: Zunächst einmal ging es ihnen um eine möglichst effiziente Zerstörung von Daten. Je nach Prozessorkapazität und anderen technischen Eigenschaften kann es ziemlich lange, mitunter sogar mehrere Stunden dauern, sämtliche Dateien in einem großen Speicher wie einer mehrere Hundert Gigabyte großen Festplatte zu löschen. Deshalb beschlossen die Angreifer, ihren Löschalgorithmus so zu programmieren, dass er auf maximale Geschwindigkeit ausgelegt war.

Die zweite Priorität der Angreifer war Heimlichkeit. Kaspersky Lab unterstrich, dass die Wiper-Entwickler »extrem sorgfältig darauf achteten, absolut alles Datenmaterial zu zerstören, anhand dessen sich der Ablauf der Ereignisse hätte rekonstruieren lassen«. In einigen Fällen wurden dennoch Spuren hinterlassen. Einige der angegriffenen Systeme waren imstande, eine Kopie der Windows-Registry-Hives wiederherzustellen, Teile der unterliegenden Master-Datenbank eines Computers, die in einzelnen Dateien auf der Festplatte gespeichert sind. Auf einigen Systemen, die Kaspersky Lab untersuchte, hatte Wiper in einem besonderen Windows-Ordner, in dem wichtige Systemdateien liegen (dem INF-Ordner), alle .PNF-Dateien gelöscht, und zwar mit höherer Priorität als andere Systemdateien. Die Forscher vermuteten deshalb, dass Wiper seine eigene Hauptdatei als verschlüsselte PNF-Datei in diesem Verzeichnis aufbewahrte. Auch bei anderen raffinierten Cyberangriffen, insbesondere bei Stuxnet und seinem Nachfolger Duqu, war das Format der meisten Primärdateien das für Malware eigentlich ungewöhnliche Dateiformat PNF. Der Grundgedanke ging offenbar dahin, so schlossen die russischen Experten, dass Wiper zuerst sich selbst und all seine Malware-Komponenten ausradieren und erst dann dazu übergehen sollte, gezielt andere Dateien zu löschen, einschließlich der Systemdateien, die das System schließlich zum Absturz brachten. Hätte Wiper angefangen, Systemdateien nach dem Zufallsprinzip zu löschen, dann hätte er möglicherweise »vergessen«, sich vor dem Absturz des Betriebssystems auf einigen Rechnern selbst zu löschen, womit alle nicht gelöschten Dateien auf der Festplatte erhalten geblieben und forensische Spuren des Schadprogramms hinterlassen worden wären. Diese besondere Malware aber war so fachkundig geschrieben, dass von ihr in keinem einzigen Fall, in dem sie aktiviert wurde, Daten überlebten. Obwohl Kaspersky Lab also Spuren des Virenbefalls fand, blieben die Malware selbst und ihre Zielprioritäten bis heute unbekannt. Letztlich kann man nur spekulieren, wer die Angreifer waren und wie viele Opfer geschädigt wurden.

Sowohl Shamoon als auch Wiper stießen allerdings an eine entscheidende Grenze. Sie hatten es auf große Energiekonzerne abgesehen, das heißt auf Unternehmen, die riesige Mengen an Öl und Gas umschlagen. Dennoch blieb deren Produktion und Logistik von den Attacken unbehelligt. Zwar wurden die Firmennetzwerke getroffen, nicht aber die industriellen Steuerungsnetzwerke, die unverändert dafür sorgten, dass der unentbehrliche fossile Treibstoff weiterhin aus der Erde, durch die Pipelines und in die Tanker gepumpt wurde. Im Dezember 2012 ergaben die kriminaltechnischen Untersuchungen von Saudi Aramco, dass die Angreifer offenbar einen geschlagenen Monat lang versucht hatten, die industriellen Steuerungssysteme lahmzulegen, die die Ölproduktion des Konzerns regeln. »Das primäre Ziel dieser Angriffe war es, die Öl- und Gasversorgung der lokalen und internationalen Märkte zu unterbrechen«, sagte Abdullah al-Sadaan, Vizepräsident für Unternehmensplanung im Konzern.[19] Der Angriff auf das SCADA-Netz aber blieb wirkungslos. Eine folgenschwerere Sabotage müsste diese Hürde natürlich überwinden.

Erfolgreiche Angriffe auf industrielle Steuerungssysteme, die physischen Schaden verursachen, sind zwar sehr selten, doch gibt es sie durchaus. Die Sabotage, deren Ursprünge in den industriellen Kämpfen des späten 19. Jahrhunderts liegen, richtet sich nun auch im digitalisierten 21. Jahrhundert wieder gegen die Industrie: Die herausragenden Ziele unserer Tage sind industrielle Systeme für die Systemsteuerung und Datenakquisition (SCADA). Solche Systeme kommen in Kraftwerken, Stromnetzen, Raffinerien, Pipelines, Wasser- und Abwasserwerken, Eisenbahnen, U-Bahnen, Ampelanlagen, Heizungen und Beleuchtungssystemen von Bürogebäuden und Krankenhäusern, Aufzügen und vielen anderen technischen Prozessen zum Einsatz. Eine andere Abkürzung, die hierfür gelegentlich gebraucht wird, ist DCS für Distributed Control System, zu Deutsch »Prozessleitsystem«. Prozessleitsysteme dienen zumeist der Steuerung von Prozessen in räumlich abgegrenzten Bereichen wie Fabriketagen, während SCADA-Systeme, wie im Fall von Pipelines oder Verkehrsnetzen, ganze Regionen umspannen können. Beide gehören zur Klasse der industriellen Steuerungssysteme (ICS). Der sicherste Weg, um per Computer einen materiellen Schaden anzurichten und auf indirektem Weg vielleicht sogar Menschen zu verletzen oder zu töten, ist vermutlich der Angriff auf ein industrielles Steuerungssystem.

»Systemsteuerung und Datenakquisition« klingt vielleicht kompliziert, doch die frühesten Steuerungsnetze bestanden in Wirklichkeit aus einem einfachen Kontrollgerät, sagen wir einem Messgerät mit Schalter, und aus Fernbedienungssensoren und -stellgliedern: Wenn zum Beispiel die Temperatur in einem anderthalb Kilometer entfernten Fabriktank unter 100 Grad Celsius fiel, dann schaltete der Betreiber aus der Ferne den Heizkessel an. Je komplexer die industrielle Produktion wurde, desto komplexer wurden natürlich auch die computergestützten Steuerungssysteme. Dennoch funktionieren die meisten von ihnen im Prinzip ganz ähnlich, egal, ob sie Ölraffinerien, Kraftwerke, Stahlwerke, Chemiefabriken oder Wasserversorgungsunternehmen am Laufen halten. Es ist wichtig, sich ein paar grundlegende Merkmale dieser Steuerungssysteme vor Augen zu führen, um die Sabotageanfälligkeit von SCADA-Systemen einschätzen zu können.

Mindestens aus der Perspektive des Anlagenbetreibers steht am Anfang das oft als HMI abgekürzte Human Machine Interface oder auch die Mensch-Maschine-Schnittstelle (Benutzerschnittstelle). Die Gemeinde der auf SCADA-Systeme spezialisierten Ingenieure benutzt gerne Abkürzungen, und es erleichtert das Verständnis ihrer Analysen ungemein, wenn man sich mit ihrem Jargon ein wenig vertraut macht. Kraftwerksbetreiber und Wartungspersonal steuern das System in der Regel über diese Schnittstelle. In modernen Systemen besteht die HMI de facto aus einem großen Bildschirm, auf dem ein Funktionsabbild einer Fabrik oder einer großen Maschine sowie kleinere Bilder etwa von Leitungen, Verbindungsstellen und Tanks zu sehen sind; die Darstellungen sind mit hellen Lichtern und kleinen Anzeigeinstrumenten versehen, die es den Betreibern erlauben, kritische Werte, etwa Druck- oder Geschwindigkeitswerte, abzulesen. Wenn ein bestimmter Parameter einen Eingriff erforderlich macht, dann blinkt gegebenenfalls ein rotes Licht, oder ein Messinstrument zeigt einen problematischen Wert an. Eine zweite Komponente ist das Computerüberwachungssystem. Dabei handelt es sich um das Gehirn des Systems. Der Überwachungscomputer kann Daten sammeln und als Reaktion auf die gemessenen Werte Befehle an die Feldgeräte zurückschicken, um den Prozess zu steuern. Feldgeräte können in einer Werkshalle stehen oder mehr oder weniger buchstäblich im Feld, wie im Falle eines Pipelinenetzes, das im Freien unter Umständen große Distanzen überbrückt. Bei einfacheren Systemen kann eine sogenannte speicherprogrammierbare Steuerung (SPS) ein komplexeres Computersteuerungssystem ersetzen. Steuerungssysteme und speicherprogrammierbare Steuerungen gehören zu den sogenannten Master- oder Hauptgeräten. Die dritte Komponentengruppe bilden die externen Steuereinheiten bzw. Remote Terminal (oder Telemetry) Units, im Industriejargon auch als RTUs geläufig. Dabei handelt es sich um »Slave- oder Peripheriegeräte«, die Befehle ihrer Mastergeräte ausführen und sich üblicherweise in der Nähe der zu steuernden Motoren und Ventile befinden. RTUs arbeiten in zwei Richtungen: Einerseits übermitteln sie Sensordaten an das Steuerungssystem, andererseits übermitteln sie Befehle vom Überwachungssystem an die fernen Motoren und Ventile.

Alle SCADA-Systeme benötigen eine Kommunikationsinfrastruktur. Diese kann komplex und teuer sein, insbesondere für Systeme, die sich über eine große Fläche erstrecken. Bei Pipeline- oder Wasserversorgungsnetzen und großen Chemieanlagen sind oft erhebliche Entfernungen zu überbrücken. Einige Industrieanlagen müssen extremen Temperaturen im Produktionsprozess, elektromagnetischer Strahlung oder rauen Umweltbedingungen standhalten können. Die Kommunikationshardware muss aber nicht nur in dieser Hinsicht hohen Anforderungen genügen, sondern auch, weil die Spannbreite industrieller Anwendungen so groß ist. Die Hersteller von Komponenten für SCADA-Netzwerke haben deshalb ungefähr 200 proprietäre, oftmals ganz individuelle Protokolle entwickelt. Aufgrund dieser variationsreichen und irgendwie chaotischen Situation war es für Angreifer lange schwer, ein konkretes Netzwerk zu verstehen und in es hineinzugelangen. Oft ist ein SCADA-Netzwerk über besondere Gateways mit dem Firmennetzwerk eines Unternehmens verbunden. Datenverbindungen zwischen Firmennetz und automatisiertem Produktionsprozess sorgen für größere Effizienz und ein besseres Versorgungsmanagement und haben zudem weitere Vorteile. Solche Gateways bilden eine Schnittstelle zwischen IP-basierten Netzwerken, wie geschlossenen Firmennetzen oder dem Internet, und dem einfacheren, Feldbusprotokoll-basierten SCADA-Netzwerk, das die Feldgeräte steuert.[20] Manchmal können insbesondere in sehr großen Netzwerken wie Stromnetzen unerwartete Verbindungen zur Außenwelt bestehen, zum Beispiel durch eine Telefon- oder offene Funkverbindungen. Da SCADA-Netzwerke häufig

Altsysteme sind, gibt es wegen ihrer großen Komplexität und der Mitarbeiterfluktuation in einem Unternehmen oft niemanden, der das Netzwerk in allen Einzelheiten durchschaut. Eine große, aber letztlich unbekannte Zahl von SCADA-Systemen ist mit dem Internet verbunden, wovon die Administratoren gegebenenfalls gar nichts wissen.[21]

Drei Trends erhöhen die Anfälligkeit von SCADA-Systemen für Angriffe: Der erste Trend ist die Standardisierung von Kommunikationsprotokollen. Die Forderung nach immer größerer Effizienz zu minimalen Kosten setzt auch die Betreiber von Steuerungssystemen unter Druck. In einer Dynamik, die sich mit Open-Source-Anwendungen vergleichen lässt, führen offene Protokollstandards zu deutlichen Effizienzgewinnen. Doch schwächen sie das System auch insgesamt. »Die offenen Standards machen es den Angreifern sehr leicht, detaillierte Kenntnis von der Funktionsweise dieser SCADA-Netzwerke zu erlangen«, hob eine wissenschaftliche Arbeit im Jahr 2006 hervor.[22] Ein Angreifer, der einmal in ein Netzwerk eingedrungen ist, hat dadurch etwa die Möglichkeit, die Kommunikation innerhalb dieses Netzwerks nachzuvollziehen und »auszuschnüffeln«. Sobald böswillige Akteure genug über Daten und Steuerungsbefehle herausgefunden haben, sind sie prinzipiell in der Lage, Abläufe zu manipulieren. In gewisser Weise ist genau das bei Stuxnet geschehen.

Der zweite Trend, der industrielle Steuerungssysteme anfälliger für externe Angriffe macht, ist ihre zunehmende Konnektivität. Technisch gesehen waren SCADA-Kommunikationssysteme ursprünglich einmal als serielle Mehrgerätekommunikation über verschiedene Kanäle, etwa über Telefonverbindungen oder Betriebsfunksysteme, angelegt. Zunehmend aber basiert die Kommunikation in einem SCADA-System auf Internetprotokollen. Das bedeutet, dass Terminalserver immer mehr darauf ausgelegt sind, serielle asynchrone Daten (zum Beispiel Bit- oder Byte-orientierte Daten) in IP oder »Frame-Relay-Pakete« für die Übertragung in aktualisierte Systeme zu konvertieren. Diese Veränderung bringt viele Vorteile mit sich. Die Gerätewartung wird erheblich einfacher, wenn man sich problemlos mit diesen Geräten verbinden kann – wenn man beispielsweise aus den klimatisierten Büroräumen der Firmenzentralen über das Firmennetzwerk oder aber direkt über das Internet, das in der Regel zugleich eine Brücke zu Auftragnehmern und der verzweigten Kette der Zulieferer bildet, Zugriff auf die lauten Werkshallen hat. Noch weiter verstärkt wird dieser Trend durch die Entwicklung sogenannter Smart Grids: intelligenter Stromnetze, die durch eine automatische Verschiebung der Produktionsspitze auf Zeiten mit günstigen Energiepreisen die Kosten senken. Ein führendes Unternehmen im Bereich der Industrieautomation ist Telvent. Die Tochterfirma des französischen Energiegiganten Schneider Electric, eines international operierenden Konzerns mit weltweit rund 130 000 Angestellten, hat einen geschätzten Marktwert von zwei Milliarden US-Dollar. Zu den wichtigsten Smart-Grid-Produkten von Telvent gehört OASyS, das speziell darauf zugeschnitten ist, die Lücke zwischen dem Firmennetzwerk eines Energieunternehmens und deren von Altsystemen gesteuerten Feldoperationen zu schließen. Im Herbst 2012 ließ Telvent verlauten, Angreifer hätten einen Schadcode installiert und Dateien des Oasys-Projekts gestohlen.[23] Bei den Eindringlingen handelte es sich vermutlich um Mitglieder der möglicherweise in Schanghai ansässigen »Comment Group«; man hatte es also mit einer Cyberspionage-Operation im großen Stil zu tun, bei der aller Wahrscheinlichkeit nach die sogenannte »dritte Abteilung« der chinesischen Volksbefreiungsarmee ihre Hände im Spiel hatte.[24]

Ein dritter Trend ist die größere Sichtbarkeit. Durch neue Suchtechnologien ist es erheblich leichter geworden, bestimmte Dinge zu finden, so auch Handbücher von Herstellern speicherprogrammierbarer Steuerungen, die manchmal sogar hartcodierte Zugangsdaten enthalten. Für die größte Veränderung im Bereich der Sichtbarkeit ist aber wahrscheinlich ein einzelner Programmierer verantwortlich. 2009 startete der damals 26-jährige John Matherley eine neue Suchmaschine für alle mit dem Internet verbundenen Geräte. Zu den Dingen, die Shodan.io nach eigenen Angaben aufspürt, gehören: »Webcams. Router. Kraftwerke. iPhones. Windkraftanlagen. Kühlschränke. VoIP-Telefone«.[25] Das »Google für Hacker« wurde die Plattform bezeichnenderweise getauft. Ihre Suchfunktionalität bietet die Möglichkeit, Computer anhand von Software, Geographie, Betriebssystem, IP-Adresse und anderen Variablen aufzuspüren. Shodans Webcrawler durchsuchen das Internet nach Ports, die normalerweise mit Mainstream-Protokollen wie HTTP, FTP, SSH und Telnet arbeiten. Am 28. Oktober 2010 warnte das amerikanische Heimatschutzministerium, dass direkt mit dem Internet verbundene Steuerungssysteme nunmehr mit deutlich geringerem Aufwand ausfindig gemacht werden könnten. Entsprechend erklärte das Computersicherheitsteam für industrielle Steuerungssysteme (ICS-CERT) Shodans wachsende Datenbank zu einem »zunehmenden Risiko«.[26] Im Juni des folgenden Jahres wurde an der Universität Cambridge eine Diplomarbeit eingereicht. Mithilfe der Shodan-Suchmaschine hatte der Informatikstudent Éireann Leverett 10 358 mit dem Internet verbundene industrielle Steuerungssysteme gefunden und aufgelistet, wobei nicht klar war, wie viele davon sich eigentlich noch in Betrieb befanden. Erstaunlicherweise brauchte man nur für 17 Prozent aller Systeme eine Login-Authentifizierung, wie Leverett ermittelte. Als er seine Ergebnisse bei der auf Leit- und Automatisierungstechnik spezialisierten Sicherheitskonferenz S4 präsentierte, waren viele verwundert, um nicht zu sagen, schockiert. Manche Anbieter nutzten Shodan daraufhin, um ihre Kunden zu informieren, wessen Systeme man online finden konnte. Einer der Konferenzteilnehmer, der für den SPS-Hersteller Schweitzer arbeitete, bestätigte dem Magazin *Wired* gegenüber, wie sorglos einige Betreiber in dieser Hinsicht waren: »Mindestens ein Kunde sagte uns: ›Wir wussten nicht mal, dass es am Netz hing.‹«[27]

Doch das Bild bleibt unvollständig, wenn man nicht auf gegenläufige Trends hinweist. SCADA-Systeme werden nicht nur anfälliger; einige Entwicklungen tragen durchaus dazu bei, sie weniger anfällig zu machen. Die Frage der Sicherheit stellt sich zunehmend als eine Frage des Gleichgewichts dar, die sich vielleicht nur von Fall zu Fall konkret beantworten lässt. Aus den folgenden drei Gründen könnte es sein, dass industrielle Steuerungssysteme insgesamt nicht anfälliger, sondern im Gegenteil sicherer werden. Möglicherweise tragen sie auch zur Erklärung bei, warum die Welt bis Ende 2017 noch keinen Cyberangriff erleben musste, bei dem wirklich Menschen zu Schaden gekommen oder gar gestorben wären.

Der erste Grund hängt eng mit der erhöhten Sichtbarkeit zusammen: eine größere Übersichtlichkeit und das sogenannte Red-Teaming, eine Art Angriffssimulation. Mit dem in der Landesverteidigung wie in der Computersicherheit gebräuchlichen Begriff des »Red Teams« bezeichnet man eine zu Testzwecken zusammengestellte »feindliche« Gruppe, deren Aufgabe es ist, Fehler und Schwächen einer Organisation oder eines Plans ausfindig zu machen. In seinem Blog beschrieb Rubén Santamarta, ein damals 29-jähriger unabhängiger spanischer Forscher, am 12. Dezember 2011 eine Schwachstelle, die er in der Firmware einer speicherprogrammierbaren Steuerung von Schneider, genauer gesagt im sogenannten NOE-771-Modul gefunden hatte.[28] Das Modul enthielt mindestens 14 hartcodierte Passwörter, von denen einige offenbar auch in Benutzerhandbüchern standen. Vor der Veröffentlichung seines Blogeintrags hatte Santamarta das schon genannte amerikanische Computersicherheitsteam informiert. ICS-CERT reagierte unverzüglich. Noch am selben Tag gab das Heimatschutzministerium eine Warnmeldung heraus, die auf die neuen Sicherheitslücken hinwies, und organisierte mit Schneider Electric »die Entwicklung von Abhilfemaßnahmen«.[29] Santamartas Hack setzte Schneider unter erheblichen Druck, das Problem zu beseitigen. Ein besser bekannter White-Hat-Hacker speicherprogrammierbarer Steuerungen ist Dillon Beresford. »White Hat« steht im Computerjargon für ethisch motivierte Hacker, denen an einer Erhöhung der Sicherheitsstandards gelegen ist. Hacker, die Sicherheitslücken hingegen für ihre eigenen Zwecke auszunutzen versuchen, werden als »Black Hats« bezeichnet. Obwohl Beresford zu jenem Zeitpunkt wenig Erfahrungen mit Steuerungssystemen hatte, gelang es dem Sicherheitsanalysten von NSS Labs dennoch, gravierende Sicherheitslücken bei einem häufig verwendeten Produkt von Siemens, der speicherprogrammierbaren Steuerung Siemens Simatic S7, aufzudecken.[30] Sein Renommee in Expertenkreisen wuchs beträchtlich, als ihn Siemens und der amerikanische Heimatschutz aufforderten, seinen Beitrag über die neu entdeckten Schwachstellen der Siemens-S7-Steuerung, der für die im Mai 2011 tagende Hacker-Konferenz TakeDownCon in Dallas angekündigt war, wieder zurückzuziehen.[31] Eine Reihe harmloser, aber aufsehenerregender SCADA-Sicherheitsvorfälle haben die Spezialisten für Steuerungssysteme in den vergangenen Jahren zunehmend alarmiert. Als drittes Beispiel möchte ich hier Justin Clarkes Enthüllung der Sicherheitsdefizite bei Produkten des mittlerweile ebenfalls zu Siemens gehörenden kanadischen Netzwerkausrüsters RuggedCom nennen, die ebenfalls zu einer Warnmeldung des ICS-CERT führte.[32] Der Druck auf die Anbieter stieg zusehends.

Der zweite Grund, der sich zum Teil aus dem ersten ergibt, sind die allmählich besser werdenden Sicherheitslösungen der Anbieter. Dutzende von Unternehmen produzieren speicherprogrammierbare Steuerungen, der Weltmarkt aber wird von einigen wenigen Anbietern beherrscht: Auf Siemens entfallen etwa 30 Prozent, auf Rockwell Automation etwas mehr als 20 Prozent, auf Mitsubishi rund 14 Prozent und auf Schneider Electric knapp 10 Prozent der Weltmarktanteile. Für spezielle Anwendungen gibt es in der Regel wenige spezialisierte Anbieter. So kommen etwa in Raffinerien normalerweise Produkte von Honeywell, Emerson oder Yokogawa zum Einsatz.[33] Einige dieser Hersteller haben, was das Beheben von Sicherheitslücken angeht, eine miserable Bilanz zu verzeichnen. Jahrelang wurde Siemens von verschiedenen Seiten immer wieder kritisiert, weil sich das Unternehmen als unfähig erwies, kritische Mängel seiner Simatic-Step-7- und Simatic-PCS7-Software zu beheben. Ein Softwarefehler bot Angreifern die Möglichkeit, eine bösartige DLL (Dynamic Link Library) in einen ungeschützten Programmordner von Step 7 einzuschleusen. Genau diese Art von Fehler nutzte Stuxnet aus, um die Zentrifugen in Natanz zu zerstören. Zu den prominentesten Kritikern gehörten etwa Ralph Langner, der bereits erwähnte deutsche Ingenieur und Stuxnet-Analyst der ersten Stunde[34], sowie das Team, das Dale Peterson bei Digital Bond, einem der führenden Beratungsunternehmen im Bereich industrieller Steuerungssysteme, leitete.[35] Digital Bond betreibt einen aktiven Blog und hält jedes Jahr in Miami die für diesen Industriezweig maßgebliche S4-Konferenz ab. Nicht wenige in der Branche fürchten Peterson, weil er viel zu viele unangenehme Details über strukturell unsichere Systeme veröffentlicht. Dazu sagt dieser allerdings: »Wir machen wahrscheinlich nur etwa zehn Prozent dessen, was wir finden, öffentlich.«[36] Nach Jahren des öffentlichen Drucks haben Siemens und andere SPS-Hersteller nun offenbar endlich begonnen, die Hinweise ernst zu nehmen und die Sicherheit ihrer Produkte zu verbessern, auch wenn es immer noch viel zu langsam geht.

Der letzte Grund ist die nach wie vor bestehende und möglicherweise zunehmende Undurchsichtigkeit. Obwohl es offene Protokolle, mehr Konnektivität und dank jener neuen Suchmaschine, die mit dem Internet verbundene Geräte aufspürt, auch eine bessere Dokumentation gibt, bleibt die Undurchsichtigkeit von Systemen für externe (nicht aber für interne) Angreifer ein riesengroßes Hindernis. Insbesondere bei hochkomplexen industriellen Produktionsprozessen mag weder der Zugang zu einem

System noch das Ausspionieren dieses Systems ausreichen, um einen hochwirksamen Angriff vorbereiten zu können. »Wenn man die Bedieneroberfläche nicht kennt, weiß man nicht wirklich, woran die SPS eigentlich angeschlossen ist«, wie der bekannte Spezialist für industrielle Steuerungssysteme Reid Wightman erklärt. »Ich weiß ja gar nicht, ob das [Gerät] ein Ablassventil, ein Eingangsventil oder eine Glühbirne ist.«[37] Um Erfolg zu haben, sind sehr spezifische Informationen erforderlich; man muss den angreifenden Software-Agenten eventuell sogar in einer Versuchsanlage austesten können, die dem eigentlichen Ziel möglichst aufs Haar gleicht. Seit Stuxnet wissen wir, wie schwer so etwas zu entwerfen ist. Eine oftmals auch mit größerer Passgenauigkeit einhergehende höhere Komplexität der Produktionssysteme führt nicht unbedingt zu größerer Transparenz. Das Gegenteil ist oft der Fall.

Die effizientesten Saboteure waren schon immer die Insider, heute nicht weniger als vor 100 Jahren. Falls die Cybersabotage in dieser Hinsicht irgendetwas verändert haben sollte, dann hat sie bestenfalls den Wettbewerbsnachteil der äußeren Gefährder ein wenig ausgeglichen. Nach wie vor aber gehen die zerstörungsmächtigsten Akte der Computersabotage auf das Konto von Insidern. Das hat einen simplen Grund: Der Ingenieur, der Maschinen baut oder wartet, der Manager, der einen Produktionsprozess plant und überwacht, oder der IT-Administrator, der eine Softwarelösung anpasst oder installiert, hat einfach die besten Voraussetzungen, um die entsprechenden Maschinen zu beschädigen. Deshalb ist es wenig überraschend, dass sich Sabotageanleitungen normalerweise vor allem an Insider richten – eine Erkenntnis, die gleichermaßen für die französischen Anarchisten wie für amerikanische Spione Gültigkeit zu besitzen scheint: So war das 1900 erschienene Bulletin der *Bourse de Travail* von Montpellier genau für jene Fabrikarbeiter gedacht, die sich am richtigen Ort befanden, um die Gerätschaften ihrer verhassten kapitalistischen Bosse zu sabotieren; und auch das *Simple Sabotage Field Manual* des amerikanischen Office of Strategic Services von 1944 sollte eine methodische Handreichung für eingeweihtes Personal – vom Telegraphisten bis zum Eisenbahningenieur – sein, um Verunsicherung, Verspätungen, Verzweiflung und Zerstörung zu verbreiten. Besonders einschlägig ist die von Insidern ausgehende Gefahr bei Cyberangriffen auf komplexe SCADA-Systeme. Die Ingenieure und Administratoren, die für ein Kraftwerk oder einen Energieversorger arbeiten, kennen die Systeme natürlich am besten. Sie verfügen über das hohe Maß an Prozesswissen, mit dem sich ein wirksamer Schlag gegen maßgeschneiderte Altsysteme ausführen lässt. Wenn es ein Risiko gibt, dass irgendjemand heimlich eine »Logikbombe« installiert, die sich aus der Ferne zeitsteuern und aktivieren lässt, dann dürfte es am ehesten von einem Innentäter ausgehen.

Die althergebrachte Verbindung zwischen Sabotage und Insiderwissen hat eine problematische Kehrseite sowohl für diejenigen, die Sabotage treiben wollen, als auch für diejenigen, die sich vor ihr zu schützen suchen: Für maximale Effizienz ist ein Akt der Industriesabotage auf den besten Zugang, die größten technischen Fähigkeiten und die genauesten Informationen über das anvisierte Ziel angewiesen. Je komplexer und undurchsichtiger die Systeme werden, desto komplexer und undurchsichtiger wird auch das Wissen, das man benötigt, um sie zu manipulieren. Unter dem Strich bedeutet das einen nur hauchdünnen Sicherheitsvorteil für den Verteidiger. Für dieses zweischneidige Schwert kennen die IT-Sicherheitstechniker einen technischen Begriff: »Sicherheit-durch-Unklarheit« (security-by-obscurity). »Es gibt keine Sicherheit-durch-Unklarheit«, sagen Informatiker gerne abfällig. Die Wendung geht auf Auguste Kerckhoffs zurück, einen Pariser Kryptographen und Linguisten des 19. Jahrhunderts. Einer als »Kerckhoffs'sches-Prinzip« bekannten Kernüberzeugung der meisten Kryptographen zufolge lässt sich ein System nicht dadurch schützen, dass man das Wissen um seine Angreifbarkeit verschleiert.[38]

Das Kerckhoffs'sche Prinzip besagt, ein Kryptosystem müsse auch dann noch sicher sein, wenn der ganze Systemplan – allerdings ausschließlich des Kodierungsschlüssels – öffentlich bekannt ist. Kein Wunder also, dass führende Kryptographen über die Vorstellung der Sicherheit-durch-Unklarheit die Nase rümpfen. Doch jenseits des engen Fachgebiets der Kryptographie stellt sich das Verhältnis von Sicherheit und Undurchsichtigkeit etwas komplizierter dar.[39] Für die Ingenieure industrieller Steuerungssysteme gehört Sicherheit-durch-Unklarheit schlichtweg zur alltäglichen Erfahrung, auch wenn ihnen diese Idee theoretisch nicht gefallen sollte.[40]

Doch die Debatte um Sicherheit-durch-Unklarheit lässt etwas Entscheidendes außer Acht: den Insider. Claude Shannon, ein amerikanischer Pionier der Informationstheorie, hat eine berühmte Reformulierung des Kerckhoffs'schen Prinzips geprägt: »Der Feind kennt das System.« Shannon betrachtete diese Aussage eher als eine theoretische Annahme, die in Ausnahmefällen zutreffen mag, weniger als eine allgemeine Tatsachenbehauptung. Doch für den Saboteur, der schon auf der Gehaltsliste seines Anschlagsgegners steht, ist die Situation eine völlig andere. Der Insider kennt das System tatsächlich, und er kann genau dieser Feind sein. Die erfolgreichsten Fälle von Computersabotage profitierten angeblich in irgendeiner Form von der Unterstützung durch Insider, so auch Stuxnet und Shamoon. In beiden Fällen ist bislang unklar, wie die Insiderhilfe genau aussah. Doch gibt es durchaus besser dokumentierte Fälle dieser Art. Drei Beispiele sollen dies verdeutlichen.

Anfang 2000 berichtete das *Time*-Magazin mit zweijähriger Verspätung, dass der russische Energiegigant Gazprom einen gravierenden Sicherheitsvorfall erlitten hatte, der auf einen Insider zurückging. Ein unzufriedener Mitarbeiter hatte, wie russische

Beamte offenbar *Time* gegenüber verlauten ließen, »einer Gruppe von Hackern« geholfen, in das Unternehmensnetzwerk einzudringen und sich mehrere Stunden lang Gazproms Computern zu »bemächtigen«. Angeblich waren die Eindringlinge sogar in der Lage, die SCADA-Systeme zu kontrollieren, die den Gasstrom durch das riesige Pipelinenetz des Konzerns überwachen und steuern. Die Führungskräfte des politisch gut vernetzten Unternehmens waren dem Vernehmen nach außer sich, als die Information an die Öffentlichkeit gelangte. Aus Furcht vor einer Blamage stritt Gazprom alle Berichte über den Vorfall in der russischen Presse ab. »Nachdem der Zeitungsbericht erschienen war, rollten im Innenministerium Köpfe«, zitierte *Time* einen weiteren hochrangigen Beamten. »Wir standen kurz vor einer größeren Naturkatastrophe.«[41] Zu einer kleinen Naturkatastrophe kam es wenige Jahre später nach einem erfolgreichen Hackerangriff.

Das zweite Beispiel ist ein Vorfall, der sich im März und April 2000 im damaligen Verwaltungsgebiet Maroochy Shire von Queensland an der australischen Sunshine Coast ereignete. Der Sicherheitsvorfall von Maroochy ist einer der verheerendsten Hackerangriffe auf ein SCADA-System, die es je gab. Nach, wie es heißt, 46 drahtlosen Angriffen auf eine große Abwasseranlage, die sich über einen Zeitraum von drei Monaten erstreckten, gelang es einem einzelnen Hacker, über eine Million Liter ungeklärten Abwassers in die örtlichen Parks, Flüsse und sogar auf das Gelände eines Hyatt Regency Hotels zu leiten. Der Urheber des Angriffs war der 49-jährige Vitek Boden. Sein Motiv war Rache. Der Maroochy Shire Council hatte seine Stellenbewerbung abgelehnt.[42] Zuvor war Boden bei der Firma angestellt gewesen, die das SCADA-System der Maroochy-Abwasseranlage eingerichtet hatte. Das System der australischen Anlage erstreckte sich über ein geographisch weiträumiges Gebiet und nutzte Funksignale für die Kommunikation mit den fernen Feldgeräten, die für das Starten einer Pumpe oder das Schließen eines Ventils verantwortlich waren. Boden hatte die Software, mit der sich das Managementsystem steuern ließ, auf seinem Laptop, und er wusste, wie die Funksender funktionierten. Das ermöglichte es ihm, die 142 Abwasserpumpstationen unter seine Kontrolle zu bringen. Als Folge seines Angriffs wurden Hunderttausende von Litern ungeklärten Abwassers in die öffentlichen Wasserwege gepumpt. Die Aufräumarbeiten dauerten eine Woche und kosteten die Verwaltung von Maroochy Shire 13000 australische Dollar sowie weitere 176000 AUD für die Aktualisierung der Sicherheitsstandards in der Abwasseranlage. »Vitek Bodens Taten waren vorsätzlich und systematisch und richteten in einer Gegend, in der sich junge Familien und andere Bürger gerne aufhalten, großen Schaden an«, so ließ Janelle Bryant, die die Untersuchungen für die Umweltschutzbehörde von Queensland leitete, damals verlauten. »Meeresfauna und -flora starb, das Wasser in der Bucht wurde schwarz, und der Gestank war für die Bewohner unerträglich.«[43] Boden kam am Ende für zwei Jahre hinter Gitter.[44]

Zu einem weiteren, weniger bekannten Insiderangriff auf ein industrielles Steuerungssystem kam es Anfang 2009 in einem texanischen Krankenhaus, der W.B. Carrell Memorial Clinic in Dallas. Der Vorfall verursachte keinen Schaden, führte aber zu einem drakonischen Gerichtsurteil. Ein Nachtwächter des Krankenhauses, Jesse William McGraw, war erfolgreich in die dortige Klimaanlage und in den Computer einer Pflegekraft eingebrochen, auf dem sich vertrauliche Patienteninformationen befanden. Der 25-jährige McGraw stellte anschließend Screenshots der kompromittierten Klimaanlage online und veröffentlichte dreisterweise auch noch ein YouTube-Video, das zeigte, wie er Malware auf den Krankenhauscomputern installierte, die die Rechner zu Slaves eines von ihm betriebenen Botnetzes machten. McGraw benutzte den Spitznamen »GhostExodus« und bezeichnete sich als Anführer der Hackergruppe »Electronic Tribulation Army«, die er zu einer Konkurrenz von Anonymous erklärte. In den frühen

Morgenstunden des 13. Februar verschaffte sich der zum Hacker mutierte Nachtwächter unerlaubt physisch Zugang zum Lüftungssystem der Klinik, steckte ein mobiles Speichergerät ein und ließ ein Programm ablaufen, das ihm erlaubte, ein CD/DVD-Laufwerk zu emulieren. McGraw hätte beträchtlichen Schaden anrichten können. »Der Einbruch in die Klimaanlage stellte ein Gesundheits- und Sicherheitsrisiko für die Patienten dar, die angesichts der Wetterbedingungen während des texanischen Sommers unter einem Abstellen der Kühlung hätten leiden können«, argumentierte das FBI-Büro in Dallas, obwohl der Sommer noch Monate in der Ferne lag.[45] Berichten zufolge stellten Krankenhausangestellte Schwierigkeiten mit der Klima- und Lüftungsanlage fest und wunderten sich, warum die Alarmanlage nicht ordnungsgemäß anschlug. McGraws Screenshots zeigten, dass die Alarmmeldung in der Chirurgie des Krankenhauses in der Tat auf »inaktiv« gestellt worden war.[46] Im März 2011, zwei Jahre nach seiner Straftat, wurde McGraw zu 110 Monaten Haft in einem Bundesgefängnis verurteilt.[47]

Ein anderer, überaus kurioser Insidervorfall fand am 17. November 2011 statt. Joe Weiss, ein Sicherheitsberater in der Steuerungssysteme-Industrie, veröffentlichte einen Blogeintrag mit dem Titel »Water System Hack – The System Is Broken« (Hackerangriff auf das Wassersystem – das System ist kaputt). Weiss behauptete, ein Angreifer aus Russland sei in eine amerikanische Wasserversorgungsgesellschaft eingedrungen, habe die Nutzernamen und Passwörter der Kunden gestohlen und einen physischen Schaden verursacht, indem er das System so lange an- und abschaltete, bis die Pumpe defekt war. Zwei bis drei Monate lang wurden kleinere Störungen beobachtet, wie Weiss schrieb, die man schließlich als bösartigen Cyberangriff identifizieren konnte.[48] Seine Informationen hatte Weiss anscheinend von einem geleakten Bericht des Illinois Statewide Terrorism and Intelligence Center bezogen, der allerdings auf unverarbeiteten und unbestätigten Angaben beruhte.[49] In der *Washington Post* erschien ein Artikel über die Geschichte, die den vermeintlichen Vorfall zum ersten ausländischen SCADA-Angriff auf ein Ziel in den Vereinigten Staaten, nämlich auf das Curran-Gardner Townships Public Water District in Springfield, Illinois, stilisierte. »Das ist eine Riesensache«, wurde Weiss in dem Artikel zitiert. »Man hat [den Angreifer] nach Russland zurückverfolgt. Er war mindestens zwei bis drei Monate im System. Er hat Schaden verursacht.«[50] Der Artikel fragte nicht, warum irgendjemand in Russland ausgerechnet eine einzelne Wasseraufbereitungsanlage im amerikanischen Mittelwesten angreifen sollte. Das FBI und das Heimatschutzministerium untersuchten den Vorfall von Springfield und warnten schnell vor voreiligen Schlussfolgerungen. Eine Woche später lagen die Tatsachen auf dem Tisch. Ein Vertragsmitarbeiter, der für die Anlage in Illinois arbeitete, war damals privat nach Russland gereist und hatte sich von dort aus in ihr Computersystem eingewählt. Die Informationen waren also nicht vollkommen falsch gewesen: In der Anlage hatte es sehr wohl Funktionsstörungen gegeben, eine Pumpe war ausgefallen, und jemand hatte tatsächlich von einer russischen IP-Adresse aus auf das System zugegriffen. Doch der Vorfall mitsamt seinen Fehldeutungen macht mehreres deutlich: zum einen, dass böser Vorsatz und bösartiges Handeln aus einem Unfall einen Angriff machen würden – im Falle des Kontraktors, der sich von Russland aus in das Wasserwerk einloggte, gab es aber keinen derartigen Vorsatz. Die Ereignisse zeigen zum anderen, wie moderne Mythen über erfolgreiche SCADA-Angriffe entstehen. Falschmeldungen über vermeintliche ICS-Angriffe sind sogar so verbreitet, dass in der Datenbank des British Columbia Institute of Technology für industrielle Sicherheitsvorfälle einmal eine eigene Kategorie für »Falschmeldung/Moderner Mythos« existierte.[51]

Im Gefolge der Geschichte vom Cyberangriff auf das Wasserwerk von Springfield demonstrierte ein Hacker allerdings, wie übereilt und gefährlich es wäre, das Risiko verheerender Attacken gegen unverzichtbare Infrastruktur- und Versorgungseinrichtungen einfach abzutun. Einen Leser der britischen IT-Nachrichten-Website The Register hatte das Statement eines Regierungsbeamten so empört, dass er etwas unternehmen wollte. »Ich stieß auf, ja stolperte geradezu über ein bestimmtes Zitat«, schrieb der verärgerte Hacker einen Tag später in einem Pastebin-Eintrag. Ein Beamter des amerikanischen Heimatschutzministeriums hatte zu Protokoll gegeben: »Zurzeit gibt es keine glaubwürdigen, belastbaren Hinweise darauf, dass ein Risiko für kritische Infrastruktureinrichtungen oder eine Gefahr für die öffentliche Sicherheit besteht.«[52] Diese Aussage war mehr als umstritten, sie klang aus dem Mund eines Beamten geradezu naiv. »Das war dumm. Also echt. Irrsinnig dumm. Es missfällt mir ungeheuer, wie das DHS [Department of Homeland Security – das Heimatschutzministerium] herunterzuspielen versucht, in welchem *abgefuckten* Zustand sich die nationale Infrastruktur befindet.«[53] Deshalb wollte er der Regierung beweisen, wie schlimm die Dinge wirklich standen. Unter dem Usernamen pr0f verschaffte sich der verärgerte Leser Zugang zur HMI-Software (für die Mensch-Maschine-Schnittstelle) eines SCADA-Systems, das die Prozesse eines 16 000 Texaner versorgenden Wasserwerks in South Houston regelte. Mithilfe der Shodan-Suchmaschine, die das Internet nach Fingerabdrücken von SCADA-Systemen durchsucht, fand pr0f angeblich heraus, dass die Anlage in South Houston mit der Siemens-Simatic-HMI-Software betrieben wurde, die mit dem Internet verbunden und durch ein einfaches dreistelliges Passwort geschützt war. Der 22-jährige arbeitslose Hacker machte daraufhin fünf Screenshots von der Mensch-Maschine-Schnittstelle und postete auf Pastebin Links zu den Dateien. Für den Einbruch brauchte er keine zehn Minuten. Pr0f richtete keinen Schaden an und gab keine Einzelheiten preis, die böswillige Hacker hätten ausnutzen können, sondern er brachte ganz im Gegenteil seinen Widerwillen gegen Vandalismus zum Ausdruck. Der bislang nicht identifizierte Hacker soll am liebsten Hoody-Sweatshirts tragen und noch bei seinen Eltern leben, irgendwo in Übersee.[54] Die Stadt South Houston hatte ihr Wasserwerk lange vor dem 11. September 2001 auf das Siemens-System umgestellt, also auch lange bevor es eine breite Debatte um die Gefährdungen industrieller Steuerungssysteme gab. »Niemand hat sich darüber groß Gedanken gemacht«, gab der Bürgermeister Joe Soto gegenüber der *Washington Post* an. »Als es eingebaut wurde, hatten wir noch keine Terroristen.« Soto wusste, dass pr0f sein Ziel mehr oder weniger willkürlich gewählt hatte. »Wahrscheinlich sind wir nicht die Einzigen, die eine klaffende Lücke haben«, sagte der Bürgermeister später. »Er hat uns alle mit runtergelassenen Hosen erwischt.«[55]

Ein vergleichbarer Vorfall trug sich in den Monaten Februar und März 2012 zu. Ein oder mehrere Nutzer griffen von unautorisierten IP-Adressen aus auf das Netzwerk des industriellen Steuerungssystems eines ungenannten Klimaanlagenbauers aus New Jersey zu, wie einer vom FBI veröffentlichten Mitteilung zu entnehmen ist.[56] Die Angreifer benutzten eine Backdoor, um sich Zugang zum Tridium-Niagara-System des Unternehmens zu verschaffen, das sie anschließend fernzusteuern vermochten. Es ist nicht bekannt, ob die Eindringlinge tatsächlich Systemeinstellungen veränderten oder einen Schaden verursachten. Sie hätten es auf jeden Fall tun können. Das Niagara AX Framework ist weltweit auf über 300 000 Systemen, in Anwendungen wie Energiemanagement, Gebäudeautomation oder Telekommunikation installiert, unter anderem auch in den Heizungs-, Brandschutz- und Überwachungssystemen für das Pentagon, das FBI und die Bundessteuerbehörde der USA.[57] Im Falle des Klimaanlagenbauers aus New Jersey gelang es dem Angreifer, auf eine »grafische Benutzeroberfläche [zuzugreifen], wodurch er über einen Grundriss des Firmensitzes mit Bedienfeldern und Rückkopplung für jedes Büro und jeden Fabrikbereich verfügte«, so berichtete das FBI. »Alle Bereiche des Unternehmens waren durch Angestelltennamen oder

Bereichsbezeichnungen eindeutig gekennzeichnet.« Der Vorfall ließ sich zu zwei Nachrichten auf Pastebin vom Januar 2012 zurückverfolgen.[58] Ein User mit dem Twitter-Namen @ntisec, für »Anti-security«, hatte eine Liste von IP-Adressen gepostet, von denen eine zu der ungenannten Firma führte. @ntisec bezeichnete sich als »Anarchosyndikalisten«, der mit Anonymous sympathisiere. Nach eigenen Angaben fand er die Schwachstelle über Google und Shodan heraus, indem er nach »:|slot:/« gesucht habe. @ntisec schien überrascht zu sein, wie leicht er online an diverse Zählerstände und Schaltfelder gelangen konnte:

> »Brauchst nicht mal ein Exploit, um hier reinzukommen. Musst gar kein Hacker sein. Nicht ein einziges Passwort.
>
> In welchem Zustand befinden sich also eure anderen #SCADA-Systeme, zum Beispiel euer Stromnetz? Oder die Verkehrsregelung?
>
> Was ist mit der Chemieindustrie? Oder könnten Hacker irgendwas ausschalten, damit wieder mal ein paar Züge entgleisen?«[59]

Doch der selbsterklärte Anarchosyndikalist wollte seine Ideologie offenbar nicht in die Tat umsetzen, denn er mahnte andere Amateur-Hacker, nichts Illegales oder gewissermaßen nichts Anarchisches zu tun:

> »Passt auf, dass ihr keine reine Anarchie verursacht. Sie können euch auf die Spur kommen, und ich warne euch davor, Steuerungszustände zu verändern. Seht euch nur mal um und ihr werdet [selbst] merken, wie diese Systeme unseren Alltag bestimmen.«[60]

Die unbekannten Angreifer taten offenbar genau das: Sie benutzten @ntisecs Backdoor-URL, um auf Administratorenebene Zugriff auf die industriellen Steuerungssysteme des Klimatechnik-Unternehmens zu erlangen – keine Firewall war zu überwinden und kein Passwort erforderlich, wie das FBI vermerkte. Man weiß nicht, ob sich die Hacker an @ntisecs Ratschlag hielten, die Steuerungswerte des Systems nicht zu verändern. Auf jeden Fall aber scheinen weder Dinge noch Personen zu Schaden gekommen zu sein.

Diese Vorfälle – Gazprom, Maroochy, Dallas, Springfield, Houston, New Jersey – sind alle meilenweit von einem »Cyberkrieg« entfernt. In keinem dieser Fälle wurden Personen verletzt, und nirgends ist ein handfestes politisches Ziel zu erkennen. Dennoch gehören sie zu den schwerwiegendsten Vorfällen in Steuerungssystemen, die bislang publik wurden, und es wäre kurzsichtig, die Gefahr schwerer Computerangriffe zu unterschätzen: Denn die Aussichten für Computersabotage stehen gut; das Phänomen ist offenbar im Kommen. Die Zahl der Schadprogramme, die einem Unternehmen oder einer Regierung eine »Verringerung der Effizienz« aufzwingen können, ist 2012 rasant gestiegen. Stuxnet hat hier vollkommen neue Maßstäbe gesetzt. Die Suchmaschine Shodan hat den Schleier der Geheimhaltung ein Stück weit gelüftet, indem sie eine große Zahl der mit dem Internet verbundenen Steuerungssysteme auffindbar macht. Da die Einzelheiten der verschiedenen Anlagen natürlich uneinsehbar bleiben, hält sich der Spielraum für einen erfolgreichen Hackerangriff zwar in gewissen Grenzen, gänzlich ausgeschlossen ist er aber jedenfalls nicht. Ein mit physischem Schaden verbundener Angriff auf dieses oder jenes industrielle Steuerungssystem ist für die Zukunft ein überaus wahrscheinliches Szenario. »Irgendwann wird es so weit sein, dass jemand in ein Großsystem eindringt und Menschen dabei verletzt werden«, sagte der Hacker pr0f der *Washington Post*, nachdem er die Wasseraufbereitungsanlage von Houston geknackt hatte. »Es ist nur eine Frage der Zeit.« Doch man muss diese Risiken nüchtern einschätzen. Fast alle Akte von Computersabotage blieben bislang gewaltlos, es kamen weder Maschinen noch Menschen zu Schaden (Stuxnet, der eine unbekannte Zahl von Maschinen in der iranischen Atomanreicherungsanlage von Natanz beschädigte, stellt den bisherigen Erkenntnissen zufolge die einzige Ausnahme dar). Nicht gewaltsame Sabotageakte dieser Art erfreuen sich offenbar immer größerer Beliebtheit – der zu Beginn dieses Kapitels vorgestellte Saudi-Aramco-Vorfall illustriert das besonders gut, nicht zuletzt, weil hier gerade der Versuch der Sabotage der industriellen Steuerungssysteme scheiterte –, und sie haben eindeutig das Potential, das Vertrauen der Konsumenten und Bürger in Unternehmen und Staaten bzw. in die von diesen angebotenen Produkte und Dienstleistungen zu untergraben. Sie können auch das Vertrauen untergraben, das Führungskräfte in ihre Organisationen setzen. Die zunehmende Digitalisierung und Automatisierung bietet Angreifern immer mehr Gelegenheiten, die Effizienz zu verringern, ohne physisch etwas zerstören zu müssen. So gesehen wird Sabotage im Zeitalter der Computerangriffe nicht immer gewaltsamer – sondern gewaltärmer.

5. Spionage

Die zweite Form von Offensivakt, die weder als Verbrechen noch als Krieg bezeichnet werden kann, ist die Spionage. Cyberspionage stellt den Versuch dar, in ein gegnerisches Computernetz oder -system einzudringen, um daraus vertrauliche oder geschützte Informationen zu gewinnen. Zwei zentrale Unterscheidungen bestimmen sowohl die Organisation als auch die wissenschaftliche Untersuchung geheimdienstlicher Tätigkeit. Nachrichtendienste können sich entweder darauf beschränken, Informationen zu sammeln und zu analysieren, ansonsten aber weitgehend passive Beobachter bleiben – oder sie führen Operationen durch, die in aller Regel verdeckt sind und bei denen entweder der gesamte Einsatz (Geheimoperation) oder zumindest die Identität des Auftraggebers verheimlicht werden soll. Die zweite Unterscheidung betrifft die Beschaffenheit der nachrichtendienstlichen Erkenntnisse, die entweder *sozialer* oder *technischer* Natur sein können. Dieser Unterscheidung entspricht die althergebrachte Arbeitsteilung der Geheimdienste zwischen Erkenntnisgewinnung aus menschlichen Quellen (HUMINT, Human Intelligence) und Signalaufklärung (SIGINT, Signals Intelligence). Vertrauliche Informationen, die mittels Telekommunikationsmedien übertragen werden, sind oft verschlüsselt. Spionage, die sich auf Signalaufklärung stützt, ist daher auf den Einsatz von Experten für Entschlüsselung und Kryptoanalyse angewiesen. Das weite Feld der Signalaufklärung umfasst das Abhören von zivilen und militärischen Funksignalen, Satellitenverbindungen, Telefon- und Handygesprächen sowie natürlich das Abfangen der Kommunikation zwischen Computern über diverse Datenprotokolle wie E-Mail oder Internettelefonie. Das illegale Eindringen in Computernetze ist insofern nur ein, wenngleich ein rasch wachsender Teil der Signalaufklärung. Es trägt zur begrifflichen Klärung bei, wenn wir beide Unterscheidungen auf den Cyberspace anwenden: Für die Zwecke unserer Untersuchung wollen wir Cyberspionage als das geheime Sammeln von Erkenntnissen entweder durch Abfangen von Nachrichten zwischen Computern oder durch Eindringen in fremde Computernetzwerke verstehen. Die Cybersabotage hingegen wäre das Äquivalent zu einer verdeckten Operation; sie erfolgt durch einen Cyberangriff, der Schadsoftware in ein gegnerisches Computersystem einschleust, um eine bestimmte physische Wirkung zu erzielen oder die Effizienz eines Prozesses zu verringern. Cyberspionage kann einen hohen Grad an technischer Finesse erfordern; die technischen Anforderungen sind allerdings nie so hoch wie bei einer komplexen Sabotageoperation, denn Spionage ist nicht unmittelbar instrumentell: Sie soll nicht in erster Linie ein bestimmtes Ziel erreichen, sondern Informationen beschaffen, die für die Entwicklung konkreterer Instrumente oder Vorgehensweisen von Nutzen sein können. Die neue Bedrohung durch softwaregestützte Sabotage wurde in den vorangegangenen Kapiteln über Cyberwaffen und Cybersabotage erörtert. Dieses Kapitel nun widmet sich der Cyberspionage.

Die staatlich finanzierten Cyberfähigkeiten werden größtenteils für Spionagezwecke eingesetzt. De facto waren die allermeisten politischen Cybersicherheitsvorfälle Akte der Spionage, nicht der Sabotage. Und eine immer stärker digitalisierte Umwelt multipliziert die Anzahl der Akteure im Spionagegeschäft. Teuer und professionell ausgebildete Agenten, die für Regierungen (oder Konzerne) arbeiten, stehen nun in Konkurrenz zu Hackern und Privatpersonen, die mitunter aus eigener Initiative Informationen im Dienst einer größeren Sache publik machen. Auf den folgenden Seiten werde ich das Ausmaß des Problems und die eklatantesten Fälle untersuchen, zu denen Details öffentlich bekannt geworden sind: Was waren die spektakulärsten aktenkundigen Einbrüche in Netzwerke? Wie groß ist die Gefahr der elektronischen Spionage? (Oder, aus Sicht eines Angreifers, wie stehen die Chancen für Cyberspionage?) Und was heißt das für die Nachrichtendienste, die darum kämpfen, sich auf eine Reihe neuer Herausforderungen einzustellen?

Im scharfen Gegensatz zum allgemeinen Tenor der Cybersicherheitsdebatte besagt die folgende Argumentation, dass der Spielraum der Cyberspionage durch drei Paradoxien *beschränkt* ist. Da ist zum einen das *Gefahrenparadox*: Cyberspionage ist keine Kriegshandlung, keine Waffe und kein bewaffneter Angriff, sie stellt für die hoch entwickelten Volkswirtschaften der Welt aber trotzdem eine ernst zu nehmende Gefahr dar. Experten der Gewaltanwendung werden bis zu einem gewissen Grad durch Softwareexperten ersetzt – das heißt, die Computerspionage ist zwar vollkommen gewaltfrei, aber äußerst gefährlich. Freilich mit Einschränkungen: Wer beispielsweise seine Gegenspieler um einen Wettbewerbsvorteil zu bringen versucht, sollte die Möglichkeiten des großformatigen Datendiebstahls nicht überschätzen. Das zweite Kennzeichen der Cyberspionage ist das *Bedeutungsparadox*: Auch wenn Cyberspionage vielleicht die wichtigste Form von Cyberangriff ist, stellt sie für Geheimdienste eventuell gar keine umwälzende Entwicklung dar – die Cyberspionage ist sehr wohl eine revolutionäre Entwicklung, aber nicht für die besten Geheimdienste. Das liegt am dritten scheinbaren Widerspruch, den ich als *Normalisierungsparadox* bezeichne: Ein Nachrichtendienst, der ernsthaft Cyberoperationen betreibt, wird diese durch menschliche Quellen, also durch erfahrene Informanten und sachkundige Spezialagenten, absichern. Damit aber verlagert er das, was wir hier als »Cyberspionage« diskutieren, nach und nach aus dem Cyberspace wieder in den traditionellen Raum geheimdienstlicher Praxis, zu der eben auch das Abschöpfen menschlicher Quellen und verdeckte Operationen gehören. Das Resultat mag überraschen: Je besser sich die Dienste in »Cyberdingen« auskennen, umso weniger werden sie wahrscheinlich Cyberspionage-Operationen im engeren Sinn des Wortes durchführen. Ähnliches gilt für den Bereich der Wirtschaftsspionage.

Ich entfalte meine Argumentation in vier Schritten. Um die Bedrohung durch Spionage und insbesondere Industriespionage zu verstehen, müssen wir uns zunächst klarmachen, was es heißt, technisches Fachwissen weiterzugeben. Am Anfang steht deshalb eine kurze begriffliche Sondierung: Bei näherer Betrachtung erkennt man, dass sich personalisiertes Expertenwissen über komplexe industrielle oder politische Prozesse nicht so leicht herunterladen lässt wie allgemein angenommen. Als Zweites untersuche ich einige herausragende Fälle von Cyberspionage im Detail, unter anderem Duqu, Flame und Shady Rat. Drittens werfen wir einen kurzen Blick auf die immer wichtigere Rolle, die Soziale Medien im Cyberspionagegewerbe spielen. Viertens und abschließend werden einige Schwierigkeiten im Zusammenhang mit der Cyberspionage erörtert: Wie unterscheidet man sie von Cyberkriminalität, wie schützt man sich vor ihr, wie betreibt man sie, wie lassen sich der von ihr angerichtete Schaden und ihre Vorteile abschätzen?

Gewisse begriffliche Vorarbeiten sind nötig, um die Grenzen der Cyberspionage nachvollziehen zu können. Zu diesem Zweck halten wir uns an den großen Wissenschaftsphilosophen Michael Polanyi.[1] Polanyis Arbeiten bilden den Ausgangspunkt eines der einflussreichsten Bücher, die je über Kreativität und Innovation geschrieben wurden: *Die Organisation des Wissens* von Ikujirō Nonaka und Hirotaka Takeuchi, dessen Originalausgabe *The Knowledge-Creating Company* 1995 erschien.[2] Besonders folgenreich war Polanyis Unterscheidung zwischen implizitem und explizitem Wissen: Wie Nonaka und Takeuchi hervorheben, ist implizites

Wissen personengebunden, kontextspezifisch und nicht leicht zu formalisieren und zu kommunizieren. Es wurzelt in der Erfahrung, in praktischen Einsichten, in Gruppenzusammenhängen, in eingefahrenen Routinen, in bestimmten Vorgehensweisen, in sozialen Interaktionen. Erfahrungen und Interaktionen dieser Art kann man nur schwer in Worte fassen. Ein solches Wissen lässt sich etwas besser per Video vermitteln, wie jeder intuitiv verstehen wird, der schon einmal versucht hat, sich eine bestimmte handwerkliche Fertigkeit anzueignen – von Kugelhantel-Techniken über die Zubereitung eines Fish Pies bis zum Bauen eines Bootes. Explizites Wissen dagegen ist festgeschrieben und in einer formalen, systematischen Sprache vermittelbar, in einem Lehrbuch der Volkswirtschaft etwa oder einem militärischen Feldhandbuch. Explizites Wissen, das sich in Worten und Zahlen ausdrücken lässt, ist nur die Spitze eines Eisbergs, der zum großen Teil aus implizitem Wissen besteht.

Zu Nonakas instruktivsten Beispielen gehört eine Brotbackmaschine. In den späten 1980er Jahren wollte die in der Nähe von Osaka ansässige Matsushita Electrical Company, die heute Panasonic heißt, einen besonders guten Brotbackautomaten entwickeln. Das Unternehmen verglich den Teig, den ein Standardgerät produzierte, mit dem eines Bäckermeisters. Röntgenaufnahmen des Teigs zeigten keine nennenswerten Unterschiede. Daraufhin ging Ikuko Tanaka, die Leiterin der Abteilung Softwareentwicklung, mit dem renommierten Bäckermeister des für sein köstliches Brot bekannten Osaka International Hotel in Klausur. Doch die bloße Beobachtung des Bäckermeisters lehrte Tanaka nicht, wie man wirklich ausgezeichnetes Brot backt. Erst als sie es ihm nachtat und praktische Erfahrung sammelte, lernte sie, wie man den Teig richtig dehnen und drehen muss. Auch der Bäckermeister selbst hätte sein »Geheimrezept« nicht aufschreiben können – es war ein integraler Bestandteil seiner über lange Jahre verfeinerten Routinen und Praktiken. In der japanischen Kunst des Brotbackens steckt eine wichtige Lektion für westliche Geheimdienste. Implizites Wissen stellt für die Spionage, vor allem für die Industriespionage, ein gewaltiges Problem dar. Einer chinesischen Firma, die aus der Ferne in das Netzwerk eines amerikanischen Konkurrenten eindringt, wird es, um im Bild zu bleiben, schwerfallen, ein für ihre Kunden schmackhaftes Brot zu backen. Und noch schwerer wird es ihr fallen, ein so komplexes Produkt wie Titandioxid im Chloridverfahren herzustellen, wie es sich in einem der größten Fälle von Wirtschaftsspionage mit chinesischer Beteiligung zeigte, der gegen das Chemieunternehmen Dupont gerichtet war.[3]

Online-Wirtschaftsspionage ist zweifellos ein riesiges Problem. Doch ist es komplizierter, einem Konkurrenten aus der Ferne Geschäftsgeheimnisse durch Hacken seiner Computernetze zu stehlen *und sie anschließend zu nutzen*, als es den Anschein hat. Eine Liste der eklatantesten Fälle von Cyberspionage, die tatsächlich einen quantifizierbaren wirtschaftlichen Schaden größeren Ausmaßes angerichtet haben, macht das unmittelbar deutlich – denn die Liste ist kürzer und strittiger, als Medienberichte vermuten lassen. Zu den spektakulärsten Fällen gehören die folgenden drei: erstens ein Sicherheitsvorfall bei der Coca-Cola Company. Am 15. März 2009 wandten sich FBI-Beamte diskret an den Getränkehersteller. Sie enthüllten, dass Eindringlinge, und zwar möglicherweise die berüchtigte »Comment Group«, Coca-Colas Netzwerke gehackt und vertrauliche Dateien über den geplanten Kauf der China Huiyuan Juice Group gestohlen hatten. Drei Tage später scheiterte das auf 2,4 Milliarden US-Dollar veranschlagte Geschäft.[4] Der Kauf wäre die bis dato größte ausländische Übernahme eines chinesischen Unternehmens gewesen. Einen zweiten, scheinbar ähnlich gelagerten Fall machte Mitte 2012 Jonathan Evans, der Chef des britischen Geheimdienstes MI5, publik. Dabei hatte eine an der britischen Börse notierte Firma durch Cyberspionage angeblich 800 Millionen Pfund verloren; über diesen Fall wurden allerdings keine Einzelheiten bekannt.[5] Das womöglich folgenreichste, aber auch umstrittenste Beispiel ist der Niedergang der Nortel Networks Corp, eines einst führenden Ausrüsters von Telekommunikationsunternehmen mit Hauptsitz in Ontario, Kanada. Nachdem die notleidende Firma 2009 Insolvenz angemeldet hatte und abgewickelt wurde, behaupteten Nortel-Quellen, chinesische Hacker und eine fast zehn Jahre andauernde Infiltration ihrer Netzwerke seien verantwortlich oder mindestens mitverantwortlich für Nortels Niedergang.[6] Doch auch hier bleibt im Dunkeln, wie genau der Verlust von Daten das Unternehmen schädigte. Wir werden andere Fälle, die nachweislich Kosten verursachten, an späterer Stelle erörtern.

Diese kurzen Beispiele zeigen allerdings schon, wie schwierig es ist, Fälle von Computerspionage zu analysieren und allgemeine Schlussfolgerungen daraus zu ziehen. Entscheidend ist die Natur der entwendeten Daten: Prozessbezogenes Wissen (Brot backen!) findet sich womöglich eher in Routinen und Praktiken als in Berichten oder auf Festplatten. Deshalb dürfte es nicht so leicht zu stehlen und aus der Ferne zu kopieren sein wie beispielsweise vertrauliche Informationen über Firmenübernahmen oder Geschäftsverhandlungen mit anderen Unternehmen, die man bei Führungskräften abschöpfen und aus denen man leichter einen Vorteil ziehen kann. Nur eine genaue empirische Analyse vermag Licht auf die Möglichkeiten und Grenzen der Cyberspionage zu werfen. Allzu oft aber werden nur Details der Methode bekannt, mit welcher Daten herausgeschleust wurden, nicht aber die abgeschöpften Daten selbst oder wozu sie im Einzelnen benutzt wurden. Auf den folgenden Seiten stelle ich die wichtigsten Fälle von Cyberspionage vor, wobei die Untersuchung immer nur so weit gehen kann, wie das öffentlich bekannte Wissen über diese Fälle reicht.

Das vielleicht früheste Beispiel von Cyberspionage ist die bereits im ersten Kapitel erwähnte Operation Moonlight Maze. Ein folgenreicherer Fall war Titan Rain. Titan Rain ist der Codename der US-Regierung für eine Reihe von Angriffen auf militärische und staatliche Computersysteme, die 2003 begannen und ein ganzes Jahr andauerten. Chinesische Hacker hatten sich offenbar Zugang zu firewall-geschützten Netzwerken des Pentagons, des Außenministeriums und des Ministeriums für Heimatschutz sowie von Rüstungsbetrieben wie Lockheed Martin verschafft. Doch es bleibt unklar, ob der Einbruch tatsächlich das Werk chinesischer Sicherheitsdienste war oder ob der Angreifer lediglich Computer in China nutzte, um seine wahre Identität zu verbergen. Wer auch immer hinter Titan Rain steckte, die Größenordnung dieses Datendiebstahls war jedenfalls beeindruckend. Im August 2006 machte Generalmajor William Lord, damals Leiter »Information, Services and Integration« im Office of Warfighting Integration der US-Luftwaffe, auf einer IT-Konferenz in Montgomery, Alabama, die Ausmaße dessen öffentlich, was für ihn eine vom chinesischen Staat finanzierte Spionageoperation gegen Amerikas Verteidigungsapparat darstellte. »China hat bereits zehn bis zwanzig Terabyte an Daten aus dem NIPRNET heruntergeladen«, sagte er. Beim NIPRNET handelt es sich um das zwar nicht geheime, aber dennoch datensensible IP-Routernetzwerk des Pentagons. Zu diesem Zeitpunkt waren die Hacker noch nicht in das geheime Netzwerk des Pentagons, das sogenannte SIPRNET (Secret Internet Protocol Router Network), eingedrungen.[7] In dem nicht klassifizierten Netzwerk finden sich immerhin die persönlichen Daten (einschließlich der Namen) sämtlicher Personen, die für das Verteidigungsministerium arbeiten.[8] Genau auf diese Daten hatten es die Angreifer abgesehen, vermutete Lord. »Sie suchen nach Ihrer Identität, damit sie sich unter Ihrem Namen in das Netzwerk einloggen können«, erklärte er den Luftwaffenangehörigen und Pentagon-Mitarbeitern, die sich auf der Maxwell Air Force Base versammelt hatten.

20 Terabyte sind eine Menge Informationen. Würde man diesen Datenberg auf Papier ausdrucken, bräuchte man »eine Last-

wagenkolonne vom Pentagon bis zu den chinesischen Frachtern im 80 Kilometer entfernt gelegenen Hafen von Baltimore«, um die Dokumentenstapel zu transportieren, so kalkulierte Joel Brenner, ein ehemaliger Chefberater der National Security Agency.[9] Und da das Verteidigungsministerium gewiss nicht das einzige Ziel war, durfte man sich durchaus noch ein paar Lkw-Kolonnen von Washington bis Baltimore hinzudenken. So gab etwa das amerikanische Energieministerium im Juni 2006 bekannt, dass die persönlichen Daten von über 1500 Mitarbeitern der National Nuclear Security Administration gestohlen worden waren. Das Netzwerk der für Atomenergie zuständigen Abteilung des Ministeriums war schon 2004 infiltriert worden, doch die NNSA hatte dies erst ein Jahr später bemerkt.

Im November 2008 hatte das US-Militär den womöglich schwerwiegendsten Einbruch in seine Computer überhaupt zu verzeichnen. Auf einer Militärbasis im Nahen Osten wurde eine angeblich russische Spähsoftware per USB-Stick in einen Laptop eingespeist, und zwar »von einem ausländischen Nachrichtendienst«, wie der stellvertretende Verteidigungsminister erklärte.[10] Von dort aus begann sie, nach Domänenadressen mit ».mil« zu suchen, und gelangte auf diesem Weg in das nicht klassifizierte NIPRNET des Pentagons. Das globale sichere Intranet des Verteidigungsministeriums, das SIPRNET, über das vertrauliche und geheime Informationen übermittelt werden, ist durch einen »Luftspalt« (Air Gap) oder eine »Luftmauer« (Air Wall) physisch, elektrisch und elektromagnetisch von unsicheren Netzen getrennt. Als die Malware allerdings auf einer Festplatte im NIPRNET angekommen war, konnte sie sich von dort auch auf USB-Sticks kopieren. Die Angreifer hofften natürlich, dass ein unbedarfter Nutzer die Spionagesoftware über den Luftspalt hinweg in das SIPRNET einführen würde. Obwohl den Sicherheitsexperten des Pentagons dieses Problem unter dem Stichwort »Turnschuhnetzwerk«-Effekt durchaus bewusst ist – »Sneakernet«, weil der Austausch von Daten zwischen mehreren Computern in diesem Fall gewissermaßen zu Fuß erfolgt[11] –, scheint die Spyware genau auf diese Weise einen virtuellen Brückenkopf errichtet zu haben. Auch hier weiß man allerdings nicht, ob sie dem geheimen Netzwerk überhaupt Informationen entreißen konnte, noch gar, welche oder wie viele.

Ein weiterer bekannter und gelungener Fall von Cyberspionage war »Shady RAT«. Die Auswahl der Ziele eines Angriffs deutet auf die Urheberschaft eines bestimmten Landes hin, nicht aber auf einen bestimmten Akteur in diesem Land, und im Fall von Shady RAT (»lichtscheue Ratte«) heißt der Verdächtige China. RAT ist eine in der Computerindustrie vertraute Abkürzung für Remote Access Tool (Fernzugriffstool). McAfee, das Unternehmen, das die Operation entdeckte und ihr den Namen gab, spielte dabei ominös auf die Eigenschaften des Ehrgeizes und des Mutes an, die der Ratte im chinesischen Horoskop zugeschrieben werden. Es ist lehrreich, bei dieser relativ gut dokumentierten Attacke einen Blick hinter die Kulissen zu werfen.

Die Angreifer gingen in vier Schritten vor. Als Erstes legten sie anhand ökonomischer oder politischer Kriterien bestimmte Organisationen als Ziele fest. Im zweiten Schritt folgte der eigentliche Einbruch. Um in die Computer einer Firma oder einer Organisation einzudringen, wählten die Angreifer konkrete Personen in ihren Zieleinrichtungen als Eintrittspunkte aus. Kontaktinformationen und E-Mail-Adressen dieser Mitarbeiter ließen sich beispielsweise über LinkedIn herausfinden. Auf der Grundlage sämtlicher ihnen verfügbarer Informationen schrieben die Angreifer dann maßgeschneiderte E-Mails an ihre jeweiligen Empfänger, die Dateianhänge in vertrauten Microsoft-Office-Formaten wie PPT, DOC oder XLS, aber auch PDF-Dateien enthielten. Sobald eine dieser Dateien geöffnet wurde, startete ein in ihr gespeicherter Exploit-Code und kompromittierte die Software auf dem Rechner des Empfängers. Dieser Spear-Phishing-Trick war in einigen Fällen bemerkenswert gut eingefädelt. So stand etwa in der Betreffzeile einer der E-Mails, die an ausgewählte Empfänger ging, »CNA Nationales Sicherheitsseminar«. Mit CNA war das Center for Naval Analyses in Alexandria gemeint. Der Text der E-Mail wurde noch konkreter:

> »Wir freuen uns, Ihnen mitzuteilen, dass wir Dr. Jeffrey A. Bader am Dienstag, den 19. Juli, von 12.00 Uhr bis 13.30 Uhr als Gastredner für das CNA National Security Seminar (NSS) gewinnen konnten. Dr. Bader, der von Januar 2009 bis April 2011 Sonderberater des Präsidenten und Senior Director für ostasiatische Angelegenheiten im Nationalen Sicherheitsrat war, wird über die Regierung Obama und Ostasien sprechen.«[12]

Der Inhalt der Phishing-Mail war nicht aus der Luft gegriffen, sondern bezog sich auf eine tatsächlich am CNA geplante Veranstaltung und machte insofern einen sehr vertrauenswürdigen Eindruck. Der Dateianhang mit Namen »Contact List.xls« enthielt ein wohlbekanntes Stück Malware, das aufgrund von Microsofts suboptimalem Sicherheitsverhalten immer noch wirksam war: die (von Bloodhound.Exploit.306 entdeckte) sogenannte MS-Excel »FEATHEADER« Record Remote Code Execution Vulnerability.[13] Waren auf dem Computer des Empfängers nicht die aktuellsten Sicherheits-Updates von Microsoft installiert, dann öffnete sich, wie vom Anwender erwartet, eine saubere Kopie der Excel-Datei, um keinen Verdacht zu erregen. Zugleich öffnete der Anwender mit dem Anklicken der Datei aber auch einen Trojaner. Ein potentiell verräterisches Zeichen speziell dieses Exploits war, wie Symantec berichtete, dass die Anwendung MS-Excel einige Sekunden zu hängen schien, bevor sie wieder normal arbeitete, wobei es auch vorkommen konnte, dass sie abstürzte und neu startete.

Nun folgte Shady RATs dritter Schritt. Sobald sich der Trojaner auf dem Zielcomputer installiert hatte, versuchte er, über die Internetverbindung der befallenen Maschine einen Command-and-Control-Server zu kontaktieren. Deren Webadressen waren in die Malware einprogrammiert:

http://www.swim[zensiert].net/images/sleepyboo.jpg
http://www.comto[zensiert].com/Tech/Lesson15.htm
http://www.comto[zensiert].com/wak/mansher0.gif

Eigenartigerweise schienen hinter diesen Adressen gewöhnliche Bild- oder HTML-Dateien zu stecken, also die gebräuchlichsten Dateiformate im Internet. Diese Taktik, erläuterte Symantec, diente dazu, Firewalls zu passieren. Die meisten Firewalls sind so konfiguriert, dass JPG-, HTM- und GIF-Dateien problemlos durchgehen, ohne den Verdacht des Programms zu erregen. Die Bild- und Textdateien des Trojaners sahen völlig legitim aus, selbst bei oberflächlicher Kontrolle durch einen menschlichen Anwender. Eine Datei beispielsweise trug die Überschrift »C#-Anleitung, Lektion 15: Zeichnen mit Stift und Pinsel« und tarnte sich als Handbuch für eine Software. Im Text hieß es:

> »In dieser Lektion möchte ich die Stift- und Pinselobjekte einführen. Diese Objekte sind Teil der GDI+-Bibliothek. GDI+ oder GDI NET ist eine Grafik-Bibliothek ...«

Und so weiter. Bei genauerer Untersuchung ließ sich hinter dieser Fassade jedoch Command-and-Control-Code finden. So enthielt etwa das HTML-File versteckte HTML-Kommentare, wie sie Programmierer und Website-Designer manchmal anbringen, um etwas zu dem Code anzumerken. Diese Anmerkungen werden von dem Browser, der die Datei in eine Website umwandelt, ignoriert, sind aber für jeden sichtbar, der die gesamte HTML-Datei liest, egal, ob dies ein Mensch oder ein künstlicher Agent tut. Der Anfang eines solchen Kommentars ist mit »<!—«, sein Ende mit »—>«

markiert. Shady RAT versteckte die eigentlichen Steuerbefehle in diesen HTML-Kommentaren:

```
<!—{685DEC108DA731F1}—>
<!—{685DEC108DA73CF1}—>
<!—{eqNBb-OuO7WM}—>
<!—{ujQ~iY,UnQ[!,hboZWg}—>
```

Selbst wenn ein pflichteifriger Systemadministrator eine HTML-Datei in einem einfachen Texteditor öffnen würde, mit dem man normalerweise Programmcode schreibt oder abändert, sähen diese Kommentare unverdächtig und harmlos aus. Viele Programme, mit denen man Websites entwickelt, hinterlassen solche unverständlichen Kommentare. Der Shady-RAT-Trojaner konnte diese kryptischen Kommentare entziffern, indem er sie »parste«, wie das im Informatikdeutsch heißt. Das Parsen brachte die eigentlichen Kommentare zum Vorschein:

```
run:{URL/FILENAME}
sleep:{20160}
{IP ADDRESS}:{PORT NUMBER}
```

Der erste Befehl führt beispielsweise dazu, dass eine ausführbare Datei in einen temporären Ordner auf dem Festplattenlaufwerk des Zielcomputers heruntergeladen und ausgeführt wird, ungefähr so, als würde heimlich eine bösartige App aus einem unechten App-Store installiert. Was diese App dann tun kann, ist in dem Trojaner nicht spezifiziert. Der zweite Programmbefehl, »sleep«, weist den Trojaner an, zwei Wochen lang – in Minuten gezählt – zu schlafen und dann plötzlich eine nicht näher bekannte Aktion auszuführen. Der dritte Befehl ist aus Sicht der Entwickler des Shady-RAT-Angriffs vielleicht der nützlichste. Er bringt den Angriff auf die nächste Ebene, indem er dem befallenen Rechner befiehlt, an einer bestimmten Schnittstelle eine Fernverbindung zu einem anderen, durch eine IP-Adresse bezeichneten Computer herzustellen.

Dieser letzte Schritt der Shady-RAT-Attacke verschafft den Angreifern direkte Kontrolle über den Zielcomputer. Der Trojaner baut eine Fernverbindung namens »Remote Shell« mit der Maschine auf, auf der sich die gesuchten Informationen befinden. Das ist so, als würde man sich heimlich mit seiner Tastatur in einen fernen Rechner einloggen, ohne dass der Nutzer, der vielleicht gerade an einem Text in Word arbeitet oder eine E-Mail schreibt, davon etwas mitbekommt. Um den verborgenen Bildschirm und die verborgene Tastatur des Angreifers zu installieren, wartet der Trojaner auf ein Handshake seines Controllers über die frisch errichtete Portverbindung. Um sich zu identifizieren, flüstern die Angreifer dem verborgenen Trojaner ein Passwort zu. Das muss man sich ungefähr so vorstellen wie die folgenden scheinbar zufällig gewählten Zeichen:

“/*\n@***@*@@@>>>>*\n\r”

Sobald der Trojaner das Passwort erhielt, wurde er aktiv und kopierte eine bestimmte Datei, cmd.exe, in einen Ordner, der eigentlich für das Betriebssystem Windows reserviert ist. Mithilfe dieser Datei konnte die Spionagesoftware dann eine Remote Shell öffnen, das heißt den rechnerfernen Bildschirm und die rechnerferne Tastatur, wodurch die Angreifer ein erhebliches Maß an Kontrolle über die Dateien auf der befallenen Maschine erlangten. Hier ist eine Liste von Befehlen, mit denen ein Angreifer arbeiten kann.

gf:{FILENAME} ruft eine Datei von dem entfernten Server ab.

http:{URL}.exe ruft eine Datei von einer entfernten URL ab, die mit http beginnt und auf .exe endet. Diese entfernte Datei wird heruntergeladen und ausgeführt.

pf:{FILENAME} lädt eine Datei auf den entfernten Server hoch.
taxi: {COMMAND} sendet einen Befehl von dem entfernten Server.
slp:{RESULT} sendet die Resultate des ausgeführten Befehls als Statusmeldung an den entfernten Server.[14]

Diese Befehle sind einigermaßen umfassend. Der gf-Befehl etwa erlaubt es dem Angreifer, weitere Pakete von Schadsoftware einzuschleusen, um beispielsweise eine bestimmte Funktion zu erfüllen, für die der Trojaner zunächst nicht ausgerüstet ist. Der beliebteste Befehl ist womöglich pf, mit dem sich gezielt Dateien der angegriffenen Organisation herausschleusen lassen – heimlich natürlich.

Die Computersicherheitsfirma McAfee machte den Angriff Anfang August 2011 öffentlich.[15] Ihr Bericht entstand unter Federführung von Dmitri Alperovitch, McAfees Vice President für Bedrohungsforschung. Alperovitchs Team konnte in den Protokolldateien eines Steuerungsservers 71 angegriffene Organisationen identifizieren. Zu den Zielen gehörten 13 Rüstungsbetriebe, sechs US-Bundesbehörden, fünf Olympische Komitees, darunter das IOC, drei Elektronikunternehmen, drei Firmen aus dem Energiesektor, zwei Thinktanks, die Regierungen Kanadas und Indiens sowie die Vereinten Nationen.[16] 49 Ziele befanden sich in den Vereinigten Staaten, der Rest in Westeuropa und führenden asiatischen Ländern wie Japan, Südkorea, Taiwan und Indien. Besonders kurios war, dass sowohl die Olympischen Komitees als auch die Welt-Anti-Doping-Agentur zu den Opfern zählten. Gerade als die Angriffe ihren Höhepunkt erreicht zu haben schienen, fanden die Olympischen Spiele 2008 in Peking statt. Dieser Umstand, so schloss Alperovitch, »weist potentiell auf einen staatlichen Akteur hinter den Einbrüchen hin« – zumal die Sicherheitsvorfälle, die mit der Olympiade in Verbindung standen, kaum einen unmittelbaren ökonomischen Nutzen haben würden. Manche Angriffe hielten allerdings deutlich länger an. McAfees Angaben zufolge wurde ein großes amerikanisches Nachrichtenunternehmen mit Sitz in New York City über 21 Monate lang ausgespäht.

McAfee nannte die Angriffe »beispiellos«. Alex Gostev, der Chefsicherheitsexperte von Kaspersky Lab, einem Konkurrenten McAfees, bestritt diesen Befund. »Solange die Informationen in dem McAfee-Bericht nicht durch Beweise gestützt werden, ist es voreilig, von der größten Cyberattacke der Geschichte zu sprechen«, sagte er kurz nach Veröffentlichung des Berichts gegenüber der Fachzeitschrift *Computerworld*.[17] Dem schlossen sich andere Experten an. »Ist der in ›Operation Shady RAT‹ beschriebene Angriff wirklich eine anhaltende Hightech-Bedrohung?«, fragte Symantec-Forscher Hon Lau in einem Blogeintrag. »Ich würde behaupten, dass dem nicht so ist.«[18] Wie immer man die Operation am treffendsten beschreibt – Details über Art und Ausmaß der entwendeten Daten sind Mangelware. Ebenso unklar ist, ob und gegebenenfalls wie sich die Angreifer die gestohlenen Informationen zunutze machen konnten. Unkenntnis im Hinblick auf diese Fragen ist leider eher die Regel als die Ausnahme.

Das Nationallabor Oak Ridge für Energiewissenschaft und -technologie in Tennessee ist die größte Forschungseinrichtung unter dem Dach des amerikanischen Energieministeriums. Das Laboratorium mit seinen über 4200 Mitarbeitern und rund 3000 Gastwissenschaftlern im Jahr ist in den USA eine der führenden Institutionen für die Neutronen- und Kernenergieforschung. Hier stehen einige der leistungsstärksten Computer der Welt. Am 7. April 2011 nahmen unbekannte Angreifer das Labor ins Visier. Ihr Angriff war clever eingefädelt. Eine gefälschte E-Mail, die vermeintlich vom Personalbüro kam, enthielt einen Zero-Day-Exploit, eine zuvor unbekannte Sicherheitslücke vermutlich im Internet Explorer oder im Flash Player. Die gefälschte E-Mail ging an 573 Angestellte und kündigte Informationen über betriebliche Leistungsveränderungen an; zu den Details sollte man einem Link folgen. Der Trick funktionierte. Vertreter des Energieministeriums gaben an, es sei den Angreifern gelungen, rund ein Gigabyte Daten zu stehlen. Das entspricht einigen Tausend Fotos oder einem Vierundsechzigstel der Speicherkapazität eines durchschnittlichen Smartphones. »Wenn ich bedenke, wie viele Bilder meine Tochter auf ihrem iPhone hat, dann ist das wirklich kein sonderlich großes Datenvolumen«, sagte Barbara Penland, die stellvertretende Leiterin der Abteilung Kommunikation des Oak Ridge National Lab.[19] Thom Mason, Leiter von Oak Ridge, vermutete, die Angreifer hätten es auf wissenschaftliche Daten abgesehen. Doch scheint es ihnen nicht geglückt zu sein, in die geheimen Netzwerke des Labors einzudringen. Unmittelbar nach dem Vorfall sperrte das Labor den Internetzugang einschließlich des externen E-Mail-Verkehrs, um weitere potentielle Datendiebstähle und Folgeattacken zu verhindern.

Dies war nicht der erste Angriff auf Oak Ridge. Schon am 29. Oktober 2007 hatte es dort, ebenso wie in den nationalen Forschungslabors Los Alamos in New Mexico und Lawrence Livermore in Kalifornien, einen gravierenden Sicherheitsvorfall gegeben. Eine unbekannte Hackergruppe hatte E-Mails mit schädlichen Anhängen an eine große Zahl von Mitarbeitern verschickt, sodass manche Angestellte bis zu sieben scheinbar unverdächtige Phishing-E-Mails erhielten. Eine dieser Nachrichten betraf eine wissenschaftliche Konferenz, eine andere enthielt Informationen über eine Verwaltungsbeschwerde der Bundeshandelskommission. Insgesamt umfasste der Angriff 1100 Versuche, ins Oak-Ridge-Labor einzudringen. Elf seiner Angestellten öffneten einen manipulierten Anhang und ermöglichten es den Angreifern damit, Daten aus dem Labor herauszuschleusen. Gestohlen wurden höchstwahrscheinlich bis ins Jahr 1990 zurückreichende Daten aus einer Datenbank mit persönlichen Informationen über die externen Besucher des Labors. Obwohl sie damit vertrauliche persönliche Angaben wie Sozialversicherungsnummern erbeutet hatten, waren die Angreifer doch wohl eher hinter den begehrten

Forschungsergebnissen und -planungen her. In Los Alamos, einer von nur zwei Einrichtungen in den Vereinigten Staaten, die auf hochgeheime Kernwaffenforschung spezialisiert sind, gelang es den Hackern ebenfalls, das nicht geheime Netzwerk zu infiltrieren und »eine beträchtliche Menge an Daten« zu kopieren, wie ein Sprecher einräumte.[20] Beamte des Heimatschutzministeriums konnten den Angriff später mit China in Verbindung bringen. Das US-Computersicherheits-Ereignis- und Reaktionsteam (US-CERT) stützte diese Behauptung mit einer Liste von chinesischen IP-Adressen, die bei dem Angriff verwendet worden waren. Doch genügten diese Erkenntnisse nicht, um die Attacke einer bestimmten Organisation oder Firma zuzuordnen. Letztlich waren die USA nicht in der Lage, die Urheber dieser Welle von ausgeklügelten Angriffen auf einige der neuralgischsten Forschungseinrichtungen des Landes zu ermitteln.

Ein vergleichbarer Fall war »Duqu«. Anfang Oktober 2011 entdeckte das Labor für Kryptographie und Systemsicherheit (nerdig abgekürzt als CrySyS) der Technischen und Wirtschaftswissenschaftlichen Universität Budapest eine neue und ungewöhnlich raffinierte Malware, die Dateien mit dem Präfix »DQ« anlegte. Die ungarischen Software-Ingenieure, die sie analysierten, tauften sie daher auf den Namen Duqu.[21] Die Bedrohung wurde als ein Fernzugriffstool oder RAT (Remote Access Tool) erkannt. Duqus Aufgabe bestand darin, Informationen bei Herstellern von Steuerungssystemen zu sammeln, wahrscheinlich in Vorbereitung künftiger Cyberattacken auf eine dritte Partei, die die entsprechenden Systeme verwendete. »Die Angreifer«, spekulierte Symantec, »suchen nach Informationen wie Konstruktionsplänen, die ihnen helfen können, einen künftigen Angriff auf eine industrielle Steuerungsanlage zu verüben.«[22] Duqu wurde in einer Reihe ungenannter Firmen in mindestens acht vor allem europäischen Ländern gefunden.[23] Die Einbrüche scheinen über gezielte E-Mails, im Sicherheitsjargon »Spear-Phishing«, erfolgt zu sein, nicht über massenhaft versandte Spam-E-Mails. Bei einem der ersten Angriffe schickte ein »Mr. B. Jason« zwei E-Mails mit einem Word-Anhang an die Zielfirma, deren Name explizit in der Betreffzeile sowie im Text der Nachricht vorkam. Die erste Mail, die am 17. April 2011 von einem wahrscheinlich gekaperten Proxy-Server in Seoul versandt wurde, fing der Spamfilter der Firma ab. Die zweite aber, am 21. April mit denselben Absenderdaten verschickt, ging durch, und ihr Empfänger öffnete den Dateianhang. Duqu verfügte über einen Keylogger (mit dem sich Tastatureingaben protokollieren lassen), konnte Screenshots erstellen, Daten herausschleusen und eine Sicherheitslücke im Systemkern von Windows ausnutzen – ein besonders wertvoller Exploit. Der Schadcode reproduzierte sich nicht selbst, und so technisch anspruchsvoll er auch war, konnte er doch nicht autonom agieren. Er war vielmehr auf die Befehle eines Steuerungsservers angewiesen. In einem Fall lud Duqu einen Infostealer herunter, der Tastenanschläge aufzeichnen und Systemdaten sammeln konnte. Diese Daten wurden verschlüsselt und in Form von JPG-Bildern zurück an den Steuerungsserver gesandt, um bei Netzwerkadministratoren keinen Verdacht zu erregen. Der Steuerungsserver konnte Duqu auch anweisen, sich lokal über interne Netzwerkressourcen weiterzuverbreiten.

All diese Angriffe schienen demselben Muster zu folgen. Duqus Autoren legten für jedes Opfer eine eigene Reihe von Schaddateien an, einschließlich der gefälschten DOC-Datei; sie verwendeten für jeden Fall einen eigenen Steuerungsserver; das Exploit versteckte sich hinter einem Fake-Font namens »Dexter Regular« und ließ sich auch einen scherzhaften Copyrightverweis auf »Showtime Inc.« nicht nehmen, jene Kabelfernsehfirma, die die beliebte Krimiserie über den Forensiker und Freizeit-Serienmörder *Dexter* produzierte.[24] Symantec und CrySyS-Lab verwiesen auf die »verblüffenden« Ähnlichkeiten zwischen Stuxnet und Duqu und mutmaßten, dass beide von denselben Programmierern stammten: Beide bestanden aus einzelnen Modulen, drangen mit einem ähnlichen Mechanismus in ihre Ziele ein, nutzten eine Sicherheitslücke im Systemkern von Windows, verfügten über einen digital signierten Treiber, standen in Verbindung mit dem taiwanesischen Hardwarehersteller JMicron, zeichneten sich durch eine gemeinsame Designphilosophie aus und stützten sich auf hochgradig zielspezifische Informationen.[25] Eine Komponente von Duqu war fast identisch mit Stuxnet.[26] In einer wesentlichen Hinsicht aber unterschieden sich beide Bedrohungen erheblich: Im Unterschied zu Stuxnet war Duqu kein zur Waffe umfunktionierter Programmcode. Man hatte ihn weder dafür gedacht noch gemacht, noch eingesetzt, um irgendetwas zu beschädigen. Er diente einzig der Informationsgewinnung, wenngleich auf ziemlich raffinierte Weise.

Einer der trickreichsten Fälle von Cyberspionage kam Ende April 2012 ans Licht, als das iranische Ölministerium einen Angriff vermeldete, der zunächst unter dem Namen Wiper bekannt wurde. Da kaum Details zu erfahren waren, versiegte das Interesse an der Geschichte rasch. Einen Monat später veröffentlichte das ungarische Forscherteam einen Bericht über die Attacke, der dieser den Spitznamen Flame eintrug. Im anfänglichen Stimmengewirr waren auch noch die konkurrierenden Namen »Flamer« oder »Skywiper« in Umlauf. Die Tatsache, dass verschiedene Beobachter ihre Erkenntnisse am selben Tag veröffentlichten, trug zu der Verwirrung bei. Am 28. Mai 2012 brachte CrySyS Lab einen detaillierten 63-seitigen Bericht über die Malware heraus. Gleichzeitig kündete Kaspersky Lab in Russland neue Informationen über sie an. Das nationale CERT des Irans, das Maher-Zentrum, hatte bekannte Hersteller von Virenschutzprogrammen kontaktiert, um sie auf die Bedrohung aufmerksam zu machen, die von den ungarischen Experten als die »technisch ausgeklügeltste« und »komplexeste Malware, die man je gefunden hat«, bezeichnet wurde.[27] Andere Experten schlossen sich dieser Einschätzung an. »Insgesamt können wir sagen, dass Flame eine der komplexesten Bedrohungen ist, die je entdeckt wurden«, schrieb Kaspersky Lab.[28] Auch die *Washington Post* würdigte die Bedrohung: »Der Virus gehört zu den raffiniertesten Exemplaren von Malware, die man bisher enttarnt hat.«[29]

Der neue Fang war in der Tat bemerkenswert. Flame war ein hochkomplexes Abhörgerät, eine Megawanze: Der Wurm konnte ein Computermikrofon kapern und heimlich Tonaufzeichnungen machen, unbemerkt mit der eingebauten Kamera Fotos schießen, Screenshots von bestimmten Anwendungen anfertigen, die Tastaturnutzung protokollieren, den Netzwerkverkehr erfassen, Skype-Telefonate mitschneiden, Bildern ihre Geolokation entnehmen, Befehle und Daten über Bluetooth senden und empfangen und selbstverständlich lokal gespeicherte Dokumente an ein Netz von Command-and-Control-Servern herausschleusen. Dabei maskierte sich der Wurm als legitimes Microsoft-Update. Das 20-MB-File war ungefähr 20-mal größer als Stuxnet und ließ sich eigentlich nicht über E-Mail verbreiten. Doch seine Anwender hielten Flame an der kurzen Leine; die Spionagesoftware war extrem zielgerichtet. Kaspersky Lab hob hervor, dass es sich um eine Backdoor handelte, einen Trojaner mit »wurmartigen Eigenschaften«, der sich auf Befehl der ihn fernsteuernden menschlichen Anwender in lokalen Netzwerken und über Wechsellaufwerke replizierte. Kaspersky schätzte darüber hinaus, dass die Zahl der befallenen Rechner mit um die 1000 eher gering war. Sobald die Spähsoftware auf einem Zielcomputer angekommen war, startete sie eine ganze Reihe von Prozessen; so schnüffelte sie im Netzwerkverkehr herum und machte Bildschirmaufnahmen von »interessanten« Applikationen wie Browsern, E-Mail-Programmen und Instant Messaging Services. Verfügte der Computer über ein eingebautes Mikrofon, konnte Flame darüber auch Gespräche aufzeichnen und die Audiodateien in komprimierter Form herausschleusen. Er konnte Tastenanschläge abfangen und weitere Abhöraktionen durchführen. Anschließend wurden regelmäßig große Datenvolumen durch einen verborgenen und verschlüsselten SSL-Kanal über vorgegebene Command-and-Control-Server an Flames Herrn und Meister gesandt. Eines der auffälligsten Merkmale dieses Trojaners war sein Bausteinprinzip. Seine Anwender konnten zusätzliche Funktionen in ihrem Spionagewerkzeug installieren, so wie Apps auf einem Smartphone. Nach Einschätzung von Kaspersky Lab waren 20 zusätzliche Module entwickelt worden. So besaß Flame unter anderem auch eine »Selbstmord«-Funktion.[30] Das Unternehmen bestätigte, dass Stuxnet und Flame gemeinsame Konstruktionsmerkmale aufwiesen.[31]

Am meisten beeindruckte aber nicht Flames Multifunktionalität, sondern sein Erfolg. Wie viele Informationen das Spionagewerkzeug an seine Herrn und Meister übermittelte und von welcher Qualität sie waren, ist nach wie vor unbekannt, und daran dürfte sich auch nicht mehr viel ändern. Die Entwicklung und möglicherweise auch die Verbreitung von Flame begann bereits im Dezember 2006, wie Protokolldateien des Steuerungscodes zeigen. Das heißt, die Online-Schnüffler haben womöglich volle fünf Jahre im Dunkeln operiert. Dafür brauchten sie eine sehr gute Tarnung. Der Programmcode lässt auch erkennen, dass er von mindestens vier Programmierern geschrieben wurde, und dieses Viererteam ersann schlaue Methoden, um seine Operation zu verschleiern. Eine war das Design des Bedienfelds. Die Bedieneroberfläche sah aus wie die frühe Alpha-Version eines Command-and-Control-Panels für Botnetze, mit vintageblauen Links, die beim Anklicken lila wurden, mit schlichten Tabellenrahmen unter Verzicht auf jede Grafik und Animation. Doch wie es scheint, entschieden sich die Angreifer bewusst für eine einfach aussehende, unprätentiöse Schnittstelle. Sie gebrauchten auch unverdächtige Begriffe wie »Daten, Hochladen, Herunterladen, Client, Neuigkeiten, Blog, Anzeigen, Datensicherung« statt Botnetz, Befall oder Angriff. »Wir glauben, dass dies absichtlich so gehalten wurde, um die Systemadministratoren befallener Firmen, die überraschend

Überprüfungen durchführen konnten, zu täuschen«, schrieb Kaspersky Lab.[32] Die Angreifer gaben sich alle Mühe, ihrem Instrument den Anschein eines legalen Content Management System zu geben. Auch die ungewöhnlich starke Verschlüsselung der gestohlenen Daten selbst diente dem Ziel, Flame zu verbergen.

Am 1. Juni 2012 brachte die *New York Times* die Eilmeldung, dass Stuxnet, die bis dahin avancierteste Cyberwaffe der Welt, von der US-Regierung entwickelt worden sei. Zwar räumte die Regierung ihre Urheberschaft noch nicht offiziell ein, doch ließ sich eine FBI-Untersuchung der undichten Stellen, die der *NYT* zu ihren Informationen verholfen hatten, als stillschweigendes Eingeständnis deuten. Danach kommentierten Regierungsbeamte gelegentlich verschiedene Aspekte staatlich betriebener Computerangriffe. Sobald Antivirenunternehmen wie Symantec oder Kaspersky Lab Malware – sei es aus staatlicher oder nicht staatlicher Produktion – entdeckten, machten sie ihren Kunden relativ schnell Sicherheits-Updates und Antivirenmaßnahmen zum Schutz gegen die Bedrohung zugänglich. Das hieß nichts anderes, als dass Antivirenunternehmen ein von der US-Regierung finanziertes Spionageprogramm oder sogar eine verdeckte Operation direkt hintertreiben konnten. Im Fall von Flame fühlte sich ein Regierungsbeamter bemüßigt, der Leserschaft der *Washington Post* zu versichern, Amerikas Cyberangriffe würden durch Gegenmaßnahmen zu Stuxnet und Flame keinesfalls neutralisiert. »Damit ist nicht gesagt, dass nicht noch andere Werkzeuge im Spiel sind und effektiv funktionieren«, informierte ein ehemals hochrangiger amerikanischer Nachrichtendienstoffizier die Zeitung. »Hier geht es darum, das Schlachtfeld für eine andere Art von verdeckter Operation vorzubereiten.« Stuxnet und Flame, so der Beamte weiter, seien Bestandteile einer größer angelegten und andauernden Kampagne mit dem Codenamen Olympic Games, die man noch gar nicht aufgedeckt habe. »Die Cyberermittlungen gegen das iranische Programm sind viel weiter gediehen als diese Dinge«, zitierte die *Washington Post* ihren anonymen Informanten.[33] Angeblich waren die National Security Agency, die CIA und höchstwahrscheinlich die Einheit 8200 der israelischen Streitkräfte an der gemeinsamen Operation beteiligt. Unterdessen räumte der Iran ein, dass Flame ein neues Problem darstelle, ohne weitere Einzelheiten mitzuteilen. Gholam Reza Jalali, ein für Cybersicherheit zuständiger iranischer Militärbeamter, wurde im Mai im staatlichen iranischen Rundfunk mit den Worten zitiert: »Glücklicherweise haben wir diesen isolierten Vorfall entdeckt und unter Kontrolle gebracht.«[34] Nur dass es nicht beim isolierten Vorfall blieb.

Für die Jäger staatlich finanzierter Spionagesoftware zeichnete sich 2012 inzwischen als das bislang arbeitsreichste Jahr überhaupt ab. Dieser Sommer war außergewöhnlich heiß, insbesondere in Washington, D.C. Am 9. August gelang es wieder einmal Kaspersky Lab, die neueste Cyberspionage-Plattform zu entdecken: Gauss. Diese Malware verfügte über bemerkenswerte Fähigkeiten. Gauss war ein komplexes Cyberspionage-Toolkit, geradezu ein virtuelles Schweizer Messer. Genau wie Flame war auch diese Spähsoftware modular aufgebaut. Ihre Entwickler gaben den einzelnen Modulen die Namen berühmter Mathematiker, etwa von Kurt Gödel, Joseph-Louis Lagrange und Johann Carl Friedrich Gauß. Die russischen Computerfreaks bei Kaspersky nannten ihren jüngsten und wichtigsten Fang Gauss, da dieses Modul die entscheidende Funktionalität zur Exfiltration von Daten enthielt.

Der Lebenszyklus der Software mag annähernd ein Jahr betragen haben. Kaspersky entdeckte das neue Schadprogramm im Rahmen einer großen Untersuchung, die von der Internationalen Fernmeldeunion in Genf angestoßen worden war. Gauss wurde wahrscheinlich Mitte 2011 geschrieben. Seine Verbreitung begann vermutlich just zu dem Zeitpunkt, als die ungarischen Antivirenforscher Duqu aufspürten, nämlich im August und September desselben Jahres, und wahrscheinlich stammte Gauss aus derselben Quelle wie Duqu. Die Steuerungsinfrastruktur, die der Spionageoperation diente, wurde im Juli 2012 abgeschaltet.

Gauss zeichnete sich durch drei auffällige Eigenschaften aus. Erstens war das Spionagewerkzeug auf Finanzinstitutionen spezialisiert, vor allem auf Finanzdienstleister im Libanon. Der Programmcode von Gauss, der in der Datei winshell.ocx steckte, enthielt Befehle, um Daten von bestimmten Banken im Libanon abzufangen, so von der Bank of Beirut, der Byblos Bank und der Fransabank.[35] Gauss versuchte, die Zugangsdaten dieser Institutionen zu finden, indem er das Cookie-Verzeichnis suchte, sämtliche Cookies aufrief und die Ergebnisse sorgsam in seinen Protokolldateien dokumentierte. Der Schadcode fahndete speziell nach Cookies, die einen der folgenden Identifier enthielten:

> paypal, mastercard, eurocard, visa, americanexpress, bankofbeirut, eblf, blombank, byblosbank, citibank, fransabank, yahoo, creditlibanais, amazon, facebook, gmail, hotmail, ebay, maktoob.

Diese Identifier bezeichneten globale Internetunternehmen mit vielen Nutzern im Libanon und Banken wie die Citibank, die in nennenswertem Umfang im Land tätig waren, aber auch rein libanesische Geldhäuser wie die Banque Libano-Française, die BLOM Bank, Credit Libanais, die Fransabank und die Byblos Bank sowie darüber hinaus einige im Libanon gegründete, aber international aufgestellte Institutionen. »Dies ist der erste staatlich finanzierte Bankentrojaner, von dem wir wissen«, befand Kaspersky Lab in seinem sehr ausführlichen 48-seitigen Bericht über Gauss. Gauss' geographische Verbreitung war so bemerkenswert wie begrenzt. Kaspersky entdeckte über 2500 Infektionen bei seinen Kunden, womit die Gesamtzahl in die Zehntausende gehen mochte. Dies wäre erheblich weniger als bei vielen gewöhnlichen Malware-Befällen, aber deutlich mehr als im Fall der sehr zielgerichteten Angriffe von Duqu, Flame und Wiper. Die große Mehrzahl der Opfer, über 66 Prozent, fanden sich im Libanon, weitere 20 Prozent in Israel und etwa 13 Prozent in den Palästinensergebieten.

Gauss' zweite auffällige Eigenschaft war seine »Traglast«. Die Software nutzte eine Technik zum Umgang mit großen Datenfrachten namens Round Robin Domain Name Service. Ein entsprechender DNS-Server gibt auf zahlreiche Anfragen nicht dieselbe Hostadresse aus, sondern eine durchlaufende Liste verschiedener Hostadressen, um Engpässe zu vermeiden. Gauss' Command-and-Control-Infrastruktur war mithin darauf ausgelegt, die gewaltigen Datenmengen zu empfangen, die ihm seine virtuellen Spione zurückschickten. Die Programmierer von Gauss investierten viel Arbeit in diese Struktur, zu der auch diverse Server unter den folgenden Adressen gehörten:

*.gowin7.com
*.secuurity.net
*.datajunction.org
*.bestcomputeradvisor.com
*.dotnetadvisor.info
*.guest-access.net[36]

Diese Adressen waren im Jason-Bourne-Stil unter falschen Identitäten registriert, so zum Beispiel unter Peter Kulmann, Antala Straska, Prag (in Wirklichkeit eine Drogerie); Gilles Renaud, Neugasse 10, Zürich (ein unauffälliges fünfstöckiges Wohnhaus); oder Adolph Dybevek, Prinsens gate 6, Oslo (ein kleines Hotel).

Die dritte Besonderheit von Gauss waren gewisse geheimnisvolle Merkmale. Das Hauptträgermodul der Malware namens Gödel war offensichtlich extrem stark verschlüsselt. Kaspersky Lab konnte den Code nicht knacken und entschied sich zu dem ungewöhnlichen Schritt, die Aufgabe zu crowdsourcen: »Wenn Sie ein Weltklasse-Kryptograph sind oder uns anderweitig dabei helfen können, ihn zu entschlüsseln, dann kontaktieren Sie uns bitte«, schrieben die Sicherheitsexperten. Ein weiteres mysteriöses Detail war eine scheinbar überflüssige einzigartige benutzerdefinierte Schriftart, »Palida Narrow«. Der Zweck dieser Schriftart ist unbekannt. Es könnte eventuell sein, dass sie in irgendeiner Form zur Markierung potentieller Ziele diente.

Alles in allem machte Gauss den Eindruck eines staatlich finanzierten Angriffs. Mehrere Argumente sprechen für diese Annahme. Eines davon lautet, dass die Forscher von Kaspersky den Virus im Zuge ihrer gründlichen Analyse der Flame-Malware entdeckten, mit der er Ähnlichkeiten aufwies. Sie fanden eine ähnliche Architektur, einen ähnlichen modularen Aufbau, eine ähnliche Codebasis, ähnliche Formen der Kommunikation mit Steuerungsservern und das Ausnutzen einer bestimmten Sicherheitslücke, der sogenannten LNK-Sicherheitslücke, von der schon Stuxnet und Flame profitiert hatten. Eines der Gauss-Module enthält den Pfad c:\documents and settings\flamer\desktop\gauss_white_1, in dem »flamer« für den Namen des Windows-Users steht, der das Programm geschrieben hat.[37] All diese Anzeichen zusammengenommen legen tatsächlich nahe, dass »Gauss in derselben ›Fabrik‹ produziert wurde wie Flame«, so Kasperskys abschließender Befund.[38] Für einen staatlichen Sponsor des Angriffs spricht auch das hohe technische Niveau und die professionelle Ausführung der Software. Den überzeugendsten Hinweis darauf aber liefert schließlich die Reihe der von Gauss' anvisierten Ziele. Der Libanon ist die Heimat der Hisbollah, einer Organisation, die politisch, kriminell und militärisch einer der Hauptakteure in der Region ist und die seit 1999 auf der Liste ausländischer Terrororganisationen des US-Außenministeriums steht. Die Geldwäsche, die die Hisbollah über seriöse Kreditgeber im Libanon betreibt, ist der amerikanischen Regierung schon lange ein Dorn im Auge. »In einer Reihe von Artikeln seriöser US-Zeitungen wird behauptet, dass einige unserer Banken illegale Geldmittel horten oder sich an der Finanzierung von Terroristen beteiligen«, gab Makram

Sader, Generalsekretär des libanesischen Bankenverbands, im Juli 2012 zu Protokoll. »All diese Anschuldigungen wurden von ihren Urhebern nicht belegt.«[39] Gauss könnte dazu gedacht gewesen sein, genau das zu ändern.

Noch etwas haben Stuxnet, Duqu, Flame und Gauss gemeinsam: Höchstwahrscheinlich waren einige dieser komplexen Schadprogramme jahrelang im Geheimen aktiv, bevor sie von den Sicherheitsforschern privater Unternehmen entdeckt wurden. Damit stellen sie das erstaunliche Versagen der Antivirenfirmen bloß, deren Geschäftsmodell ja darauf beruht, Produkte zu entwickeln und zu veröffentlichen, die solche Bedrohungen entschärfen können. Ob die besten Signalaufklärungsdienste der Welt ebenfalls versagt haben – natürlich mit Ausnahme derjenigen, die die Angriffswerkzeuge mutmaßlich entwickelten –, ist weniger leicht zu beurteilen, weil Spione ihr Wissen nicht öffentlich machen. Doch darf man wohl davon ausgehen, dass eine Bedrohung, die von McAfee und Symantec nicht entdeckt wird, auch vom deutschen Bundesnachrichtendienst, der französischen Direction Générale de la Sécurité Extérieure und dem britischen Government Communications Headquarters übersehen werden könnte – ganz zu schweigen von kleineren Nachrichtendiensten mit weniger Personal. Sofern diese Dienste nicht selbst Urheber einer Attacke sind. Das scheint allerdings zunehmend der Fall zu sein.

Der erste bekannt gewordene Versuch der deutschen Bundesregierung, Computerspionage zu betreiben, war der sogenannte Bundestrojaner. Am 8. Oktober 2011 sorgte der Chaos Computer Club für politische Aufregung in Berlin. Der bekannte Hackerclub veröffentlichte einen Bericht, in dem er die Bundesregierung beschuldigte, mutmaßliche Straftäter in Deutschland mit einem Backdoor-Trojaner auszuspionieren. Die Malware, von der Presse als Bundestrojaner bezeichnet, konnte Bildschirmaufnahmen von Browserfenstern und Skype-Telefonaten machen, Internettelefongespräche aufzeichnen und weitere funktionale Module herunterladen, die noch nicht näher spezifiziert waren.[40] Die Hacker vom CCC bezichtigten die Bundesregierung des »staatlichen Voyeurismus«. Ein weiterer Vorwurf lautete, es werde Dritten ermöglicht, die Software zu missbrauchen, da sie angeblich sehr schlecht geschützt sei. In den darauffolgenden Tagen räumten verschiedene Bundesländer ein, dass sie von der Spähsoftware Gebrauch machten, wenngleich, wie die Zuständigen behaupteten, in engen rechtlichen Grenzen. Bemerkenswert war die Heimatanschrift des Steuerungsservers der von der Bundesregierung bestellten Spionagesoftware: der kommerzielle Internetanbieter Web Intellects mit Sitz in Columbus, Ohio.[41]

Näher an Ohio als an Berlin hielt am 7. September 2012 Debora Plunkett, Direktorin des Information Assurance Directorate der NSA, einen Vortrag am Polytechnischen Institut der New York University. Sie sprach über die Verteidigung des Cyberspace. »Wir sehen, dass nationalstaatliche Ressourcen und Kenntnisse neuerdings für etwas in Dienst genommen werden, was wir als unverantwortliche und destabilisierende, zerstörerische Verhaltensweisen charakterisieren würden.«[42] Überraschenderweise sprach Plunkett nicht von den Vereinigten Staaten und ihren Verbündeten. Genauso wenig erwähnte sie Stuxnet, Flame, Gauss oder das Dachprogramm Olympic Games. Sie redete über Amerikas Gegner. Gerade deshalb ist es aber wichtig, sich der ungeschminkten Realität zu stellen: Westliche Länder tragen die Hauptverantwortung für Cyberspionage. Stuxnet, Flame und der Bundestrojaner zählen dabei nur zu den am besten dokumentierten Fällen. Man sollte sich also nicht wundern, wenn dasselbe geschieht wie bei vielen anderen taktischen Innovationen des Westens und die weniger entwickelten Staaten auch im Hinblick auf ihre Cyberspionagefähigkeiten aufzuholen versuchen. Dabei sind undemokratischen Staaten natürlich nicht dieselben institutionellen, rechtlichen und ethischen Grenzen gesteckt wie liberalen Demokratien. Ein Fall aus dem Nahen Osten ist recht kurios.

Bekannt wurde er unter dem Namen »Mahdi«. Wie schon erwähnt, hatten Malware-Analytiker im Jahr 2012 ganz besonders viel zu tun, vor allem diejenigen, die sich für den Nahen Osten interessierten. Im Juli dieses Jahres kam ein überaus merkwürdiger Vorfall an die Öffentlichkeit. Der Mahdi ist im Islam eine messiasähnliche Figur, ein Erlöser. Der Glaube an den Mahdi ist besonders im schiitischen Islam von großer Bedeutung, wo die Rückkehr dieses Zwölften Imam als die prophezeite Ankunft des Erlösers gilt. Und der Iran ist ein überwiegend schiitisches Land. Der Name der Schadsoftware verdankt sich ihrem Dropper, der auch eine Textdatei ausführte: mahdi.txt. Diese Datei öffnete wiederum ein Worddokument mit einem Zeitungsartikel, den Eli Lake von *The Daily Beast* im November 2011 veröffentlicht hatte: »Israels Geheimplan für einen Angriff auf den Iran: elektronische Kriegsführung«. In dem Artikel wurde behauptet, Israel habe »milliardenschwere elektronische Waffen« entwickelt, die im Falle eines israelischen Angriffs auf iranische Nukleareinrichtungen eingesetzt werden könnten.[43] Die Mahdi-Schadsoftware war nicht so leistungsfähig wie andere Spionagepakete, die in jenem Jahr kreuz und quer durch die Region sausten. Bemerkenswert aber war sie dennoch.

Am bemerkenswertesten waren Mahdis dekorative Elemente und seine Sozialtechnik, viel mehr jedenfalls als die Technologie selbst – so etwa die manipulativen Tricks, mit denen die Angreifer ihre Opfer dazu zu bringen versuchten, schädliche E-Mail-Anhänge zu öffnen. Um speziell israelische Ziele zu treffen, verschickten die Mahdi-Angreifer eine Mail mit einer PowerPoint-Präsentation, Moses_pic1.pps, deren Text in Englisch und gebrochenem Hebräisch gehalten war. In eine der Folien hatten die Angreifer ausführbaren Code in Form eines »aktivierten Inhalts« eingebettet. Die Präsentation begann mit der Frage »Möchten Sie Moses sehen?« auf Englisch und in fehlerhaftem Hebräisch – solche zweisprachigen Inhalte sind nicht unüblich in Israel, wo viele Einwanderer aus englischsprachigen Ländern (»Anglos«) noch an ihrem Hebräisch arbeiten; gebrochenes Hebräisch ist also nicht unbedingt verdächtig. Der Text erschien vor einem Hintergrund idyllischer, friedvoller Naturmotive: schneebedeckter Berge, Waldseen, tropischer Strände. Als die Folie mit dem eingebetteten ausführbaren Code an der Reihe war, wurde der Betrachter – der inzwischen mit seinen Gedanken vielleicht längst bei der nächsten Urlaubsreise oder einem spirituellen Erlebnis war – aufgefordert: »Sehen Sie sich die vier zentralen Punkte auf dem nächsten Bild an | für 30 Sekunden … Klicken Sie bitte auf diese Datei.« Die Angreifer hatten sich ihren Text genau überlegt und wussten, dass Microsoft Office nun ein Dialogfenster mit einem gelben Ausrufezeichen öffnen und den Betrachter aus seinem Genuss des religiös konnotierten Albums herausreißen würde: »Das eingefügte Objekt, das Sie gerade aktivieren, könnte Computerviren enthalten. Stellen Sie sicher, dass es aus einer vertrauenswürdigen Quelle kommt. Möchten Sie fortfahren?« Dutzende israelischer Betrachter wollten fortfahren, wie die Angriffsstatistiken zeigen. Hatte sich die Malware erst einmal installiert, konnte sie eine Reihe von Operationen zum Diebstahl von Informationen ausführen: Protokollierung der Tastatureingaben, Bildschirmaufnahmen, Audioaufnahmen und Datenexfiltration. Mahdi enthielt eine Funktion zur Aufnahme von Screenshots, die durch die Kommunikation über Facebook, Gmail, Hotmail und andere beliebte Plattformen ausgelöst wurde. Technisch, das heißt, vom Standpunkt eines Programmierers aus gesehen, war die Attacke einfach und unelegant konstruiert. »Es bedurfte keiner großen 0-day-Suchanstrengungen, keiner Verpflichtung von Sicherheitsexperten und keiner teuren Honorare«, merkte Kaspersky Lab an.[44] Der Angriff lief anscheinend acht Monate lang.

Wie in fast allen Fällen von politischer Schadsoftware war die Zuschreibung ausgesprochen schwierig und lückenhaft. Bis heute ist es nicht gelungen, Mahdi zu einem bestimmten Akteur oder

Organ zurückzuverfolgen. Weil aber der Code nicht besonders anspruchsvoll war, scheint es ausgesprochen plausibel, hinter Mahdi eine iranische Operation zu vermuten: Die Kommunikation mit seinen Steuerungsservern, die zum Teil in Kanada standen, wie eine israelische Sicherheitsfirma herausfand, enthielt Kalenderdaten in einem persischen Format sowie Code mit Zeichenketten in Farsi, der iranischen Amtssprache.[45] Ein weiteres Indiz ist Mahdis auffällige Liste von Zielen. Unter den 800 Opfern waren wichtige Infrastrukturanbieter, Finanzunternehmen und Botschaften. Alle Ziele befanden sich im Nahen und Mittleren Osten, davon die große Mehrheit in Iran, gefolgt von Israel, Afghanistan, Saudi-Arabien und den Emiraten – die zuletzt genannten Länder sind allesamt entweder offene Feinde oder regionale Rivalen Irans (mit Ausnahme Afghanistans, wo allerdings 2012 immer noch die Streitkräfte vieler Länder stationiert waren, die Iran als Gegner betrachtet).

Mahdi war gewiss nicht so eindrucksvoll wie manche leistungsstarken chinesischen Hacks. Doch Cyberspionage muss nicht unbedingt technisch anspruchsvoll sein, um zu gelingen. Israel bietet hierfür zwei interessante Beispiele, diesmal nicht als hoch versierter Angreifer, der Luftabwehrsysteme ausschaltet oder heimlich Urananreicherungsanlagen sabotiert – sondern als Opfer eines Cyberangriffs, der nicht trotz, sondern wegen Israels Technikaffinität erfolgreich war. Mehr als jedes andere Land der Region ist der jüdische Staat ein Mekka der Hochtechnologie. 2009 hatte Israel mehr Firmen im technisch ausgerichteten NASDAQ-Index in New York gelistet als alle kontinentaleuropäischen Länder zusammen.[46] Und natürlich wuchsen in Israel auch die sozialen Netzwerke schnell, wobei sich Facebook – nicht zuletzt unter Angehörigen der Streitkräfte – als besonders beliebt erwies. Anfang 2011 hatte Facebook eine Marktdurchdringung von mehr als 50 Prozent der israelischen Gesamtbevölkerung erreicht. Israel war in dem sozialen Netzwerk eines der am dichtesten vernetzten Länder, mit 71 Prozent Nutzern unter 35 Jahren.[47] Das eröffnete Israels Feinden neue Spionagemöglichkeiten, und es war nur eine Frage der Zeit, bis sie versuchen würden, diesen öffentlichen oder zumindest halb öffentlichen Informationsschatz zu heben. Tatsächlich begann die Hisbollah schon bald, Informationen in den sozialen Netzwerken zu sammeln. Israels Armeeoffiziere machten sich seit Längerem Gedanken über die operative Sicherheit; viele sorgten sich besonders um das lückenhafte Risikobewusstsein von Wehrdienstpflichtigen und jungen Rekruten. Umso überraschender war, wie zögerlich die israelischen Streitkräfte (IDF) eine Sensibilisierung für die Risiken von Facebook in ihre Grundausbildung aufnahmen. Die Sorgen der israelischen Offiziere waren nämlich begründet. Bereits im September 2008 hatte der israelische Geheimdienst im Zusammenhang mit Facebook vor feindlicher Unterwanderung gewarnt. »Für Terroristen, die versuchen, sich Informationen über Soldaten und IDF-Einheiten zu beschaffen, ist Facebook eine wichtige Quelle«, hieß es in einem Bericht auf der libanesischen Nachrichtenwebsite *Ya Libnan*; »man befürchtet, dass sich Soldaten unwissentlich mit einer Internetbekanntschaft treffen könnten, die in Wirklichkeit ein Terrorist ist«.[48] Um diese Zeit dürfte die Hisbollah bereits dabei gewesen sein, das Terrain zu sondieren und die israelische Armee über Facebook zu infiltrieren. Mehr als ein Jahr nachdem sie begonnen hatte, wurde im Mai 2010 eine Operation öffentlich. Reut Zukerman war der Deckname eines mutmaßlich von Hisbollah-Kräften gefälschten Facebook-Profils. Das Profilbild zeigte die junge Frau, die auf ihrem Sofa lag und unschuldig lächelte. Hacker bezeichnen Versuche, Netzwerkdienste zu simulieren, um potentielle Angreifer abzufangen, als »Honeypot«, doch ist diese Methode im Zusammenhang mit sozialen Netzwerken normalerweise nicht üblich. In Zukermans Fall war der Honigtopf attraktiv, jung und weiblich, aber nicht zu aufreizend, um verdächtig oder unglaubwürdig zu wirken. Ungefähr 200 Elitesoldaten und Reservisten antworteten im Laufe mehrere Monate auf Zukermans Freundschaftsanfragen.

Nachdem das Profil erst einmal eine sichtbare Anzahl von Kontakten auf Facebook gesammelt hatte, gingen Neulinge davon aus, dass Reut selbst einer Sondereinheit angehören müsse. Angeblich gelang es »Zukerman«, das Vertrauen mehrerer Soldaten zu gewinnen, die bereit waren, ihr die Namen anderer Armeeangehöriger, Erklärungen militärischen Jargons sowie detaillierte Beschreibungen von Stützpunkten, ja sogar Geheimcodes zu liefern. Es dauerte ein ganzes Jahr, bis einer von Zukermans »Freunden« Verdacht schöpfte und die zuständige Abteilung der IDF alarmierte.[49]

Im Juli 2010 wurde einer der bedenklichsten Sicherheitsverstöße bei den israelischen Streitkräften publik. Auf einem der geheimsten Stützpunkte des Landes hatten Soldaten eine Facebook-Gruppe gegründet. Veteranen der Militärbasis luden darin Fotos und Videos aus ihrer Dienstzeit hoch. Die Gruppe legte sich das pompöse Motto zu: »Es gibt für uns unzugängliche Dinge, die wir nie erfahren oder verstehen werden«, und war bald auf 265 Mitglieder angewachsen, die alle von einem Administrator zugelassen worden waren. Doch offensichtlich arbeiteten die Administratoren schlampig. Ein Journalist der israelischen Tageszeitung *Jediot Acharonot* wurde in die Gruppe aufgenommen, recherchierte ein wenig und machte daraus eine Story. »Jungs, wir hatten das Privileg, an diesen phantastischen Ort zu kommen«, schrieb ein Veteran, »bleibt in Verbindung und wahrt das Geheimnis.«[50] Die Gruppenmitglieder stellten Bilder von sich auf dem Stützpunkt ein. Doch *Jediot Acharonot* zufolge enthielt das Material, das die Gruppe verfügbar machte, keinerlei kompromittierende Informationen. Einige der Mitglieder hatten wiederholt an der Pinnwand der Gruppe davor gewarnt, geheime oder sensible Informationen hochzuladen.

Ein Merkmal, das fast alle hochkarätigen Fälle von Cyberspionage teilen, ist irgendeine Form von sozialer Manipulation oder Spear-Phishing. Die Verwendung von E-Mails oder Websites, die den Nutzer dazu bringen sollen, unwissentlich Malware zu installieren, weist auf die menschliche Dimension der Cyberspionage hin. Diese menschliche Dimension ist bei genauerer Betrachtung wichtiger als gemeinhin angenommen. Zwei der aufsehenerregendsten Fälle, die bekannt geworden sind, eine chinesische und eine amerikanische Operation, machen die Bedeutung menschlicher Quellen für die Computerspionage deutlich.

Vor einigen Jahren gab es einen Rechtsstreit zwischen einem amerikanischen und einem chinesischen Hersteller von Windkraftanlagen. AMSC, der amerikanische Windenergie-Ausrüster für Ökostrom-Unternehmen aus Devens, Massachusetts, ehemals unter dem Namen American Superconductor Corporation bekannt, klagte auf 1,2 Milliarden US-Dollar Schadensersatz; das machte den Fall zum bislang größten Streit um geistiges Eigentum zwischen den USA und China. Die Firma Sinovel, Chinas führender Hersteller von Windturbinen, hat sich einen Namen damit gemacht, den ersten Offshore-Windpark des Landes zu errichten. Sinovel war zwischenzeitlich AMSCs größter Kunde, mit dem die Amerikaner rund 70 Prozent ihres Umsatzes erzielten. Am 5. April 2011 informierte die amerikanische Firma ihre Aktionäre, dass Sinovel im Vormonat die Annahme weiterer Produkte verweigert und seine Verträge gekündigt habe.[51] »Erst hielten wir das für ein Lagerbestandsproblem und waren voller Verständnis«, sagte Jason Fredette, AMSCs Vice President für Kommunikation und Marketing, dem Branchenblatt *IEEE Spectrum*. »Dann entdeckten wir im Juni diesen Diebstahl unseres geistigen Eigentums, und das stellte die Sache in ein völlig neues Licht.«[52] Das Objekt des Begehrens, auf das es die chinesische Firma abgesehen hatte, war eine neue Software, mit der Windkraftanlagen auch während eines Stromausfalls weiterlaufen können. Berichten zufolge überließ AMSC dem chinesischen Anbieter eine Kopie zu Testzwecken. Die brandneue Software war allerdings mit einem Ablaufdatum versehen, so wie manche handelsüblichen Softwarepakete nach einer Frist von beispielsweise 30 Tagen entweder gekauft werden müssen oder sich deaktivieren. Als ein AMSC-Mitarbeiter in China eine Turbine entdeckte, die mit »geknackter« Software auch nach Ende des Probebetriebs noch lief, schöpfte die Geschäftsführung Verdacht. Jemand aus der Firma musste den Chinesen geholfen haben, den Ablauftermin zu löschen, sagte sich die Firma und leitete eine Untersuchung ein. Nur eine begrenzte Zahl von Mitarbeitern hatte Zugang zu der betreffenden Software, die einen Weiterbetrieb der Turbinen auch bei geringer Spannung gewährleistete, und nur ein noch kleinerer Teil aus diesem Kreis war überhaupt in China eingesetzt gewesen. Schnell kam man auf Dejan Karabasevic, einen zum Zeitpunkt des Software-Leaks 38-jährigen serbischen Abteilungsleiter von Windtec, einer österreichischen Tochtergesellschaft von American Superconductor in Klagenfurt. Der Verdächtige legte ein Geständnis ab, während er in österreichischer Haft auf seinen Prozess wartete. Am 23. September 2011 wurde der Ingenieur zu einer einjährigen Haftstrafe und zu zwei weiteren Jahren auf Bewährung verurteilt. Außerdem verurteilte das Landesgericht Klagenfurt Karabasevic zu einer Entschädigungszahlung von 200 000 Euro an seinen ehemaligen amerikanischen Arbeitgeber. Wie sich während der Verhandlung herausstellte, hatte Karabasevic im April 2011 mit einem USB-Stick »große Datenmengen« von seinem Arbeitslaptop bei Windtec heruntergeladen, darunter den gesamten Quellcode des entscheidenden Programms in seiner neuesten Version. Dann hatte er den fraglichen Code über seinen Gmail-Account an seine Kontakte bei Sinovel geschickt. Mit diesem Quellcode konnte die chinesische Firma das Steuer- und Überwachungsprogramm modifizieren. Dank der Hilfe des betrügerischen Ingenieurs konnten die Chinesen die Software beliebig kopieren und ändern, sodass sie keine neuen Versionen oder Lizenzen mehr erwerben mussten. Die österreichische Anklage mutmaßte, dass Karabasevic für seine Dienste 15 000 Euro von Sinovel erhalten habe.[53] Der österreichische Anwalt von AMSC gab an, sein Mandant sei im Besitz von Beweisen dafür, wie Sinovel seinen wertvollen Spion geködert habe: Man habe ihm eine Wohnung angeboten, einen Fünfjahresvertrag, der sein AMSC-Gehalt verdoppelte, und »jeden menschlichen Kontakt«, den er sich wünsche, »insbesondere zu Kolleginnen«.[54] Ökonomisch war die Affäre für American Superconductor verheerend. Der Jahresumsatz des Unternehmens brach um 90 Prozent ein; sein Börsenkurs stürzte von 40 auf vier US-Dollar; die Firma musste ein Drittel ihrer Belegschaft (rund 150 Mitarbeiter) entlassen und meldete im ersten Quartal nach der Sinovel-Affäre einen Nettoverlust von 37,7 Millionen US-Dollar.[55]

Ein zweites lehrreiches Beispiel finden wir in der Anlaufphase der Operation Olympic Games. Selbst der sagenhafte Stuxnet-Wurm, die einzige schlagkräftige Cyberwaffe, die je zum Einsatz kam, ist ein Beweis dafür, dass menschliche Akteure immer noch ein wesentlicher Faktor sind, um an begehrte und verwertbare Informationen heranzukommen. Der »heilige Gral«, wie sich einer der Architekten der Stuxnet-Attacke ausdrückte, bestand in diesem Fall darin, ein Stück Spionagesoftware in das Steuerungssystem von Natanz hineinzuschmuggeln. Die Designer des Stuxnet-Wurms benötigten sehr detaillierte Daten aus der iranischen Anlage, um ihren als Waffe konzipierten Code zu entwickeln.[56] Nun war das Steuerungssystem ordnungsgemäß durch einen Luftspalt gesichert. Den amerikanischen Geheimdienstagenten lag eine Liste der Personen vor, die tatsächlich die Anlage aufsuchten, um an deren Computerausrüstung zu arbeiten, und somit den Luftspalt überbrücken konnten. Auf dieser Liste standen die Namen von Wissenschaftlern und Wartungstechnikern, von denen jeder ein Stück Software in die Zielanlage bringen konnte, gegebenenfalls auch unwissentlich. »Wir mussten eine ahnungslose Person auf der iranischen Seite finden, die diese Lücke überwinden konnte«, erzählte einer der Köpfe der Operation dem Autor David Sanger später.[57] Auf der Liste der möglichen Überträger standen unter anderem auch Siemens-Ingenieure, die ihren iranischen

Kollegen halfen, die speicherprogammierbaren Steuerungen zu warten. Die Aufgabe dieser Ingenieure war es, regelmäßig Teile des Programms, das auf diesen SPS läuft, upzudaten oder zu modifizieren, und da solche Steuerungen weder Tastaturen noch Bildschirme besitzen, mussten sie hierfür ihre Laptops verwenden. Die Laptops mussten direkt mit den Steuerungen verbunden werden, um deren Software zu verändern. Dem Vernehmen nach unterstützte Siemens die Iraner alle paar Wochen bei der Instandhaltung ihrer Systeme. Es sei daran erinnert, dass das deutsche Unternehmen seit fast 150 Jahren mit Iran zusammenarbeitete. Schon 1859 betonte Firmengründer Werner von Siemens in einem Brief an seinen Bruder Carl in Sankt Petersburg die Bedeutung des Iran-Geschäfts. 1870 vollendete das Unternehmen den Bau der 11 000 Kilometer langen indoeuropäischen Telegraphenlinie, die London über Teheran mit Kalkutta verband.[58] Rund 140 Jahre später brachten Siemens-Ingenieure wieder einmal ein neues Stück IT-Ausrüstung nach Iran, diesmal aber, ohne es zu wissen: »Siemens hatte keinen blassen Schimmer, dass sie ein Überträger waren«, erzählte ein US-Beamter Sanger. »Wie sich zeigt, gibt es immer irgendeinen Deppen, der nicht groß über den USB-Stick in seiner Hand nachdenkt.«[59] Offenbar waren es nicht die amerikanischen Geheimdienste, die Siemens infiltrierten, denn sie wollten ihr Verhältnis zum Bundesnachrichtendienst nicht beschädigen. Israel aber ließ sich von solchen Überlegungen nicht abhalten. Eine andere Version der Ereignisse besagt, dass Siemens-Ingenieure bereitwillig dabei halfen, die Malware in Natanz einzuschleusen. Ein jüngeres Buch über die Geschichte des Mossad, *Spies Against Armageddon*, behauptet, der BND, eine im Bemühen um Wiedergutmachung gegenüber dem jüdischen Volk traditionell israelfreundliche Behörde, habe »die Kooperation von Siemens organisiert«.[60] Führungskräfte von Siemens könnten »Gewissensbisse« gehabt haben, vermuteten die israelisch-amerikanischen Autoren, oder einfach auf die öffentliche Stimmung reagiert haben. Letztlich schöpften die Iraner Verdacht gegen die deutschen Ingenieure und beendeten deren Arbeitseinsätze in Natanz.[61] Aber da war es bereits zu spät.

Auf welchem Wege genau Stuxnet in die iranische Anlage eindrang, ist nach wie vor unbekannt. Einige Umstände konnten allerdings geklärt werden. Wir wissen vielleicht nicht, wer letztlich den Luftspalt überbrückte und dem Wurm damit ermöglichte, sein zerstörerisches Werk zu beginnen; es gilt aber inzwischen als sehr wahrscheinlich, dass ein menschlicher Überträger, mindestens zu irgendeinem Zeitpunkt während des Auskundschaftens oder im Zuge des Angriffs selbst, hier mitgewirkt haben muss. Eine frühere Vermutung war, dass eine ausgesprochen aggressive Erstbefalls-Strategie fest in Stuxnets Software verdrahtet war, um die Wahrscheinlichkeit zu maximieren, dass sich der Wurm bis zu einem der Laptops ausbreiten würde, mit denen die Siemens-Steuerungen programmiert wurden.[62] Man sollte beachten, dass sich die beiden Möglichkeiten nicht unbedingt ausschließen, da der Angriff als langfristige Kampagne angelegt war, in deren Verlauf der Luftspalt mehr als einmal überwunden werden musste.

Nach allgemeinem Verständnis haben sich durch die Entwicklung des Internets die Spielregeln für die Geheimdienste grundlegend verändert. Hier lassen sich kaum historische Vergleiche anstellen.[63] Die Bedeutung des Internets dürfte sogar die der Erfindung der elektrischen Telegraphie in den 1830er Jahren übertreffen. Vielleicht lässt sich der allgemeine Einfluss des Netzes auf die menschliche Kommunikation noch am ehesten mit Johannes Gutenbergs Erfindung der Druckerpresse in den 1440er Jahren vergleichen, also zu einer Zeit, da es den modernen Staat mit seinen spezialisierten Nachrichtendiensten noch gar nicht gab. Worauf diese möglicherweise grundstürzende Entwicklung im Einzelnen hinausläuft, wird noch auf Jahre ungewiss bleiben. Doch kann es zu einer Klärung des Bildes beitragen, wenn wir drei Trends herausheben.

Die erste unerhörte Veränderung ist die explosionsartige Zunahme der Daten. Individuen, Firmen, gemeinnützige Gruppen und natürlich auch Staaten erzeugen eine rasant wachsende Menge an Daten in Form von digitalen Bildern, Videos, Sprachdaten, E-Mails, Instant Messaging, Texten, Metadaten und vielem anderen. In den Industrienationen wird der digitale Fußabdruck fast jedes Menschen permanent größer und tiefer; genau wie die digitalen Fingerabdrücke, die Transaktionen aller Art in Protokolldateien und Metadaten hinterlassen. Dasselbe gilt für Unternehmen und öffentliche Verwaltungen. In jedem Moment werden mehr Daten produziert als zu jedem beliebigen Zeitpunkt in der Vergangenheit. Gewaltige Mengen dieser Informationen werden sofort als geheim eingestuft. Doch auch wenn es auf den ersten Blick unlogisch erscheinen mag, schrumpft der Anteil der wirklich geheimen Informationen und ist heute besser geschützt, wie Nigel Inkster behauptet, ein ehemaliger britischer Geheimdienstmitarbeiter, der mittlerweile für das International Institute for Strategic Studies tätig ist.[64] Die nicht geheimen Daten wachsen schneller als die geheimen, und der anhaltende Aufschwung der Sozialen Medien versinnbildlicht diesen Trend: Denn die Sozialen Medien produzieren gigantische Datenberge, und je nach Nutzereinstellung sind diese Daten mehr oder weniger öffentlich und erzeugen somit potentiell abschöpfbare Informationen.

Die zweite Neuerung stellt die enorme Verschärfung des Zuschreibungsproblems dar. Akte der Spionage und Akte politischer Gewalt, die sich keinem Täter zuordnen lassen, sind natürlich nichts Neues, ihre Zahl und Bedeutung aber ist es zweifellos. Im September 2010 hielt Jonathan Evans, der Generaldirektor des MI5, des britischen Inlandsgeheimdienstes, eine Rede vor der Worshipful Company of Security Professionals, einer jüngeren Londoner Gilde (wobei die Institution der Londoner Gilde selbst bis ins Mittelalter zurückreicht). Evans wies auf die neuen Risiken hin: »Den Cyberspace und vor allem das Internet als einen

Vektor der Spionage zu nutzen, hat die Einstiegshürden gesenkt und die Zuschreibung von Angriffen erschwert, wodurch das politische Risiko des Spionierens geringer geworden ist.«[65] Mehr Akteure spionierten, es sei leichter für sie, unentdeckt zu bleiben, und sie gingen ein geringeres Risiko ein. Infolge sinkender Kosten und zunehmender Gelegenheiten, argumentierte Evans, sei die Wahrscheinlichkeit, dass eine Firma oder Behörde Ziel staatlicher Spionage werde, höher als je zuvor. Reichweite und Ausmaß der Spionage, die ohne Zuschreibung verübt werden kann, waren wahrscheinlich nie so groß wie heute. Dasselbe gilt für die Menge von Gütern, die heimlich entwendet werden können.

Der dritte Trend ist zum Teil eine Folge der ersten beiden: die Verquickung von Wirtschaftsspionage und politischer Spionage. Gegen Ende 2007 schickte Evans ein vertrauliches Schreiben an die Chefetagen von 300 großen Unternehmen im Vereinigten Königreich, unter anderem an Banken, Finanzdienstleister, Wirtschaftsprüfungsgesellschaften und Anwaltskanzleien. Evans warnte, sie würden von »chinesischen staatlichen Organisationen« angegriffen.[66] Es war das erste Mal, dass die britische Regierung die chinesische Regierung unverhohlen der Cyberspionage bezichtigte. Die Zusammenfassung des Briefes, die sich auf der Website des britischen Centre for the Protection of the National Infrastructure findet, enthält die Warnung, dass die Volksbefreiungsarmee britische Firmen ins Visier genommen habe, die Geschäfte mit China machten, um vertrauliche Informationen von möglicherweise kommerziellem Wert zu stehlen. Die ausländischen Angreifer hätten es speziell auf Shell Oil und Rolls-Royce abgesehen, einen führenden Hersteller allermodernster Düsentriebwerke. Evans' Brief enthielt angeblich eine Liste bekannter »Signaturen«, mit deren Hilfe man chinesische Trojaner identifizieren konnte, sowie eine Auflistung der URLs, die in der Vergangenheit für gezielte Angriffe genutzt worden waren. Wirtschaftsspionage ist mehr als nur ein Teilbereich dieses Problems. Vor allem in hoch entwickelten Wissensgesellschaften – kurz gesagt, im Westen – sind die profitabelsten und größten Unternehmen auf globale Zulieferketten angewiesen, die an zahlreichen Stellen mit dem Internet verbunden sind. Eine Behörde in Washington ist dafür zuständig, die Verteidigungsmaßnahmen diverser staatlicher Organe gegen ausländische Spione zu koordinieren: das Office of the National Counterintelligence Executive, abgekürzt ONCIX oder NCIX. Im Oktober 2011 veröffentlichte die Behörde einen Bericht über ausländische Spionageoperationen im Cyberspace zur Entwendung US-amerikanischer Wirtschaftsgeheimnisse. »Cyberinstrumente haben die Bedrohung der Wirtschaftsspionage vergrößert«, heißt es in dem Bericht, »und die amerikanischen Dienste sind zu dem Schluss gekommen, dass der Einsatz derartiger Instrumente schon jetzt eine größere Bedrohung darstellt als traditionelle Spionagemethoden.«[67] Das Papier ließ keinen Zweifel daran, dass chinesische Akteure weltweit die aktivsten und hartnäckigsten Aggressoren waren, und vermeldete einen »Ansturm« von Computerangriffen auf die Privatwirtschaft – doch selbst die Geheimdienstagentur, die zuständig für die Aufklärung solcher Angriffe ist, räumte ein, sie könne nicht beweisen, wer in China dafür verantwortlich sei.

Diese Entwicklungen bereiten den Nachrichtendiensten eine Reihe neuer Schwierigkeiten, und zwar insbesondere den Behörden oder Abteilungen, die sich traditionell auf die Signalaufklärung, SIGINT, konzentrieren. Die erste Schwierigkeit besteht in der Auswahl: Wie lassen sich die wichtigsten Quellen mit den wichtigsten Informationen identifizieren und abschöpfen? Diese Schwierigkeit ist eine Konsequenz von Big Data. Das Problem lässt sich am besten mit dem alten Witz von dem Betrunkenen illustrieren, der seinen Autoschlüssel unter der Laterne sucht, weil es da am hellsten ist. Big Data bedeutet, dass der Betrunkene seinen Autoschlüssel jetzt in einem weiten und hell erleuchteten Feld von Straßenlaternen sucht, welches sich in alle Richtungen erstreckt, soweit das Auge reicht. Den Schlüssel dort zu finden, ist an sich schon ein Problem. Das Problem der Auswahl aber besagt: *Der Schlüssel kann trotzdem im Dunkeln liegen*, also jenseits des Laternenfelds. Nur weil ein Signalaufklärungsdienst über sehr viele Daten verfügt, heißt das nicht unbedingt, dass er auch über die richtigen Daten verfügt.

Die zweite Schwierigkeit bilden Interpretation und Analyse (d.h. das Auffinden des Schlüssels im Laternenfeld). Große Datenmengen bedeuten, dass es schwieriger geworden ist, aus Daten Erkenntnisse zu gewinnen, und erst recht, diese Erkenntnisse zu »verwertbaren« Erkenntnissen zu machen. Die reine Cyberspionage – also das aus der Ferne gesteuerte Eindringen in ein System, um es auszuspähen und Daten herauszuschleusen – ist von Haus aus mit einer Reihe von Problemen verbunden. Mangelndes Insiderwissen läuft fast immer darauf hinaus, dass es weit mühsamer ist, Daten und Informationen in einen Zusammenhang einzuordnen. Die Geschichte von Tanakas Bäckermeister veranschaulicht dieses Problem. Wenn es eine Firma darauf abgesehen hat, einen gesamten industriellen Prozess zu stehlen und zu kopieren, braucht sie dafür nicht nur das in Datenform gespeicherte explizite Wissen, sondern auch sehr viel implizites Wissen. Daten lassen sich zwar herunterladen, nicht aber Erfahrung, Fertigkeiten und Intuitionen, die allesamt eine Voraussetzung dafür sind, komplexe Prozesse und Entscheidungen zu verstehen. Oft ist Insiderwissen nötig, um eine Flut von Informationen in einen Zusammenhang zu bringen. Kurz gesagt: Big Data heißt auch, dass Nachrichtendienste viel mehr Daten sammeln können, als sie sinnvoll zu analysieren imstande sind.

Die dritte Schwierigkeit stellt die Neuausrichtung und die erneute Integration der Erkenntnisgewinnung aus menschlichen Quellen dar. Besonders aus Sicht des Angegriffenen droht das Gespenst der Cyberspionage einen Keil zwischen SIGINT und HUMINT zu treiben, weil Erstere selbst in Zeiten knapper Budgets erhebliche

Mittel zur Verfügung gestellt bekommt, während Letztere permanent den Verdacht ihrer zunehmenden Bedeutungslosigkeit zerstreuen muss. »[M]enschliche Spione sind nicht mehr alles, worauf es ankommt«, beobachtete Ex-NSA-Berater Brenner. »Wenn jemand Geheimnisse elektronisch aus Ihrem Büro in Schanghai oder Moskau stehlen kann, dann braucht er vielleicht keinen Spion aus Fleisch und Blut.«[68] Doch wäre es ein Fehler, zwischen diesen beiden Formen der Geheimdienstarbeit eine große Kluft zu sehen. Stuxnet und der Fall Sinovel, zwei der bekanntesten Cyberspionage-Operationen, verdeutlichen, dass menschliche Akteure bei solchen Missionen der entscheidende Faktor sind. Wie Evans vor der Gilde der Sicherheitsexperten in London sagte: »Cyberspionage kann durch traditionelle menschliche Spionage erleichtert werden und diese erleichtern.«[69] Die beiden wichtigsten Schwierigkeiten, die mit dem explosionsartigen Anwachsen der Datenberge und dem Zuschreibungsproblem verbunden sind – die Auswahl und die Interpretation –, lassen sich wahrscheinlich nur durch gute alte – zweifellos mitunter technisch modernisierte – HUMINT-Arbeit bewältigen, nicht durch »reine« Cyberspionage und Datenverarbeitung. Ein wesentlicher Teil der Arbeit von Geheimdienstagenten besteht darin, Informanten anzuwerben und ein Vertrauensverhältnis zu ihnen aufzubauen – wie im Fall der iranischen Wissenschaftler, die an dem nuklearen Anreicherungsprogramm arbeiteten und heimlich Informationen an die CIA weitergaben. Die Anwerbung und Betreuung von Informanten ist eine heikle Sache. Sie erfordert die intime Kenntnis der Persönlichkeit und der Geschichte eines Individuums, wodurch ein persönliches Verhältnis zwischen Betreuer und Quelle entsteht. Natürlich ist es heutzutage möglich, solche Beziehungen online zu knüpfen und zu pflegen, doch die reine Online-Anwerbung stellt die Dienste natürlich auch vor erhebliche Probleme. Denn es ist weit schwieriger, über Skype, Facebook oder E-Mail sicherzustellen, dass jemand ein vertrauenswürdiges Mitglied einer bestimmten Gruppe oder Profession ist, als dies im Rahmen eines Gesprächs und einer Befragung unter vier Augen herauszufinden.[70] Die menschliche Geheimdienstarbeit wird immer noch gebraucht, und das implizite Wissen macht deutlich, warum das so ist. Weder implizites Wissen noch persönliches Vertrauen und Vieraugengespräche haben im 20. Jahrhundert ihren Wert verloren.

Die vierte Schwierigkeit für die geheimniskrämerischen Dienste lautet Offenheit. Damit sind nicht offen verfügbare Daten gemeint, sondern Offenheit und Transparenz als Bedingungen für eine erfolgreiche Arbeit. Am 12. Oktober 2010 hielt der Leiter des Government Communications Headquarters (GCHQ), des britischen Äquivalents zu NSA und BND, eine denkwürdige Rede. Denkwürdig war Iain Lobbans Rede allein schon deshalb, weil sie die erste größere öffentliche Ansprache eines amtierenden Leiters dieser verschwiegenen, im Volksmund »Doughnut« genannten Behörde überhaupt war – »Doughnut« wegen ihres ringförmigen Hauptquartiers bei Cheltenham zwei Stunden westlich von London. Lobban hatte in seiner Rede tatsächlich einige wichtige Punkte berührt. Der entscheidendste war vielleicht, auf die Chance hinzuweisen, die sich Großbritannien eröffnete, wenn Regierung, Telekommunikationsgesellschaften, Hard- und Softwareanbieter sowie Dienstleistungsunternehmen »zusammenfänden«:

> »Wir haben die Chance, einen ganzheitlichen Ansatz in der Cybersicherheit zu entwickeln, der britische Netzwerke intrinsisch widerstandsfähig gegen Cyberbedrohungen macht. Und das wird einen Wettbewerbsvorteil für Großbritannien bedeuten. Wir können Unternehmen versprechen, dass sie zugleich von den Vorteilen des Zugangs zu einer modernen Internet-Infrastruktur profitieren und ihre Risiken vermindern können, wenn sie sich bei uns ansiedeln.«[71]

Es genügt nicht mehr, dass die Netzwerke der Regierung sicher sind. Um die Interessen eines Landes im Cyberspace zu wahren, muss man einen Teil dieses ganzen Bereichs sichern, der weit über den öffentlichen Sektor innerhalb dieses Bereichs hinausgeht. Doch solch ein ganzheitlicher Ansatz in der Cybersicherheit und die für ihn nötige Zusammenarbeit zwischen Nachrichtendiensten und Privatwirtschaft ist mit ganz eigenen Problemen verbunden. Den Unternehmen, noch bevor sie nach Großbritannien kommen, Vertrauen zu vermitteln, erfordert irgendeine Form von internationalem Marketing, um die Sicherheitsvorzüge des Landes herauszustellen und den Finanzfirmen und Hochtechnologieunternehmen Großbritannien als neue Heimat schmackhaft zu machen. GCHQ aber wurde 1919 als Government Code and Cypher School gegründet und ist bekannt dafür, die Public-Key-Kryptographie (Verschlüsselung mit einem öffentlichen Schlüssel) erfunden zu haben – ein Instrument zur Geheimhaltung von Informationen. Diese lang gehegte Kultur der Geheimhaltung könnte sich nun von einer Tugend in eine Untugend verwandeln. Nur wenn sie sich erheblich und energisch öffnen, werden Nachrichtendienste ihren neuen Verantwortlichkeiten gerecht werden können, zumal in Bezug auf deren ökonomische Dimensionen.

Diese vierte Problematik bringt uns zu einer fünften, die sogar noch grundsätzlicher ist. Das Internet hat es sehr viel schwieriger gemacht, eine Grenze zwischen Inlands- und Auslandsaufklärung zu ziehen. Die vorherrschende administrative Arbeitsteilung in den Geheimdiensten basiert auf einer klaren Trennung zwischen inneren und äußeren Angelegenheiten, was im Übrigen auch für die rechtliche Grundlage der Spionage gilt. Diese Grenze, die nie ganz eindeutig war, ist mittlerweile vollkommen durchlässig und verschwommen. Das Attributionsproblem bringt es mit sich, dass ein Nachrichtendienst, der beispielsweise eine E-Mail von größter Wichtigkeit abfängt, aber über ihren Absender und Adressaten im Unklaren bleibt, diese Information nicht als inländische oder ausländische Information einordnen kann – so ausgesprochen wertvoll sie auch sein mag. 1978 unterzeichnete US-Präsident Jimmy Carter den Foreign Intelligence Surveillance Act (FISA). Das von Senator Ted Kennedy eingebrachte Gesetz hatte zum Ziel, die Kontrolle des Kongresses über die staatliche Überwachungstätigkeit zu verbessern. Hintergrund des Gesetzes bildete Präsident Richard Nixons Missbrauch der Bundesnachrichtendienste, um politische Gegner in Amerika auszuspionieren. FISA erlegte der Inanspruchnahme der Nachrichtendienste innerhalb der Vereinigten Staaten schwerwiegende Einschränkungen auf, zu denen auch das Verbot gehörte, jegliche Kommunikation zwischen Ausländern auf amerikanischem Boden abzuhören.

Unter dem Strich sind Nachrichtendienste, die sich irgendeiner Form der Cyberspionage befleißigen, in einer hässlichen Zwickmühle: Cyberspionage ernsthaft zu betreiben, läuft einerseits auf eine beispiellose Offenheit gegenüber neuen Interessentenkreisen wie auch auf eine beispiellose und rechtlich grenzwertige Überwachung im Innern hinaus. Das erzwingt eine Veränderung: eine Veränderung der Kultur ebenso wie der administrativen und womöglich rechtlichen Aufstellung der Geheimdienste. Solche Reformen könnten geradezu in eine Neudefinition der grundsätzlichen Rolle von Nachrichtendiensten münden. Cyberspionage ernsthaft zu betreiben, heißt auf der anderen Seite aber auch, das menschliche Element wieder zu integrieren und zu stärken, um hartnäckige Gegner, große Datenberge und das vertrackte Zuschreibungsproblem zu bewältigen. Doch wenn ein Dienst menschliche Geheimdienstquellen anwirbt, platziert und pflegt, kann er eine Operation womöglich erfolgreich über den Cyberbereich im engeren Sinne hinaustreiben. Die Vorsilbe »Cyber« könnten wir uns dann im Zusammenhang mit Spionage getrost sparen.

6. Subversion

In den vorangegangenen Kapiteln haben wir uns mit zwei grundsätzlichen Formen von Cyberangriffen beschäftigt, nämlich mit Sabotage und Spionage. Die noch ausstehende dritte Form von Offensivakt ist die Subversion. Schon lange vor Entstehung der modernen Telekommunikation war die Subversion eines der komplexesten und intellektuell herausforderndsten politischen Phänomene. Doch das Internet und die Kommerzialisierung der Telekommunikation haben das Wesen der Subversion verändert. Sie ist dadurch möglicherweise noch komplexer geworden. Das vorliegende Kapitel kann deshalb in höherem Maße als die letzten beiden lediglich an der Oberfläche einer viel tiefer reichenden Materie kratzen. Die Wissenschaft hat dem Thema in jüngster Zeit erstaunlicherweise relativ wenig Aufmerksamkeit gewidmet. Indem wir uns in den folgenden Abschnitten auf Subversion und nicht auf Aufstände oder Terrorismus konzentrieren, wollen wir bekannte Ereignisse aus einer neuen Perspektive betrachten, um so möglicherweise die absehbare Lebenszeit und Ausdauer von Widerstandsbewegungen in unserer vernetzten Gegenwart und einer sogar noch stärker vernetzten Zukunft besser einschätzen zu können.

Die erste Dekade des 21. Jahrhunderts hat eine wahre Explosion an Protesten und politischer Gewalt mit sich gebracht. Dramatischster und verheerendster Ausdruck dieser Entwicklung war Al-Qaidas Anschlag auf die Zwillingstürme des New Yorker World Trade Centers. Nur einen Steinwurf von dort, in vielerlei Hinsicht aber Welten entfernt, im Zuccotti Park, Lower Manhattan, entstand zehn Jahre später die Protestbewegung Occupy Wall Street. Die Palette subversiver Bewegungen, die sich in der Zeit zwischen beiden Ereignissen formiert haben, reicht von den Aufständen gegen verhasste Despoten, die arabische Jugendliche auslösten, dem sogenannten Arabischen Frühling, über die Antiglobalisierungsbewegung, Tierrechtsaktivisten und anonyme Hacktivisten bis hin zu den vollkommen unterschiedlichen Protestbewegungen in Russland, China, Iran und andernorts, die es ohne Soziale Medien in dieser Form nicht gegeben hätte. Auf den ersten Blick haben die genannten Phänomene wenig gemein: Einige von ihnen werden mehrheitlich als rechtmäßige Kräfte des Fortschritts und überfälligen Wandels angesehen – andere als Ausdruck der Niedertracht, Barbarei und Regression.

Doch auf den zweiten Blick haben diese verschiedenen Fälle aus Sicht aller politischen Lager mindestens zwei gemeinsame Nenner. Die erste Gemeinsamkeit besteht darin, dass sie alle die Absicht verfolgen, die Autorität einer herrschenden Ordnung zu untergraben. Die Aktivisten in diesen Beispielen mögen keine gemeinsame Vorstellung besitzen, wodurch genau die verhasste bestehende Ordnung zu ersetzen wäre, sie glauben aber einhellig, dass man das gegenwärtige Regime zu Veränderungen zwingen muss, gegebenenfalls sogar auf der Ebene der Verfassungsstrukturen. Seien diese Bewegungen nun radikal oder massenkompatibel, friedlich oder gewalttätig, legal oder kriminell, progressiv oder regressiv, sie alle sind oder waren *subversiv*. Das zweite gemeinsame Merkmal der betroffenen Bewegungen und Gruppen besteht darin, dass sie alle in gewissem Maße von den neuen Kommunikationstechnologien profitiert haben. Mindestens zu Beginn scheint ihr politisches Handeln aus den neuen technischen Entwicklungen gespeist, weil diese es ihnen erlauben, jenseits der staatlichen oder nicht staatlichen Massenmedien Informationen (oft interaktiv und oft persönlich) auszutauschen, mithin über

Plattformen, die nicht mehr vom Establishment kontrolliert werden, gegen das sich die Proteste richten. All diese – radikalen oder konventionellen, gewaltfreien oder militanten, legitimen oder außerlegalen – Bewegungen haben einen virtuellen Zug.[1] Das vorliegende Kapitel geht von der Annahme aus, dass die neuen subversiven Bewegungen unseres vernetzten 21. Jahrhunderts einer grundsätzlichen Neubesinnung bedürfen: Der Cyberspace verändert das Wesen der Subversion, ebenso sehr zum Vorteil wie zum Verdruss der Aktivisten und Kämpfer.

Die Subversion ist eine alte Idee, die im Zuge der demokratischen Revolutionen an der Wende zum 19. Jahrhundert in Europa aufkam. Durch das um die jüngst vergangene Jahrtausendwende entstandene interaktive Internet ist sie nun, 200 Jahre später, um eine virtuelle Dimension erweitert worden. »Subversion« ist ein bewährter, flexibler und erstaunlich produktiver Begriff: Da er nicht zwangsläufig die Ausübung von Gewalt und Gegengewalt impliziert, kann er sich womöglich der unpassenden Terminologie von Sieg und Niederlage entschlagen. Buchstabiert man den Begriff der Subversion im Detail aus, dann treten eine Reihe instruktiver Fragen zutage: Wie lässt sich zwischen einer gewissermaßen reformorientierten Subversion und radikaleren Formen unterscheiden? Wann droht Subversion in Gewalt umzuschlagen? Und unter welchen Umständen ist anzunehmen, dass die Subversion an Schwung verliert, im Nichts verläuft und schließlich ganz von der Bildfläche verschwindet?

Ich möchte in diesem Kapitel argumentieren, dass vernetzte Computer und kommerzielle Unterhaltungselektronik einen ganz grundsätzlichen Einfluss auf die Subversion gehabt haben: Heutzutage ist die Unterwanderung staatlicher Autorität und kollektiven Vertrauens zumindest in der Anfangsphase weniger auf Gewalt angewiesen als früher. Es ist heute alles in allem leichter, ein subversives »Start-up« zu gründen – doch jeder, der die etablierten Mächte in dieser Form ins Wanken zu bringen versucht, wird bald auch die dunklere Kehrseite der neuen Technologie kennenlernen. Denn durch sie ist es zugleich schwerer geworden, ein subversives Start-up zu einem erfolgreichen aufständischen oder revolutionären »Unternehmen« zu machen. Anders gesagt: Die Technologie hat die Einstiegskosten verringert, aber die Schwelle zum Erfolg deutlich angehoben.

Um meine Position zu umreißen, möchte ich auf drei begriffliche Stärken der Subversion verweisen und außerdem drei Hypothesen aufstellen. Zu den Stärken der Subversion zählt zunächst einmal, dass dieser Begriff wesentlich älter und anerkannter ist als seine etwas oberflächlichen Konkurrenten jüngerer Tage. Eine zweite Stärke liegt darin, dass der Subversionsbegriff die Debatte von ihrer unfruchtbaren Fixierung auf die Gewaltfrage zu lösen vermag. Und drittens spricht für den Begriff, dass er sich dazu eignet, das Phänomen begrenzter Ziele und Motivationen abzubilden. Aus diesen relativ unstrittigen Einsichten folgen drei deutlich provokantere Hypothesen. Sie sollen jeweils durch Fälle neuerer subversiver Bewegungen illustriert werden, deren Gestalt sich in gewissem Maße den vernetzten Kommunikationstechnologien verdankt. Die von den neuen Technologien beförderte Verbreitung subversiver Anliegen und Ideen hat, so meine erste Hypothese, das Angebot subversiver Ideen vergrößert und die Landschaft subversiver Unternehmungen und Start-ups bereichert: *Die Subversion orientiert sich heute viel stärker an besonderen Anliegen*. Durch die neuen Technologien sind gleichermaßen, so meine zweite Behauptung, die Teilnahme an einer subversiven Bewegung wie die Aufkündigung des entsprechenden Engagements leichter geworden: *Die Subversion ist folglich durch eine größere Mobilität ihrer Teilnehmer geprägt.* Meine dritte Hypothese besagt, dass die Technologie neue Formen der globalen und von den Teilnehmern getragenen Organisation ermöglicht, was es subversiven Bewegungen deutlich schwerer macht, innerhalb der Organisation für Disziplin und Vertrauen zu sorgen – zwei Eigenschaften, die auf dem beruhen, was Rechtstheoretiker eine zwangsbewehrte innere Ordnung nennen: *Die netzbasierte Subversion zeichnet sich, mit anderen Worten, durch ein geringeres Maß an organisatorischer Kontrolle aus*. Mit jeder dieser drei Veränderungen sind Vor- und Nachteile verbunden. Ob die Bilanz letztlich positiv oder negativ ausfällt, kann vom politischen Umfeld der subversiven Aktivität abhängig sein, davon, ob sie sich unter Bedingungen einer liberalen Demokratie oder einer autoritären Herrschaft vollzieht.

Eine kurze Bemerkung zur Methode ist an dieser Stelle geboten: Bei den Beispielen, mit denen ich die Argumentation dieses Kapitels verdeutlichen möchte – etwa den Globalisierungsgegnern, der Hackergruppe Anonymous oder den Organisationen im Netz, die zur Entfesselung der ägyptischen Revolution von 2011 beigetragen haben –, handelt es sich um weitaus komplexere Themen als bei den Schadprogrammen, die in den vorangegangenen Kapiteln vorgestellt wurden. Diese überaus vielschichtigen sozialen und politischen Phänomene sind in gewissem Maße durch technologische Neuerungen ermöglicht oder beeinflusst worden. Und in der Regel ist es schwieriger, gesellschaftliche Zusammenhänge zu untersuchen, als Technologien zu erforschen. Was hier nun folgt, sind deshalb lediglich Illustrationen und Beispiele, um ausgewählte Punkte zu beleuchten, es sind keinesfalls ausgewachsene Fallstudien.

Subversion ist der bewusste Versuch, die Vertrauenswürdigkeit, Integrität und Verfassung einer herrschenden Autorität oder Ordnung zu untergraben. Das Ziel der Subversion mag letztlich im Sturz einer Regierung bestehen. Oft aber wird subversives Handeln begrenztere Ziele verfolgen, wie etwa die Unterminierung oder Aushöhlung der Autorität einer Organisation oder gar einer Person. Der Modus Operandi subversiven Handelns ist das Aushöhlen *sozialer* Bindungen und Überzeugungen sowie des Vertrauens in den Staat und andere Kollektivorgane. Zu den Mitteln, die im Rahmen der Subversion zum Einsatz kommen, muss nicht unbedingt offene Gewalt gehören. Ein bewährtes Mittel subversiven Handelns ist die Medienarbeit, etwa das Verfassen von Streitschriften oder Literatur sowie die Kunst- oder Filmproduktion. Natürlich hat der Boom der Sozialen Medien und des Web 2.0 die Anwendung subversiver Taktiken mit großer Öffentlichkeitswirkung enorm erleichtert. Man sollte aber nie vergessen: Subversion wird nicht durch die Manipulation technischer Systeme, sondern durch Beeinflussung der Loyalitäten und des Vertrauens von Einzelpersonen und neutralen Beobachtern ermöglicht. *Sie zielt auf die Köpfe der Menschen, nicht auf Maschinen.*

Begrifflich gesehen ist die Subversion viel älter als der Aufstand oder der Terrorismus. Für viele Beobachter und einige zeitgenössische Historiker aber lässt der Begriff irreführenderweise an die Mitte des 20. Jahrhunderts denken. Tatsächlich wurde er in den sechziger und siebziger Jahren des vergangenen Jahrhunderts – erneut – populär, als der Kalte Krieg zwischen der Sowjetunion und den Vereinigten Staaten auf der ganzen Welt Stellvertreterkonflikte produzierte, bei denen beide Seiten alles in ihrer Macht Stehende taten, um den Einfluss des gegnerischen ideologischen Blocks zu untergraben. Subversion war eines der Mittel, die von einem Staat heimlich gegen die herrschende Ordnung eines anderen Staates angewandt wurden. Historisch gesehen lag die Blütezeit der Subversion aber wesentlich früher (Abbildung 1).

Der Begriff der Subversion wurde im Englischen um die Zeit der Französischen Revolution von 1789 und des niedergeschlagenen irischen Aufstands von 1798 gebräuchlicher. Viele Wörter verändern im Laufe der Zeit ihren Sinn. Die Bedeutung von Subversion aber erfuhr keinen nennenswerten Wandel. »Eine Revolution stiften heißt, den ganzen bisherigen Zustand eines Reichs über den Haufen werfen«, schrieb der wortgewaltige irische Politiker und Staatsmann Edmund Burke in seinem berühmten konservativen Manifest *Betrachtungen über die Französische Revolution* (1790), und er fügte hinzu, »ein so gewaltsames Unternehmen wird durch

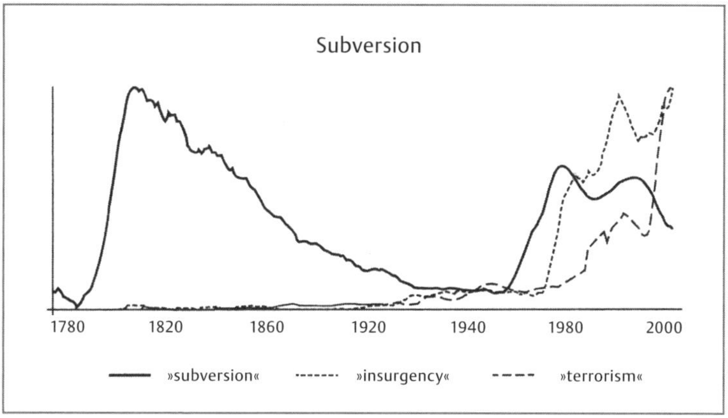

Abbildung 1: Semantischer Aufstieg und Fall der Begriffe »subversion«, »insurgency« und »terrorism«. Quelle: Google Ngram Viewer.[2]

keine alltäglichen Beweggründe entschuldigt«.[3] Es lohnt der Hinweis, dass Subversion für Burke gewaltsames Handeln einschloss. Wie auch Sabotage und Spionage gelangte der Begriff über das Französische in die englische Sprache. Sein Gebrauch war schon recht weit verbreitet, als Paris in den 1780er Jahren in Unruhen, Aufständen und schließlich in einem Bürgerkrieg versank. In früheren Quellen wurde »to subvert« – im Sinne des subversiven Handelns – einem einschlägigen Wörterbuch der englischen Sprache von 1768 zufolge als stürzen, umstürzen oder verderben verstanden.[4] Ein Thesaurus aus dem Jahr 1806 kennt als Synonyme für Subversion: Umsturz, Zerstörung, Untergang, Ende.[5] (Der Begriff des »Aufstands« *(insurgency)* war im Englischen der damaligen Zeit nicht geläufig und taucht in historischen Wörterbüchern nicht auf.) In einem Buch über George III., der Großbritannien in turbulenten Zeiten regierte, nämlich von 1760 bis 1820, finden sich diverse beiläufige Bemerkungen über Versuche der Subversion: der Regierung, des Staates, der Verfassung und des »festgegründeten Glaubens«.[6] Ähnlich verhält es sich mit dem damaligen Militärjargon. Ein Wörterbuch der Militärbegriffe von 1810, zusammengestellt von Charles James, einem Major der Royal Artillery Drivers (der Königlichen Artilleriekutscher), beschreibt Subversion als »einen Zustand der totalen Unordnung und Disziplinlosigkeit, der im Allgemeinen durch eine anfängliche Vernachlässigung kleiner Fehler und die allmähliche Einschleppung aller Arten von militärischem Ungehorsam herbeigeführt wird«.[7]

Im Laufe des folgenden Jahrhunderts erlebte die Subversion einen rasanten Aufschwung. Es war die Zeit, in der die europäischen Anciens Régimes erschüttert und die Bevölkerungen Europas durch rivalisierende politische Ideologien immer neu entwurzelt wurden. Unruhe, Gewalt und Revolutionen waren die Folge. Um die Jahrhundertwende verlagerte sich das geopolitische Kräfteverhältnis allmählich hin zur Neuen Welt, denn Amerikas Wirtschaft prosperierte und expandierte rasant. Auch dank der harten Arbeit europäischer Immigranten, die in Fabriken und Minen schufteten, wuchs Amerika zu einem kapitalistischen Giganten heran. Viele dieser Arbeiter hatten die Unterdrückung durch europäische Könige und Zaren erlebt und aus Italien, Russland, Deutschland und Frankreich radikale und utopische Ideologien mitgebracht. Nicht ohne Grund fürchtete Amerikas herrschende Klasse das Gespenst der Subversion. »Die Zeit der großen sozialen Revolutionen ist gekommen«, schrieb Theodore Roosevelt 1895. In jenem Jahr diente der zukünftige Präsident der Vereinigten Staaten noch als Leiter der New Yorker Polizeibehörde: »Wir alle blicken in die Zukunft und versuchen, das Wirken der großen blinden Kräfte vorherzusehen, die von der gewaltigen industriellen Revolution dieses Jahrhunderts entfesselt worden sind«, so Roosevelt.[8] Ein Jahr zuvor hatten Aktivisten, die eine dieser blinden Kräfte – den Anarchismus – repräsentierten, den Präsidenten von Frankreich ermordet. Mehrere Staatsoberhäupter sollten in den kommenden sechs Jahren durch die Hand von Anarchisten sterben, darunter auch Roosevelts Vorgänger im Amt des amerikanischen Präsidenten, William McKinley, der 1901 einem Attentat zum Opfer fiel. Etwas über ein Jahrhundert nach dem Mord an McKinley ist es nun die gewaltige Informationsrevolution, die erneut Kräfte entfesselte, durch die Staatsoberhäupter gestürzt und Anciens Régimes beseitigt werden. Schauplatz der Ereignisse ist diesmal der Nahe Osten. Und wieder einmal starren wir in die Zukunft, damit sie uns sagt, wohin diese subversiven Kräfte wohl führen mögen.

Die Subversion ist nicht nur älter als der Aufstand, sie ist auch der umfassendere Begriff – das sollte man nicht vergessen. Besonders fällt dabei auf, dass Subversion über die Frage der Gewalt hinausgeht, denn der Begriff besitzt nicht nur eine militärische, sondern auch eine politische und philosophische Bedeutung. Bis heute übergehen Militärtheoretiker und Sicherheitsforscher diesen Aspekt geflissentlich. Genau deshalb aber ist die Literatur über Sicherheitsfragen ein guter Ausgangspunkt. Es lohnt sich nachzulesen, was Frank Kitson über Subversion geschrieben hat. Der bekannte britische General, der den Mau-Mau-Aufstand in Kenia, den Guerillakrieg Malaysias vor und nach der Unabhängigkeit sowie die Unruhen in Nordirland miterlebte, definierte Subversion kurz und bündig als »alle illegalen Maßnahmen, die von einem Teil der Bevölkerung in der Regel ohne Waffengewalt unternommen werden mit dem Ziel, die zu dieser Zeit Regierenden des Landes zu stürzen«[9] – im Kern also als ein gewaltloses politisches Verbrechen. Eine gewaltlose subversive Kampagne kann nach Kitson unter eine von drei Kategorien fallen: Sie kann als eigenständiges Instrument gedacht sein, das bestimmte Ziele gewaltlos erreicht; sie kann darauf ausgelegt sein, in Verbindung mit einem regelrechten Aufstand Soldaten etwa von einem Hauptkampffeld abzulenken; oder subversives Handeln kann als Vorstufe zu einem intensiveren gewaltsamen Aufruhr geplant sein.[10] Kitson hat richtig erkannt, dass der Begriff der Subversion umfassender ist als der des Aufstands, doch wie andere große Militärtheoretiker vor ihm, denen es auch um die politische Dimension des Krieges ging, hatte er über diese allgemeineren politischen Aspekte konkret herzlich wenig zu sagen, von sozialen oder kulturellen Aspekten ganz zu schweigen.[11] Indem er Subversion als illegal, aber gewaltlos definierte, manövrierte sich der britische General, wie wir noch sehen werden, in trübe Gefilde, die nur schwer mit einer offenen demokratischen politischen Ordnung in Einklang zu bringen waren.

Am effektvollsten lässt sich Kitsons enger Begriff von Subversion mit den Ansichten eines seiner Zeitgenossen, des ebenfalls Mitte der zwanziger Jahre geborenen Marxisten Johannes Agnoli, kontrastieren. Agnoli hatte einen Lehrstuhl an der Freien Universität Berlin und war einer der geistigen Väter der Studentenrevolte von 1968. Kurz vor seiner Emeritierung im Jahr 1991 hielt er eine Reihe von Abschiedsvorlesungen, in denen er im großen Stil eine positive Geschichte der Subversion vom »Paradies« bis zur Französischen Revolution zu rekonstruieren versuchte.[12] Er stellte Eva als die Mutter aller Subversion dar: Es war Eva, die, geschaffen aus Adams Rippe, welche ihrerseits von Gott stammte, die Stimme der Vernunft hörte und die beiden über ihr stehenden Instanzen der Schöpfungshierarchie untergrub. Kein Gott und kein Mann, sondern die subversive Eva tat den Schritt vom Unbewussten zum Bewusstsein, vom Mythos zum Logos, vom Objekt zum Subjekt.[13] Der dezidiert linksradikale Berliner Professor trat in der alten Bundesrepublik der siebziger Jahre ungeniert für die Subversion von Staat und Gesellschaft ein. Agnolis Ideen und beeindruckende Analysen einfach abzutun, wäre allerdings ebenso naiv, wie es einige seiner radikalen Studenten damals wahrscheinlich waren. Eine der drängendsten Fragen des Professors war die nach dem Wesen der Subversion oder der »Sache selbst«, wie er sie voller Ehrfurcht nannte. Sollte man Subversion als Handeln, als Praxis verstehen? Oder sollte man sie als Reflexion verstehen, als ein Nachdenken über etwas, nämlich, wie er es mit dem Refrain der Brecht'schen *Dreigroschenoper* von 1928 formulierte, über »die Verhältnisse, die nicht so sind«?[14] »[D]as Utopische [mischt] sich der Subversion immer bei [...]«, sagte er.[15] Er verstand die Utopie als Hoffnung auf ein besseres Leben, als einen Traum. Wenn es keine Utopie gäbe, so Agnoli, dann verlöre die Gesellschaft ihr menschliches Antlitz. Dabei schwebte ihm eine Menschheit vor, die sich nicht auf Mitleid und barmherzige Menschenliebe beschränkt, sondern um ihr freies Glück kämpft. »Wer stattdessen das Ende der Utopie verkündet und nebenbei das Subversive kriminalisiert«, postulierte Agnoli in hochfahrendem Ton, »will genau der Möglichkeit neuer Aufbrüche wehren.«[16] Eine solche Verweigerung fahre sich allerdings, wie der Berliner Marxist unter Berufung auf Hegel süffisant bemerkte, im »pissenden Denken« fest.[17] Der Philosoph des deutschen Idealismus hatte in der *Phänomenologie des Geistes* die Erschaffung neuen Bewusstseins und neuen Denkens nämlich mit der Zeugung neuen Lebens – und das Verharren innerhalb vorgegebener Grenzen tatsächlich mit dem »Pissen« gleichgesetzt.[18] Selbst bei nur oberflächlichem Vergleich zwischen Kitsons und Agnolis Ideen ist unschwer zu erkennen, dass die Subversion als allgemeine und umfassende politische Idee eher die anspricht, die für einen – gegebenenfalls sogar radikalen – Wandel eintreten, als jene, die die Gesellschaftsordnung so bewahren wollen, wie sie ist oder war. Für Agnoli müsste Kitsons Buch den Mief abgestandenen Urins verströmt haben.

Ein weiterer Aspekt der Subversion, neben ihrem potentiell gewaltlosen und potentiell utopischen Charakter, ergibt sich aus dem Umstand, dass sie normalerweise gemäßigteren Zielen dient als der Aufstand. Aufstand und Revolution sind nur die extremsten Formen subversiven Handelns. Per definitionem verfolgen Aufrührer und Revolutionäre das Ziel, eine Regierung zu stürzen und an ihrer Stelle eine revolutionäre Herrschaft zu errichten. Subversive hingegen haben in der Regel eine bescheidenere politische Agenda, wie zum Beispiel die Aushöhlung oder Erosion der

Autorität einer Organisation oder einer Person. Subversives Handeln funktioniert über das Aushöhlen von sozialen Bindungen, Überzeugungen und Vertrauen in kollektive Organe wie den Staat. Subversion geschieht immer durch eine Beeinflussung der Weltbilder und Loyalitäten von Einzelnen und Unbeteiligten, der Art und Weise, wie diese Autoritäts- und Machtbeziehungen im Hinblick auf ihre eigene politische, soziale und ökonomische Situation interpretieren. Zweck der Subversion ist, – gewaltlosen oder gewaltsamen – Widerstand wahrscheinlicher zu machen. Kommt es zur Anwendung von Gewalt, dann sind Entscheidungsträger und nicht technische Systeme ihre primären Ziele. Doch auch wenn durch Gewalt, Sabotage oder Brandstiftung ausdrücklich nur technische Anlagen oder Eigentum, nicht aber Menschen zu Schaden kommen sollen, sind es letztlich doch die Köpfe und Kosten-Nutzen-Rechnungen der Politiker, Eigentümer, Manager oder Konsumenten, auf die solche Anschläge in Wahrheit abzielen.

Oft ist es gar nicht mangelnde Stärke, sondern viel eher mangelnder Wille, der verhindert, dass aus einer subversiven Bewegung eine aufständische Gruppe wird. Dabei kann es durchaus sein, dass radikalere Mitglieder oder Zellen der Bewegung systematisch zum Mittel der Gewalt greifen und trotzdem keine Revolution anzetteln wollen. In der Tat gibt es außerordentlich wenige historische Fälle, in denen Regimewechsel oder Revolutionen ausschließlich durch gewaltlose Subversion herbeigeführt wurden.[19] Auch hier ist Kitson wieder nützlich, der zu Recht auf zwei unterschiedliche Absichten der Subversion hinweist: Das Ziel der Subversion kann entweder darin bestehen, eine herrschende Wirtschafts- oder Regierungsordnung zu stürzen – oder darin, »diese gegen ihren Willen zu bestimmten Handlungen zu zwingen«.[20] Das erste Ziel ist revolutionär und existentiell, das zweite dagegen evolutionär und pragmatisch. Hier tritt ein Hauptmerkmal der Subversion zutage. Aufstände verfolgen grundsätzlich kein geringeres Ziel als den Sturz einer bestehenden Ordnung. Eine subversive Bewegung wiederum möchte nicht die bestehende Ordnung zu Fall zu bringen, sondern das Verhalten einer Organisation verändern. Subversion will die Machthaber gegebenenfalls nur zwingen, Dinge zu tun, die sie nicht tun wollen, statt sie aus dem Amt zu treiben. Natürlich können radikale Aktivisten der Subversion auch zu diesem Zweck systematisch zum Mittel der Gewalt greifen. Wir haben es also im Wesentlichen mit zwei Formen von Subversion tun: Sie kann als das gewaltlose Vorspiel zu Aufruhr und Revolution geplant sein, oder sie kann sich zu einer – gewaltsamen oder gewaltlosen – Kampagne ohne revolutionäre Dynamik entwickeln.[21]

Diese letztgenannte Logik des begrenzten Ehrgeizes lässt sich sehr schön am Fall einer bekannten und einflussreichen subversiven Umweltschutzbewegung illustrieren: Zunächst hauptsächlich in England und den USA aktiv, kann die Front zur Befreiung der Erde (ELF für *Earth Liberation Front*) heute auch sonst in der Welt auf Aktivisten zählen. Das Beispiel der ELF zeigt, dass selbst eine amorphe Gruppe ohne Führung und Hierarchie im Hinblick sowohl auf ihre Ziele als auch auf ihre Taktik zur Selbstbeschränkung – in diesem Fall auf Gewalt gegen Sachen – in der Lage ist.

Als Ableger der größeren Bewegung »Earth First!« wurde die Front zur Befreiung der Erde in dem britischen Seebad Brighton gegründet. Mitte der 2000er Jahre erlebte die ELF ihre aktivste Phase. Die Elfen oder Elben, wie sich die Mitglieder liebevoll selbst nannten, betrieben nicht Sabotage, sondern »Ökotage«, wie sie selbst es bezeichneten. Da Buchautoren und Wissenschaftler ihre Anliegen zunächst unterstützten, verfügte die ELF in ihren frühen Tagen über akademische Rückendeckung.[22] Die von ihren Kritikern aber bald als »Öko-Terroristen« verunglimpften ELF-Aktivisten hatten eine klare Ideologie und ein überzeugendes Anliegen: Sie wollten die Ausbeutung und Zerstörung der natürlichen Umwelt stoppen und den Planeten retten. Verantwortlich für die Umweltzerstörung, so die Argumentation der Gruppe, seien Gewinnstreben, Konzerne und Regierungen, die den Konzernen keine Schranken setzten. Damit war eine politische Agenda umrissen, mit der sich viele Menschen in vielen Ländern im Grundsatz identifizieren konnten. Diese prinzipielle Attraktivität der ELF drückte sich in ihrer amorphen Organisationsform aus. Wie eine der kenntnisreichsten wissenschaftlichen Untersuchungen über die »Elfen« hervorhob, basierte die Bewegung auf dem Modell eines führerlosen Widerstands »ohne erkennbare organisatorische Struktur«.[23] Auf ihrer Website beschreiben sich die Aktivisten als eine »aus autonomen Personengruppen bestehende internationale Untergrundbewegung«. Gestützt auf kaum mehr als eine gemeinsame Ideologie, bildeten die radikalen Öko-Aktivisten eine Zellenstruktur aus, bei der sich die einzelnen Mitglieder gegenseitig weithin unbekannt blieben. Statt auf klare Kommandolinien und innere Disziplin verließ sich die Bewegung lieber darauf, dass die Mitglieder, »die Ziele und Ausrichtung der Organisation verstehen, aus eigener Initiative tätig werden«.[24] Die Organisation funktionierte »ohne zentrale Führung, ohne Hierarchie, ohne Mitglieder-Datenbank, sondern vielmehr durch das relativ strikte Einhalten grundlegender Leitsätze«.[25] Es gab drei Regeln. Regel Nummer eins: Aufklärung der Öffentlichkeit über »Gräueltaten« gegen die Umwelt und alle sie gemeinsam bewohnenden Spezies. Diese Regel lief gewissermaßen auf eine automatische Erinnerung daran hinaus, aktiv für die eigenen Anliegen zu werben. Die zweite Regel betraf die Gewaltanwendung und die Auswahl besonderer Ziele, um all denjenigen, die von Umweltzerstörung profitierten, »maximalen wirtschaftlichen Schaden zuzufügen«.

Der dritte Leitsatz war besonders bemerkenswert: Ergreifen »aller notwendigen Vorsichtsmaßnahmen, um keine – menschlichen oder nicht menschlichen – Tiere zu verletzen«.[26] Sich an diese Regel zu halten, hieß, politische Aktionen auf die Verursachung ökonomischen Schadens zu beschränken und auf die Verletzung von Lebewesen zu verzichten. In über einem Dutzend Ländern haben die Elfen nachweislich Anschläge verübt. Ihre Gewaltakte richteten sich gegen Bauunternehmer, Holzschlagfirmen, Forschungseinrichtungen für Gentechnologie, Skiorte und sogar gegen SUV-Händler. Die radikalen Umweltschützer verursachten bei diesen Gelegenheiten ganz beträchtliche Schäden.[27] So beliefen sich die Kosten für die Anschläge, die eine als »The Family« bekannte Zelle der Bewegung in den fünf Jahren von 1996 bis 2001 auf staatliche Einrichtungen der Land- und Tierverwaltung, Zerlegebetriebe, Forstunternehmen und Autohändler verübte, auf rund 80 Millionen US-Dollar. Ende der neunziger Jahre führte die Zelle ihre spektakulärsten »direkten Aktionen« durch, nämlich eine Brandstiftung im Vail Ski Resort, Colorado, mit 12 Millionen Dollar Schaden 1998 und die Sabotage einer Hochspannungsleitung in der Nähe von Bend, Oregon, im darauffolgenden Jahr. Die Front zur Befreiung der Erde behauptet, seit 1997 weltweit für Schäden in Höhe von über 150 Millionen US-Dollar verantwortlich gewesen zu sein. Dennoch, so betont die Gruppe in ihren FAQs, »wurde in der Geschichte der ELF international nie jemand durch die Aktionen der Gruppe verletzt, und das ist kein Zufall«.[28] Die Elfen stellten sicher, dass sie sich auf einem schmalen, aber klar gezeichneten Grat bewegten: Zu den legitimen Zielen gehörten Labore, Forschungseinrichtungen und die Infrastruktur von Unternehmen, nicht aber deren Arbeiter oder Manager: »Wir wollen eine Menge Aufmerksamkeit, nicht eine Menge Toter.«[29]

Wie viele subversive Bewegungen mit einem Hang zur Gewalt ist auch die ELF äußerst vielgestaltig und zersplittert. Anders als bei Earth First! wird diese Eigenart durch den nicht hierarchischen Aufbau der Bewegung und ihren Verzicht auf konsensuelle Entscheidungsprozesse weiter verstärkt. So finden sich innerhalb der Bewegung durchaus radikalere Strömungen, die sich einer revolutionären Rhetorik bedienen, auch wenn sie keine Anstrengungen unternommen haben, ihren Worten revolutionäre Taten folgen zu lassen.[30] Im Großen und Ganzen scheint die ELF also eine subversive, in ihren Zielen aber gemäßigte Bewegung zu sein, die sich für Gewalt gegen Eigentum entschieden hat; sie ist subversiv, aber nicht revolutionär, und sie sorgt peinlich genau dafür, dass durch ihre Gewalt keine Menschen zu Schaden kommen. Der radikale Umweltschutz und die ELF sind älter als die allgemeine Verbreitung des Internets; sie gehören also nicht zu den subversiven Bewegungen, die erst durch die neuen Technologien entstanden sind. Die neuen Technologien haben aber zur dramatischen Verschärfung eines Problems geführt, mit dem auch die Elfen zu kämpfen hatten: der Vielzahl politischer Ziele.

Je anspruchsvoller eine subversive Bewegung und ihre Zielgruppen technologisch gesehen sind, desto enger werden sie sich wahrscheinlich an einem Anliegen orientieren. Eine der wichtigsten Antriebskräfte für diese Dynamik sind kollektive Emotionen. Das Konzept des »Cyberkriegs« ist in diesem Zusammenhang viel zu unbeholfen und unpräzise. Andere Begriffe aus der klassischen Kriegstheorie sind für die Analyse von offensiven Cyberaktionen wesentlich relevanter. Wie viele andere Strategietheoretiker hat Clausewitz immer hervorgehoben, welch eine große Rolle Leidenschaften und Gefühle für konventionelle ebenso wie für nicht konventionelle Konflikte spielen. »Die *Energie* des Handelns«, bemerkte er, »drückt die Stärke des Motivs aus, wodurch das Handeln hervorgerufen wird, das Motiv mag nun in einer Verstandesüberzeugung oder einer Gemütserregung seinen Grund haben. Die letztere darf aber schwerlich fehlen, wo sich eine große Kraft zeigen soll.«[31] Nicht anders als der Aufstand wird auch die Subversion von starken Motiven angetrieben. Diese Motive mobilisieren Anhänger, Freiwillige und Aktivisten, und sobald Gewalt ins Spiel kommt, liefern sie die Rechtfertigung, warum Kämpfer und Aufständische zu den Waffen greifen und möglicherweise Zivilisten töten. Der renommierte Militärtheoretiker David Galula beschrieb das Anliegen einer Gruppe als ihre treibende Kraft. Das »Monopol auf ein dynamisches Anliegen«, behauptete der französische Experte für konterrevolutionäre Kriege in den sechziger Jahren, das seien die Kronjuwelen eines Aufstands.[32] Doch die Logik der dynamischen Anliegen hat sich 50 Jahre später, nach dem Zusammenbruch der großen Ideologien[33] und dem Aufkommen stark vernetzter Bewegungen, verändert. Heute sind es weniger die großen Narrative als hochspezielle Themen, die, wenn auch nur vorübergehend, eine kritische Masse empörter Aktivisten zu mobilisieren vermögen. Diese Dynamik hat allerdings auch eine Kehrseite: Sie ersetzt das Monopol auf ein dynamisches Anliegen durch einen dynamischen Markt der Anliegen. Einzelne Personen und kleine Gruppen schließen sich vielleicht aus ganz unterschiedlichen Motiven einer Bewegung an. Diese individuellen Beweggründe mögen eine große emotionale Schubkraft besitzen, doch wird dieser Vorteil durch einen Verlust an Koordination, Zusammenhalt und Einheit erkauft.

Das lehrreichste Beispiel für eine aus konkreten Anliegen gespeiste Subversion ist vielleicht der Aufstieg und Niedergang der Antiglobalisierungsbewegung, jener internationalen linken Protestbewegung, die ihre Blütezeit zur Jahrtausendwende hatte. Seit den frühen neunziger Jahren war das Modewort der Globalisierung in aller Munde. Globalisierung war für viele gleichbedeutend mit *ökonomischer* Globalisierung. Und diese ökonomische Globalisierung stand bald nicht nur für einen immer freieren Verkehr von Gütern und Dienstleistungen, sondern zumal für einen ungebremsten Kapitalismus, die Macht der multinationalen Konzerne und jene transnationalen Regime der globalen Steuerung, die für die Aufrechterhaltung eines Systems sorgen sollten, das vielen ungerecht und repressiv erschien. Der Protest der Globalisierungskritiker richtete sich insbesondere gegen die Welthandelsorganisation (WTO), den Internationalen Währungsfonds (IWF) und die Weltbank sowie das allgemein verhasste Multilaterale Abkommen über Investitionen (MAI). Die Antiglobalisierungsbewegung verstand sich als Gegenideologie. Eine Globalisierung von unten sollte der Globalisierung von oben Widerstand leisten, so sahen es manche Aktivisten.

Die Bewegung wurde zu Beginn von dem Erregungspotential großer, internationaler Protestereignisse getragen. Am 18. Juni 1999 fand eine der prominentesten Gründungsveranstaltungen, der als »J18« in die Annalen der Bewegung eingegangene »Karneval gegen das Kapital«, in Köln statt. Zeitgleiche Veranstaltungen in der Londoner City und in Oregon bescherten dem Protesttag die Aufmerksamkeit der internationalen Medien. Sein Motto: »Unser Widerstand ist so transnational wie das Kapital.«[34] Das denkwürdigste Ereignis in der kurzen Geschichte der Antiglobalisierungsbewegung aber waren wahrscheinlich die Proteste von Seattle Ende November, Anfang Dezember 1999. Anlass der Massendemonstration war eine Ministerkonferenz der WTO-Wirtschafts- und Handelsminister. Am Ende zogen schätzungsweise 50 000 Menschen durch das Zentrum der 600 000-Einwohner-Stadt. Am Morgen des 30. November, einem kalten und regnerischen Dienstag, nahm die »Battle of Seattle«, die Schlacht um Seattle, ihren Lauf. Die Sicherheitsorgane der Stadt waren nicht im Geringsten auf die gewaltige Masse von Demonstranten vorbereitet, die das Seattle Convention Center blockierten und die Konferenz dadurch de facto zum Erliegen brachten. Die Polizei reagierte mit Tränengas, Gummigeschossen und Massenverhaftungen. »N30«, wie dieser Novembertag in Protestkreisen genannt wird, wurde zu einem Symbol der Antiglobalisierungsbewegung, das auch wesentlich zur Mobilisierung für alle nachfolgenden Ereignisse beitrug.

Zwei Dinge fielen besonders ins Auge. Zunächst die Buntheit der Bewegung. N30 traf nicht nur die staatlichen Behörden, sondern auch all jene mit subversiver Agenda vollkommen unvorbereitet. Die Vielfältigkeit dieses Phänomens aus den ersten Jahren des neuen Jahrtausends überraschte selbst die Organisatoren. Carl Pope war damals Geschäftsführer der ältesten, 1892 gegründeten

Graswurzelorganisation für Umweltschutz in Amerika: des Sierra-Clubs. » In meiner Wahrnehmung, und ich bin seit den Sechzigern dabei, war Seattle das erste Mal, dass man verschiedene Generationen, verschiedene Klassen und so viele politische Bewegungen zusammen auf die Straße gehen sah«, sagte Pope dem Magazin *Time* kurz nach den Ereignissen.[35] Unter dem Banner der »Globalisierungsgegner« versammelte sich offenbar eine bunte Schar von Aktivisten: Umweltschützer diverser Couleur, Tierrechtsaktivisten, Gewerkschaftsmitglieder, Menschenrechtskämpfer, Anarchisten aller Art und sogar einige Vertreter der rassistischen Szene für eine »weiße Vorherrschaft«. Am 16. April 2000 wiederum fanden sich 15000 Teilnehmer aus über 600 Gruppen zu den später nur noch A16 genannten Nachfolgeprotesten in Washington, D.C. zusammen. Von etablierten Organisationen wie Greenpeace bis zu Gruppen wie »Third Position«, die eine durchaus gewaltbereite, seltsame Mixtur aus linken und rechten anarchistischen Positionen vertrat, war hier alles vertreten.[36] Die Tatsache, dass sich eine so wilde Mischung kleiner Gruppen zu einer relativ breiten Bewegung formierte, löste in der Politik wie in den Massenmedien einen ziemlichen Wirbel aus. Der Eindruck politischer Macht, den diese mediale Präsenz erzeugte, ging weit über das hinaus, was irgendeine einzelne Gruppe je hätte erreichen können. Kurz nach den Protesten von Seattle veröffentlichte der zivile Nachrichtendienst der kanadischen Regierung, der Canadian Security Intelligence Service (CSIS), einen Bericht, der die genannte Dynamik wie folgt zusammenfasste:

> »Die Verschmelzung der verschiedenen Gruppen zu einer einzigen großen Masse impliziert Macht und erregt Aufmerksamkeit und Publizität, wodurch wiederum mehr und mehr Teilnehmer angezogen werden. Viele Gruppen und Personen nehmen im Wesentlichen wegen der Aufmerksamkeits- und Publizitätswirkung teil, fast im Sinne eines sich selbst generierenden Wachstums.«[37]

Einige der unter dem Dach der Antiglobalisierung vereinten Gruppen wechselten häufiger ihre Namen. Es gab Aktivisten, die sich für mehr als eine Gruppe engagierten oder zu einer anderen gingen, weil sich ihre Gruppe aus irgendeinem Grund aufgelöst hatte. Nicht die Organisationsform, sondern die psychischen Antriebe hinter dem Engagement waren das Entscheidende: »Von größerer Wichtigkeit sind die Anliegen und Motivationen selbst«, wie die Analysten des kanadischen Nachrichtendienstes feststellten. Zu den positiven Vorstellungen und Idealen der Aktivisten gehörten fairer Handel, mehr Bioprodukte, bessere Arbeitsbedingungen in Entwicklungsländern, soziale Verantwortung der Unternehmen, Verbesserung der Menschenrechtslage, grüne Energie, nachhaltige Entwicklung, globale Gerechtigkeit, Gleichberechtigung von Homosexuellen, Feminismus und vieles mehr.

Doch diese Vielfalt hatte die unerwünschte Nebenwirkung, die Bewegung insgesamt zu verwässern. Immer mehr Anliegen bedeutete zugleich immer weniger Inhalt und schließlich auch leere Slogans. »Eine andere Welt ist möglich«, lautete das Motto von Porto Alegre, Brasilien, wo Ende Januar 2001 das erste Weltsozialforum stattfand. Ein paar Jahre lang fungierten die Treffen als eine Gegenveranstaltung zum Weltwirtschaftsforum im schweizerischen Davos, für die Globalisierungsgegner der Inbegriff des globalen Kapitalismus. Ebenfalls 2001 wurde in Porto Alegre von verschiedenen Komitees eine sogenannte Charta der Prinzipien beschlossen. Die Charta bestimmte das Weltsozialforum als einen Treffpunkt für »Gruppen und Bewegungen der Zivilgesellschaft, die sich dem Neoliberalismus und der Herrschaft der Welt durch das Kapital und jeder möglichen Form des Imperialismus widersetzen und sich im Aufbauen einer planetarischen Gesellschaft engagieren, die auf fruchtbare Verhältnisse innerhalb der Menschheit und zwischen dieser und der Erde engagieren«.[38]

In dieser abstrakten und allgemeinen Form war die Erklärung allerdings nahezu bedeutungslos. Doch ihre Autoren hatten kaum eine andere Wahl. Die in dem Dokument niedergelegten Prinzipien mussten so allgemein formuliert sein, dass sie für jeden, der sich mit dem mittlerweile globalen Protest-Netzwerk identifizierte, eine akzeptable Grundlage bilden konnten. Der Aufbau einer planetarischen Gesellschaft und die Verwirklichung fruchtbarer Verhältnisse innerhalb der Menschheit und zwischen dieser und der Erde schienen für diesen Zweck die geeignete Formel zu sein. Damit kommen wir zum zweiten auffälligen Merkmal.

Der Aufstieg des populären Netzwerks der Globalisierungsgegner fand interessanterweise parallel zum Aufstieg eines anderen populären globalen Netzwerks statt: des Internets. Viele der jungen, unkonventionell lebenden Aktivisten gehörten auch zu den Ersten, die sich die neue Technologie zu eigen machten. Ganz selbstverständlich unterstellten sie eine Korrelation zwischen den neuen Technologien und den neuen Ideen, die sie voller Leidenschaft vertraten. Ein Beispiel hierfür ist Evan Henshaw-Plath, der Gründer der damals beliebten Website http://protest.net. Kurz nach Weihnachten 2001 gab Henshaw-Plath einem Doktoranden ein Interview. Er sprach über die Beziehung zwischen dem Internet und der Protestbewegung und zeigte sich überzeugt, dass Ersteres die Bedingungen für Letztere geschaffen hatte:

»Ohne das Internet gäbe es die Antiglobalisierungsbewegung nicht. Damit will ich nicht sagen, dass wir nicht für ähnliche Themen kämpfen würden, unsere Bewegung aber würde in dieser Form nicht existieren. Wir würden nicht diese Verbindungen herstellen und nicht diese Koalitionen eingehen. Wenn wir keine E-Mail-Verteiler und Websites hätten, wären wir nicht in der Lage, praktisch ohne feste Strukturen so starke Koalitionen zu schmieden. Ich glaube, die Taktik der massenhaften, breit getragenen Proteste mit unabhängigen Medienzentren, Konferenzräumen,

> Gegenkonferenzen, legalen Protesten, illegalen Protesten und direkten Aktionen wäre ohne das Netz so nicht möglich.«[39]

Das Argument war wahrscheinlich etwas überzogen. Denn vermutlich wäre die Antiglobalisierungsbewegung auch ohne das Internet durchaus lebensfähig. Man sollte sich besser fragen, *wie* sich das neue Medium auf das politische Engagement auswirkte. Die Frage nach dem Einfluss des globalen Internets auf die Antiglobalisierungsbewegung war natürlich bald ein heißes Thema für Soziologen und Politologen, von denen viele den Protestierenden mindestens mit Sympathie gegenüberstanden.[40] Eine ihrer Vermutungen war, dass die neuen Medien Partizipation erleichterten: »Politisches Engagement wird durch die aufstrebenden Technologien einfacher, schneller und universaler«, stand 2002 in einem Artikel, der damals regen Zuspruch fand. Die neuen Informationstechnologien, hieß es, »verringern Kosten und Hürden für die Organisation kollektiven Handelns ganz erheblich«.[41] Indem sie einfachen und doch konkreten Anleitungen folgen, versprach der Artikel weiter, »können alle Anhänger ganz leicht zu echten Teilnehmern werden«.[42] Die Dotcom-Blase schien in der wissenschaftlichen Welt noch nicht geplatzt zu sein, so hartnäckig hielt sich hier die Begeisterung für die positiven, ja möglicherweise sogar revolutionären Auswirkungen der neuen Informationstechnologien.[43] Viele Soziologen waren der Ansicht, das Internet ermögliche die Herausbildung einer kollektiven Identität, eine wirksame Mobilisierung der Akteure und die Vernetzung der Organisationen zu einer größeren und folglich reaktionsfähigeren Bewegung. Bis in die frühen 1990er Jahre hätten große hierarchische Gruppen einen »grundlegenden« Vorteil besessen, behauptete ein weiterer einflussreicher Aufsatz aus dem Jahr 2006. Zehn Jahre später aber habe sich das Blatt gewendet. »Im Zeitalter des Internets sind die Transaktionskosten für die Kommunikation mit einem großen Publikum, für das Networking und für die transnationale Arbeit gesunken«, so schrieben zwei für die Weltbank arbeitende Wissenschaftler über die Antiglobalisierungsbewegung, »während die Vorteile der Beweglichkeit – der Fähigkeit, auf die sich entwickelnden Ereignisse zeitnah reagieren zu können – zugenommen haben.«[44] Am relativ meisten profitierten Neuzugänge in der politischen Arena, Gruppen, die sich nicht in das institutionelle Establishment der Parteien, Arbeitsorganisationen oder Gewerkschaften einreihen, von den gesunkenen Einstiegs- und Organisationskosten. 2006 wurde Twitter gegründet, und Facebook öffnete sich für jeden Interessierten, der mindestens 13 Jahre alt war und über eine gültige E-Mail-Adresse verfügte. Das Internet inspirierte Unternehmer, Politiker, Wissenschaftler und politische Aktivisten gleichermaßen. 2010 vertrat der prominente Netzapostel Clay Shirky die Ansicht, dass die Sozialen Medien die Kosten für die Organisation kollektiven Handelns gesenkt und dadurch schlagartig die Zahl der Menschen erhöht hätten, die Informationen nun nicht mehr wie »Stubenhocker« lediglich passiv konsumieren, sondern sich aktiv in Politik und Gesellschaft einmischen würden.[45] Doch damals hatten die Globalisierungsgegner den soziologischen Kenntnisstand längst schon wieder hinter sich gelassen: Trotz ihres »grundlegenden Vorteils« war die Bewegung sang- und klanglos wieder von der planetarischen Bühne verschwunden. Gegen Ende der Nullerjahre, ein Jahrzehnt nach der Battle of Seattle, hatten sich die Kämpfer für globale Gerechtigkeit in alle Winde zerstreut – und das nicht obwohl, sondern *weil das Internet auf dem Vormarsch war*. Um das zu verstehen, müssen wir uns eine weitere subtile Veränderung der Subversion im 21. Jahrhundert vergegenwärtigen.

Die genannten Erwägungen im Zusammenhang mit der Vervielfachung partieller Anliegen führt uns zu einer zweiten Hypothese: Je mehr eine subversive Bewegung in einer Vielzahl von Anliegen auf neue Technologien und vernetzte Kommunikationswege vertraut, desto eher wird sich die Bewegung durch eine hohe Mitgliederfluktuation auszeichnen. Bei näherer Betrachtung zeigen sich unabhängig von der Anziehungskraft eines dynamischen Anliegens diverse Faktoren, die die Menge und Mobilität der sich einer neuen Bewegung anschließenden Mitglieder vergrößern: die Leichtigkeit, mit der man sich über eine Bewegung und ihr politisches Anliegen informieren kann; die Möglichkeit, sich der Bewegung ohne große Kosten anzuschließen; und die Vorteile des Engagements. Dagegen wird – unabhängig von Erfolg oder Misserfolg – vermutlich ein einziger Faktor darüber entscheiden, ob Teilnehmer ihre subversive Aktivität aufgeben: die Kosten für die Beendigung des Engagements und das Verlassen der »Bewegung«. Weitere Überlegungen können die Entscheidung des Einzelnen, eine subversive Sache weiterhin zu unterstützen, beeinflussen: etwa die Frage, ob sich die Bewegung entwickelt, ob sie irgendwelche Ergebnisse vorzuweisen hat, ob sich die Beteiligung auf die eine oder andere Weise auszahlt oder ob es konkurrierende Bewegungen oder effektivere Formen gibt, etwas zu verändern. All diese Motivationen aber stehen immer in Beziehung zu den Austrittskosten. In manchen Fällen stellt die Mühelosigkeit, mit der man sich einer Bewegung zeitweilig anschließen und sie wieder verlassen kann, für die Anführer und Organisatoren subversiver Aktionen ein großes Problem dar.

Ein gutes Beispiel für hohe Mitgliederfluktuation ist Anonymous, ein loser und weitgehend führerloser Zusammenschluss von Aktivisten, der dem breiteren Publikum 2008 bekannt wurde. Ursprünglich fanden die Aktivitäten der Bewegung ausschließlich online statt. Diese Aktivitäten konnten legal oder, wie das Einbrechen in ein geschütztes Computernetzwerk, illegal sein. Anders als bei ihren in der analogen Welt operierenden Vorgängern wie der ELF oder der Antiglobalisierungsbewegung blieben die Aktionen von Anonymous konsequent gewaltfrei. Die Anhänger hielten ihre Identitäten geheim und versammelten sich hinter selbst definierten politischen Forderungen, bei denen es häufig um die

Verteidigung der Redefreiheit oder den Kampf gegen staatliche Zensur und Repression ging. Oft erschien das Motto der Bewegung am Ende ihrer Mitteilungen: *Wir sind Anonymous. Wir sind Legion. Wir vergeben nicht. Wir vergessen nicht. Erwartet uns.* Im Laufe des Jahres 2010 war Anonymous für den Protest das geworden, was Wikipedia für Lexika und Linux für Software darstellten: eine verbesserte, offene, von den Nutzern selbst produzierte Alternative, in einem Maße flexibel und effektiv, dass sie als Gefahr für das herrschende System erscheinen konnte. So mindestens blickten die begeisterten Anhänger und die besorgten Kritiker gleichermaßen auf das Phänomen. Mitte 2011 schien Anonymous auf dem Gipfel seiner Popularität angelangt zu sein. Bei genauerem Hinsehen werden allerdings drei neuralgische Punkte erkennbar, die für eine Analyse subversiver sozialer Bewegungen von allgemeinem Interesse sind.

Den ersten Schwachpunkt bilden die inneren Spannungen und Widersprüche der Bewegung. Bei Anonymous gibt es, kurz gesagt, zwei Hauptströmungen, die den zwiespältigen Hintergrund der Bewegung widerspiegeln: krudes Entertainment und politischer Aktivismus. Anonymous entstand ursprünglich aus dem zotigen 4chan, einem Internetforum bzw. Imageboard mit erzwungener Anonymität, das monatlich über 20 Millionen einzelne Besucher verzeichnet. Was die ersten Aktivisten dort hinzog, waren die »Lulz«. Das kann man etwa mit »Schadenfreude« übersetzen; »Lulz« ist die Mehrzahl von »lol«, *laughing out loud*.[46] Eine von Anonymous' Aktionen war der »YouTube porn day«, ein koordinierter subversiver Coup, im Zuge dessen am 20. Mai 2009 Hunderte von Pornovideos auf das beliebte Video-Sharing-Portal hochgeladen wurden. Die Aktion war die Rache dafür, dass Google Musikvideos sperrte.[47] In einem Video mit dem Titel »Jonas Brother Live on Stage« kommentierte ein Zuschauer die Aktion mit den Worten: »Ich bin 12 Jahre alt, und was soll das?« Der von einer BBC-Reportage zitierte Satz führte bald sein geflügeltes Eigenleben als Internet-Mem. Ein solcher Streich brauchte keine soziale oder politische Ausrede. Er konnte einfach gemein, vulgär und lustig sein. So wie das »Doxxen« eines unschuldigen Opfers, das man überlistet oder hackt, um anschließend peinliche private Bilder – idealerweise von Körperteilen – auf dem beliebtesten, unmoderierten 4chan-Forum /b/ oder für Familienmitglieder und Freunde sichtbar auf der Facebook-Seite des Opfers zu posten.[48]

Auf der anderen Seite stehen die genuin politisch motivierten Mitglieder. Leute, die gewisse Pranks als ethisch fragwürdig empfinden, werden auf /b/ als »Moralschwuchtel« *(moralfag)* bezeichnet. Unter dieser Beleidigung wird auch politisch motiviertes Engagement subsumiert. Eine der großen Kampagnen aus der Frühphase der Bewegung war das sogenannte Project Chanology. Der Codename dieser Operation setzte sich aus »4chan« und dem Namen des Opfers, nämlich der Scientology-Kirche zusammen. Anlass für Operation Chanology war der Umstand, dass Scientology versucht hatte, ein merkwürdiges, angeblich geleaktes und bearbeitetes Werbevideo mit Tom Cruise auf YouTube löschen zu lassen. Zu Beginn reagierte Anonymous mit DDoS-Angriffen auf die Website von Scientology, weitete die Kampagne aber bald aus. Am 21. Januar 2008 gab das Internetkollektiv mit seinem eigenen YouTube-Video den öffentlichen Startschuss für die Operation.[49] Die Anonymous-Kampagne gipfelte in einer Welle von Demonstrationen, die auf der ganzen Welt vor den Zentralen der Sekte stattfanden. Die Demonstranten trugen die mittlerweile berühmte Guy-Fawkes-Maske aus dem Film *V wie Vendetta*. Bis zu 8000 Demonstranten könnten an den Kundgebungen des 10. Februar 2008 teilgenommen haben. Die Kampagne fand in der internationalen Presse ein breites Echo. *»Oh verdammt«*, so war unter einem berühmten Foto einer Gruppe von Anti-Scientology-Protestierern zu lesen, »das Internet ist gekommen.« Und Scientology bemerkte auf unerwartete Art und Weise, dass das Internet tatsächlich gekommen war: Die Organisation sah sich mit zahlreichen unbezahlten

Pizzalieferungen, schwarzen Faxen, die ihre Druckerpatronen aufbrauchten, unbestellten Taxis und Telefonstreichen konfrontiert. Einige der »*lulzy*«-Operationen hatten eine oberflächlich politische Dimension, so wie die YouTube-Porn-Aktion, und einige politische Aktionen waren durchaus unterhaltsam, wie man an Chanology sehen konnte. Diese Mischung war das Geheimnis des Erfolgs und überbrückte zeitweilig die innere Kluft zwischen den »Anons«.

Die geringe innere Sichtbarkeit stellte eine zweite Schwäche der Bewegung dar. Ende November 2010 war das Völkchen, das sich auf 4chains /b/-Board tummelte, wieder in Aufruhr. Nachdem WikiLeaks geheime US-Depeschen veröffentlicht hatte, kündigten PayPal und andere Finanzdienstleister an, das Whistleblowing-Start-up fortan vom Zahlungsverkehr auszuschließen. Anonymous ergriff Partei für Julian Assanges Organisation und inszenierte ein paar aufsehenerregende DDoS-Attacken, in erster Linie gegen PayPal, Visa und Postfinance, eine führende Schweizer Bank. Der sogenannten Operation Payback wurde in den internationalen Medien große Aufmerksamkeit zuteil, und Anonymous' Kanäle auf dem Internet Relay Chat, besser bekannt unter seinem Akronym IRC, konnten sich nicht retten vor neuen Mitgliedern. Eine Reihe von Folgeoperationen, allen voran der erfolgreiche Hackerangriff auf HBGary Federal, trug weiter zur Sichtbarkeit der Gruppe bei. Politiker wurden allmählich nervös angesichts des gefährlichen Hackerkollektivs. Professoren und Doktoranden begannen, das Phänomen zu sezieren, Bücher zum Thema erschienen.[50] Doch die große öffentliche Sichtbarkeit stand in krassem Kontrast zur geringen inneren Sichtbarkeit für all diejenigen, die sich an den Aktionen der Gruppe beteiligen wollten. Eine Vielzahl von Plattformen, IRC-Channels, wechselnden Pseudonymen und Simultangesprächen in großer Lautstärke machte ziemlich undurchschaubar, was sich eigentlich abspielte. Anonyme Aktivisten bleiben natürlich anonym – auch füreinander. Dieser Mangel an Transparenz bedeutete, dass die Teilnehmer in der Regel gar nicht wussten, wie viele Personen sich an einer Operation beteiligten, warum sie sich an ihr beteiligten, und vor allem, wer sie in Wirklichkeit waren. Im Bewusstsein der Illegalität vieler Hacks und DDoS-Angriffe schuf diese Situation letztlich eine Atmosphäre des Misstrauens, der Paranoia und der Zerbrechlichkeit.

Als dritte Schwachstelle kann man Anonymous' Neigung zur Mythenbildung ansehen. Viele Teilzeitaktivisten der Anonymous-Operationen folgten einem Grundprinzip: dem Glauben an die Macht des Kollektivs, an das »Schwarmbewusstsein« oder einfach an »den Schwarm«. Dieses Bild des Kollektivs ist altbekannt und überaus attraktiv. Die Aktivisten von Anonymous sehen sich selbst als echte Volksbewegung, als die Massen des Internets, als eine potente Summe von Elementen, von denen jedes für sich genommen schwächer wäre. Außerdem erschien die Anonymität als ultimative Form von Egalitarismus: Jeder konnte jeder sein, ungeachtet aller Hierarchien, Titel oder akademischen Grade. Inbegriff dieses Schwarms war ein freiwilliger Denial-of-Service-Angriff, bei dem sich Tausende von einzelnen Nutzern zu einem über Twitter koordinierten Angriff gegen nichtsahnende Ziele zusammenschlossen. Um die Schwarmphantasie anzuregen, trugen die virtuellen »Waffen« ausgefallene Namen wie Warbot, Russkill, Good Bye v3.0 oder – ein anfangs beliebtes Tool – Low Orbit Ion Canon oder LOIC.[51] Das Problem war, dass sich die im koordinierten Schwarmmodus erfolgenden DDoS-Angriffe als weit weniger effektiv erwiesen, als viele glaubten. Das zeigt sich bei dem kollektiven DDoS-Angriff auf PayPal.com vom 8. Dezember 2010. An jenem Tag schlossen sich 4500 Akteure, die LOIC heruntergeladen und auf »Schwarm-Option« gestellt hatten, dem Kollektiv an, um den Zahlungsverkehrsdienstleister, der sich gegen WikiLeaks gestellt hatte, lahmzulegen. Doch obwohl sich auf Twitter und 4chan die aufgeregten Statusmeldungen »*FIRE FIRE FIRE FIRE*« überschlugen, passierte – nichts. Erst nachdem sich ein Botnetz-Betreiber mit 30 000 Zombie-Computern an dem Angriff beteiligte, brach die Paypal-Website zusammen. Die rechtmäßigen Besitzer dieser vielen Tausend gekaperten Computer wussten natürlich nicht, dass die zeitweilige Verlangsamung ihres Internetanschlusses darauf zurückzuführen war, dass ihr Rechner an einem Angriff auf Paypal teilnahm.[52] Der Anonymous-Schwarm wiederum wusste nicht, dass ihn ein einziger Botnetz-Betreiber um fast das Zehnfache an Wirkung übertraf. Eine winzige Elite von Anonymous-Hackern wollte das Kollektiv bezeichnenderweise nicht durch die Erwähnung der Botnetze demotivieren. Vielleicht ist der Schwarmmythos ja irreführend, mit Sicherheit aber ist er sehr mächtig. Er stärkte den Kampfgeist – doch er verstärkte auch die Teilnehmerfluktuation. »Was Anonymous auszeichnet, sind die unbeständige Mitgliedschaft und eine organische politische Entwicklung«, fasste die Anthropologin Gabriella Coleman zusammen, die das Phänomen Anonymous über viele Jahre verfolgte. Die Bewegung verfügt weder über eine Strategie noch über Strukturen, um eine Strategie zu verfolgen. Sie ist rein taktischer Natur. »Anonymous besitzt keine kohärente Philosophie und kein konsistentes politisches Programm«, stellte Coleman fest.[53] Diese Beobachtung führt uns zu einer letzten Hypothese.

Die dritte Hypothese folgt aus den bisherigen theoretischen und empirischen Beobachtungen über Subversion: Je stärker eine subversive Bewegung von neuen Technologien und vernetzten Kommunikationswegen abhängig ist, desto schwieriger wird es, eine zwingende innere Ordnung zu errichten. Eine zwangsbewehrte innere Ordnung muss nicht unbedingt in realen Bestrafungen zum Ausdruck kommen, wie wir im Kapitel über Gewalt schon in einigen Details sehen konnten. Das Wissen um eine zwingende Ordnung aber ist das, was Verhaltensnormen und -maßregeln mit Autorität versieht – durch eine solche innere Ordnung unterscheidet sich eine Bewegung von einer Gruppe. Zwangsbewehrte Ordnungen ermöglichen außerdem strategische Entscheidungen, weil sie der rein zufälligen Mitgliedermobilität einen Riegel vorschieben; das erleichtert eine kohärente Zielsetzung, die den von einzelnen Anliegen geprägten Charakter der Bewegung zu überwinden vermag.

Jede subversive Bewegung kann im Wesentlichen auf zwei Quellen des Zusammenhalts vertrauen, entweder auf die zwingende innere Ordnung oder auf äußeren Zwang. Ein extremes Beispiel für Ersteres, die innere Zwangsbewehrung, ist ein Drogenkartell oder eine Mafiaorganisation: Sollte ein enttäuschtes Mitglied beschließen, seine oder ihre Gruppe zu verlassen, um fortan mit den Strafbehörden zu kooperieren, müsste der oder die Betreffende immer noch Vergeltungsmaßnahmen der Gruppe befürchten – diese Vergeltungsmaßnahmen bringen die Fähigkeit der Gruppe zum Ausdruck, eine zwingende innere Ordnung aufrechtzuerhalten. Die andere Quelle des Zusammenhalts ist paradoxerweise die Stärke des herrschenden Systems, gegen das sich die subversive Bewegung formiert hat. Sobald die verhasste Zwangsordnung allerdings zusammenbricht, wird wahrscheinlich auch die fragile Einheit der netzbasierten Bewegung in die Brüche gehen. Subversion im Internet kann vielleicht dem Ziel dienen, das Vertrauen in eine herrschende Ordnung zu erschüttern; für das darüber hinausgehende Ziel aber, kollektives Vertrauen in die neue, noch zu errichtende Ordnung zu bilden, kann sie gerade hinderlich sein.

Eindrückliche Beispiele dafür lassen sich im Rahmen der Entwicklungen finden, die 2011 zum Ausbruch des Arabischen Frühlings führten. Am Anfang verfügten die arabischen Jugendbewegungen, die die herrschenden Regime von Tunesien, Ägypten, Libyen, Jemen und anderen Ländern in die Knie zwangen, über eine große Internetpräsenz in den Sozialen Medien. Ein Beispiel aus Ägypten, das als zweites Land gegen sein altes Regime aufbegehrte, ist lehrreich. Der Ägypter Wael Ghonim, der damals in Dubai lebte und als Marketingleiter bei Google arbeitete, gestattet uns in seinem autobiographischen Buch *Revolution 2.0* einen Blick hinter die Kulissen einer der Facebook-Gruppen, die an der Vorbereitung der Revolution vom 25. Januar 2011 beteiligt waren.[54] Ghonim war Administrator der Facebook-Gruppe »Wir sind alle Khaled Said«, die sich spontan gebildet hatte, um gegen die Ermordung eines jungen Ägypters durch die Geheimpolizei zu protestieren. In der subversiven Frühphase dessen, was sich später als Revolution entpuppte, wurden kleine Aktionen, wie die Menschenkette an der Corniche in Alexandria oder die »Schweigeversammlungen« ganz in Schwarz gekleideter Demonstranten, über Internetforen – hauptsächlich über Facebook, in geringerem Maße über Twitter – organisiert. Das soziale Netzwerk diente als Plattform sowohl für die Planung der Aktionen als auch für die Diskussionen über sie im Anschluss. Manche Statusmeldungen erhielten später Tausende von »Likes« und Kommentaren, und Hunderttausende lasen die Messages.[55] Am wichtigsten aber war, dass Facebook den Ägyptern aus der Mittelschicht vor Augen führte, dass sie mit ihrer Enttäuschung nicht allein waren und dass man vielleicht wirklich Proteste organisieren konnte, die zu groß waren, um mit staatlicher Gewalt unterdrückt zu werden. Die Mehrheit der ägyptischen Facebook-Nutzer unterstützte die Online-Proteste mit ihrem Klarnamen, indem sie »Mitglied« bestimmter Facebook-Gruppen wurden, Posts einer Gruppe »likten« oder Kurzkommentare schrieben – und solche kleinen Zeichen der Solidarität riefen noch nicht die Sicherheitskräfte auf den Plan (falls diese sie überhaupt registrierten).

Doch die kleinen Solidaritätsbekundungen genügten, um dem Vertrauen, das viele, wenn nicht gar die meisten Ägypter in die Leistungsfähigkeit der Geheimpolizei und der staatlichen Zwangsordnung insgesamt setzten, die ersten Risse beizubringen – oder um es umgekehrt zu sagen: Sie stärkten das Vertrauen der angehenden Protestierer in den Aufstand. Die Mischung aus Anonymität und Klarnamen, mit der die Koordination auf Facebook erfolgte, erwies sich als äußerst schlagkräftig: Die Moderatoren der verschiedenen Facebook-Gruppen, die am Ausbruch der Unruhen aktiv beteiligt waren, blieben anonym, um den neugierigen Blicken der staatlichen Sicherheitskräfte möglichst zu entgehen, doch die Masse derer, die Posts und Kommentare »likten«, gaben ihre Identität preis. Die Klarnamen gaben dem Phänomen eine Wirklichkeit und Dringlichkeit, die es in reiner Anonymität nicht hätte entwickeln können. Für den 25. Januar hatten sich die Nutzer massenhaft dazu verabredet, sich zum ersten Mal in den Straßen Kairos und am Tahrir-Platz zum Protest zusammenzufinden. Wer an dieser angekündigten Demonstration teilnahm, ging ein nicht unbeträchtliches persönliches Risiko ein. Denn das autoritäre Regime würde dem Protest kaum tatenlos zusehen und hatte ein Großaufgebot von Sicherheitskräften mobilisiert. Die über Facebook organisierte Protestbewegung hegte die Hoffnung, die Polizei und die vom Regime bezahlten Schläger durch eine noch größere Zahl von friedlichen Demonstranten überwältigen zu können. Sollten Einzelne aus der Menge herausgeholt werden, wären sie durch die schiere Masse der Demonstranten zu schützen, sofern genügend Teilnehmer zusammenkamen.

Der Schritt vom Online- zum Offline-Protest aber war folgenschwer. Nachdem der ursprüngliche Protestimpuls erst einmal eine größere politische Bewegung ins Rollen gebracht hatte, entwickelten die Straßenproteste eine revolutionäre Dynamik, die sich nicht mehr eindämmen ließ, weder durch Hosni Mubaraks ungeschickte Sperrung des Internets noch durch die Brutalität der Polizeikräfte. Diese bemerkenswert schnelle erste Massenmobilisierung war offenbar nur durch die Sozialen Netzwerke im Internet möglich geworden, die kluge Personen wie Ghonim moderierten. Doch bis zum letzten Moment wussten an diesem 25. Januar nicht einmal Ghonim oder die anderen Organisatoren, ob ihre Arbeit zu der massenhaften Mobilisierung führen würde, die sie sich erhofften: »Wir konnten kaum glauben, was wir sahen«, so beschrieb er anschließend seine Überraschung, als er den zentralen Ort der Proteste erreichte. »Ich begann, hektisch Tweets von meinem persönlichen Account zu schreiben und alle Welt aufzufordern, sich dieser Großkundgebung anzuschließen.«[56] Zu diesem Zeitpunkt war es aber wahrscheinlich schon zu spät für Twitter-Meldungen: Sobald der Aufstand in den Straßen angekommen war, verblasste die Bedeutung der Sozialen Medien augenblicklich. Facebook hatte auf hocheffiziente Weise bei der Zerstörung des Vertrauens in das staatliche Gewaltmonopol und in die Macht des Regimes, den Protest zu ersticken, mitgeholfen; nachdem dies allerdings erreicht worden war, hatte das Netz darüber hinaus wenig zu bieten. Vertrauen in neue politische Institutionen aufzubauen, ist eine vollkommen andere Angelegenheit.

In diesem Kapitel habe ich zu zeigen versucht, dass Subversion ein sinnvoller Begriff ist, um die Möglichkeiten und Grenzen des politischen Engagements im Cyberspace zu verstehen – die alte Idee Subversion ist geeignet, die Fixierung der Diskussion auf die Frage gewaltsamer Methoden zu überwinden und einen Vergleich mit Widerstandsbewegungen anzustellen, die gemäßigte, nicht revolutionäre Ziele verfolgen. Durch diese kleine Verschiebung des Blickwinkels kann man meines Erachtens besser verstehen, wie sich subversives Handeln durch die neuen Technologien verändert.[57] Um diese Veränderung begrifflich fassbar zu machen, habe ich drei Hypothesen formuliert: Die Subversion ist heutzutage stärker an konkrete Anliegen gebunden; sie zeichnet sich heute durch eine höhere Mitgliederfluktuation aus; und es ist für subversive Bewegungen schwieriger geworden, mithilfe einer zwingenden inneren Ordnung organisatorische Kontrolle auszuüben. In Anbetracht dieser Beobachtungen könnten Zyniker zu dem Schluss kommen, die »Cybersubversion« stelle für moderne liberale Demokratien keine erhebliche oder gar *existentielle* Bedrohung dar. Eine solche Schlussfolgerung wäre wohl naiv und kurzsichtig. Die eigentliche Schwierigkeit aber wird für viele eine Überraschung sein: Sie besteht nämlich nicht darin, die Subversion effektiv auszumerzen, sondern darin, zu dem ausgewogenen Maß an gesunder Subversion zu finden, das normalerweise für den Erfolg einer liberalen Demokratie ebenso wichtig ist wie für den einer Volkswirtschaft.

Anders als manche Sicherheitsexperten zu glauben scheinen, ist Subversion im Prinzip weder illegal noch überhaupt illegitim – nur die extremsten Formen von Subversion sind es. Bei den oben geschilderten Beispielen haben wir es mit gemäßigten Formen der Subversion zu tun, und aus diesem Grund wurden sie hier ausgewählt. Denn um die extremen Formen der Subversion zu verstehen, muss man zunächst einmal ihre gemäßigten Varianten nachvollziehen können. Einen subversiven Charakter nehmen Ideen und Aktionen nicht dadurch an, dass sie zu Gewalt aufrufen, auch wenn sie selbst gewaltfrei bleiben, sondern dadurch, dass sie eine bestehende Autorität untergraben und zersetzen. Diese Überlegung führt direkt zu einem Schluss, der so überraschend wie für viele Experten auf dem Gebiet der politischen Gewalt ungemütlich sein mag: Die Subversion kann nicht nur vollständig auf Gewalt verzichten; sie kann sich, insbesondere in freien und offenen Demokratien, vollständig im Rahmen der Gesetze bewegen. Ganz im Gegensatz zu Kitsons Vorstellungen lässt sich das subversive Handeln in seinen Frühstadien weder mit dem Hinweis auf Gewaltfreiheit noch auf Illegalität abgrenzen. Subversives Denken ist, eher in dem Sinne, wie Agnoli es bestimmt hat, nicht unbedingt radikal oder militant, fast immer aber politisch und oftmals progressiv. Demokratien sind also politische Systeme, die dafür gemacht sind, ein gewisses Maß an subversiven Umtrieben zu integrieren – gegebenenfalls sogar mittels einer Veränderung ihrer rechtlichen oder sogar verfassungsrechtlichen Grundlagen. Die Subversion hat deshalb eine philosophische und eine praktische Dimension, eine legale und eine illegale, eine gewaltlose und eine gewaltsame, eine revolutionäre und eine nicht revolutionäre. Vor allem aber kann sie regenerieren oder degenerieren.

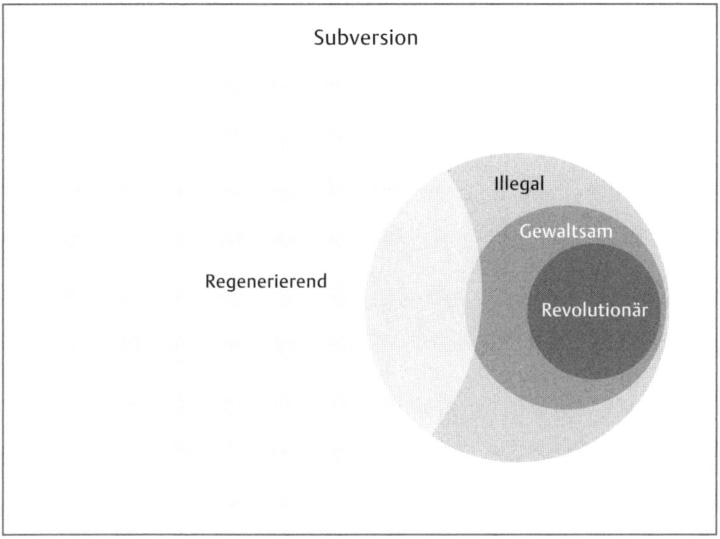

Abbildung 2: Schematische Darstellung von vier Typen der Subversion

Ein gewisses Maß an subversiver Aktivität ist in jedem politischen System die unerlässliche Bedingung der Möglichkeit für ein freies, offenes und kritisches Gemeinwesen. Die Nebenfolgen dieser Aktivität müssen weder unerfreulich noch gar destruktiv sein; die Subversion kann man als eine konstruktive gesellschaftliche Kraft verstehen, die von einem systemischen Gesichtspunkt aus äußerst wünschenswert ist. Denn wer die geltende Autorität auf produktive Art und Weise infrage stellt, leistet oftmals einen Beitrag zur Verwirklichung einer dynamischen, anpassungsfähigen und innovativen Kultur – dies gilt gleichermaßen im Geschäftsleben wie in Wissenschaft und Politik. Einige Forderungen der Studenten- und Protestbewegung aus den sechziger und siebziger Jahren, wie zum Beispiel das Ende der Rassendiskriminierung oder später die (vollkommene) rechtliche Gleichstellung von Homosexuellen, waren in den Vereinigten Staaten und Westeuropa damals subversiv, ein paar Jahrzehnte später aber in fast allen politischen Lagern eine Selbstverständlichkeit. Zu den Grundüberzeugungen des Kapitalismus gehört, dass auch erfolgreiche Marktführer permanent herausgefordert werden müssen, um innovativ und wettbewerbsfähig zu bleiben. Denn sobald sich eine – politische oder ökonomische – fest verankerte Autorität von jeder Kritik und allem Konkurrenzdruck abschotten kann, wird sie nicht selten altbacken, träge und selbstgefällig.

Das wirft eine grundsätzlichere Frage auf: die Frage, wann und wie die Subversion als regenerierender und legitimer Ausdruck von Widerspruch in Regression, Illegalität und Gewalt umschlägt – bzw. natürlich umgekehrt von regressiver Gewalt in einen legitimen Widerspruch, der Energien freisetzt. In jedem demokratischen Staat wird die Grenze zwischen dem, was als legal und was als illegal gilt, permanent neu verhandelt, und die legislativen Maßnahmen und Gesetze eines Staates sind Ausdruck dieser politischen Debatten. Da sich die Grenze zwischen regenerierender und degenerierender Subversion nie eindeutig ziehen lässt, wird sie an beiden Enden des politischen und kulturellen Spektrums einer Gesellschaft immer heiß umkämpft sein. Hier spielt der Zeitfaktor eine entscheidende Rolle. Subversive Bewegungen wie die der Globalisierungsgegner oder das Phänomen Occupy mögen insbesondere konservativen Beobachtern in ihrer unmittelbaren Gegenwart als beschränkt, isoliert, extrem oder irrelevant erscheinen. Doch die Perspektiven und Interpretationen können sich im Laufe der Zeit ganz allmählich und kaum merklich verschieben. Aus diesem Grund ist es schwer, Subversionen in dem Moment zu beurteilen, in dem sie sich ereignen; manch eine historische Verschiebung lässt sich nur sehr schwer in Echtzeit wahrnehmen.[58] Ein historischer Trend aber zeichnet sich wenigstens klar ab: In liberalen Demokratien wurde die Subversion mit Erfolg legalisiert und institutionalisiert.[59] Dies möchte ich anhand von drei Beispielen illustrieren.

Die Subversion wurde an den Universitäten institutionalisiert. Nach dem einflussreichen Modell des Wissenschaftshistorikers Thomas Kuhn vollzieht sich wissenschaftlicher Fortschritt so, dass das bestehende Wissen regelmäßig durch wissenschaftliche Revolutionen, die sogenannten »Paradigmenwechsel«, quasi über den Haufen geworfen wird.[60] In manchen Disziplinen hat sich die wissenschaftliche Praxis nicht mehr darauf beschränkt, nur implizit subversiv zu sein, hier ist die Subversion zum Programm geworden. Als in den achtziger und neunziger Jahren des vergangenen Jahrhunderts der Postmodernismus in der akademischen Welt immer mehr an Einfluss gewann, erhielten subversive Theoretiker auf einmal die Chance, innerhalb der etablierten Philosophie, Soziologie oder in angrenzenden Disziplinen Karriere zu machen und damit paradoxerweise Teil einer immer dominanteren Ordnung eigenen Rechts zu werden. In den Kulturwissenschaften etwa war die Sprache der Subversion Anfang der 2000er Jahre so allgegenwärtig geworden, dass Wissenschaftler nunmehr versuchten, Wörter wie »untergraben«, »zersetzen« und »dekonstruieren«, die mittlerweile viel zu abgegriffen waren, tunlichst zu vermeiden.[61] Allzu subversive Formulierungen in einem Förderantrag konnten seine Erfolgschancen schmälern – nicht etwa, weil die skizzierten Ideen möglicherweise zu radikal waren, sondern weil sie Gefahr liefen, zu bieder zu sein.

Auch in Kunst und Literatur wurde die Subversion institutionalisiert. In ihrer viel beachteten Studie *Fantasy. The Literature of Subversion* hat Rosemary Jackson 1981 das kritische und subversive Potential der phantastischen Literatur hervorgehoben. Das Phantastische, so befand Jackson, könne das Ungesagte und Ungesehene der herrschenden kulturellen und politischen Ordnung einer Gesellschaft aufspüren, dasjenige, was zum Schweigen gebracht, vertuscht und verdeckt werden sollte. Vor diesem Hintergrund hieße, eine Geschichte im Rahmen der anerkannten Rationalität zu erzählen, dass man sich der Sprache der herrschenden

Ordnung bedient. Auf diese Weise würde man einerseits deren Normen akzeptieren und andererseits selbst einen Teil dazu beitragen, dass die vom herrschenden Diskurs verdeckten »dunklen Bereiche« weiterhin im Dunkeln blieben. Oft erkunden Kunst und Literatur, und nicht nur in ihren phantastischen Varianten, spielerisch die Grenzen der herrschenden Ordnung. In Irene Rima Makaryks *Encyclopedia of Contemporary Literary Theory* findet sich ein zweiseitiger Eintrag zur *Subversion*. Die Enzyklopädie versteht Subversion als eine Artikulation, als das »›Sichtbarwerden‹ jeder verdrängten, verbotenen oder oppositionellen Interpretation der gesellschaftlichen Ordnung«.[62] Kulturkritiker und Literaturwissenschaftler zitieren mit Vorliebe Friedrich Nietzsche, dessen Schriften das kritische philosophische und politische Denken im 20. Jahrhundert nachhaltig geprägt haben. »Was ist also Wahrheit?«, fragt Nietzsche und beantwortet seine Frage mit einem Paukenschlag:

> »Ein bewegliches Heer von Metaphern, Metonymien, Anthropomorphismen kurz eine Summe von menschlichen Relationen, die, poetisch und rhetorisch gesteigert, übertragen, geschmückt wurden, und die nach langem Gebrauche einem Volke fest, canonisch und verbindlich dünken: die Wahrheiten sind Illusionen, von denen man vergessen hat, dass sie welche sind, Metaphern, die abgenutzt und sinnlich kraftlos geworden sind, Münzen, die ihr Bild verloren haben und nun als Metall, nicht mehr als Münzen in Betracht kommen.«[63]

Für den einflussreichen Literaturwissenschaftler Paul de Man steht die berühmte Stelle Nietzsches für die »notwendige Subversion der Wahrheit«.[64]

Am wichtigsten aber ist wahrscheinlich, dass die Subversion in liberalen Verfassungsordnungen institutionalisiert wurde. Ein eindrucksvolles Beispiel ist das bekannte Recht auf Widerstand, das in einigen liberalen Verfassungen festgeschrieben ist. 1968 ergänzte Deutschland sein Grundgesetz um Artikel 20, Absatz 4. Der Artikel bestimmt die Bundesrepublik Deutschland als demokratischen und sozialen Staat; er legt fest, dass alle Gewalt vom Volk ausgeht und dass die Gesetzgebung an die verfassungsmäßige Ordnung, die vollziehende Gewalt und die Rechtsprechung wiederum an Recht und Gesetz gebunden sind. Dem wurde nun hinzugefügt: »Gegen jeden, der es unternimmt, diese Ordnung zu beseitigen, haben alle Deutschen das Recht zum Widerstand, wenn andere Abhilfe nicht möglich ist.«[65] Das Recht auf Widerstand wurde als schützende Maßnahme gegen einen Machtmissbrauch des Staates und seiner Rechtsvollzugsorgane geschaffen. Das Gesetz trägt der Erfahrung Rechnung, dass im Rahmen eines Notstands der Staat selbst die verfassungsmäßige Ordnung untergraben kann.

Der König kann Unrecht tun. Wenn Staaten mit autoritärer Tendenz ihre verfassungsmäßige Ordnung in Gefahr wähnen, reagieren sie mit Razzien, Zensurmaßnahmen oder Notstandsgesetzen, um den wachsenden Unmut der Bevölkerung einzuhegen. Die durch das Internet bestärkte Subversion nehmen autoritäre Regime als eine Entwicklung wahr, die zu gefährlich ist, um sie nicht mit aggressiven Gegenmaßnahmen zu bekämpfen. Für liberale Demokratien stellt sich das Problem wesentlich heikler dar: Sie müssen herausfinden, wie sich das Recht auf Widerstand und die bürgerlichen Freiheiten wieder mit der nationalen Sicherheit in ein Gleichgewicht bringen lassen. In einer verwirrend neuen digitalen Umwelt können liberale Staaten leicht übers Ziel hinausschießen und auf diese Weise eigentlich rechtmäßige staatsbürgerliche Handlungen irrtümlich in einen Bereich der illegalen Subversion drängen. »[D]ie Restauration der Ordnung [stellt] eine ständige Drohung dar«, sagte Johannes Agnoli seinen Studenten in Berlin am 31. Oktober 1989, nur wenige Tage vor dem Fall der Berliner Mauer. Der alte Marxist schloss seine Vorlesung an jenem

Dienstag mit einer Warnung vor unbekannten Neuerungen, die die Mächtigen immer wieder in Versuchung führen würden, weshalb »die theoretische und praktische Arbeit der Subversion nie beendet sein« wird.[66]

7. Attribution

Vielleicht gibt es kein besseres Beispiel für den Rückgang der Gewalt durch Cyberangriffe als das Attributionsproblem – die Schwierigkeit, eine Attacke bis zu einem oder mehreren Angreifern zurückzuverfolgen. Um das zu erläutern, müssen wir ein wenig ausholen. Wie so viele andere Formen der menschlichen Interaktion werden auch Konflikte heutzutage bevorzugt online ausgetragen. Die damit einhergehenden Veränderungen werden, wie ich in diesem Buch zu zeigen versucht habe, zumeist quantitativ, qualitativ und in ihrer allgemeinen Tragweite überschätzt. Das heißt nicht, dass sich menschliche Konflikte nicht grundsätzlich verändern könnten. Nahezu alle bekannt gewordenen politischen Cyberattacken – ob sie der Spionage, der Sabotage oder der Subversion dienten – haben, wie die in diesem Buch erörterten Fälle zeigen, eines gemeinsam. Und dieses gemeinsame Merkmal digitaler Konflikte stellt im Vergleich zu den – gewaltsamen oder gewaltfreien – politischen Konfrontationen früherer, analoger Zeiten eine fundamentale und in vielerlei Hinsicht beunruhigende Veränderung dar: das Problem der Attribution.

Mike McConnell war von 1992 bis 1996 Direktor der National Security Agency und unter der Regierung George W. Bush von 2007 bis 2009 Direktor der nationalen Nachrichtendienste. Ungefähr ein Jahr darauf, im Februar 2010, gab er der *Washington Post* ein Interview. Admiral McConnell beschrieb die mangelnde Rückverfolgbarkeit als ein gravierendes Problem für die Außenpolitik der Vereinigten Staaten und forderte weitreichende Maßnahmen.

Es lohnt sich, Amerikas ehemaligen Top-Spion ausführlich zu zitieren:

> »Wir müssen ein Frühwarnsystem entwickeln, um den Cyberspace zu überwachen, Computereinbrüche zu entdecken und mittels einer Beweiskette, die diplomatische, militärische und rechtliche Reaktionen rechtfertigen kann, den Ursprung der Attacken zu lokalisieren – und zwar binnen Millisekunden. Genauer gesagt: Wir müssen das Internet so umgestalten, dass Attribution, Geolokalisierung, nachrichtendienstliche Analyse und Folgenabschätzung – wer tat es, von wo aus, warum und mit welchem Ergebnis – besser zu bewältigen sind.«[1]

Zweieinhalb Jahre später, am 11. Oktober 2012, hielt Leon Panetta vor Wirtschaftsführern im Intrepid Sea, Air and Space Museum eine viel beachtete Rede. Der Veranstaltungsort war Bestandteil des eindrucksvollen Subtextes, den seine Rede transportierte: Das Museum befindet sich in der USS *Intrepid*, einem außer Dienst gestellten Flugzeugträger der *Essex*-Klasse, der heute in New York an einem Pier des Hudson River liegt. An Deck der im Zweiten Weltkrieg kampferprobten *Intrepid* ist eine Reihe leistungsstarker Militärflugzeuge ausgestellt, deren bekanntestes ein frühes Modell des hochmodernen strategischen Aufklärungsflugzeugs SR-71 Blackbird ist, das diverse Geschwindigkeits- und Höhenrekorde hält. Wer hätte an jenem Donnerstag in New York kompetenter über diese neue Bedrohung sprechen können, der sich die Nation ausgesetzt sah – nämlich über Cyberangriffe –, als der amerikanische Verteidigungsminister und ehemalige Direktor der CIA. »Das Ministerium«, sagte Panetta, »hat bei der Lösung eines Problems, das die Abschreckung von Cybergegnern erheblich verkompliziert, nämlich bei der Schwierigkeit, die Herkunft eines Angriffs zu bestimmen, erhebliche Fortschritte gemacht.« Das war eine Aussage von historischem Neuigkeitswert. Denn nach Meinung von Technikern und Informatikern kann es ein cleverer Angreifer durchaus vermeiden, identifiziert zu werden. Schließlich war dies der US-Regierung mit mehreren spektakulären Attacken unter dem Codenamen Olympic Games gerade selbst erst gelungen. Doch in seiner Rede zeichnete der Minister ein ganz anderes Bild:

> »Im Lauf der vergangenen zwei Jahre hat das Ministerium erheblich in die Forensik investiert, um das Attributionsproblem in den Griff zu bekommen, und diese Investitionen zahlen sich jetzt aus. Potentiellen Aggressoren sollte bewusst sein, dass die Vereinigten Staaten in der Lage sind, sie zu lokalisieren und für Taten, die Amerika oder den amerikanischen Interessen schaden, zur Rechenschaft zu ziehen.«[2]

Die ministeriale Rhetorik setzte sicher zum Teil auf Bluff und Theaterdonner, doch in welchem Maße genau, ist schwer zu sagen. Um die potentiellen Gegenmaßnahmen zu beurteilen, auf die McConnell und Panetta so ominös verwiesen, müssen wir zunächst einmal das fragliche Problem verstehen. Das Grundproblem ist einfach: Unter welchen Bedingungen lässt sich eine Cyberattacke einem Täter zuordnen? Gibt es möglicherweise Entwicklungen und Veränderungen, die es leichter oder schwieriger machen, das Attributionsproblem zu lösen? Die Antwort auf diese einfache Frage ist überraschend und alles andere als einfach.

Im Folgenden soll gezeigt werden, dass die Attribution im Kern eher ein politisches als ein technisches Problem ist. Das Internet »umzugestalten«, wie McConnell vorgeschlagen hat, ist nicht nur unrealistisch, es wäre in diesem Zusammenhang nicht einmal hilfreich.[3] Aus der Zwickmühle der Zurückverfolgung gibt es schlechterdings keinen rein technischen Ausweg, und daran wird sich höchstwahrscheinlich auch nichts ändern. Durch seine territoriale Dimension wird das Attributionsproblem zu einer politischen Angelegenheit. Bei der überwiegenden Mehrzahl aller internationalen politisch motivierten Cyberattacken, vor allem der professionell ausgeführten Fälle, lässt sich das Attributionsproblem deshalb so lange nicht lösen, wie politisch nicht genügend auf dem Spiel steht. Dies führt zu einer scheinbar paradoxen Einsicht: *Das Attributionsproblem ist eine Funktion der Schwere eines Angriffs*. Die folgenden Seiten sollen deutlich machen, warum das so ist.

Meine Argumentation besteht aus vier Schritten, die ich jeweils durch mindestens ein repräsentatives Beispiel illustrieren möchte. Als Erstes stelle ich das Attributionsproblem in einen angemessenen Zusammenhang, um anschließend drei Ebenen dieses Problems zu unterscheiden. Drittens erörtere ich das Problem der Attribution unter nahezu idealen Bedingungen und betrachte es abschließend aus Sicht des Angreifers.

An sich ist das Attributionsproblem nichts Neues. Um einen Täter zu bestrafen oder ihm eine Strafe anzudrohen, muss man erst einmal ermittelt haben, wer der Täter ist – eine für die Strafjustiz wohlbekannte Aufgabe. Wurde ein Verbrechen verübt, müssen die Strafverfolgungsbehörden einen Verdächtigen finden, ihn gegebenenfalls festnehmen und ausreichend strafrechtliche Beweismittel zusammentragen, um ihn letztlich zu verurteilen und zu bestrafen. Weniger gut untersucht ist das Attributionsproblem in den internationalen Beziehungen, wo bei konventionellen Angriffen von Staaten auf Staaten kaum je ein Zweifel an der Identität des Angreifers bestand. Selbst bei Überraschungsangriffen lauteten die Schlüsselfragen normalerweise, wann und von wo aus man attackiert wurde, nicht, von wem. Die Militärgeschichte kennt keine größeren Schlachten, bei denen sich die Gegner nicht zu erkennen gegeben hätten. Im Rahmen konventioneller Waffengewalt entsteht das Attributionsproblem vor allem in zwei Situationen. Zum einen bei verdeckten Operationen: In den achtziger Jahren bemühten sich die Vereinigten Staaten zum Beispiel, ihre Unterstützung der afghanischen Mudschaheddin geheim zu halten. Und lange versuchte auch Iran, seine Unterstützung für die Hisbollah zu verheimlichen. Beispiele für verdeckte Operationen gibt es viele, vor allem, wenn sich Dritte in Stellvertreterkonflikte einmischen. Die andere Situation, in der die Zuschreibung typischerweise ein Problem darstellt, ist die der politischen Gewalt und des Terrorismus. Wenn niemand auf glaubwürdige Weise die Urheberschaft eines Attentats beansprucht, lässt es sich nicht immer sofort einer bestimmten militanten Person oder Gruppe zuordnen. Zwei prominente Beispiele sind das Attentat auf den Pan-Am-Flug 103 von 1988 (das Lockerbie-Attentat) und der Bombenanschlag auf das Murrah Federal Building in Oklahoma City, bei dem Timothy McVeigh seine Tat zu vertuschen suchte. Doch vor allem bei aufsehenerregenden Anschlägen, die Todesopfer fordern, geben sich die Täter in den allermeisten Fällen bereitwillig zu erkennen.[4] Natürlich kennen wir durchaus historische Beispiele für verdeckte Operationen oder Terrorattentate, deren Täter sich nicht zu ihren Taten bekannten und auch im Nachhinein nicht zweifelsfrei identifiziert werden konnten, doch solche Fälle sind rar.[5] Wenn schwere Waffen eingesetzt werden, ist Nichtattribution die Ausnahme und nicht die Regel – wenn Schadsoftware eingesetzt wird, ist Nichtattribution die Regel und nicht die Ausnahme. Dieser entscheidende Unterschied macht deutlich, dass sich Cyberangriffe besonders gut für zwei Tätigkeiten eignen, die schon immer lieber im Dunkeln betrieben wurden: für Verbrechen und Spionage.

Der Fall GhostNet veranschaulicht das Zuschreibungsproblem im Zusammenhang mit komplexen Cyberspionage-Operationen auf geradezu idealtypische Weise. 2008 schöpfte der Dalai Lama den Verdacht, dass seine Mitarbeiter ausspioniert würden. Das geistliche Oberhaupt hatte 1959 aus Tibet fliehen müssen. Im vergangenen halben Jahrhundert lebte und arbeitete er im indischen Exil. Sowohl auf diplomatischer Ebene als auch durch größere öffentliche Kampagnen hat der Dalai Lama die chinesische Regierung oft vor den Kopf gestoßen. Seit den neunziger Jahren nutzt er das Internet, um Wortmeldungen und Reden zu veröffentlichen und sich anschließend an potentielle Unterstützer zu wenden. Doch im Laufe der Zeit fanden auch seine Feinde einen Weg, um über das Netz zurückzuschlagen. Anfang 2008 bat das Büro des tibetischen Führers zwei Experten, seine Computer in Dharamsala einer gründlichen kriminaltechnischen Untersuchung zu unterziehen: Es handelte sich um Greg Walton vom Citizen Lab, einer Gruppe von Informationssicherheitsforschern am Munk Centre for International Studies (heute Munk School of Global Affairs) der Universität von Toronto in Kanada, und um Shishir Nagaraja, einen indischstämmigen Informatiker von der Universität Cambridge. Sie fanden heraus, dass der heilige tibetische Führer in der Tat angegriffen wurde. Ron Deibert, Direktor des Citizen Lab, der diese Erkenntnisse im März 2009 veröffentlichte, taufte die Cyberattacke auf den Namen GhostNet. Und in der Tat war GhostNet eine vermutlich von China ausgehende internationale Spionageoperation auf hohem technischem Niveau. In weniger als zwei Jahren hatte das geheimnisvolle Netzwerk in 103 Ländern 1295 Hostrechner von Botschaften, internationalen Organisationen, Nachrichtenmedien und NGOs befallen, unter anderem Rechner der Botschaften von Iran, Bangladesch, Lettland, Indonesien, den Philippinen, Brunei, Barbados und Bhutan. Auch die Büros des Dalai Lama in Indien, Brüssel, London und New York waren mit der Spionagesoftware infiziert worden. Zumindest in Bezug auf die Zahl der betroffenen Länder erwies sich die Cyberspionage-Operation, die von den beiden Gastwissenschaftlern aufgedeckt wurde, als die größte je durchgeführte Operation dieser Art. Die Malware konnte die befallenen Computer vollständig kontrollieren, also unter anderem Dokumente suchen und herunterladen, Tastaturanschläge aufzeichnen und sogar heimlich die Kameras und Mikrofone der PCs in Betrieb nehmen, um die aufgezeichneten Informationen anschließend herauszuschleusen.[6]

Der Angriff erfolgte auf zwei Wegen. Wie so viele gezielte Angriffe bediente er sich der sozialen Manipulation in Form des Spear-Phishings, um die ahnungslosen Opfer dazu zu verleiten, bestimmte E-Mail-Anhänge zu öffnen. So hatte eine am 25. Juli 2008 scheinbar von campaigns@freetibet.org verschickte Mail einen DOC-Dateianhang, der angeblich die Übersetzung eines »Freiheitsbewegungs-Ausweises« enthielt. Öffnete der Nutzer den Anhang, dann nutzte die Schaddatei eine Schwachstelle von Microsoft Word aus und installierte die Spionage-Malware auf seinem Rechner.[7] Einige der Mal-Mails kamen angeblich von anderen Mönchen oder tibetischen Mitarbeitern, was sie in höchstem Maße vertrauenswürdig aussehen ließ. In einigen Fällen gelang es den Angreifern sogar, authentische Mails abzufangen und ihre ursprünglichen Anhänge durch infizierte Dateien zu ersetzen.[8] Die andere Methode, mit der sich die Angreifer Zugang zu den Zielsystemen verschafften, bestand darin, Anwender auf eine Website zu locken, von der dann Malware heruntergeladen wurde. Die befallenen Computer nahmen anschließend regelmäßig Kontakt zu einem Command-and-Control-Server auf und erhielten mitunter Anweisungen für weitere Schritte, etwa den, als Nächstes ein Fernzugriffs-Tool zu installieren.

Technisch stützte sich die Operation vor allem auf Backdoors, genauer gesagt auf einen Remote-Access-Trojaner (RAT), insbesondere die abgewandelte Form eines Tools namens Poison Ivy oder Gh0st RAT (mit einer Null, nicht mit »O« geschrieben); daher auch der Name GhostNet. War Gh0st RAT erst einmal auf einer Zielmaschine installiert, versuchte diese, sich in regelmäßigen Abständen mit einer bestimmten IP-Adresse zu verbinden. Sobald die Angreifer den Fernzugriffs-Trojaner auf der befallenen Maschine aktivierten, hatten sie die Möglichkeit, ein breites Spektrum an Befehlen zu verwenden: So konnten sie etwa den Dateimanager nutzen, Screenshots machen, Tastaturanschläge protokollieren und die Webcam oder das Mikrofon des Computers bedienen.

Auch waren sie in der Lage, auf den befallenen Maschinen bestimmte Programme auszuführen. Dies sollte eigentlich im Verborgenen geschehen. Doch angeblich saß ein Mönch gerade in dem Moment vor seinem Bildschirm, als sich Outlook von selbst öffnete und E-Mails mit schädlichen Anhängen an Kontakte aus seinem Adressverzeichnis verschickte.[9]

Solche Fernwartungs-Tools werden von locker organisierten Hackergruppen offen im Internet angeboten. Eine dieser Gruppen, Wolfexp, stellte sogar Videos ins Netz, in denen auf Chinesisch erklärt wurde, wie man mithilfe einer solchen Software aus der Ferne eine Zielmaschine übernimmt – wobei grobkörnige Bilder ahnungsloser Internetnutzer die Wirksamkeit des Spionageprogramms demonstrieren sollten.[10] Die Instrumente, die man brauchte, um GhostNet durchzuführen, waren, mit anderen Worten, frei erhältlich und relativ einfach zu handhaben. Während bei dem Angriff zweifellos eine raffinierte Form von sozialer Manipulation zum Einsatz kam, erforderte die Operation selbst – im Gegensatz zu zielspezifischeren und komplexeren Angriffen wie Stuxnet oder Flame – höchstwahrscheinlich nicht die Informationen, Ressourcen oder Fähigkeiten, über die letztlich nur ein Staat verfügen könnte. Die Frage ist also, wer hinter den Angriffen steckte. Der ausgesprochen detaillierte kanadische Bericht verwies darauf, dass die Ziele, insbesondere Tibet und Taiwan, den sicherheitspolitischen Prioritäten Chinas entsprächen. Die IP-Adressen, von denen aus der Angriff gestartet wurde, gehörten zu Computern auf Hainan, einer Insel im Südchinesischen Meer mit rund acht Millionen Einwohnern. Unmittelbar westlich des Luftwaffenstützpunkts Lingshui befindet sich auf Hainan ein großer Komplex für elektronische Aufklärung, von dem aus hauptsächlich Satellitenkommunikation überwacht wird. Lingshui ist einer der wichtigsten Geheimdienststützpunkte in Asien; mehr als 1000 Analysten sollen hier für die noch wesentlich größere dritte technische Abteilung der Volksbefreiungsarmee (VBA) in der Nähe von Peking arbeiten. Da das zusammengetragene Beweismaterial nicht ausreichte, war Deiberts Team vorsichtig genug, die chinesische Regierung nicht direkt für den Angriff verantwortlich zu machen: »[W]ir kennen weder die Motivation noch die Identität des Angreifers oder der Angreifer«, stellte der gründliche kanadische Bericht fest.[11] Die Verfasser der deutlich kürzeren Studie von der Universität Cambridge waren in ihrer Wortwahl weniger zimperlich: »[E]s handelte sich um einen gezielten Lauschangriff, um verwertbare Erkenntnisse für die Polizei und die Sicherheitsdienste eines repressiven Staats zu sammeln, mit potentiell tödlichen Folgen«, heißt es in ihrer Bilanz.[12] Trotz aller technischen Anhaltspunkte bleibt unklar, ob die chinesische Regierung, chinesische Geheimdienste oder das chinesische Militär unmittelbar für die Aktion verantwortlich waren. Die Regierung jedenfalls ließ durch ihre Londoner Botschaft alle Anschuldigungen zurückweisen.

Wir müssen bei der Attribution von Computerattacken mehrere Ebenen unterscheiden. Da gibt es zunächst die technische Ebene. Das Internet ist ein sogenanntes paketvermitteltes Netzwerk. Ein Paket ist Teil einer größeren Informationseinheit wie zum Beispiel einer E-Mail, einer Website, eines Word-Dokuments – oder einer Schadsoftware.[13] Die Suche nach bösartigen Paketen oder Funktionalitäten ist eine kriminaltechnische Aufgabe. Stark vereinfacht ausgedrückt besteht das kriminaltechnische Ziel darin, die bösartige Aktivität zu einer IP-Adresse zurückzuverfolgen. Die zweite Ebene ist die soziale. Hier besteht die Schwierigkeit darin, einen Rechner mit einem menschlichen Anwender in Verbindung zu bringen. Wenn jemand ein offenes WiFi-Netzwerk nutzt, einen Computer mitsamt seiner Internetverbindung stiehlt oder einfach keine Spuren hinterlässt, die seine persönliche und geografische Identifikation erlauben, dann ist eine Zuschreibung auf dieser zweiten Ebene, wenn überhaupt, nur sehr schwer möglich. Die dritte Ebene ist die politische. Wäre das Internet auf ein

Territorium beschränkt, in dem eine einzige Instanz das Machtmonopol innehätte, dann ließe sich das Attributionsproblem wesentlich leichter lösen.[14] Nehmen wir an, am 5. September sei um 21.09 Uhr von einer bestimmten IP-Adresse aus – beispielsweise 80.4.248.191 – in einer Londoner Bank ein Internetbetrug begangen worden. Dann könnte Scotland Yard diese IP-Adresse mit einer einfachen WHOIS-Abfrage zu einer Postanschrift in Bartley Wood Business Park im britischen Hampshire zurückverfolgen, der eingetragenen Adresse eines der führenden Internetanbieter von Großbritannien, Virgin Media Ltd.[15] Die Londoner Polizeibehörden könnten Virgin Media auffordern und möglicherweise per Vorladung zwingen, aus seinen Protokolldateien zu ermitteln und offenzulegen, welcher seiner Kunden am 5. September um kurz nach neun Uhr abends genau diese IP-Adresse benutzt hat. Nach englischem Recht ist Virgin verpflichtet, diese Daten aufzubewahren. Die Polizei könnte dann einfach bei dem Verdächtigen klingeln und seinen Computer konfiszieren. In Wirklichkeit jedoch läuft es oft anders.[16] Die Abfrage wegen einer betrügerischen Transaktion am 5. September um 21.09 Uhr führt vielleicht zu der IP-Adresse 217.66.19.45 mit unbekanntem Hostrechner und unbekanntem Besitzer in der Russischen Föderation. Die Londoner Polizei könnte dann die russischen Behörden um Amtshilfe ersuchen – sollten die russischen Behörden kooperieren, sollten sie den richtigen Internetanbieter ausfindig machen und sollte dieser die Protokolldateien herausgeben, dann stellt Scotland Yard vielleicht fest, dass der betreffende Datenverkehr verschlüsselt und durch ein weiteres Land geroutet wurde, das vielleicht kooperiert, vielleicht aber auch nicht. Und so weiter. Bereits dieses maßlos vereinfachte Beispiel zeigt, wie sich ein Problem, das zunächst technischer Art zu sein scheint, im Handumdrehen in ein politisches verwandelt. Und schon kommt es auf ganz andere Dinge an, zum Beispiel darauf, ob ausländische Behörden schnell genug kooperieren, bevor alle Protokolle wieder gelöscht werden, falls der jeweilige Internetanbieter überhaupt Protokolldateien speichert, wozu er vielleicht rechtlich nicht verpflichtet oder aus anderen Gründen nicht bereit ist. Und selbstverständlich haben bei politischen Cyberattacken, insbesondere im Falle von Wirtschaftsspionage, manche ausländischen Behörden gar kein Interesse an einer Kooperation. Je eindeutiger es sich bei einem Angriff um einen rein gewinnorientierten kriminellen Akt handelt, umso weniger politisch wird sich das Attributionsproblem gestalten. Der Fortgang der Ermittlungen wird dann eher vom Strafrechtssystem eines gegebenen Landes abhängen.

Doch selbst reine Kriminalfälle stellen sich in Wirklichkeit technisch weitaus komplexer dar. Richard Clayton von der Universität Cambridge hat eine der akribischsten und umfangreichsten Studien zur Attribution erstellt, ohne freilich oft von diesem Ausdruck Gebrauch zu machen. Seine Analyse gilt der »Rückverfolgbarkeit« im Internet. Nach seiner Definition ist Anonymität gegeben, wenn die Rückverfolgung misslingt.[17] Der Informatiker untersucht Rückverfolgbarkeit in vier Schritten, vereinfacht gesagt: Bestimmung der IP-Adresse, die zurückverfolgt werden soll; Ermittlung des Internetanbieters, der auch eine unabhängige, nicht kommerzielle Organisation, also zum Beispiel eine Regierung oder Universität, sein kann; Identifizierung des Nutzerkontos in den Protokollen des Internetanbieters; und schließlich In-Verbindung-Bringen mit einer konkreten Person, die von diesem Nutzerkonto aus zu einem bestimmten Zeitpunkt im Netz war. Bei jedem dieser Schritte kann es unüberwindliche Hindernisse geben. Als das Internet um die Jahrtausendwende komplexer und dynamischer wurde, nahmen die Möglichkeiten zur Verschleierung der Rückverfolgbarkeit selbst auf rein technischer Ebene zu. Clayton kommt zu dem Schluss, dass die Zukunft noch mehr Ungewissheit bringen wird. »Wir dürfen davon ausgehen, dass wir viele weitere Rückverfolgbarkeitsprobleme werden verstehen, erklären und vielleicht sogar lösen müssen.« Auch seien die gegenwärtig angewandten

Techniken weniger zuverlässig als oft angenommen. »Von den Systemen, auf denen Rückverfolgbarkeit basiert, sind viel zu viele wesentlich ungenauer, als man gerne glauben möchte«, schreibt Clayton und warnt zugleich:

> »Sollte Rückverfolgung irgendwann einmal als ›Beweismittel‹ und nicht nur als ›Information‹ gelten, dann sind schwere Justizirrtümer nicht auszuschließen. Es führt kein Weg daran vorbei, Exekutivorgane und Regierungen über die Grenzen der Rückverfolgbarkeit aufzuklären – ohne dabei allerdings zu vergessen, dass es in vielen Fällen definitiv möglich ist herauszufinden, ›wer das getan hat‹, und die richtige Tür einzutreten.«[18]

Ein einfaches historisches Beispiel ohne größere technische Komplikationen illustriert die Grundzüge der Attribution. Selbst bei einem gut dokumentierten Gerichtsverfahren, bei dem der Straftäter Fehler gemacht hat, seine Motive bekannt sind und detailliertes Beweismaterial vorliegt, kann die Attribution immer noch unsicher bleiben. Die erste strafrechtliche Verurteilung wegen böswilliger Verwendung von Software in der amerikanischen Geschichte veranschaulicht dies geradezu idealtypisch: In dem Fall Burleson, der sich 1985 ereignete, ging es nicht um das Eindringen in ein entferntes Netzwerk. Zur damaligen Zeit waren die Softwaresysteme wesentlich einfacher – entwickelt wurde das eingesetzte Schadprogramm für ein IBM System/38, eine Serverplattform, die mindestens so groß war wie zwei Waschmaschinen und schon Anfang 1979 auf den Markt kam. Der Rechner hatte einen Arbeitsspeicher von 1 MB, also rund 3000-mal weniger als ein iPhone X. Rein technisch gesehen vereinfachte dies den Fall enorm.

Am Morgen des 21. September 1985 betrat ein Programmierer die Büros der United Services Planning Association und ihrer Tochtergesellschaft, der Independent Research Agency for Life

Insurance, in Fort Worth, Texas. Das Unternehmen beschäftigte 450 Vertreter, die Versicherungen an US-Militärangehörige verkauften.[19] Der Programmierer hatte die Aufgabe, ein neues Bonussystem zu testen. Als er versuchte, Simulationen der Lohnabrechnungs-Datei laufen zu lassen, erhielt er immer wieder Ergebnisse mit null. Wie sich herausstellte, waren 168 000 Datensätze von Provisionsabrechnungen gelöscht worden. Eine Protokolldatei vom 21. September zeigte, dass um 3.03 Uhr morgens ein Terminal hochgefahren worden war. Offenbar war jemand in die Räumlichkeiten der Firma eingedrungen und hatte den Schaden verursacht. Die folgende kriminaltechnische Untersuchung ergab, dass drei Wochen vor dem Einbruch eine Sequenz bösartiger Skripte in das IBM-System eingeschleust worden war: Ein Mitarbeiter mit privilegierten Zugangsrechten hatte am 2. September 1985, als man in Amerika Labor Day feierte, das System manipuliert. Alles deutete darauf hin, dass dieser Mitarbeiter eine Reihe von Skripten geschrieben und heimlich in ein legitimes Programm eingeschleust hatte, das täglich eine Routineoperation ausführte. Immer wenn das legitime Programm lief, prüfte ARF-1, eines der Malware-Module, den Zeitstempel. Beim passenden Datum löste ARF-1 eine Reihe anderer Skripte aus, die letztlich die Datensätze überschrieben. Unter Kriminaltechnikern ist der Fall als eine der ersten dokumentierten »Logikbomben« bekannt.[20]

Donald Gene Burleson, den Kollegen als unverträglich und unangenehm beschrieben, galt als Hauptverdächtiger. Der 40-jährige Programmierer war zwei Tage vor dem Einbruch entlassen worden. Burleson hatte also sowohl ein Motiv als auch die Mittel, um die Straftat zu begehen. Doch es gab weitere Verdächtige. Die Beweislage in dem komplizierten Verfahren war nicht eindeutig, sodass die Geschworenen Zweifel hatten und bereit waren, den Angeklagten freizusprechen. Dann allerdings beging Burleson den Fehler, ein Alibi vorzutäuschen, das bald darauf platzte. Als die Jury mit dem Schuldspruch in den Gerichtssaal zurückkehrte, soll ein Geschworener zu einem anderen gesagt haben: »Wenn Burleson einfach behauptet hätte, er könne sich nicht erinnern, wo er an diesem Tag war, hätte ich für ihn gestimmt. Die Staatsanwaltschaft hat in Wirklichkeit gar nichts bewiesen. Warum nur musste der Mann lügen?«[21] Der Prozess endete am 19. September 1988. Es war das erste Mal in der amerikanischen Geschichte, dass einem Angeklagten die bösartige Zerstörung von Dateien zur Last gelegt wurde. »Soweit ich weiß, ist das bundesweit der erste Fall dieser Art«, erklärte Bezirksstaatsanwalt Davis McCown von Tarrant County damals. »Wir hatten schon Leute, die mithilfe von Computern etwas gestohlen haben, aber nicht so etwas.«[22] McCown verbrachte fast drei Jahre mit dem Fall. Am Ende landete Burleson nicht im Gefängnis. Er wurde zu sieben Jahren auf Bewährung verurteilt und musste 11 800 US-Dollar Entschädigung an die USPA zahlen. Burleson wurde nicht nach Bundesrecht verurteilt, sondern nach dem texanischen Strafgesetzbuch, Abschnitt 33.03, Gesetz vom 14. Juni 1985.

Ein ganz anders gelagertes Malware-Ereignis, das man in gewissem Sinne als Gegenstück zum Burleson-Fall betrachten kann, erlaubt es, auf aufschlussreiche Weise zwischen einem gut dokumentierten nationalen und einem gut dokumentierten internationalen Fall zu vergleichen. Am 12. Januar 2010 gab Google in seinem hauseigenen Blog bekannt, dass das Unternehmen einer raffinierten Cyberattacke zum Opfer gefallen war. »Mitte Dezember entdeckten wir einen von China ausgehenden, höchst anspruchsvollen und gezielten Angriff auf unsere Unternehmensinfrastruktur, im Rahmen dessen es zum Diebstahl geistigen Eigentums von Google kam«, teilte die Firma mit.[23] Googles Software-Ingenieure waren zunächst von einem einzelnen, wenn auch technisch besonders raffinierten Sicherheitsvorfall ausgegangen. Im Zuge ihrer Untersuchung fanden sie jedoch heraus, dass es sich bei dem Angriff um »etwas völlig anderes« handelte. Google erklärte, es seien zwei E-Mail-Konten chinesischer Menschenrechtsaktivisten gehackt worden – nicht etwa durch einen Diebstahl der Zugangsdaten bei den Nutzern, sondern durch den Einbruch bei Google selbst. Hinzu kam der Diebstahl geistigen Eigentums.

Der Computereinbruch folgte dem uns inzwischen bekannten Muster. Zunächst suchten sich die Angreifer einen bestimmten Google-Mitarbeiter aus. Dieser erhielt dann von einem vertrauenswürdigen Absender eine E-Mail mit einem Link. Folgte der ahnungslose Mitarbeiter dem Link, dann wurde er auf eine in Taiwan gehostete Website weitergeleitet, die bösartigen JavaScript-Code enthielt. Wenn der Google-Mitarbeiter den Internet Explorer verwendete, nutzte die Website eine Zero-Day-Lücke, um die Schadroutine in Form einer als Bild getarnten Binärdatei einzuschleusen. Als Nächstes öffnete der Schadcode eine Backdoor und stellte unbemerkt eine Verbindung zu Command-and-Control-Servern in Taiwan her. Erst jetzt spielten die Angreifer ihre Trumpfkarte aus. Die »Aurora-Hacker«, wie sie bald genannt wurden, hatten eine Methode entwickelt, um sich Zugriff auf Googles Software-Konfigurations-Managementsystem (SCM) zu verschaffen, in diesem Fall auf eine Installation der bei großen Softwarefirmen gebräuchlichen Plattform Perforce. Schwachstellen in solchen Quellcode-Managementsystemen waren seinerzeit nicht allgemein bekannt, aber relativ leicht auszubeuten.[24]

Wer heimlich auf den Quellcode einer Firma zugreifen kann, hat so etwas wie den heiligen Gral eines Cyberangriffs gefunden. Denn damit besitzt der Eindringling die Macht, nicht nur proprietären Programmcode zu stehlen, sondern auch Änderungen am Quellcode vorzunehmen, beispielsweise ein verstecktes Peephole zu installieren, das an nichtsahnende Kunden von Google- oder Adobe-Produkten weitergegeben wird. Aurora sah aus wie ein raffiniertes Spiel über Bande, das es auf dem Umweg über Mountain View auf Dissidenten im eigenen Land abgesehen hatte. Doch der Angriff könnte auch ökonomisch motiviert gewesen sein.

Wegen ihres hohen technischen Niveaus und ihrer mutmaßlich doppelten Motivation war die Attacke ausgesprochen ungewöhnlich. Beide Absichten zusammen, internationale Wirtschaftsspionage zu betreiben und die einheimischen politischen Aktivisten zu überwachen, hatten die Angreifer offenbar bewogen, in die Systeme des kalifornischen Suchmaschinen-Giganten einzudringen. Nach diesem Muster wurde nicht nur Google angegriffen. Operation Aurora, wie man sie taufte, richtete sich gegen mindestens 34 führende US-Unternehmen aus verschiedenen Branchen, darunter Yahoo, Symantec, Adobe, Northrop Grumman und Dow Chemical.[25] (Dazu sei angemerkt, dass es wirklich nicht viele chinesische Dissidenten gibt, die ausgerechnet bei Northrop Grumman oder Dow Chemical ein E-Mail-Konto besitzen.) Aurora war tatsächlich der seltene Fall eines Mehrzweckangriffs. Die Malware nutzte eine bis dahin unbekannte Sicherheitslücke des Microsoft Internet Explorer aus. Waren die Angreifer erst einmal in eine Organisation eingedrungen, bedienten sie sich jener schlauen Taktik, die in Anlehnung an die Man-in-the-Middle-Attacken auch als Man-in-the-Mailbox bezeichnet wird: Sie verschickten E-Mails, die von Arbeitskollegen zu stammen schienen, um die Empfänger zum Öffnen der Dateianhänge zu verleiten.

Die Versuche, Operation Aurora zurückzuverfolgen, führten zu unerwartet detaillierten Ergebnissen. Auch die NSA war an der eingehenden Untersuchung beteiligt. Der Angriff ließ sich schließlich zwei chinesischen Hochschulen zuordnen, an denen Informatiker ausbildet werden: einerseits der Jiaotong-Universität Schanghai mit einem der führenden Informatik-Fachbereiche Chinas. Erst kurz zuvor hatten Studierende von Jiaotong die sogenannte Battle of the Brains gewonnen, einen seit 1997 von IBM gesponserten bekannten IT-Wettbewerb; damit hatten sie 103 Spitzenuniversitäten in der ganzen Welt auf die Plätze verwiesen, darunter namhafte amerikanische Institutionen wie die Universität Stanford. Die *New York Times* interviewte die Informatiker von

Jiaotong. »Mich überrascht das nicht. In Wirklichkeit ist es völlig normal, dass Studenten ausländische Websites hacken«, sagte ein Professor anonym (der Repressalien seiner Universität befürchtete und deshalb ironischerweise seinerseits ein Attributionsproblem hatte). Dann stellte er zwei Szenarien zur Auswahl:

> »Ich glaube, es gibt zwei Arten von Situationen. Entweder es ist ein rein individuelles Fehlverhalten von ein oder zwei Computerfreaks aus der Universität, die einfach scharf darauf sind, ihre hier erworbenen Hackerfertigkeiten auszuprobieren, da die Möglichkeiten an der Uni und im Netzwerk so begrenzt sind. Oder es könnte sein, dass Dritte eine IP-Adresse der Universität gekapert haben, was ja immer wieder vorkommt.«[26]

Die andere Lehranstalt war die Lanxiang-Berufsschule in Ostchina, eine mit der Unterstützung des Militärs gegründete Institution. Der Leiter des dortigen Fachbereichs Informatik bezweifelte eine Beteiligung der Schule und versicherte glaubhaft, die Aurora-Attacken seien zu anspruchsvoll für die Berufsschüler von Lanxiang:

> »Ich halte es für ausgeschlossen, dass unsere Schüler Google oder andere US-Unternehmen hacken könnten. Das sind hier Abiturienten, die kein hohes Niveau haben. Auch gibt es an unserer Schule eine engmaschige Betreuung, sodass Leute von außen nicht so einfach Zutritt finden.«[27]

Selbst fünf Wochen nachdem Google die Operation publik gemacht hatte, konnte die *Times* – und mit ihr ein Großteil der Welt – nur vermuten und unterstellen, dass es sich bei Aurora um einen staatlich gesteuerten Angriff aus China handelte. Höchstwahrscheinlich war er über die – in der Regel schlecht geschützten – Server der Bildungsanstalten geroutet worden, um die Aufmerksamkeit von den eigentlichen Angreifern abzulenken. Hinter verschlossenen Türen jedoch war die US-Regierung nur zehn Tage nach Bekanntwerden des Falls längst im Besitz weiterer Informationen. Am 22. Januar hatte ein politischer Beamter in der Pekinger US-Botschaft ein vertrauliches Gespräch mit Chen Jieren, dem Redakteur der Website des Kommunistischen Jugendverbands Chinas, geführt. Besagter Redakteur war zugleich Neffe von He Guoqiang, einem Mitglied des Ständigen Ausschusses des Politbüros der KP Chinas und damit hochrangiger und mächtiger Funktionär. Chen enthüllte, dass der Angriff vom Informationsbüro des Staatsrats koordiniert und von Li Changchun und Zhou Yongkang, zwei weiteren Politbüro-Mitgliedern, beaufsichtigt worden war.[28] Die Informationen über die Operation wurden an diesen Stellen offenbar streng gehütet und erst nach Googles Blog-Eintrag in der Partei breiter diskutiert. Damit blieb unklar, ob Präsident Hu Jintao oder Premierminister Wen Jiabao vorab über die Attacke auf Google informiert gewesen waren. Ebenso unklar blieb die Motivation des ganzen Unterfangens. Chen pochte darauf, dass die Operation »zu hundert Prozent« politisch und ausschließlich darauf ausgerichtet gewesen sei, chinesische Dissidenten auszuspionieren. Der frühere Geschäftsführer von Google China hingegen informierte die amerikanische Botschaft, dass Li Changchun, einer der Drahtzieher der Attacke, Baidu, die wichtigste Suchmaschine des Landes, aktiv gegen ihren größten Konkurrenten Google unterstützte. Verisign, eine führende Internetsicherheitsfirma, die auch zwei der 13 Root-Nameserver des Internets betreibt, verfügt über detaillierte Kenntnisse der chinesischen Online-Aktivitäten. In einem unveröffentlichten Bericht von 2011 hielt Verisign es für »wahrscheinlich«, dass »staatliche Dienststellen« der Volksrepublik China hinter Aurora steckten. Man muss bedenken, dass die Operation Aurora eine der am besten aufgeklärten politischen Cyberattacken überhaupt ist – und dass die Gruppe hinter Aurora ihre Operationen über Jahre betrieb, zumeist gegen Ziele aus den Bereichen Verteidigung, Schifffahrt, Luftfahrt und Energie, aber auch gegen NGOs und Menschenrechtsorganisationen. Keine andere Hackergruppe hat mehr Zero-Day-Exploits ausgenutzt als diese von Symantec auf den Namen »Elderwood Project« getaufte Gruppe – nämlich zwischen 2009 und 2012 wohl etwa acht.[29]

Als drittes Beispiel soll uns eine Episode dienen, bei der das Attributionsproblem im Tom-Clancy-Stil gelöst wurde: das heißt durch aktive Verteidigung oder »Zurückhacken«. Der Fall ist unter dem Namen »Georbot« bekannt. Georbot nahm Anfang 2011 in Georgien seinen Lauf. Das spannungsreiche Verhältnis der ehemaligen Sowjetrepublik zu Russland hatte sich zuvor schon in militärischen Konfrontationen und Hackerangriffen niedergeschlagen, zuletzt 2008. Fast drei Jahre später, im März 2011, wurde dem georgischen Computersicherheits-Ereignis- und Reaktionsteam (CERT) eine verdächtige Datei auf dem Rechner eines Regierungsbeamten gemeldet. »Dr. WEB«, ein russischer Antivirenscanner, hatte die Datei als beschädigt markiert. Bald fanden die georgischen Experten heraus, dass unbekannte Hacker zwischen 300 und 400 Rechner in sechs Regierungsbehörden infiziert hatten. Die Maschinen bildeten zusammen ein auf Georgien konzentriertes Botnetz, daher der Spitzname des Falls. Die Eindringlinge waren offensichtlich auf der Suche nach politischen Informationen: Die Malware war auf fast schon naive Weise darauf präpariert, in Word- und PDF-Dokumenten nach so offensichtlichen Schlüsselwörtern wie »USA«, »Russland«, »NATO« oder »CIA« zu suchen.[30] Entsprach ein Dokument den Suchkriterien, wurde es auf C&C-Server kopiert, von wo aus es die Angreifer auf ihre eigenen Computer weiterleiteten, um es anschließend auf dem Übergangsserver zu löschen. Der Computereinbruch entwickelte sich im Laufe der Zeit dynamisch weiter, weil die Angreifer ihren Schadcode um weitere Funktionalitäten ergänzten. Sie konnten heimlich Screenshots und Tonaufnahmen machen und herausschleusen –

doch genau dieser Trick ging nach hinten los. Als die georgische Regierung die Steuerungsserver abschaltete, nahm der Fall nämlich eine skurrile Wendung. Statt ihre Aktion einzustellen, änderten die Hacker lediglich ihre Strategie. Sie wussten zwar, dass sie entdeckt worden waren, beschlossen daraufhin aber wahrscheinlich, ihre Spionagetätigkeit einfach etwas besser zu verbergen. Für diesen Zweck nutzten sie eine PDF-Schwachstelle aus, die zum damaligen Zeitpunkt noch nicht öffentlich bekannt war.[31] Wie üblich brachten die Angreifer naive Anwender dazu, einen manipulierten E-Mail-Anhang zu öffnen, um auf diese Weise in ein Netzwerk einzudringen. Doch die E-Mail-Adresse, die sie verwendeten, admin@president.gov.ge, war verdächtig. Als das georgische CERT sich die Sache näher besah, fand es Indizien, die auf eine mögliche Beteiligung russischer Geheimdienste hindeuteten. Der Spam-Dienst, mit dem die gefälschten E-Mails verschickt worden waren, legalcrf.in, führte zu einem Namen, einer Tarnfirma und einer Adresse in Moskau: Artur Jafunjajew, WSDomains, Lubjanka 13, 346713 Moskau. Dies war die Hausadresse des unmittelbar neben dem Inlandsgeheimdienst der Russischen Föderation (FSB) gelegenen russischen Innenministeriums. Die Georgier beschlossen, Gegenmaßnahmen zu ergreifen, und installierten einen Honeypot – nicht nur, um an Informationen zu kommen, sondern um zurückzuhacken. Die georgischen Experten erstellten ein Zieldokument mit passendem Namen, das die Angreifer interessieren musste und das seinerseits infiziert war. Der ausgesprochen technische Bericht, den das CERT später anfertigte, beschrieb die Operation in gebrochenem Englisch:

> »Wir haben unseren PC von Lab Infiziert, gaben Cyber Angreifer dann Falsches ZIP Archiv mit seinem eigenen Virus und dem Namen ›Georgien-Nato Übereinkunft.‹«[32]

Tatsächlich stahlen die russischen Hacker die falsche »Georgien-Nato Übereinkunft«, öffneten sie und führten unwissentlich die eingebettete Schadroutine aus. Damit erlangten die Georgier für mindestens zehn Minuten die Kontrolle über den PC eines Hackers. Dies genügte dem georgischen Regierungsteam, um den Rechner zu durchsuchen. Sie fanden ein Dokument in russischer Sprache, in dem Pläne für weitere Angriffe auf zusätzliche Ziele beschrieben wurden. Am bemerkenswertesten allerdings war, dass es dem georgischen CERT gelang, die Webcam des Hackers einzuschalten und ein kurzes Video von ihm aufzunehmen: »[W]ir hatten die Kontrolle über seinen PC bewahrt«, stellte der offizielle Bericht in etwas wackligem Englisch fest, »dann ein Video von ihm persönlich erfasst bekommen. Wir haben Prozess erfasst, für neue bösartige Module zu erzeugen.«[33] Ihr Zielobjekt bemerkte die List nach kurzer Zeit und trennte seine Netzwerkverbindung. Doch zu spät. Der Bericht der georgischen Regierung enthält zwei Fotos des unbekannten russischen Hackers, was eine echte Seltenheit ist. Sie zeigen einen dünnen Mann mit Schnurrbart und dunklem Haar, der in den Dreißigern sein mag. Er ist über seinen Bildschirm gebeugt und tippt; im Hintergrund sieht man ein neonbeleuchtetes, billig eingerichtetes Wohnzimmer. Sein Name und seine institutionelle Zugehörigkeit aber blieben letztlich unbekannt: Das georgische CERT konnte schwerlich auf die Hilfe der russischen Strafverfolgungsbehörden in Moskau zählen, um seinen Verdacht zu erhärten.

Der Georbot-Vorfall ist wahrscheinlich das einzige öffentlich bekannte Beispiel einer gelungenen aktiven Attribution. Am ungewöhnlichsten an diesem Fall ist vielleicht der Umstand, dass die georgische Regierung diese Information publik machte. Die meisten Nachrichtendienste und Regierungen wenden sich mit derartigen Operationen nur sehr ungern an die Öffentlichkeit, weil sie natürlich keine Schwachstellen, Taktiken und Fähigkeiten preisgeben und keinen politischen Gegenwind erzeugen wollen.

Wenn aber schon eine kleine und in ihren technischen Fähigkeiten begrenzte Regierungsbehörde wie das georgische Justizministerium in einer rechtlichen Grauzone erfolgreich eine aktive Attributionsoperation zustande bringt, dann darf man vernünftigerweise annehmen, dass die mächtigen und hoch spezialisierten Geheimdienste der technologisch fortschrittlichsten Staaten der Welt in der Lage sein sollten, weit mehr Angreifer zurückzuverfolgen. Dies heißt natürlich auf gar keinen Fall, dass wir Leon Panettas großspurige Behauptung über die allgemeine Lösung des Attributionsproblems für bare Münze nehmen dürfen.

Eine entscheidende Grenze der Attribution wird ersichtlich, wenn man geheimdienstliche Erkenntnisse mit Beweismitteln im engeren Sinne vergleicht. Sowohl im Strafrecht als auch in manchen Wissenschaften sind die Kriterien für Beweismittel klar definiert. Die höchste Beweisschwelle in den Rechtssystemen des Vereinigten Königreichs oder der Vereinigten Staaten etwa lautet nach der bekannten strafrechtlichen Formel »beyond reasonable doubt«. Ein Beweis ist »ohne begründeten Zweifel«, wenn die vorliegenden Beweismittel (oder ihr Nichtvorhandensein) nach Maßgabe von Vernunft und gesundem Menschenverstand die zur Last gelegten Sachverhalte logisch implizieren. Dieses Kriterium muss erfüllt sein, um einen Angeklagten in einem Strafprozess zu verurteilen – ist dies nicht der Fall, wird die Richterin oder Jury den Angeklagten freisprechen. Weniger hohe Standards der Beweisführung können in Zivilprozessen zur Anwendung kommen, wie zum Beispiel das »preponderance of the evidence« (Überwiegen der Beweise), was einfach bedeutet, dass mehr Beweismittel für die eine Seite sprechen als für die andere. Bei der Gewinnung und Analyse nachrichtendienstlicher Erkenntnisse sind die Anforderungen an Beweismittel weniger klar definiert – und notgedrungen weniger streng als »ohne begründeten Zweifel«. Die Nachrichtengewinnung findet, insbesondere im Zusammenhang mit anhaltenden Computereinbrüchen, zum überwiegenden Teil in einem feindlichen und restriktiveren Umfeld statt als die aktive Sammlung kriminaltechnischer Beweise unmittelbar am Tatort. Es wäre daher unrealistisch und unvernünftig, nachrichtendienstliche Erkenntnisse an denselben Standards zu messen wie die Beweise, die in Strafprozessen erbracht werden. Die folgende Geschichte veranschaulicht dieses Problem sehr schön.

Jack Wang war ein ehrgeiziger junger Mann Anfang zwanzig, der sich intensiv für das Militärwesen interessierte und ein auffälliges Talent zum Hacken besaß. Außerdem war er ein chinesischer Patriot. Am 16. Januar 2004 beteiligte sich Wang an einer Online-Fragestunde, die die tagesaktuelle Website der chinesischen Volksbefreiungsarmee, China Military Online, unter chinamil.com.cn veranstaltete. Das Forum bietet seinen Nutzern die Möglichkeit, ein Profilbild einzustellen. Wang entschied sich für ein glänzendes Bild von Luftwaffen-Rangabzeichen, die einen goldenen Stern mit Hammer und Sichel auf goldenen Adlerschwingen zeigten, ergänzt um die Bildunterschrift »Juniorpilot«. Zu Gast im Forum war Zhang Zhaozhong, ein Militärtheoretiker und pensionierter Konteradmiral. An jenem Freitag fand die moderierte Fragestunde »Perspektive 2004« statt, bei der Chinas internationale strategische Situation erörtert wurde. Zu jenem Zeitpunkt war Zhang Professor an der Nationalen Verteidigungsuniversität der VBA in Peking. Eines seiner Bücher, *Netzwerk-Kriegsführung*, war bei den Studenten beliebt. In zivilem schwarzem Rollkragenpullover lässig vor einem großen Bildschirm sitzend, antwortete Zhang auf die Fragen seines Internetpublikums. Jack Wang, der Möchtegernpilot, war unter dem Namen HässlicherGorilla eingeloggt. Er stellte eine ziemlich weitsichtige Frage:

> »Professor Zhang, ich habe Ihr Buch *Netzwerk-Kriegsführung* gelesen und war von den Ansichten und Argumenten des Buches sehr beeindruckt. Es heißt, dass das US-Militär eine dedizierte Netzwerk-Streitmacht aufgestellt hat, die als ›Cyberarmee‹ bezeichnet

wird. Verfügt China über eine vergleichbare Streitmacht? Hat China Cybertruppen?«[34]

Kurz darauf kannte Wang die Antwort. Noch im selben Jahr schloss er sich den wachsenden Reihen von Chinas Cybertruppen an. Er wurde Mitglied der VBA-Einheit 61398, eine Bezeichnung, die er von nun an auf vielen seiner Hackerfeldzüge als Pseudonym benutzte. Die berüchtigte Einheit war Teil des Cyberkommandos der VBA, das in der Generalstabsabteilung angesiedelt ist; genauer gesagt war es das zweite Büro der dritten Abteilung, das unter dem Decknamen der Militäreinheit 61398 operierte. Keine zehn Monate nach der Online-Fragestunde mit dem Professor ließ Wang am 25. Oktober 2004 die URL hugesoft.org registrieren, von der aus in den folgenden neun Jahren ununterbrochen komplexe Computerspionage-Operationen gegen westliche und vor allem amerikanische Ziele ausgingen. Wang war einer von Hunderten, wenn nicht Tausenden von Militärspionen, die im Ausland Geheimnisse klauten. Oft hinterließ er in seinem Schadcode eine auffällige Unterschrift, um diesen ganz selbstbewusst zu signieren, gerade so wie ein Künstler sein Gemälde: »v1.0 Kein Zweifel Euch zu Hacken, Geschreibt von UglyGorilla, 06/29/2007 [sic]«.[35]

2007 war die Einheit 61398 so sehr gewachsen, dass die VBA ein großes, unscheinbares zwölfstöckiges Gebäude gegenüber der Datong-Straße in Gaoqiaozhen im Schanghaier Finanzzentrum Pudong für sie errichten ließ. Pudong ist schon für sich genommen eine gewaltige Metropole von fünf Millionen Einwohnern, mit einer weltberühmten Skyline. Sieben Jahre lang arbeitete Jack Wangs Gruppe an unverfrorenen Computereinbrüchen in mindestens 141 Organisationen aus 20 verschiedenen Branchen; auch der in Kapitel 5 erwähnte Coca-Cola-Hack dürfte dazu gehört haben. Bei ihren Einbrüchen behielten die Hacker der chinesischen Armee im Durchschnitt immer fast ein Jahr – um genau zu sein: 356 Tage – ununterbrochen Zugriff auf die jeweiligen Computernetze ihrer Opfer. Die längste Intrusion ging über vier Jahre und zehn Monate. Einheit 61398 saugte gewaltige Datenmengen von ihren Opfern – im Fall einer ungenannten Organisation waren es 6,5 Terabyte im Laufe von zehn Monaten. Die Gruppe nutzte mindestens 937 Steuerungsserver, die unter 849 verschiedenen – mehrheitlich in China registrierten – IP-Adressen gehostet waren. Wenn Wangs Gruppe ein Ziel angriff, dann nie direkt von Schanghai aus. Stattdessen »hüpfte« sie vorher durch verschiedene Netzwerknoten, um ihre Spuren zu verwischen. Die groß angelegte und immer größer werdende Spionagekampagne der Einheit brachte ihre eigenen administrativen und logistischen Schwierigkeiten mit sich. 2009 musste China Telecom sogar eine eigene Glasfaserverbindung zu dem neuen Gebäude legen.

Diese erstaunlich facettenreiche Geschichte beruht auf geheimdienstlichen Erkenntnissen, nicht auf Beweismaterial, das den »Ohne begründeten Zweifel«-Test bestehen würde. Die meisten Einzelheiten stammen aus einem 74-seitigen Bericht, den die amerikanische Sicherheitsfirma Mandiant, die weltweit Hunderte von Sicherheitsvorfällen untersucht hat, am 19. Februar 2013 unter dem spartanischen Titel *APT1* veröffentlichte. Die Studie ist einzigartig, denn kein anderes der Öffentlichkeit zugängliches Dokument führt in dieser Klarheit einige der großen Spionageoperationen auf eine chinesische Organisation zurück. Mandiants bahnbrechender Bericht konzentrierte sich auf APT1, eine Gruppe, die auch als Comment Crew oder Comment Group bekannt ist – wobei das Kürzel für Advanced Persistent Threat 1 (fortgeschrittene anhaltende Bedrohung 1) steht. Der Bericht – und Jack Wangs Geschichte, wie ich sie hier nacherzählt habe – stellte mehrere Verbindungen her, die auf unterschiedlich sicheren Einschätzungen beruhten. Die erste Verbindung – 141 Angriffe zu bündeln und sie APT1 zuzuschreiben – konnte mit einem hohen Sicherheitsgrad hergestellt werden, denn sie beruhte auf forensischen Beweisen wie etwa den Angriffsmethoden, der verwendeten Software oder speziellen Werkzeugen und Techniken, die hier erstmals zum Einsatz kamen.

Eine zweite Verbindung betraf die Mission der Einheit 61398. Der Unterschied zwischen passiver Nachrichtengewinnung und dem aktiven Angreifen von Computernetzwerken ist zwar subtil, aber dennoch wichtig. Die von Mandiant in ihrem Bericht zitierte Quelle *vermutete* lediglich, dass Nachrichtengewinnung, nicht unbedingt Angriffe auf Computernetze das Geschäft von Einheit 61398 seien.[36] Folglich ließ sich aus der Tatsache, dass China Telecom die Glasfaser-Infrastruktur der Einheit verbesserte, auch nicht zwingend schließen, dass dies dem Zweck diente, eine größere Zahl anspruchsvoller Angriffe zu ermöglichen. Die Installation konnte genauso gut besagen, dass das Unternehmen ein legitimer Vertragspartner der VBA war und dass die neue Datenverbindung womöglich der passiven Informationsgewinnung diente, im nationalen wie im internationalen Rahmen.

Die brisanteste Behauptung des Berichts aber beruhte auf einer dritten Verbindung: dass APT1 identisch sei mit Einheit 61398 der VBA. Der Beweis für diese dritte Verbindung ist weitaus problematischer. Er stützte sich auf Indizien. Erstes Indiz war, dass sich eine der in dem Bericht vorkommenden »Personae«, ähnlich wie in der Geschichte vom Hässlichen Gorilla oben, selbst als Einwohner des Schanghaier Finanzzentrums Pudong beschrieb. Zweites Indiz war, dass sich die von APT1 genutzten IP-Adressen zum Teil in Pudong befanden. »Obwohl sie Systeme in Dutzenden von Ländern kontrollieren, gehen ihre Angriffe von vier großen Netzwerken in Schanghai aus – von denen zwei unmittelbar Pudong zugeordnet sind«, wie der Bericht feststellt. Einheit 61398 ist ebenfalls in Pudong stationiert. Deshalb, schlossen die Computersicherheitsexperten der Firma Mandiant, seien die beiden identisch. »Angesichts des Auftrags, der bereitgestellten Mittel und des Standorts der VBA-Einheit 61398 kommen wir zu dem Schluss, dass es sich bei der VBA-Einheit 61398 um APT1 handelt.«[37] Bezeichnenderweise erwähnte der Bericht nicht, dass Pudong kein kleines Viertel ist (»direkt vor den Toren von Einheit 61398«)[38], sondern in Wirklichkeit eine riesige Stadtlandschaft von der doppelten Größe Chicagos.[39]

Mangelnde Vorsicht und Differenziertheit sowie die holzschnittartige Schlussfolgerung des Berichts taten seiner wichtigen Argumentation leider keinen Gefallen; sie schwächten eher seine Glaubwürdigkeit. Spätestens seit den sechziger Jahren sind sich die Nachrichtenauswerter ihrer *einschätzenden* Sprache bewusst. Gravierende geheimdienstliche Fehleinschätzungen im Zusammenhang mit der Invasion des Iraks im Jahr 2003 haben die Dienste in Großbritannien und den USA noch deutlich vorsichtiger in ihren Beurteilungen werden lassen; auch bedienen sie sich heute einer differenzierteren Sprache, um ihren politischen Herrn und Meistern die Qualität und Sicherheit der verfügbaren nachrichtendienstlichen Erkenntnisse zu vermitteln.[40] In Geheimdienstkreisen ist dieses Kommunikationsproblem schon lange unter dem Schlagwort »Words of Estimative Probability« (sprachliche Wahrscheinlichkeitseinschätzungen) bekannt.[41] Auch Computersicherheitsfirmen sollten die Einsichten der Spione beherzigen. Dennoch kann man die Mandiant-Studie nicht einfach abtun, wie es die chinesische Regierung in ihrer offiziellen Reaktion versucht hat. Bei einer geheimdienstlichen Operation, die weder auf menschliche Quellen vor Ort noch gar auf die Unterstützung der lokalen Vollzugsbehörden zählen kann, lassen sich zwangsläufig keine idealen Standards für Beweismittel einhalten – doch können Einschätzungen, die »wahrscheinlich« oder »fast sicher« sind, um zwei der höchsten Einstufungen geheimdienstlicher Erkenntnisse zu nennen, immer noch hinreichen, um weitreichende politische Maßnahmen zu ergreifen, auch solche mit ernsthaften Konsequenzen.

Unsere kurze Betrachtung dieser ziemlich unterschiedlichen, aber durchweg instruktiven vier Fälle – Burleson, Aurora, Georbot und Mandiant-Bericht – gestattet uns zwei wichtige Verallgemeinerungen: Erstens wird das Attributionsproblem im Grunde nie vollständig gelöst. Gibt es keinen Akteur, der die Verantwortung übernimmt oder ein Geständnis ablegt, dann läuft die Identitätszuschreibung fast immer auf eine Ermessensentscheidung hinaus. Dies war selbst bei einem so ausgesprochen überschaubaren Szenario wie dem Burleson-Hack und dem anschließenden Gerichtsprozess der Fall, nicht anders als bei einem komplexen und riskanten internationalen Angriff wie Operation Aurora. Zweitens ist selbst eine unvollständige Zuschreibung nur durch zusätzliche, nicht technische Beweismittel oder wenigstens Erkenntnisse zu erreichen. Im Zusammenhang mit einer staatlich finanzierten Attacke entsteht eine weitere Schwierigkeit, weil man sowohl das ausführende Organ als auch die Führungsebene bestimmen muss, die letztlich die Verantwortung für die Operation trägt. Auch hier hilft wieder ein Vergleich mit konventionellen Militäreinsätzen. Bei konventioneller Gewaltanwendung sind normalerweise sowohl die verantwortlich ausführenden Organe als auch die Genehmigungsebenen bekannt, selbst wenn in bestimmten Fällen natürlich beträchtliche Unsicherheit herrschen kann. Bei Cyberattacken verhält es sich wieder einmal genau umgekehrt. Ungewissheit und Orientierungslosigkeit sind die Norm, nicht die Ausnahme.

Doch müssen wir uns klarmachen, dass diese vier relativ gut dokumentierten Computereinbrüche die Ausnahme und nicht die Regel darstellen. In den meisten Fällen von Cyberspionage haben die Attributionsschwierigkeiten die unangenehme Folge, dass selbst die basalsten Erkenntnisse Stückwerk bleiben und man oft nicht einmal die Motivation der Angreifer genau kennt. An zwei Beispielen möchte ich Art und Ausmaß dieser Unklarheit verdeutlichen. Beim ersten handelt es sich um eine Reihe von Attacken, die im Februar 2011, rund ein Jahr nach Aurora, aufgedeckt wurden. In der später sogenannten Operation Night Dragon hatten unbekannte Eindringlinge etliche globale Energie- und Petrochemie-Unternehmen sowie Einzelpersonen und Geschäftsführer in Kasachstan, Taiwan, Griechenland und den Vereinigten Staaten angegriffen.[42]

Als man die Aktion entdeckte, lief sie bereits über ein Jahr, nämlich seit November 2009. Als Angriffspunkt dienten den Hackern die externen Webserver der Unternehmen und als Angriffswerkzeuge SQL-Injections oder Fernwartungs-Tools, die in illegalen Foren wie http://rootkit.net.cn mühelos online erhältlich waren. Nachdem sich die Online-Spione Zugang zu den Servern verschafft hatten, sprangen sie in den internen Netzwerken der Firmen mithilfe diverser Techniken von Rechner zu Rechner. Es scheint eine kleine Gruppe von Hackern gewesen zu sein, nicht mehr als ein Dutzend oder weniger Personen, die diese Einbrüche verübten. Die Protokolle zeigen, dass die Angriffe während der regulären Bürostunden zwischen 9 und 17 Uhr Pekinger Ortszeit werktags erfolgten – ein Indiz dafür, dass es sich bei den Tätern um Angestellte, nicht um Privatleute handelte. »Das waren Firmenmitarbeiter, keine Freestyle-Hacker«, so Dmitri Alperovitch von McAfee.[43] Doch solche Erkenntnisse haben keinen Beweischarakter, sondern bestenfalls nachrangigen Wert. Stewart Baker, ehemaliger Vizeminister im US-Ministerium für Heimatschutz, wies darauf hin, wie schwierig es sei, eindeutige Schlüsse zu ziehen. Einbrüche in die Computernetze von Öl- und Gasfirmen, gab er zu bedenken, »könnten sehr wohl [das Werk der] chinesischen Regierung sein, aber ich kann nicht sagen, dass die Regierung davon überhaupt wissen muss«. Des Weiteren spekulierte Baker, die Eindringlinge könnten durchaus über ökonomische statt politische Motive verfügt haben. »Die wertvollsten Informationen in der Wirtschaftswelt sind womöglich, was Ölerschließungsunternehmen gefunden oder nicht gefunden haben«, sagte er der *Financial Times*.[44] Die Sicherheitsfirma McAfee, die den Angriff publik gemacht hatte, warnte mit gebotener Vorsicht vor den Schwierigkeiten der Attribution: »*Wichtig*: McAfee besitzt keinen direkten Beweis für die Urheberschaft dieser Attacken, sondern hat lediglich Indizien zusammengetragen.«[45]

Der zweite Fall, der hier als Beispiel dienen soll, ereignete sich etwa ein Jahr darauf. Im Mai 2012 wurde ein versuchter Einbruch in amerikanische Erdgaspipelines entdeckt. Das für die Sicherheit der kritischen Infrastruktur des Landes zuständige Heimatministerium sprach von anhaltenden Angriffen. Das CERT für industrielle Steuerungssysteme des Ministeriums gab bekannt, dass seine Experten auf eine aktuell stattfindende Kampagne von Intrusionen gestoßen waren. Das ICS-CERT, wie das Reaktionsteam abgekürzt wird, nahm Kontakt mit den Betreibern von Erdgas- und Ölpipelines auf, um ihnen dabei zu helfen, die Attacken zu erkennen. In bewährter Spear-Phishing-Manier hatten die Angreifer E-Mails von Kollegen vorgetäuscht, um Firmenmitarbeiter dazu zu bringen, infizierte Dateianhänge zu öffnen oder auf infizierte Links zu klicken. Die Attacken zielten nicht direkt auf die Steuerungssysteme und verursachten auch keine Schäden an den Pipelines. Was genau sie eigentlich bezweckten, blieb unklar. Die Betreiberfirmen brachten ihre Sorgen über einen Branchenverband zum Ausdruck. »Diese Einbrüche dienen der Auskundschaftung«, sagte Cathy Landry von der Interstate Natural Gas Association of America. »Wir wissen aber nicht, ob sie es auf die Steuerungssysteme der Pipelines oder auf Unternehmensinformationen abgesehen haben.«[46]

Um die ganze Tragweite des Attributionsproblems zu ermessen, müssen wir nun auch die Perspektive des Angreifers berücksichtigen. Fast immer ist die angegriffene Seite daran interessiert, den Täter einer Gewalttat ausfindig zu machen; die Situation des Angreifers ist dagegen vielschichtiger. Ein offensiver Akteur kann im Zusammenhang mit der Attribution einer Cyberattacke vier verschiedene Interessen verfolgen: Vermeidung der Attribution, Attribution einer Botschaft, zutreffende Attribution oder falsche

Attribution. Diese vier Möglichkeiten wollen wir im Folgenden kurz durchgehen.

Das erste und vielleicht wahrscheinlichste Szenario ist ein Angreifer, der die *Attribution vermeiden* möchte: In den allermeisten Fällen wollen Cyberspione einfach vermeiden, dass man ihre Taten zurückverfolgen kann. Das gilt für alle im Kapitel über Spionage vorgestellten Fälle. Eine solche Vermeidung liegt wahrscheinlich auch im Interesse professioneller Saboteure, sofern der Sabotageakt selbst schon eine Botschaft enthält, die dem Opfer nicht ausdrücklich erklärt werden muss. Das Paradebeispiel hierfür ist Stuxnet.

Anders verhält es sich womöglich im zweiten Szenario, der *Attribution einer Botschaft.* Wenn ein Angreifer oder eine Gruppe von Angreifern beispielsweise eine Denial-of-Service-Attacke nutzen möchte, um ein politisches Statement abzugeben, dann erfordert dieses Statement fast immer irgendeine Art von Erklärung. Militärisches oder militantes Vorgehen ist, ganz allgemein gesprochen, begründungsbedürftig. Die Terroristen, die einen Bombenanschlag verüben, lassen dem in der Regel ein Kommuniqué folgen, das die Gründe für ihr Handeln benennt. Ähnliches gilt für Cyberattacken. Auch der Shamoon-Angriff auf Saudi Aramco vom 15. August 2012 verlangte offenbar nach einer solchen Botschaft. Eine bis dahin nicht in Erscheinung getretene Gruppe, »Scharfes Schwert der Gerechtigkeit«, bekannte sich überzeugend zu dem Computereinbruch. An dem Tag, als er publik wurde, veröffentlichte ein Nutzer auf der Internetplattform Pastebin (die der anonymen Veröffentlichung von Texten per Copy-and-paste dient) unter dem unspezifischen Namen »A Guest« eine Erklärung. Die Erklärung enthielt Informationen, die zum damaligen Zeitpunkt noch nicht öffentlich bekannt waren: die Zahl der befallenen Computer und die genaue Uhrzeit, um die der Virus mit seinem zerstörerischen Werk begonnen hatte. Unabhängig voneinander bestätigten Saudi Aramco und Symantec später beide Informationen. Diese überprüfbaren Tatsachen verliehen dem anonym geposteten Kommuniqué Glaubwürdigkeit, und auf diese Weise verband sich mit den zunächst mysteriösen Attacken eine politische Botschaft. Damit konnten die Angreifer gleich einen vierfachen Erfolg für sich verbuchen: Es war ihnen gelungen, in das Ziel einzudringen, es zu bekämpfen, den Angriff mit einer Botschaft zu verknüpfen und gleichzeitig anonym zu bleiben. Das heißt, sie kamen in den Genuss des Hauptnutzens einer Attribution, ohne ihre Hauptkosten, nämlich die Konsequenzen für eine unmissverständliche politische Botschaft, tragen zu müssen.

Das dritte und vielleicht interessanteste Szenario ist die *zutreffende Attribution*. Das Attributionsproblem hat für die potentiellen Autoren von Schadprogrammen eine Kehrseite. Obwohl sich ein Angriff ohne Weiteres mit einer anonymen Botschaft verknüpfen lässt, liegt dies vielleicht nicht im Interesse des Angreifers, wenn viel auf dem Spiel steht. Eine Kriegshandlung – einschließlich einer potentiellen, wenn auch unwahrscheinlichen Cyberkriegshandlung – ist ein Akt physischer Gewalt, durch den man einen Akteur zur Änderung seines Verhaltens zwingen will. Die Vorstellung, dass ein mächtiger staatlicher Akteur versuchen würde, anonym Druck auf einen anderen Akteur auszuüben, ist extrem unrealistisch. Ausnahmen bilden verdeckte Operationen in einem Stellvertreterkonflikt oder die Sabotage von Maschinen im Rahmen einer vornehmlich taktischen verdeckten Operation. Wenn bei einer Eins-zu-eins-Konfrontation genügend auf dem Spiel steht, wird der Angreifer ein Interesse daran haben, sich seinen Angriff als Verdienst anrechnen zu lassen – wahrscheinlicher aber noch wird die Attributionsfrage im Eifer des Gefechts einfach in den Hintergrund treten.

Das vierte Szenario ist die *falsche Attribution*. Martin Libicki, ein Cybersicherheitsanalyst der RAND Corporation, Washington, D.C., verweist auf die problematische Anreizstruktur von Cyberattacken, die nämlich so angelegt sein können, dass sie einen Staat provozieren, fälschlicherweise gegen einen anderen Staat oder einen womöglich nicht staatlichen Akteur »zurückzuschlagen«. Denn »je massiver die Androhung von Vergeltungsmaßnahmen, umso größer ist seitens der Feinde des vermeintlichen Angreifers der Anreiz für Operationen unter falscher Flagge«.[47] Eli Jellenc von Verisign hat das Problem der »falschen Flaggen« als Mimikry-Problem beschrieben und hält es für potentiell schwerwiegender als das Attributionsproblem im herkömmlichen Sinne.[48] Doch absichtliche Falsch-Attribution bleibt hochgradig spekulativ. Die einzigen empirischen Fälle von falscher Attribution sind Command-and-Control-Server, die durch verschiedene Drittstaaten geroutet werden. Eine ungewöhnliche Form der falschen Attribution ist das, was man als Trick der fiktiven Urheberschaft bezeichnen kann: sich fälschlich zu einem Cyberangriff bekennen, der gar nicht stattgefunden hat. Das einzige Beispiel für einen solchen Fall ist vielleicht Al-Qaidas unqualifizierte und lächerliche Behauptung, im Jahr 2003 einen Stromausfall in den USA verursacht zu haben, wie die ägyptische Zeitung *Dar al Hayat* berichtete.[49]

Verschiedene Faktoren können eine Zuschreibung erleichtern. Hilfreich ist es erstens, wenn Eindringlinge Fehler machen und unwissentlich kriminaltechnisches Beweismaterial hinterlassen. Der im fünften Kapitel beschriebene Fall Mahdi ist ein Beispiel für eine eher unprofessionelle Schadware. Manche professionellen Angreifer aber wahren höchste operative Sicherheitsstandards und begehen keine Fehler. Vor allem bei politischen Cyberangriffen lässt sich zweitens der Kreis der Verdächtigen eingrenzen, wenn man das Motiv einer Attacke kennt. GhostNet oder Gauss sind Fälle, bei denen aufgrund der Anlage und der Zielgruppe des Angriffs nur eine begrenzte Zahl von Verdächtigen infrage kommt (China bzw. die Vereinigten Staaten). Drittens können Beweismittel vorliegen, etwa Abhörprotokolle von Wanzen oder durchgestochene interne Mitteilungen, die zeigen, dass eine Cyberattacke von bestimmten Führungspersonen geplant und genehmigt wurde; dies war bei der Nachbearbeitung von Aurora durch die US-Botschaft in Peking der Fall.[50] Viertens erfordern manche Angriffe ein hohes Maß an speziellen und nur schwer erhältlichen Informationen, beispielsweise Prozesswissen über die Steuerungssysteme in großen Ölraffinerien. Je spezieller, teurer und schwerer zugänglich die für einen solchen Angriff erforderlichen Informationen sind, desto geringer ist die Zahl von Organisationen, die sie beschaffen können. Zu guter Letzt sind die anspruchsvollsten militärischen Cyberattacken, wie Stuxnet beweist, in eine größere Kampagne offener oder verdeckter Operationen eingebettet. Wenn Cyberoperationen lediglich als vorbereitende oder flankierende Maßnahme für einen konventionellen Angriff gedacht sind, dann verliert das Attributionsproblem seine Dringlichkeit.

Die vorliegende Analyse führt zu einer Schlussfolgerung, die so ernüchternd wie tröstlich ist: *Das Attributionsproblem ist eine Funktion der Schwere eines Angriffs*. Wenn politische Cyberangriffe professionell ausgeführt werden und keine Beweismittel vorliegen, dann ist es schwer bis unmöglich, sie einem Urheber zuzuschreiben. Selbst wenn man einen Angriff zu einem bestimmten Staat zurückverfolgen kann und dieser Staat ein klares Motiv zu haben scheint, lässt die gleichermaßen technische, soziale und politische Natur des Attributionsproblems dem beschuldigten Staat immer noch genügend Raum, um seine Urheberschaft zu bestreiten. Bei Aurora waren es die Chinesen, die ihn nutzten; bei Stuxnet die Vereinigten Staaten und Israel. Weil aber das Attributionsproblem ein politisches Problem ist, eröffnet es auch dem Opfer einen Handlungsspielraum. Aurora und Stuxnet waren beides ambitionierte Cyberangriffe, doch sowohl im Hinblick auf technische Raffinesse als auch im Hinblick auf die realen Folgen sind noch deutliche Steigerungen möglich. Dies führt zu einer wichtigen Einsicht: Je zerstörerischer und gewaltsamer ein Angriff, desto mehr steht politisch auf dem Spiel. Und je mehr politisch auf dem Spiel steht, desto eher kann das angegriffene

Land das mutmaßliche Angreiferland dazu zwingen, seine kriminaltechnischen Untersuchungen aktiv zu unterstützen. Stellen wir uns eine Operation Aurora ungeahnten Ausmaßes vor: einen extrem ausgeklügelten Angriff, der eine noch nie da gewesene Reihe von Cyberattacken gegen kritische Infrastruktur in den Vereinigten Staaten umfasst. Denken wir etwa an gezielte Einbrüche der Stuxnet-Klasse in Atomkraftwerke, die zur Beschädigung der Kühlsysteme und möglicherweise zu radioaktiven Vorfällen mit Toten und Verletzten führen. Nehmen wir weiter an, dass sich – wie bei den Aurora-Angriffen – niemand zu der Aktion bekennt, ihre zerstörerische Anlage und die erstklassigen Geheimdienstinformationen, ohne die sie undenkbar wäre, aber die Zahl der möglichen Täter stark eingrenzt. Binnen weniger Wochen, so dürfen wir weiterspinnen, hätte die NSA den Ursprung der Operation zu einigen chinesischen IP-Adressen in zwei Bildungseinrichtungen mit Verbindungen zum Militär zurückverfolgt. Ein solcher Angriff mag außerordentlich unwahrscheinlich, vielleicht undurchführbar sein – doch lohnt es sich zu überlegen, was ein »Cyber-9/11« für das Attributionsproblem bedeuten würde. Die politische Lage nach einem solchen Vorfall wäre unabsehbar, und man würde gewiss einen militärischen Vergeltungsschlag in Erwägung ziehen. Zwei Veränderungen wären in einer solchen Situation wahrscheinlich: Erstens würden die Standards für eine Attribution auf ein nicht unvernünftiges, aber realistisches Niveau abgesenkt. Diese Anforderungen an die Zuschreibung sowie an die Transparenz der Beweismittel sind bereits niedriger als bei einem amerikanischen Gerichtsverfahren; sie lassen sich vielleicht am ehesten mit den weitaus undurchsichtigeren Informationen vergleichen, auf die sich verdeckte Operationen und Drohnenangriffe in fernen Ländern normalerweise stützen. Als zweite Veränderung würde die Beweislast auf den Verdächtigen verschoben. Wenn die chinesischen Machthaber eine Urheberschaft abstritten, ohne entschlossen mit den US-Ermittlern zusammenzuarbeiten, das heißt, ohne detaillierte Protokolldateien und alles verfügbare kriminaltechnische Beweismaterial, das die Fahnder den Tätern in China oder außerhalb Chinas einen Schritt näher brächte, zur Verfügung zu stellen, könnte eine solche Kooperationsverweigerung als stillschweigendes Eingeständnis der Urheberschaft gewertet werden. *Wir sagen euch nicht, wer es war*, würde geradewegs als *Wir waren es* interpretiert. Kurzum, in einer solchen Extremsituation würde man das Attributionsproblem höchstwahrscheinlich in einem akzeptablen Zeitrahmen lösen können. Kommt es also zu einem Cyberkrieg, wird sich das Attributionsproblem vermutlich in Wohlgefallen auflösen. So weit der tröstliche Teil des Arguments. Der ernüchternde Teil läuft auf eine Umkehrung dieser Feststellung bzw. die unangenehme Frage hinaus: Wird sich das Attributionsproblem je lösen lassen, wenn es nicht zu einem Cyberkrieg kommt? In diesem Kapitel habe ich zu zeigen versucht, dass die Antwort auf diese Frage einzig und allein von den Anforderungen an die Beweise abhängt, die politische Entscheidungsträger und die Öffentlichkeit als hinreichende Grundlage politischen Handelns zu akzeptieren bereit sind. Oder anders gesagt: Attribution ist immer Ermessenssache.

8. Jenseits des Cyberkriegs

Bevor wir unsere Einsichten zusammenfassen können, müssen wir uns abschließend noch einem grundsätzlichen Thema zuwenden. Das Thema zieht sich nicht nur durch das vorliegende Buch – es bestimmt und verzerrt mitunter auch viele andere Veröffentlichungen im Bereich der Cybersicherheit: Analogien.

Analogien, Vergleiche und Metaphern haben den Computerdiskurs viele Jahre lang ermöglicht und geprägt. In dem Maße, wie Ingenieure neue Technologien entwickelten, brauchten sie neue Wörter, um zu beschreiben, was sie und ihre Technologien denn eigentlich taten. *Speicher*, *Pakete* und *Firewalls* sind räumliche Analogien, die sich auf Dinge beziehen, mit denen Menschen intuitiv etwas anfangen können. Festplatten waren ein Aufbewahrungsort für viele alte und neue Daten – so musste es unmittelbar einleuchten, sie als »Speicher« zu bezeichnen. Kleine Mengen an Informationen, zwischen eine Kopfzeile und eine Fußzeile gepackt und mit einer Adresse versehen, konnte man natürlich »Pakete« nennen. Und auch der Begriff der »Firewall« (Brandschutzmauer) für eine Software, die unautorisiertes Eindringen verhinderte, klang unmittelbar plausibel. Wahrscheinlich muss man nicht eigens darauf hinweisen, dass auch »Cyberspace« eine räumliche Metapher ist. Weniger bekannt ist aber vielleicht die Tatsache, dass kein Ingenieur, sondern ein Romanautor den Begriff prägte: Er fiel erstmals und ohne weitere Erklärungen in William Gibsons Science-Fiction-Geschichte »Burning Chrome« von 1982, die in der deutschen Übersetzung tatsächlich den Titel »Cyberspace« trägt.[1]

In seinem Roman *Neuromancer* baute Gibson den Begriff weiter aus. Es lohnt sich, jene Passage zu zitieren, in der er das neue Wort einführte. Der Abschnitt beschreibt den Gemütszustand von Henry Dorsett Case, einem kleinen Drogendealer in der dystopischen Unterwelt von Chiba City in Japan:

> »Nach einem Jahr hier träumte er immer noch vom Cyberspace, doch seine Hoffnung schwand mit jeder Nacht. Alles Speed, das er nahm, alle Streifzüge durch die Gassen und Winkel von Night City halfen nichts; immer noch sah er im Schlaf die Matrix, helle Gitter der Logik, die sich vor der farblosen Leere entfalteten … Das Sprawl lag jetzt in seltsam weiter Ferne jenseits des Pazifiks, und er war kein Konsolenfreak, kein Cyberspace-Cowboy mehr. Nur ein kleiner Gauner unter vielen, der sich durchzuschlagen versuchte.«[2]

»Cyberspace« sollte bei Gibson eine virtuelle, körperlose Welt von Computernetzwerken evozieren, in die sich die Nutzer über Konsolen »einstecken« konnten. Gibson erklärte später, Cyberspace sei ein »richtiges Modewort … suggestiv und im Wesentlichen bedeutungslos«. Für den Autor war Cyberspace also ein suggestiver Begriff, der »keinen wirklichen semantischen Gehalt« hatte.[3] Nicht einmal ein so phantasiebegabter Autor wie Gibson hätte sich wahrscheinlich vorstellen können, welche Karriere dieser suggestive und im Kern bedeutungslose Ausdruck hinlegen würde. Ein gewisser kreativer Mangel an semantischer Klarheit ist bis heute ein Hauptquell der Lebendigkeit dieses Begriffs geblieben. Er hat die Analogie des Cyberspace aus den Seiten eines obskuren Science-Fiction-Romans direkt in die politische Realität der internationalen Beziehungen und der nationalen Sicherheit verpflanzt.

Nun ist Analogien mit Vorsicht und Fingerspitzengefühl zu begegnen; in besonderem Maße gilt dies aber für Analogien aus dem begrifflichen Minenfeld der Cybersicherheit. Analogien können in dreifacher Hinsicht lehrreich sein. Zunächst einmal kann eine Metapher helfen, ein Problem zu verstehen – Analogien sind ein *didaktisches Mittel* (wenn ich die Cybersicherheit als ein »begriffliches Minenfeld« bezeichne, dann ist damit gesagt: Seien wir vorsichtig, es kann etwas schiefgehen, wenn wir nicht auf die Einzelheiten achten). Die durch Metaphern aufgedrängten Vergleiche können zweitens wichtige Bereiche und Verbindungen hervorheben, die man unter anderen Umständen möglicherweise übersehen hätte – Analogien sind ein *Mittel der Inspiration und Kreativität* (wenn die Cybersicherheit ein begriffliches Minenfeld ist, dann können wir vielleicht eine Methode ersinnen, um die »Minen« leichter zu finden). Schließlich und vor allem geht eine Metapher an irgendeinem Punkt fehl, und genau an diesem Punkt des begrifflichen Fehlgehens der Metapher können wir die wichtigsten Einsichten über den fraglichen Gegenstand gewinnen: wie er sich vom Gewohnten unterscheidet, auf welche Weise er einzigartig ist – Analogien sind auch ein *Mittel zum Austesten*.[4] Dieser dreistufige Ansatz zur Erprobung der Nützlichkeit von Metaphern sieht theoretisch denkbar einfach aus, erweist sich aber in der Praxis als ziemlich schwierig. Besonders auf dem Feld der Cybersicherheit – einem Feld, auf dem sich sowohl das technologische Wissen verschiedener Teilbereiche der Informatik als auch sozialwissenschaftliches, politikwissenschaftliches, juristisches und sogar historisches Wissen durchdringen – braucht man wahrscheinlich auf dieser Dreistufenleiter der Abstraktion per Analogie von Stufe zu Stufe immer mehr Spezialwissen. Die erste Stufe erklimmt man mit Leichtigkeit. Jeder Laie ist in der Lage, Analogien als *didaktische Mittel* zu verwenden. Auch der zweite Schritt ist noch nicht allzu schwer. Der Einsatz von Analogien als *kreative Mittel* erfordert keine fachliche Spezialausbildung, nur gewisse Grundkenntnisse auf einem Gebiet. Analogien aber als *Testmittel* einsetzen zu können, verlangt Sachkenntnis und praktisches Know-how. Um den Punkt zu erkennen, an dem eine komplexe Analogie leerläuft, und um die zusätzlichen Einsichten fruchtbar zu machen, die aus den begrifflichen Grenzen einer gegebenen Metapher erwachsen, ist Spezialwissen nötig, vielleicht sogar Wissen aus verschiedenen nicht verwandten Fächern und Teildisziplinen. In der Praxis laufen Metaphern deshalb oft ins Leere, ohne dass denjenigen, die sie verwenden, der Missstand auffiele. Der kurzsichtige und misslungene Gebrauch von Metaphern ist in der Cybersicherheitsdebatte besonders augenfällig, und anscheinend ganz besonders unter – uniformierten wie zivilen – Militärexperten. So ist es vielleicht *didaktisch* sinnvoll, von Cyberkrieg oder Cyberwaffen zu sprechen: Das Publikum hat dann unmittelbar eine Vorstellung davon, worum es bei der Cybersicherheit gehen könnte; diese Metaphern regen die *Phantasie* an, möglicherweise weil sie den Gedanken des »Fliegens« oder »Manövrierens« im Cyberspace beschwören, ungefähr so wie Henry Dorsett Cases »Einstecken«. Allzu oft aber wird eine Analogie gebraucht, ohne dass die Grenze ihrer Tragfähigkeit durchschaut oder vermittelt würde (wenn die Cybersicherheit ein begriffliches Minenfeld ist, dann verursacht es einen Schaden, der nicht unmittelbar zu erkennen ist, wenn man auf eine der explosiven Gerätschaften tritt). Der Grat zwischen Selbsttäuschung und Austesten der Grenzen derartiger Vergleiche kann, anders gesagt, ziemlich schmal sein.

Eine ideale Illustration dieses Problems ist der oft herbeigeredete angebliche Krieg in der fünften Dimension. »Die Kriegsführung ist in einen fünften Bereich eingetreten: den Cyberspace«, psalmodierte der *Economist* im Juli 2010.[5] Und in der Tat ist es in dieser Debatte zu einer stehenden Wendung geworden, Cyberkonflikte als Kriegsführung im fünften Bereich zu bezeichnen. Der Autor dieses Buches war sprachlos, als ein hoher Jurist des Internationalen Komitees vom Roten Kreuz bei einer nicht öffentlichen Sitzung am Fachbereich für Kriegswissenschaften des Londoner King's College Anfang 2012 über den Cyberkrieg sprach und dabei die Frage in den Raum stellte, ob sich das IKRK dafür einsetzen sollte, dass das Kriegsvölkerrecht an diesen »fünften Bereich« angepasst wird. Mit fünf Argumenten möchte ich mein Befremden über sein Ansinnen verdeutlichen. Erstens: Der Begriff eines Kriegs im fünften Bereich stammt ursprünglich aus der Lobbytrickkiste der US-Luftwaffe. Die Air Force war ja nun schon für Luft- und Raumfahrt zuständig. Was also lag näher, als auch noch den Cyberspace für sich zu reklamieren? Im Dezember 2005 weitete die US Air Force ihren Aufgabenbereich entsprechend aus. Das alleine ist zwar noch kein starkes Argument gegen die Nützlichkeit des Begriffs, doch sollte man nicht aus den Augen verlieren, in welchem Zusammenhang er ursprünglich einmal geprägt und gebraucht wurde: Die Luftwaffe wollte sich ein größeres Stück von dem in absehbarer Zeit schrumpfenden Kuchen des Verteidigungshaushalts reservieren. Zweitens: Die programmcodebasierte Gewalt wird ihre Auswirkungen letztlich immer in anderen Bereichen finden – sie ist, wie im zweiten Kapitel ausführlich dargelegt, immer eine indirekte Gewalt, das heißt, sie kann in einer Menschen verletzenden Form nie im fünften Bereich zur Anwendung kommen. Drittens: Wenn sich die Kriegsführung im fünften Bereich, so wie es eigentlich konsequent wäre, nur auf das Beschädigen, Stehlen oder Löschen von Informationen in Computernetzwerken bezöge und nicht auf die Folgen für etwas, was von vornherein nicht Teil dieses Bereichs ist, dann würde der Begriff des Krieges selbst, so wie beim sprichwörtlichen »Krieg gegen Fettleibigkeit«, zu einer reinen Metapher verblassen. Viertens: Der Cyberspace ist kein eigenständiger Bereich militärischen Handelns, vielmehr sind alle anderen militärischen Gefechtsfelder, Land, Meer, Luft und Weltraum, von Computernetzwerken durchdrungen. In gewissem Maße überlappen sich diese Felder zwar alle gegenseitig, doch im Fall der IT-Sicherheit ist eine institutionelle Arbeitsteilung, insbesondere im Militär, wesentlich schwerer durchzusetzen: Die Luftwaffe hat keine Panzer, die Armee hat keine Fregatten, alle aber haben computergesteuerte Command-and-

Control-Netzwerke. Und schließlich: Trotz seines Namens ist der Cyberspace noch nicht einmal ein Raum. »Cyberspace« ist die heute übliche Metapher, mit der man die immer größere Reichweite des Internets zu beschreiben pflegt. Sie ist genauso verbreitet und allgemein akzeptiert wie die räumlichen Vorstellungen von einer »Firewall« oder dem »Surfen« im Netz. Vor diesem Hintergrund zu behaupten, die Luftwaffe »flöge« durch den Cyberspace, ist etwa so, als würde man davon sprechen, dass die Armee Truppen ausbilde, um Firewalls zu »erklimmen«, oder dass die Marine »Torpedos« entwickle, um gewisse Leute abzuschießen, die im Netz surfen. In Wahrheit ist die Vorstellung, ihre Piloten würden nun »im Cyberspace fliegen, kämpfen und siegen«, wie sie in der Grundsatzerklärung der US Air Force zum Ausdruck kommt, dermaßen unpassend, dass eigentlich jeder sie als lächerlich empfinden muss – eine Organisation, die im Besitz der präzisesten und furchtbarsten Waffen der Welt ist, sollte so etwas nicht verbreiten. Der Debatte um die nationale Sicherheit und Verteidigung wäre gedient, wenn man sich wieder auf die altbewährten vier Bereiche beschränkte. Schließlich gibt es keinen einzigen Cyberangriff, nicht einmal den überstrapazierten Stuxnet-Wurm, der für sich genommen als kriegerischer Akt durchgehen könnte. Kein Mensch ist jemals durch eine Cyberattacke ums Leben gekommen. Nie hat ein Cyberangriff Menschen verletzt. Durch einen Cyberangriff wurde noch nie ein Gebäude ernsthaft beschädigt.

Haben wir die Vorstellung eines »fünften Bereichs der Kriegsführung«, die uns lediglich auf Abwege führt, erst einmal hinter uns gelassen, dann kristallisieren sich fünf grundsätzliche und im Wesentlichen neue Schlussfolgerungen heraus.

Die erste und wichtigste von ihnen, die zugleich das Kernargument dieses Buches bildet, lautet, dass die Zunahme von Cyberattacken nichts anderes ist als ein Angriff auf die Gewalt selbst. Praktisch alle aktenkundig gewordenen Cyberangriffe verliefen im Grunde gewaltfrei. Und jene Cyberangriffe, die tatsächlich das

Potential haben, Maschinen oder Menschen physisch zu schädigen, können das, wie ich im zweiten Kapitel im Einzelnen dargelegt habe, nur auf indirekte Weise tun: Gewaltakte im Cyberspace sind weniger physisch, weniger emotional, weniger symbolisch und weniger instrumentell als konventionelle Formen politischer Gewalt. Das gilt für alle drei Gebiete, auf denen politische Cyberattacken überwiegend vorkommen: *Sabotageoperationen* können gewaltsam oder – in der allergrößten Mehrzahl – nicht gewaltsam ausfallen. Je höher der technische Entwicklungsstand einer Gesellschaft und je abhängiger diese Gesellschaft von der Technik, desto größer die Angriffsfläche, die sie gewaltloser und gewaltsamer Cybersabotage bietet. Das hat zwei Konsequenzen: Es ist erstens leichter, zwischen Gewalt und Gewaltlosigkeit zu unterscheiden, und zweitens wahrscheinlicher, dass sich Saboteure für den gewaltlosen Weg entscheiden. In *Spionageoperationen* scheint heutzutage weniger auf die Beherrschung von Gewalt spezialisiertes Personal zum Einsatz zu kommen als zu Zeiten, da es noch kein Internet gab. In gewissem Maße werden die Experten der Gewaltanwendung heute durch Softwareexperten ersetzt, doch das hat seinen Preis. Schließlich hat sich auch die *Subversion* verändert. In der Anfangsphase erfordert die subversive Zersetzung einer herrschenden Autorität weniger Gewalt als früher, doch eine aufkeimende subversive Bewegung zu revolutionärem Erfolg zu führen, ist schwieriger geworden. Die neue Technologie scheint zwar die Einstiegskosten verringert, die Kosten für den Erfolg aber deutlich erhöht zu haben. Andererseits können Cyberangriffe aller Art, selbst die vorwiegend gewaltlosen, heutzutage offenbar erreichen, wofür früher in irgendeiner Form politische Gewalt nötig war, nämlich die Erschütterung des kollektiven gesellschaftlichen Vertrauens in bestimmte Institutionen, Systeme, Organisationen oder Individuen. Und paradoxerweise können Cyberattacken, ob sie nun von einem Staat oder von nicht staatlichen Gruppen ausgehen, das soziale Vertrauen gewissermaßen auf dem Weg einer gewaltlosen Abkürzung unmittelbarer erschüttern als politische Gewalt.

Die zweite Schlussfolgerung betrifft das Verhältnis von Angriff und Verteidigung bei Cyberattacken. Die meisten konventionellen Waffen lassen sich offensiv und defensiv gebrauchen. Das Informationszeitalter aber, so das gängige Argument, zeichne sich durch eine »Angriffsorientierung« aus.[6] Ein Pentagon-Bericht über den Cyberspace aus dem Jahre 2011 betonte noch »den Vorteil, den die Offensive im Rahmen der Cyberkriegsführung derzeit genießt«.[7] Cyberattacken, behaupteten Vertreter der Angriffsdominanzschule *(offense-dominance school)*, erhöhten die Chancen der Angreifer und vergrößerten ihre Zerstörungsmöglichkeiten, während sie ihre Risiken verringerten (einen speziellen Code zu verschicken sei einfacher, als Spezialeinheiten zu entsenden).[8] Und zweifellos spielt das Attributionsproblem der Angriffs-, nicht der Verteidigungsseite in die Hände, weshalb man mit mehr Sabotage und mehr Saboteuren rechnen darf.

Doch die Vertreter der Angriffsdominanz-Ideologie sollten ihre Argumente aus drei Gründen noch einmal überdenken: Zum einen muss die mit Cyberwaffen angreifende Seite eine Reihe von Schwierigkeiten und Kosten einkalkulieren, die auf der defensiven Seite nicht anfallen. Einer stillschweigenden Unterstellung der Angriffsdominanz-Schule zufolge stärkt der Cyberspace die Schwachen. Aber auch starke und reiche Länder können auf überraschende Weise von Cyberangriffen profitieren: Das Idaho National Laboratory zum Beispiel hat viele der handelsüblichen industriellen Steuerungssysteme bei sich installiert und getestet, um Schwachstellen zu finden und wirksamere Schutzmaßnahmen zu entwickeln. Eine solche Testumgebung ist jedoch auch für Angriffszwecke unerhört wertvoll. Haben Ingenieure nämlich erst einmal verstanden, wie man etwas reparieren kann, dann wissen sie auch, wie man es kaputt macht. Außerdem ist es ziemlich teuer, bestimmte Installationen wie etwa Steuerungssysteme, die in komplexen und stark auf den konkreten Zweck zugeschnittenen Raffinerien zum Einsatz kommen, zu simulieren und in einer Testumgebung laufen zu lassen. Gleichzeitig gibt es nur eine sehr begrenzte Anzahl von Systemen für Raffinerien. Nur ein Land, welches über die entsprechenden Kompetenzen verfügt, ist deshalb gegebenenfalls auch in der Lage, diese andernorts für einen Angriff einzusetzen – was die Zahl potentieller Angreifer begrenzt.[9] Selbst wenn die Ressourcen, die für einen wirklich zerstörerischen Akt der Cybersabotage notwendig sind, nicht im Entferntesten an den Preis komplexer konventioneller Waffensysteme heranreichen, sind derartige Akte deshalb vielleicht noch arbeitsintensiver als analoge Sabotageakte.[10] Denn zunächst einmal müssen Schwachstellen identifiziert werden, bevor man sie ausnutzen kann; komplexe industrielle Systeme müssen mithin erst gründlich verstanden werden; und ein technisch hoch entwickeltes Angriffswerkzeug ist möglicherweise in einem solchen Maße auf eine bestimmte Zielkonfiguration zugeschnitten, dass es sich gar nicht mehr für andere Zwecke einsetzen lässt – man stelle sich eine hoch entwickelte Rakete vor, die lediglich auf ein bestimmtes Gebäude abgefeuert werden kann und dies auch nur unter der Bedingung, dass der Angreifer ganz genau weiß, was sich in diesem Gebäude befindet. Die Reihe möglicher Ziele für eine Cyberwaffe ist deshalb viel begrenzter als gemeinhin angenommen – das Gegenteil aber gilt für solide Abwehrmaßnahmen.

Ein weiterer Grund ist, dass Angriffe mit Cyberwaffen eine geringere Halbwertszeit besitzen als entsprechende Abwehrmaßnahmen.[11] Wie Stuxnet und insbesondere Flame gezeigt haben, mögen geheime Angriffe zwar manchmal unerwartet lange anhalten. Doch einen als Waffe eingesetzten Code, der auf maximale Schadwirkung, nicht auf maximale Unsichtbarkeit ausgelegt ist, wird man vermutlich recht schnell entdecken. Und sobald eine Cyberkriegshandlung ausgeführt würde, um erhebliche Sach- und Personenschäden zu verursachen, wäre der Angriff per definitionem kaum zu übersehen. Die Virenschutzfirmen und Softwarehäuser, die das angegriffene Produkt vertreiben, würden den Schadcode folglich bald finden und analysieren, ja vermutlich auch publik machen. In kürzester Zeit gäbe es höchstwahrscheinlich Patches und angemessene Schutzmaßnahmen für die Sicherheitslücken, die den Angriff möglich gemacht haben. Während sich die politische Krise möglicherweise über Wochen, Monate oder sogar Jahre hinzöge, hätte es der Angreifer aufgrund der Sicherheits-Updates äußerst schwer, seine Attacke zu wiederholen. Dabei hängt doch jede Bedrohung von der *Glaubwürdigkeit* des Aggressors ab, tatsächlich angreifen oder einen erfolgreichen Angriff wiederholen zu können. Und wenn dieser erst einmal eine potente Cyberwaffe erfolgreich gegen ein Ziel eingesetzt hat, dann ist es doch mehr als fraglich, ob er seinen Angriff oder gar eine Salve von Angriffen wiederholen könnte, um ein bestimmtes politisches Ziel zu erreichen. Das Problem der Wiederholbarkeit schränkt also das Drohpotential destruktiver Cyberattacken erheblich ein.

Der letzte Faktor, der der Defensive zugutekommt, ist der Markt. Es gibt die Befürchtung, dass sich hochkompetente böswillige Akteure auf asymmetrische Methoden verlegen: Diese Akteure könnten beispielsweise kriminelle Gruppen anheuern, patriotische Hacker mobilisieren und womöglich neue Einsatzmöglichkeiten für generische Elemente bekannter Angriffstools finden. Noch größer ist die Sorge, dass komplexere Malware wahrscheinlich in modularer Form aufgebaut sein wird. Ein solcher modularer Aufbau könnte Malware-Entwicklern ein neues Geschäftsfeld eröffnen. In der Automobilindustrie zum Beispiel[12] bedeutet Modularität die Möglichkeit einer stärker spezialisierten Arbeitsteilung. Wettbewerber können simultan an verschiedenen Teilen komplexerer Systeme arbeiten. Module könnten auf Schwarzmärkten verkauft werden. Doch selbst wenn solche Befürchtungen zutreffen sollten, stellen derartige Märkte für Software-Schwachstellen nur ein begrenztes Risiko dar: Es ist unwahrscheinlich, dass die hochspezifischen Zielinformationen und Programmdesigns, die man für mächtige Waffen braucht, allgemein gehandelt werden könnten. Um wieder auf unsere unvollkommene Analogie aus dem vierten Kapitel zurückzukommen: Paintball-Pistolen wird man auch weiterhin problemlos überall im Handel kaufen können, nicht aber die mit endlos vielen Informationen vollgestopften, vorprogrammierten Sprengköpfe jener virtuellen präzisionsgelenkten Einmalraketen. Zugleich boomt der Verteidigungsmarkt: Zwischen den verschiedenen IT-Sicherheitsfirmen herrscht zunehmend Konkurrenz, das sogenannte Red-Teaming verbessert sich stetig, aktive Verteidigungsstrategien sind im Kommen, und ganz allmählich entwickelt sich auch das Sicherheitsbewusstsein der Konsumenten.

Hat man sich all diese Argumente vor Augen geführt, wird deutlich, dass der Cyberspace mitnichten die Seite der Angreifer, sondern vielmehr die der Verteidigung begünstigt. Was daraus folgt, ist vielleicht eine neue Entwicklung: Ein immer höheres technisches Niveau ist erforderlich, um eine Möglichkeit zur Cybersabotage zu finden und eine entsprechende Operation erfolgreich durchzuführen. Je anspruchsvoller die Vorrichtungen zum Schutz und zur Verteidigung komplexer Systeme sind, umso höher werden auch die Anforderungen an den Angreifer: an den Stand seiner technischen Entwicklung, an seine Ressourcen und Fähigkeiten, an die Zielgenauigkeit seines Angriffstools und an seine Organisation. Es gibt wahrscheinlich nur sehr wenige technisch avancierte strategische Akteure, die in der Lage sind, eine große Computersabotage-Operation über einen längeren Zeitraum durchzuführen. Nach eingehender begrifflicher Analyse und detaillierter Untersuchung der vorliegenden empirischen Daten finden wir eine zentrale Hypothese bestätigt: Will man potentiell zerstörerische Cyberwaffen für einen Angriff auf gut gesicherte Ziele entwickeln und einsetzen, braucht man dafür, abgesehen von erheblichen Ressourcen und überaus spezifischen und schwer erhältlichen Informationen über das Ziel, sehr viel Zeit, um einen Einsatz zu planen, vorab zu testen, vorzubereiten, zu starten, durchzuführen, aufrechtzuerhalten und auszuwerten. Erfolgreiche Attacken gegen die bestgeschützten Ziele ereignen sich mit großer Wahrscheinlichkeit nicht ohne die finanzielle und technische Unterstützung eines staatlichen Akteurs. Es ist unwahrscheinlich, dass Terroristen imstande wären, ein – schon an sich unwahrscheinliches – Cyber-9/11 anzurichten.

Die dritte Schlussfolgerung betrifft die Ethik von Cyberangriffen. Durch die Erkenntnis, dass Cyberangriffe das einem Konflikt innewohnende Maß an Gewalt nicht vergrößern, sondern vielmehr *verringern*, eröffnet sich eine neue Perspektive auf einige wichtige ethische Fragen. Manch ein Politikbeobachter hat sich für eine den Genfer Konventionen ähnliche Vereinbarung ausgesprochen, um den Einsatz von waffenfähiger Software zu begrenzen.[13] Oft gehen solche Forderungen auf Vergleiche mit dem Kalten Krieg und den Atomwaffen zurück. In diesem Sinne etwa äußerte sich im März 2011 Brent Scowcroft, ein kalter Krieger, der unter Gerald Ford und George H. W. Bush gedient hatte, vor einer Gruppe von Spezialisten und Studenten an der Georgetown University. Der Kalte Krieg und die Cybersicherheit seien sich »gespenstisch ähnlich«, sagte Scowcroft und forderte, man solle die amerikanisch-russischen Rüstungskontrollverträge zum Vorbild für Bedrohungen der Cybersicherheit nehmen. »Irgendwann erkannten wir, dass Atomwaffen die Welt zerstören können, und Cyber kann unsere Gesellschaft zerstören, wenn wir es nicht eindämmen«, orakelte Scowcroft substantivierend vor seinem Georgetowner Publikum.[14] Viele vergleichbare Ansichten ließen sich an dieser Stelle zitieren; in diversen wissenschaftlichen Aufsätzen hat man versucht, erhellende Parallelen zum Kalten Krieg zu ziehen.[15] Um jeden Preis zu verhindern, dass »unsere Gesellschaft zerstör[t]« wird, scheint ethisch gesehen eine untadelige

Entscheidung zu sein. Doch muss man konstatieren, dass viele in alte Denkmuster zurückfallen, wenn sie versuchen, den drohenden »Cyberrüstungswettlauf« durch ein internationales Abkommen aufzuhalten oder das *ius ad bellum* auf Kriegshandlungen anzuwenden, die nicht stattgefunden haben.[16] Doch hinkende, unreflektierte Vergleiche können kein Ersatz für seriöse, nüchterne Analysen sein – Analogien aus dem Bereich der Kerntechnik sind fast immer unzulänglich, wenig hilfreich und technisch irreführend.[17]

Hat man Cyberangriffe erst einmal in ihre drei Hauptkategorien unterteilt, lassen sich triftigere ethische Überlegungen anstellen. Die kontroverseste Form von Cyberaktivität ist die *Subversion*. Diesbezüglich wird man zwischen den Vereinigten Staaten und der Europäischen Union auf der einen und den autoritären politischen Regimen in Russland und China auf der anderen Seite wahrscheinlich wenig Gemeinsamkeiten finden – und Kompromisse sind an dieser Stelle moralisch nicht vertretbar. Einen solchen Kompromissvorschlag unterbreiteten Russland und China am 12. September 2011 bekanntlich dem Generalsekretär der Vereinten Nationen in Form eines »Internationalen Verhaltenskodex zur Informationssicherheit«. Zu den Kernforderungen des von ihnen gewünschten Kodex gehörte die »Achtung der Souveränität« im Netz, um kriminelle und terroristische Aktivitäten im Internet zu »bekämpfen«. Ziel war es, die Verbreitung von Informationen einzudämmen, die geeignet sein könnten, Extremismus, Abspaltungsbestrebungen und »Unruhe« anzustacheln. Nervös gemacht durch die netzgetriebenen arabischen Revolutionen, wollten China und Russland die Staatengemeinschaft auf eine strengere nationale Antisubversionspolitik einstimmen, wie Anfang Dezember 2012 auf der Weltkonferenz zur Internationalen Telekommunikation (WCIT) in Dubai, Vereinigte Arabische Emirate, deutlich wurde.

Die normativ entscheidende Frage, die liberale Demokratien zu beantworten haben, ist allerdings eine ganz andere. Die Herausforderung besteht nämlich darin, nicht Subversion per se einzudämmen, sondern die richtige Form von Subversion zu erhalten, die demokratische und unternehmerische Selbsterneuerung überhaupt erst möglich macht: Wie sollte in einer offenen liberalen Demokratie die Grenze zwischen regenerativer Subversion, die in den wirklich freien Ländern in die Verfassungen eingeschrieben ist, und illegalen subversiven Aktivitäten ausgehandelt und gezogen werden? Diese feine Unterscheidung hat sich in den liberalen Demokratien über Jahrhunderte herausgebildet, zusammen mit dem Hintergrundverständnis, dass in seltenen Krisenmomenten illegales Handeln legitim sein kann. Unter dem Druck neuer Technologien, die sich sowohl zur Ausweitung von Kontrolle als auch zur Ausweitung von Protesten und zur Umgehung von Kontrolle nutzen lassen, wird man diese Grenze sorgsam überprüfen müssen. Die größte Gefahr für liberale Demokratien besteht nicht darin, dass diese Technologien den Individuen zu größerer Macht verhelfen als dem Staat; langfristig gesehen ist das Risiko viel größer, dass sie dem Staat mehr Macht geben als den Individuen und dadurch die fein justierte Machtbalance zwischen Bürgern und den von ihnen gewählten Regierungen aus dem Gleichgewicht bringen.

Die *Ethik der Sabotage* stellt sich ganz anders dar. Ein als Waffe eingesetzter Code kann, oder, allgemeiner gesprochen, Cyberattacken können Ziele erreichen, die früher nur auf dem Weg eines Militärschlags erreichbar waren. Ich habe in diesem Buch unter anderem zu zeigen versucht, dass die raffiniertesten Cyberangriffe sehr spezifisch auf einzelne Ziele zugeschnitten sind und dass Cyberwaffen höchstwahrscheinlich nicht in demselben Maße Kollateralschäden verursachen wie konventionelle Waffen. In ethischer Hinsicht sind Computerangriffe dem Einsatz konventioneller Waffen deshalb in vielen Fällen vorzuziehen: Denn eine Cyberattacke wird gegebenenfalls begrenzter, weniger gewaltsam und weniger traumatisierend sein. Sabotage mittels eines als Waffe gebrauchten Codes dürfte deshalb moralisch leichter zu vertreten sein als ein Luftschlag, ein Raketenangriff oder eine Kommandoaktion. Ähnliches gilt für die *Ethik der Cyberspionage*. Auch hier muss man die staatliche Entscheidung für eine Computerattacke mit möglichen Alternativen vergleichen statt mit der Entscheidung, nichts zu unternehmen. Worin bestehen diese Alternativen? Informationen lassen sich abschöpfen, indem man in Computersysteme eindringt und digitale Signale abfängt – alternativ lassen sie sich beschaffen, indem man – möglicherweise bewaffnete – menschliche Spione unter persönlicher Gefahr in gegnerisches Territorium einschleust oder Verdächtige unter harschen Bedingungen verhört. In bestimmten Fällen kann die Computerspionage auch hier die ethisch unproblematischere Wahl sein. Nicht ethische, sondern operative Probleme stehen in diesem Zusammenhang im Mittelpunkt. Das bringt uns zum nächsten Schluss.

Die vierte Schlussfolgerung ist vielleicht besonders ernüchternd – sie betrifft die höchst begrenzte mögliche Botschaft alleinstehender Cyberangriffe.[18] Ein staatlich finanzierter Cyberangriff auf einen anderen Staat enthält eine implizite Botschaft. Das bekannteste und erfolgreichste Beispiel hierfür ist Stuxnet. Um den Wert dieser technisch eindrucksvollen Operation zu beurteilen, muss man den größeren strategischen Zusammenhang mitberücksichtigen: Die Operation sollte das iranische Urananreicherungsprogramm zurückwerfen und verzögern und außerdem das Vertrauen der iranischen Regierung in ihre eigene Atomwaffenfähigkeit untergraben. Doch wusste man lange nicht so recht, wie erfolgreich Stuxnet in dieser Hinsicht eigentlich war – davon hatten die Iraner wahrscheinlich ein viel genaueres Bild. Was man im Nachhinein aus Beobachterperspektive allerdings mit Sicherheit sagen kann, ist, dass Stuxnet die Entschlossenheit der iranischen Regierung, atomwaffenfähig zu werden, nicht gebrochen und nicht einmal geschwächt hat. Verschiedene Länder haben zu unterschiedlichen politischen Strategien gegenüber Iran gegriffen, um die Islamische Republik vom Bau einer Atomwaffe abzuhalten. Diese reichten von Diplomatie über Verhandlungen und Sanktionen aller Art bis hin zu verdeckten Operationen, der Ermordung von Atomwissenschaftlern (und anderen), militärischen Drohungen und schließlich Luftschlägen gegen wichtige iranische Einrichtungen. Cyberattacken waren nur eines dieser zahlreichen Instrumente. Hätte man in diesem Zusammenhang alles auf Cyberangriffe von fragwürdiger Wirkung, aber womöglich mit AC/DC-Beschallung gesetzt, so hätte man den Iranern wahrscheinlich implizit eine kontraproduktive Botschaft vermittelt: *Wir sind auf der Hut und technologisch extrem leistungsfähig, doch haben wir nicht ernsthaft vor, euch anzugreifen, solltet ihr eine rote Linie überschreiten.* Ein nicht von anderen Offensivmaßnahmen flankierter Cyberangriff, insbesondere einer, der so geheim vonstattengeht, dass man den Angreifer praktisch nicht *in situ* identifizieren kann, lässt sich aus sicherer Distanz ausführen. Er stellt keine Gefahr für das Bedienpersonal dar – weshalb seine politischen Kosten per definitionem geringer ausfallen als die einer konventionellen Operation. Es lohnt sich, hier an die Logik des Stolperdrahts aus dem Kalten Krieg zu erinnern. Während des Kalten Kriegs waren in Westdeutschland und anderen Ländern große Kontingente amerikanischer Bodentruppen stationiert. Die implizite Botschaft, die der Sowjetunion dadurch glaubwürdig vermittelt wurde, lautete: *Wir sind auf der Hut und technologisch extrem leistungsfähig, und wir haben ernsthaft vor, euch anzugreifen, solltet ihr eine rote Linie überschreiten.*[19] Durch die erkennbare Bereitschaft, das Leben amerikanischer Staatsbürger aufs Spiel zu setzen, demonstrierte das Weiße Haus glaubwürdig Entschlossenheit. Selbstverständlich kann man mittels Cyberangriffen an höchst wertvolle Informationen gelangen. Ob sich auf diese Weise viel politischer Druck aufbauen lässt, ist allerdings fraglich. In Anbetracht der empirischen Erfahrungen und einer technischen

Analyse muss man sagen, dass die politische Zweckmäßigkeit von Cyberattacken bisher doch ziemlich begrenzt geblieben ist und aller Wahrscheinlichkeit nach auch bleiben wird. Paradoxerweise verstärkt die immense Kluft zwischen Hype und Realität diesen Effekt noch weiter, denn so viel Wind um Akte der Cybersabotage auch gemacht wird, so (relativ) schmerzfrei sind sie für ihre Opfer. Cybersabotage-Angriffe sind, mit anderen Worten, in der Regel weniger wirksam, als man denkt.

Unsere letzte Schlussfolgerung betrifft die Beantwortung von Cyberattacken bzw. das Ergreifen von Gegenmaßnahmen. Im Sommer 2012 äußerte sich Senator John McCain mehrfach zu dem damals gerade gescheiterten Internetsicherheitsgesetz (»Cybersecurity Act«). Der prominente amerikanische Sicherheitspolitiker hatte gegen die Gesetzesvorlage gestimmt: »Wie ich immer wieder sage, gehört die Bedrohung, der wir im Cyberspace ausgesetzt sind, zu den wichtigsten und schwierigsten Gefahren der Kriegsführung im 21. Jahrhundert.« Zu Beginn des Jahres 2013 kündigte das Pentagon an, das United States Cyber Command von 900 auf 4900 Stellen aufzustocken, hauptsächlich im offensiven Bereich. Hinter dieser martialischen Symbolik zeichnet sich ein allgemeines Problem ab: die Militarisierung der Cybersicherheit.[20] William Lynn, bis Oktober 2011 zweiter Mann im Pentagon, gab Kritikern gegenüber zu Protokoll, das Verteidigungsministerium gedenke nicht, den Cyberspace zu »militarisieren«. »Tatsächlich«, schrieb Lynn, »wird der Cyberspace durch robuste Cyberabwehrmaßnahmen genauso wenig militarisiert wie das Meer durch die Existenz einer Marine.«[21] Solche Aussagen sind aber höchst problematisch.

Wie vielen anderen Regierungen ist es der amerikanischen Administration bislang nicht gelungen, solide Cyberabwehrmaßnahmen zu ergreifen. Eine solide Abwehr gegen *Sabotage* würde bedeuten, Computersysteme weniger anfällig zu machen, insbesondere Systeme, mit deren Hilfe von Chemikalien bis Zügen alles Mögliche durch die Gegend bewegt wird. Doch die Sicherheitsstandards der Systeme, die die industrielle oder in anderer Hinsicht grundlegende Infrastruktur der globalen Gesellschaft steuern, sind nach wie vor erschreckend niedrig. Eine solide *Spionage*abwehr hieße, das Herausschleusen sensibler Daten aus Unternehmen und öffentlichen Einrichtungen im großen Stil zu verhindern – doch die westlichen Geheimdienste fangen gerade erst an zu begreifen, wie Gegenspionage und ein passender Einsatz menschlicher Informanten in einem digitalen Bedrohungsumfeld aussehen könnten.

Unter einer soliden Verteidigung gegen *Subversion* schließlich wäre die Wahrung der gesellschaftlichen Stabilität durch eine Stärkung des offenen Internets und der Bürgerbeteiligung am politischen Prozess zu verstehen – da es sicherlich die beste Versicherung gegen degenerative Subversion ist, die regenerative Subversion zu tolerieren und sogar zu schützen. Begreift man das Ergreifen solider Cyberabwehrmaßnahmen als Militarisierung des Cyberspace, wurde der Cyberspace bisher in der Tat nicht »militarisiert«. Das Einzige, was tatsächlich militarisiert wurde, ist die Debatte um den Cyberspace. Das hat unter anderem dazu geführt, dass die Qualität dieser Debatte enorm gelitten oder, besser gesagt, niemals ein Niveau erreicht hat, wie es den Informationsgesellschaften des 21. Jahrhunderts gerecht würde. Es ist kein Zufall, dass hier mit zweierlei Maß gemessen wird, denn was wie eine harmlose Scheinheiligkeit aussieht, dient in Wirklichkeit der Bemäntelung eines vertrackten kausalen Verhältnisses: Loses Gerede über den Cyberkrieg spielt die Angriffe übermäßig hoch und lähmt die Verteidigung.

In den 1950er und 1960er Jahren, als Giraudoux' Stück prominent auf englischsprachigen Bühnen zu sehen war, stand die Welt vor einem anderen, von vielen für unvermeidlich gehaltenen Problem: dem eines atomaren Schlagabtauschs. In seinem schwarzseherischen Buch *World Wide War – Angriff aus dem Internet* erwähnt Richard Clarke, dass Herman Kahn, Bill Kaufmann und

Albert Wohlstetter damals beschieden wurde, man dürfe nicht öffentlich über den Atomkrieg sprechen. Genau wie im Falle der nuklearen Sicherheit, so schließt Clarke zu Recht, müsse es aber ganz im Gegenteil viel mehr öffentliche Diskussionen um Cybersicherheit geben, gerade weil ein so großer Teil der Arbeiten mit dem Geheimhaltungsvorbehalt gekennzeichnet ist. Diese Kritik ist berechtigt und überzeugend: Allzu oft halten Staaten wie Unternehmen ihr Wissen um Schwachstellen und Fähigkeiten zurück. Wenn die nationale Sicherheit oder Unternehmensgewinne auf dem Spiel stehen, kann es natürlich nur in gewissen Grenzen transparent zugehen. Doch in Demokratien darf man eine öffentliche Auseinandersetzung um die Sicherheit des Internets erwarten, die wesentlich besser informiert sein sollte als die, die wir gerade erleben. Und ganz egal, ob wir von dem Betriebssystem eines Computers oder dem politischen System einer Gesellschaft sprechen, müssen wir uns vor Augen halten, dass offene Systeme ungleich stabiler und sicherer sind. Der Einsatz ist in jeder Hinsicht viel zu hoch, um einfach so weiterzuwursteln wie bisher.

Der Pearl-Harbor-Vergleich und die Hiroshima-Analogie verweisen auf eine weitere Einschränkung: Im Gegensatz zu den Atomtheoretikern der 1950er Jahre, die den Abwurf der Atombombe »Little Boy« über Hiroshima erlebt hatten, mussten die Cyberkriegstheoretiker der 2010er Jahre bisher keinerlei Erfahrung mit dem Einsatz tödlicher Cyberwaffen machen. Ein Hiroshima des Cyberkriegs hat es nie gegeben. Auf der Basis einer sorgfältigen Auswertung der empirischen Befunde, der technischen Details und Entwicklungen und der in diesem Buch vorgenommenen begrifflichen Analysen müssen wir ein zukünftiges Cyber-Hiroshima als hochgradig unwahrscheinlich bezeichnen. Es wird allmählich Zeit, dass diese Debatte dem Reich der Mythen und Märchen entwächst – seriöse Spezialisten haben in dieser Hinsicht schon gewisse Fortschritte gemacht, und in einigen Ländern zieht auch die öffentliche Debatte allmählich nach. Es stimmt zwar: In dem berühmten griechischen Mythos behält Kassandra am Ende recht. Nur: Hat er denn wirklich stattgefunden, der Trojanische Krieg?

9. Epilog*

Der Cyberkrieg wird stattfinden!

von Josh Stone

Der Cyberkrieg wird stattfinden! Nun, vielleicht auch nicht, aber es geht mir darum zu zeigen, dass ein Cyberkrieg stattfinden *könnte* – ungeachtet einiger anregender und phantasievoller Argumente zum Beweis des Gegenteils.

Einer der interessantesten Aspekte der anschwellenden Debatte um den Cyberkrieg ist, mit welcher Deutlichkeit sie unser unzureichendes Verständnis der Begriffe offenbart, in denen wir über den Krieg an sich zu sprechen pflegen. Klärungsversuche, ob Cyberattacken als Kriegshandlungen oder doch besser als eine Form von Kriminalität, Spionage oder Sabotage zu betrachten sind, werden durch unsere vage Vorstellung vom Wesen des Krieges selbst erschwert. Insbesondere haben sich die Strategietheoretiker bislang nie bemüht, gründlich zu untersuchen und genau zu definieren, ob man die Kriegsmittel nun als Mittel der Kraft *(force)* oder der Gewalt *(violence)* versteht. Folglich werden diese Ausdrücke in der Regel ungenau und austauschbar gebraucht, was ihren Wert als begriffliche Instrumente durchaus schmälert.

---

* Dieses Kapitel erschien ursprünglich im *Journal of Strategic Studies*, Bd. 36, Nr. 1 (2013), und wird hier mit freundlicher Genehmigung von Routledge/Taylor and Francis wiederabgedruckt.

Vielleicht der wichtigste Grund für diesen anhaltenden Mangel an begrifflicher Genauigkeit hängt mit der historischen Entwicklung der strategischen Studien zusammen. Als eigenständiger Forschungsbereich bildete sich die Strategie in Reaktion auf die Erfindung der Atomwaffen heraus. Oberstes Ziel war, Mittel und Wege zu finden, um jeden weiteren Krieg zwischen Großmächten zu verhindern. Vor diesem Hintergrund entwickelte die strategische Theorie einen pragmatischen Charakter: Man suchte an erster Stelle nach praktikablen Lösungen für akute politische Probleme. Wie Bernard Brodie im Kalten Krieg notierte, lautete »die entscheidende Frage für die Strategie: Wird diese Idee funktionieren?«[1] Aus diesem Grund haben sich die Strategietheoretiker nie besonders für die Grundlagen des Krieges interessiert; ihr Augenmerk lag immer auf den Besonderheiten der Atomwaffen und auf Abschreckungsstrategien. Obwohl sich einige Vertreter des Feldes dieser Lage durchaus bewusst waren, kam es doch nie zu einer grundsätzlichen Beschäftigung mit dem Phänomen des Krieges. Als Hannah Arendt 1970 in einem etwas anderen Zusammenhang den wenig präzisen Gebrauch von »Schlüsselbegriffen wie Macht, Stärke, Kraft, Autorität und schließlich Gewalt – die sich doch alle auf ganz bestimmte, durchaus verschiedene Phänomene beziehen«, beklagte, konnte die strategische Theorie leider nichts zur Klärung beitragen.[2]

Dabei blieb es bis zum Ende des Kalten Kriegs, als die atomare Abschreckung an Dringlichkeit verlor, weil das Bedrohungspotential abgenommen hatte. Wer allerdings glaubte, nun sei es für die Strategen endlich an der Zeit gewesen, tief Luft zu holen, um sich grundsätzlich mit dem Phänomen des Krieges auseinanderzusetzen, der irrte. Das intellektuelle Klima in den Jahren unmittelbar nach dem Kalten Krieg war einer solchen Entwicklung nicht förderlich. Nicht eine Beschäftigung mit den Grundlagen des Krieges war das Bestreben, vielmehr wurden die strategischen Studien innerhalb des deutlich weiter gesteckten Rahmens der Sicherheitsstudien an den Rand gedrängt.[3] Der Krieg, was auch immer das genau sein mochte, galt zunehmend als nur eine unter vielen Bedrohungen für das Gemeinwohl, und nicht einmal als die akuteste. Als sich der Krieg dann wieder auf der politischen Tagesordnung zurückmeldete – zunächst in Gestalt ethnischer Konflikte, dann in der des internationalen Terrorismus und weltweiter Unruhen –, war von einer soliden Grundlagenkenntnis folglich immer noch keine Spur. Jede neue Manifestation des Krieges wurde tendenziell als ein Phänomen sui generis behandelt und nicht als Variation eines allgemeinen Themas. Falls diese Tendenz überhaupt zu irgendetwas führte, dann dazu, den Begriff des Krieges als eigenständige Form der politischen Aktivität aufzuspalten und durch eine disparate Reihe von Unternehmungen zu ersetzen, die sich durch ihre spezifischen Arten des strategischen Handelns unterschieden. Krieg wurde zu »humanitärer Intervention« oder zu »Aufstandsbekämpfung«.

Es kann daher kaum überraschen, dass die Frage, ob etwas so Ungewöhnliches wie Cyberangriffe eine Kriegshandlung darstellen, umstritten ist. Ohne fundiertes Verständnis dessen, was eine Kriegshandlung ausmacht, dürften wir über den Status von Cyberattacken kaum Einigkeit erzielen. Insbesondere der angeblich »unblutige« Charakter von Cyberangriffen stellt eine Herausforderung dar, weil er uns zwingt, das Verhältnis von Kraft *(force)*, Gewalt und Tödlichkeit systematischer zu durchdenken, als dies bislang geschehen ist. Diese Punkte möchte ich im Folgenden im Hinblick auf einen einzelnen, besonders einflussreichen Aufsatz von Thomas Rid veranschaulichen, der unlängst im *Journal of Strategic Studies* erschienen ist. Rids zentrales Argument lautet, dass es so etwas wie einen Cyberkrieg weder gibt noch in Zukunft geben wird. »Der Cyberkrieg«, so seine Behauptung, »wird nicht stattfinden.«[4] Das führt er darauf zurück, dass bislang kein Fall von Cyberattacke alle erforderlichen Merkmale besessen habe, die einen Akt des Krieges ausmachten – und folglich werde dies wohl auch in Zukunft so bleiben. Cyberangriffe könnten eine Kriegshandlung unterstützen, stellten aber für sich genommen keine solche Handlung dar.

Was also genau ist eine Kriegshandlung? Für Rid muss jede Kriegshandlung drei bestimmte Merkmale aufweisen: Sie muss eine politische Motivation aufweisen, instrumentellen Charakter haben und potentiell tödlich sein. Als bloße Reformulierungen der Clausewitz'schen Auffassung vom politischen Zweckcharakter des Krieges sind die ersten beiden Merkmale nicht weiter kontrovers. Wir werden gleich noch auf Rids spezielle Vorstellung von einem politischen Akt zurückkommen und auf die Bedeutung, die er in diesem Zusammenhang der Attribution beimisst. Zunächst einmal möchte ich mich näher mit der Frage der Tödlichkeit und ihrem jeweiligen Verhältnis zu Kraft *(force)* und Gewalt *(violence)* befassen. Rids Verständnis dieser Verhältnisse kommt in der folgenden Passage mit aller wünschenswerten Klarheit zum Ausdruck:

> »›Der Krieg ist also ein Akt der Gewalt[5], um den Gegner zur Erfüllung unseres Willens zu zwingen‹, schreibt Carl von Clausewitz auf der ersten Seite seines Buches *Vom Kriege*. Jeder Krieg impliziert einfach den Einsatz von Gewalt. Birgt eine Handlung nicht wenigstens ein Gewaltpotential, ist sie auch keine Kriegshandlung […]. Eine echte Kriegshandlung ist prinzipiell immer und manchmal de facto tödlich, mindestens für einige Beteiligte auf mindestens einer Seite.«[6]

Diese Passage ist besonders interessant, weil wir hier beobachten können, wie Rid Kraft *(force)*, Gewalt *(violence)* und Tödlichkeit genau auf die Art und Weise verquickt, die Arendts Missvergnügen erregte: Kraft *(force)* impliziert Gewalt *(violence)*, die ihrerseits Tödlichkeit impliziert. In Wirklichkeit aber schließt Krieg keinen notwendigen Kausalzusammenhang zwischen diesen drei in

Wirklichkeit verschiedenartigen Phänomenen ein. Wie wir gleich sehen werden, impliziert jeder Krieg Kraft, Kraft aber setzt nicht unbedingt Gewalt voraus – vor allem nicht, wenn Gewalt wiederum Tödlichkeit voraussetzt.

Wie Rid zutreffend feststellt, charakterisiert Clausewitz Krieg als einen »Akt der Gewalt«. Das deutsche Wort »Gewalt« kann natürlich neben Gewalt auch Kraft (ganz zu schweigen von Macht und Kontrolle) bedeuten. Clausewitz ist aber an terminologischer Genauigkeit gelegen. Wenn er »Gewalt« als das Mittel des Krieges beschreibt, denkt er an »physische Gewalt« *(physical force)*.[7] Er spricht, mit anderen Worten, von der Art Kraft, deren formale wissenschaftliche Definition mit ihrem Vermögen zusammenhängt, eine physische Veränderung herbeizuführen. Wir können davon ausgehen, dass Clausewitz diese Form des Wortgebrauchs im Sinn hatte; schließlich ist sein Werk reich an Analogien aus der klassischen Physik, von denen die bekannteste die der »Friktion« ist. In der Physik bedeutet der Begriff »Friktion« Reibungswiderstand. Als solcher bot er sich Clausewitz offensichtlich zur Bezeichnung der Vielzahl von Einflüssen an, die sich alle dagegen verschwören, dass eine Armee jemals vollkommen effizient operiert.

Auf welchem Weg erzielt Kraft im Krieg ihre Wirkung? Zum einen tut sie es, indem sie den Körpern unmittelbar eine physische Veränderung aufzwingt, das heißt, indem sie verletzt oder tötet. In diesem Zusammenhang ist die Anwendung von Kraft darauf ausgerichtet, Wirkungen hervorzurufen, wie wir sie alltagssprachlich normalerweise als »Gewalt« bezeichnen. Das *Oxford English Dictionary* (*OED*) definiert Gewalt als »Handeln unter Anwendung physischer Kraft mit dem Ziel zu verletzen, zu zerstören oder zu töten«. Nach dieser Lesart tut Kraft menschlichen Körpern Gewalt an, mit möglicherweise tödlichen Folgen. Tote Soldaten sind das Ergebnis, und diese Toten beeinträchtigen die Fähigkeit einer Kriegspartei, dem Gegner ihren Willen aufzuzwingen. Hier verbinden sich Kraft, Gewalt und Tödlichkeit somit zu Rids drittem Definitionsmerkmal. Damit sind wir jedoch noch nicht am Ende: Denn auch wenn man zubilligen mag, dass Kriegshandlungen stets Kraft und Gewalt beinhalten, bedeutet dies doch nicht, dass sie Tödlichkeit (oder Verletzungen) implizieren. Nach Auskunft des *OED* zumindest scheint Kraft mehr als nur menschlichen Körpern Gewalt antun zu können. Der Ausdruck »zerstören« impliziert, dass Gewalt nicht nur gegen Menschen, sondern auch gegen Artefakte gerichtet sein kann, sie muss also nicht immer tödlich sein – eine historisch im Übrigen mehr als gut belegte Lesart der Sachlage.

1943 flog die 8. US-Luftflotte zwei Angriffe auf das bayerische Schweinfurt. In beiden Fällen ging es darum, die deutsche Kugellagerproduktion lahmzulegen, die fast vollständig in dieser Stadt zusammengezogen war. Beim ersten Angriff kamen 203, beim zweiten 276 Menschen am Boden ums Leben.[8] Aus Sicht der Alliierten waren diese Toten eine Nebenfolge der erwünschten Absicht, die Fähigkeiten des Feindes zur Produktion von Kugellagern zu zerstören. Die Fabriken waren das eigentliche Ziel: Zerstört sie, und die deutsche Kriegsproduktion ist entscheidend geschwächt. Zu diesem Zweck bombardierte die US 8th Army Air Force bei Tag gezielt relativ kleine Objekte, und sie tat dies mit nach damaligen Standards beeindruckender Treffgenauigkeit. Die Kugellagerproduktion wurde massiv zurückgeworfen, und Albert Speer, Reichsminister für Rüstung und Kriegsproduktion, kam zu dem Schluss, dass weitere Luftangriffe dieser Art fatale Folgen für die gesamte deutsche Kriegsanstrengung hätten.[9] Dass die 8. US-Luftflotte keine weiteren Angriffe auf Schweinfurt flog, verdankte sich den hohen Verlusten an Bombern und Besatzungen, die ihr eine leistungsfähige Luftabwehr in Anbetracht der langen Strecken und der Angriffe bei Tag abverlangte.

Dieses Beispiel gibt interessante Aufschlüsse über das Verhältnis von Gewalt und Tödlichkeit, denn es zeigt, dass beides nicht unweigerlich Hand in Hand gehen muss. Die am Boden erlittenen

Verluste waren eine unbeabsichtigte (wenn auch vorausgesehene) Folge der Luftangriffe, nicht das gewünschte Ziel. Wollte man partout an der tödlichen Dimension der Gewalt festhalten, dann müsste man den Angriffen auf Schweinfurt den Status von Kriegshandlungen absprechen und eine andere Bezeichnung für sie finden. Mehr noch: Wir bräuchten einen neuen Terminus für die typisch liberale Kriegsführung der westlichen Länder, die seit Liddell Hart darauf beruht, durch den Einsatz einer fortschrittlichen Militärtechnik, die schnelle und präzise Schläge gegen die materiellen Komponenten der Widerstandsmittel des Feindes erlaubt, Verluste an Menschenleben so gering wie möglich zu halten. Die Angriffe auf Schweinfurt waren lediglich ein frühes Beispiel für diese lang anhaltenden Bemühungen, die in jüngerer Zeit unter den Stichworten der »Revolution der militärischen Angelegenheiten« und der »militärischen Transformation« des Pentagons weiterverfolgt werden.

Rid bevorzugt den Begriff »Sabotage« für jeden »gezielten Versuch, ein wirtschaftliches oder militärisches System zu schwächen oder zu zerstören, bei dem *Dinge, nicht Menschen das primäre Ziel sind*«.[10] In diesem Sinne ließen sich die Angriffe auf Schweinfurt und die liberale Kriegsführung im Allgemeinen tatsächlich als gewaltige Sabotageakte verstehen – was aber nicht ausschließt, dass sie gleichzeitig auch Kriegshandlungen sind. Vielleicht bestimmt Rid deshalb zugleich, dass Sabotage »offene Gewalt« und »politische Attribution« scheut, während Krieg immer beides voraussetzt. »Jeder Akt der Gewalt und seine eigentliche politische Absicht«, so seine Behauptung, »müssen sich zu irgendeinem Zeitpunkt der Konfrontation auch einer Seite zurechnen lassen. Die Geschichte kennt keine Kriegshandlungen, die sich nicht früher oder später zurechnen ließen.«[11] Doch schließt die historische Behauptung (wenn sie denn zutrifft) die Möglichkeit nicht aus, dass künftige Kriege nicht zurechenbare Gewaltakte *(acts of force)* einschließen *könnten*, die gewaltsame Zerstörungen und womöglich

Todesopfer nach sich ziehen. Clausewitz' Definition des Krieges als eines Akts der Gewalt setzt nicht voraus, dass jemand die Urheberschaft für diesen Akt beansprucht oder dass dieser Akt zurechenbar sein muss. Strategische Akteure könnten die politischen Ziele, die sie mittels verdeckter Gewaltakte zu erreichen versuchen, sorgsam verheimlichen. Kurzum, die Aspekte der Offenheit und Attribution sind irrelevant für jeden Versuch, zwischen Krieg und Sabotage zu unterscheiden. Am Ende beruht Rids Unterscheidung zwischen Krieg und Sabotage einzig auf dem Aspekt der jeweiligen Zielobjekte: Krieg bedeutet das Töten von Menschen, Sabotage das Zerstören von Dingen; Krieg impliziert Tödlichkeit, Sabotage nicht. Vor dem Hintergrund dieser begrifflichen Unterscheidung aber wäre es wie gesagt erforderlich, die gesamte liberale Art der Kriegsführung – die sich vorrangig darum bemüht, Dinge zu zerstören statt Menschen zu töten – als Sabotage neu zu beschreiben. Ein solcher Argumentationsschritt aber wäre völlig unplausibel, und das nicht nur, weil er den allgemein akzeptierten Vorstellungen davon, was eine Kriegshandlung ausmacht, allzu viel Gewalt antäte (sic!). Und weil es kein plausibler Schritt ist, können wir mit allem Recht den Schluss ziehen, dass Krieg nicht die Herbeiführung tödlicher Gewalt einschließen muss. An diesem Punkt verabschiedet sich folglich die Tödlichkeit. Sie ist keine Voraussetzung für Kriegshandlungen, und auch der Status von Cyberangriffen kann auf dieser Grundlage nicht beurteilt werden.

Es gibt allerdings noch einen zweiten denkbaren Einwand gegen die Behauptung, Cyberattacken seien Kriegshandlungen (den Rid nicht diskutiert). Dieser Einwand berührt nicht das Verhältnis von Gewalt und Tödlichkeit, sondern das von Kraft *(force)* und Gewalt. Wie bereits erwähnt, definiert Clausewitz Krieg eher als einen Akt physischer Kraft denn als einen Akt der Gewalt. In diesem Zusammenhang muss Gewalt als eine Folge von Kraft und weniger als ein Definitionsmerkmal des Krieges verstanden werden. Dies scheint gegen einen kriegsähnlichen Status von Cyberattacken zu sprechen, weil deren Wirkmechanismus allem Anschein nach nicht die Kraft ist. Ein Cyberangriff kann zwar jede Menge Gewalt hervorrufen – aber wäre dies das Ergebnis eines Kraftakts *(act of force)*? Die Situation, vor der wir hier stehen, erinnert an die Grenzfälle, die immer wieder im Zuge einer philosophischen Untersuchung des Verhältnisses von Kraft und Gewalt aufkommen. C. A. J. Coady bietet zwei verzwickte Fälle dieser Art: »Ein Beispiel ist das Erdolchen mit einem Stilett, das sanft zwischen die Rippen gleitet … ein zweites Beispiel (oder eine zweite Klasse von Beispielen) betrifft das Vergiften oder Vergasen.«[12] Cyberangriffe scheinen ziemlich nahtlos in diese Kategorie problematischer Fälle zu passen, bei denen Gewalt deutlicher hervortritt als Kraft.

Viele dieser Grenzfälle könnte man vielleicht besser einordnen, wenn man sie nicht einfach als fragwürdige Akte der Kraftanwendung versteht, sondern als Akte der Kraftanwendung, deren Auswirkungen durch Technik verstärkt werden. Im Kriegskontext wird Technik oft als »Kraftverstärker« beschrieben, obwohl man sie für unsere gegenwärtigen Zwecke besser als »Gewaltverstärker« bezeichnen sollte.[13] Anders formuliert: Die Technik stellt ein Medium des Handelns dar, durch das die Anwendung kleiner Mengen von Kraft in große Mengen von Gewalt übersetzt wird. Das »Stilett, das sanft zwischen die Rippen gleitet«, ist ein solches Beispiel. Es zeichnet sich durch eine dünne Klinge und eine scharfe Spitze aus. Die Pointe der Spitze, wenn man so sagen darf, besteht darin, die physische Kraft, die bei einem Akt des Erdolchens aufgewandt wird, auf eine sehr kleine Stelle des Körpers zu konzentrieren und damit das Beibringen einer tiefen Wunde zu begünstigen, wie man sie braucht, um innere Organe zu verletzen. Das Stilett ist, mit anderen Worten, speziell dafür gemacht, die Gewalt zu maximieren, die entsteht, wenn man es »sanft zwischen die Rippen gleiten« lässt. So ziemlich das Gleiche lässt sich über Fälle des Vergiftens oder Vergasens sagen. Hier dienen Gift oder Gas dazu, das Ausmaß an Gewalt zu steigern, das ansonsten durch den

Kraftakt des Ans-Ziel-Beförderns hervorgerufen würde. Giftpfeile können so tödliche Einstiche produzieren, während Gasgranaten bei entsprechenden Windverhältnissen noch weit von ihrem Explosionsort entfernt tödliche Folgen haben können.[14]

So gesehen stellen Cyberattacken ein besonders effizientes Mittel der Übersetzung von Kraft in Gewalt dar: Man braucht nicht mehr als ein paar Anschläge auf der Tastatur, um eine ganze Kette potentiell höchst gewaltsamer Ereignisse auszulösen.

Um zusammenzufassen: In dem Sinne, dass Cyberattacken Kriegshandlungen darstellen *könnten*, ist ein Cyberkrieg möglich. Dieser Punkt leuchtet jedoch nur ein, wenn wir uns darüber im Klaren sind, was die Ausdrücke »Kraft« *(force)* und »Gewalt« *(violence)* implizieren und wie ihr Verhältnis zur Frage der Tödlichkeit aussieht. Kriegshandlungen beinhalten die Anwendung von Kraft, um gewaltsame Effekte zu erzielen. Diese gewaltsamen Effekte müssen keinen tödlichen Charakter haben: Auch wenn sie nur Dinge kaputt machen statt Menschen zu töten, fallen sie immer noch unter die Kategorie des Krieges. Zudem bedeutet die vermittelnde Funktion der Technik, dass kleine Kraftakte – wie der, auf einer Tastatur zu tippen – große Mengen von – tödlicher oder nicht tödlicher – Gewalt zur Folge haben können. Nichts von dem Gesagten soll Rids anregende Gedanken herabsetzen. Für den Wert seiner Argumentation ist nicht entscheidend, ob sie richtig oder falsch ist, entscheidend ist ihr Potential, eine Diskussion über den Cyberkrieg und im weiteren Sinne über die Grundlagen des Kriegs selbst auszulösen. Die Tatsache, dass es uns an einem gemeinsamen, inhaltlich gehaltvollen, konzeptionellen Bezugsrahmen fehlt, in dem wir Cyberangriffe verorten könnten, lässt sich nicht einem Einzelnen zur Last legen, sondern nur dem Feld der strategischen Studien insgesamt. Rid hat uns den großen Dienst erwiesen, uns allen, die wir in diesem Feld arbeiten, einen Spiegel vorzuhalten und mit uns gemeinsam darüber nachzudenken, was wir in ihm sehen.

Über den Autor

John Stone ist Senior Lecturer am Fachbereich Konfliktforschung des King's College London, wo er sich auf die Geschichte und Theorie der Militärstrategie spezialisiert hat. Sein jüngstes Buch heißt *Military Strategy. The Politics and Technique of War*, London: Continuum 2011.

Danksagung

Die Idee zu diesem Buch geht auf einen Aufsatz zurück, der im Januar 2012 unter dem Titel »Cyber War Will Not Take Place« im *Journal of Strategic Studies* erschien. Die Herausgeber Joe Maiolo und Tom Mahnken trafen eine exzellente Entscheidung. Sie verschafften dem Text größere Aufmerksamkeit, indem sie ihn als ersten Artikel dieser Zeitschrift überhaupt Monate vor Erscheinen der Druckausgabe online stellten. Daraufhin beschloss Michelle Philipps vom Verlag Taylor & Francis, die Bezahlschranke aufzuheben und ihn frei zugänglich zu machen. Mein Dank gilt auch Blake Hounshell und Susan Glasser, die eine kürzere Version des Aufsatzes in der Zeitschrift *Foreign Policy* abdruckten. Teile des Kapitels »Cyberwaffen« entstanden in Zusammenarbeit mit meinem Kollegen Peter McBurney, Professor für Informatik am King's College London, und wurden ursprünglich auch unter diesem Titel veröffentlicht. Adrian Johnson und Emma De Angelis von *The RUSI Journal* nahmen den provokanten Artikel in die Februarausgabe 2012 ihrer vorzüglichen Publikation auf. Dank gebührt Dan Dieterle, dem ersten von vielen Bloggern, der sich mit »Cyber War Will Not Take Place« auseinandersetzte, als dessen Argumentation noch in den Kinderschuhen steckte, und Bruce Schneier, der den Artikel einem größeren Publikum empfahl, als ich je zu hoffen gewagt hätte.

Viele Kollegen haben zur Entwicklung der Analyse beigetragen, sei es mit entlegenen Details oder Quellen, die ich selbst nie gefunden hätte, sei es im Widerspruch gegen manche Argumente des

Buches. In alphabetischer Reihenfolge möchte ich mich bedanken bei Dmitri Alperovitch, David Betz, Joel Brenner, Jeffrey Carr, Richard Chirgwin, Ron Deibert, Adam Elkus, Emily Goldman, David Grebe, Clement Guitton, Michael Hayden, Marc Hecker, Eli Jellenc, Pavan Katkar, Daniel Kuehl, Herbert Lin, Joe Maiolo, Peter McBurney, Gary McGraw, Daniel Moore, David Omand, Richard Overill, Dale Peterson, Tim Stevens, John Stone, Ron Tira, Michael Warner, Matthew Waxman, Martin Zapfe und all jenen, die nicht genannt werden dürfen, sowie drei anonymen Gutachtern. Michael Dwyer vom Verlag Hurst hatte die Idee, den ursprünglichen Artikel zu einem Buch auszuarbeiten. Die Zusammenarbeit mit ihm und seinem Team bei Hurst, insbesondere Jon de Peyer and Tim Page, war ein Vergnügen.

Der Fachbereich Konfliktforschung des King's College London ist ein höchst anregender Ort, um zu schreiben und zu lehren, nicht zuletzt dank vieler Kollegen aus unterschiedlichen Fächern, besonders aber vom Fachbereich Informatik am anderen Ende der Halle im sechsten Stock auf dem Strand-Campus. Von den brillanten Studenten meines Moduls über *Cyber Security* im Wintersemester 2012/2013 habe ich viel gelernt. Dieses Buch hätte an keinem anderen Ort geschrieben werden können. Für finanzielle Förderungen bin ich dem Office of Naval Research und dem Minerva-Programm des US-Verteidigungsministeriums zu Dank verpflichtet. Danken möchte ich auch der Universität Konstanz, vor allem Wolfgang Seibel und Fred Girod, die mir die Möglichkeit gaben, in der ruhigen und idyllischen Umgebung der Seeburg von Kreuzlingen im Sommer 2011 einen ersten Grundriss des vorliegenden Buches zu entwerfen.

Mein ganz besonderer Dank gilt Annette, die für Rosa sorgte und noch viel mehr.

Nachwort

Im Frühjahr 2017 teilte mir mein Verlag mit, er wolle vier Jahre nach Erscheinen von *Cyber War Will Not Take Place* und etwa fünfeinhalb Jahre nach Erscheinen meines Artikels im *Journal of Strategic Studies*, auf dem das Buch basiert, eine zweite Auflage drucken. Bücher über Technologie veralten schnell. Eine Frage lag somit unmittelbar auf der Hand: Sollten wir das Manuskript überarbeiten? Nach reiflicher Überlegung beschlossen wir, nichts am Text zu ändern.

Diese Entscheidung beruht im Wesentlichen auf drei Gründen. Zunächst einmal haben die revisionistische Argumentation und ihr konzeptueller Rahmen den historischen Test bestanden. Aus der großen Cyberwar-Debatte sind viele Dutzend, wahrscheinlich Hunderte von Artikeln sowie unzählige in Seminaren und Workshops geführte Diskussionen, nicht nur an Universitäten, sondern auch in der Privatwirtschaft, im Militär und in vielen Regierungen und Parlamenten, hervorgegangen. Der unbeholfene Begriff »Cyberkrieg« scheint zunehmend auf dem Rückzug – tatsächlich hat das Wort mittlerweile den etwas altmodischen Klang der jüngst vergangenen Jahrhundertwende angenommen und ist deshalb eher ein peinliches Indiz dafür, dass ein hitzköpfiger Politiker oder cleverer Journalist nicht die Zeit gefunden hat, sich ein wenig gründlicher in die technischen oder historischen Umstände des Eindringens in Computernetzwerke einzulesen. Wider Erwarten ist *Cyber War Will Not Take Place* auf diese Weise in den vier Jahren, seit es 2013 im englischen Original erschien, zu einem

Klassiker geworden. 2017 wurde das Buch in seiner ursprünglichen Form ins Chinesische übersetzt, 2018 liegt es nun auch auf Deutsch vor.

Der wichtigste Grund, auf eine aktualisierende Überarbeitung zu verzichten, ist aber ein praktischer: Eine umfassende, am Detail orientierte Fortschreibung wäre schlicht unmöglich gewesen. Mittlerweile gibt es eine Unmenge von Fallstudien zur Cybersicherheit sowie eine Unmenge kriminaltechnischer Daten zu einer immer größer werdenden Zahl von Vorfällen vor. Fast wöchentlich verkünden die Schlagzeilen irgendeine neue IT-Sicherheitskrise, bei der es mal Autos oder Kraftwerke, mal Krankenhäuser sind, die von Hackern sabotiert werden. Diese Masse an Fallstudien sprengt nicht nur den Rahmen eines einzelnen Buches – vielfach sind auch die Details dieser Vorfälle, selbst wenn die entsprechenden Forschungen zum Großteil weder geheim noch klassifiziert sind, für Wissenschaftler gar nicht einsehbar. Damit ist eine neue Situation entstanden.

Cybersicherheit ist ein seltsames Forschungsgebiet. Die Diskussion um andauernde oder gerade erst vergangene Vorfälle bzw. die Fortentwicklung unseres Verständnisses dieser Vorfälle wird nicht so sehr durch die wissenschaftlichen Erkenntnisse der Informatik oder angrenzender Disziplinen befördert. Wie vielleicht absehbar, hat die Privatwirtschaft, insbesondere eine Reihe von Cybersicherheitsfirmen, die auf Bedrohungsanalyse, Vorfallsreaktion und digitale Forensik spezialisiert sind, eine Vorreiterrolle in der Produktion besonders erkenntnisfördernder Berichte übernommen. Die wertvollsten und detailliertesten Berichte über derartige Vorfälle – die Wissenschaft spricht hier vorzugsweise von »Fallstudien« – werden nicht von Universitäten, sondern von Unternehmen veröffentlicht.[1] Ohne viele dieser Publikationen aus der Privatwirtschaft hätte ich mein Buch nicht schreiben können. Doch in den vergangenen fünf Jahren hat sich einiges grundlegend geändert. Nach und nach hat sich eine merkwürdige Praxis durchgesetzt, die gerade im Begriff steht, das gesamte Feld neu zu strukturieren.

Seit den frühen Zehnerjahren dieses Jahrhunderts publizieren mehr und mehr Firmen eingeschränkt verfügbare Berichte unter dem sogenannten *Traffic Light Protocol* (»Ampel-Protokoll«). Das Traffic-Light-Protokoll ist eine industrieweit verbreitete, vertrauensbasierte Konvention, die das mündliche sowie das schriftliche Teilen vertraulicher Informationen regelt. Die für das Protokoll übliche Abkürzung ist TLP. Und so funktioniert es: TLP White (weiß) bedeutet, das Dokument ist öffentlich; TLP Green (grün) bedeutet, die Empfänger können das Dokument mit relevanten Fachkollegen teilen; TLP Amber (bernsteinfarben, d. i. gelb) heißt, Empfänger dürfen das Dokument innerhalb ihrer eigenen Organisation teilen; und TLP Red (rot) schließlich zeigt an, dass die Empfänger das Dokument mit niemandem teilen dürfen, der nicht unmittelbar an einem Austausch oder Meeting teilgenommen hat, in dessen Verlauf die Informationen ursprünglich mitgeteilt wurden. Die US-amerikanische und die britische Regierung, aber auch viele andere unterstützen das System und verwenden es oft selbst. Normalerweise tragen TLP-Berichte einen Klassifikationsvermerk, der ein Dokument in der Kopf- oder Fußzeile jeder Seite etwa als TOP SECRET ausweist.[2] Immer mehr Informationen über bestimmte Fälle verbleiben also in diesem für Wissenschaftler weitgehend unzugänglichen Raum des TLP.[3] Mitte des Jahres 2017 schätzte man die Zahl dieser beschränkt verfügbaren Berichte auf weit über 10 000 (Tausende zu einzelnen Vorfällen, Hunderte zu Hacker-Kampagnen).[4] Selbst das Zitieren aus beschränkt verfügbaren Dokumenten stellt ein Problem dar, da man weder Autor noch Titel oder Verlag öffentlich nennen darf.[5] Der Nachteil dieser Situation ist, dass sich eine immer größere Kluft zwischen der öffentlichen Wissenschaft einerseits und geschützten oder beschränkt zugänglichen Analysen staatlicher Stellen und zunehmend auch privater Unternehmen andererseits auftut. Diese Kluft kommt am besten durch das Doppelleben einer in der englischsprachigen Welt allgegenwärtigen Abkürzung zum Ausdruck, »IR«: Für Leute im digital-operativen Geschäft steht »IR« für *incident response*, Vorfallsreaktion; *international relations*, also internationale Beziehungen, ist hingegen das, was die meisten Wissenschaftler darunter verstehen.

Der Vorteil an dieser Situation besteht darin, dass im Laufe der letzten fünf Jahre eine dynamische Szene von Cybersicherheitsexperten entstanden ist. Dabei handelt es sich um eine über die unterschiedlichen gesellschaftlichen Bereiche hinweg vernetzte Gemeinschaft, die sich regelmäßig auf Konferenzen, in Kneipen oder auf Twitter trifft – nach derzeitigem Stand die Plattform der Wahl beim Thema Informationssicherheit. Dass die Privatwirtschaft hier die Führung übernommen hat, liegt nicht daran, dass die Universitäten die Entwicklung verschlafen hätten. Unternehmen spielen eine andere Art von Spiel, eines, das ihnen zu einem doppelten Vorteil verhilft: Sie bieten Sicherheit in Form von Produkten und Dienstleistungen an. Aus diesem Grund haben Unternehmen einen besseren Zugang sowohl zu anderen Unternehmen als auch zu staatlichen Stellen. Eine andere, mit der ersten zum Teil identischen Reihe von Firmen besitzt durch ihre Produkttelemetrie außerdem Zugang zu riesigen Datenmengen.

Die Konsequenz daraus liegt auf der Hand: Die meisten Wissenschaftler im Bereich Cybersicherheit werden ein Vertrauensverhältnis zu Unternehmen – und vielfach auch zu Regierungsstellen – aufbauen und mit ihnen zusammenarbeiten müssen, allein schon, um besseren Einblick in wichtige Fallstudien ihres eigenen, sich rasch entwickelnden Forschungsfelds zu gewinnen. Im Jahr 2017 ist es also einerseits schwieriger und riskanter geworden, sich als Student oder Doktorand auf dem Gebiet der Cybersicherheit zu bewegen, andererseits zahlt es sich aber auch mehr aus als noch vor wenigen Jahren. Eines der größten Risiken für die Wissenschaft besteht darin, dass gerade die Talentiertesten der Universität den Rücken kehren, bevor sie wirklich in sie hineingefunden haben. Das ist traurig, heutzutage aber leider eine Tatsache.

Niemanden hat der Erfolg dieses Buches wohl mehr überrascht als seinen Autor. Ich hoffe, es ist nach wie vor geeignet, das Feld hilfreich zu strukturieren; mindestens für mich selbst hat es in den vergangenen fünf Jahren diesen Zweck erfüllt. Ich habe hier versucht, den abgedroschenen Begriff des »Cyberkriegs« loszuwerden und ihn durch drei altehrwürdige Tätigkeiten zu ersetzen, die im 21. Jahrhundert gewissermaßen in technisch aktualisierter Form ihre Fortsetzung finden: Spionage, Sabotage und Subversion. Mein Vorhaben war es, ein scheinbar neues Feld dadurch wieder mit seiner eigenen Geschichte, oder vielleicht besser: mit seinen eigenen Geschichten, in Verbindung zu bringen. Im Rahmen dieser Neuorientierung möchte ich fünf Themenbereiche hervorheben.

Der allgemeine historische Faden ist die Geschichte der Idee, nämlich von »Cyber« selbst, dieses allgegenwärtigen und doch schwer fassbaren Präfixes und Substantivs. Die Geschichte beginnt im Zweiten Weltkrieg mit dem Aufstieg einer neuen und seltsam ansteckenden Wissenschaft: der Kybernetik. Die kybernetischen Ursprünge der Ängste und Hoffnungen, die wir auf alles Digitale projizieren, habe ich in meinem 2016 auf Englisch und auf Deutsch erschienenen Buch *Maschinendämmerung* nachgezeichnet.[6]

Das erste eigentliche Thema ist die Spionage mit ihrer – und ich verwende das Wort hier sehr bewusst – *zunehmend* digitalen Geschichte. In einem ernst zu nehmenden Ausmaß hat die digitale Spionage in den 1990er Jahren begonnen. Ein Großteil dieser Geschichte liegt noch immer im Dunkeln, weil die Archive meist noch unter Verschluss sind. Ein wichtiges Buch, das zeitgleich mit der ersten Ausgabe des vorliegenden erschien, war Jason Haleys *A Fierce Domain*.[7] Ein kleines Team, zu dem auch ich gehörte, hatte rund zwei Jahre lang einen der ersten in Healeys Buch analysierten Fälle untersucht. Es handelte sich dabei möglicherweise um den ersten größeren Fall von zwischenstaatlicher digitaler Spionage, der unter dem Codenamen MOONLIGHT MAZE bekannt wurde. Erst nachdem es mir gelungen war, einen damaligen IT-Administrator eines in den Jahren 1998/1999 betroffenen Staging-Servers ausfindig zu machen, eröffnete sich uns die Möglichkeit, einen entscheidenden sechsmonatigen Ausschnitt dieser Operation technisch zu analysieren.[8] Der besagte Administrator hatte glücklicherweise die Protokolldateien und die abgehörten Binärcodes aufbewahrt und bei seiner Pensionierung mit nach Hause genommen. Hingegen hatte (unseres Wissens) keine der an dieser Operation beteiligten Regierungsbehörden, auch und zumal nicht das FBI, die technisch-forensischen Daten aufbewahrt und archiviert. Dieser Umstand fördert ein gravierendes Problem zutage. Die Spionage und ihre forensischen Nachweise haben sich digitalisiert – was aber nicht für die Archivierung dieser Nachweise gilt. Das muss sich ändern. Bringt man diese Erkenntnis in Zusammenhang mit der oben erwähnten Szene der IT-Sicherheitsexperten, die sich durch private und öffentliche Klassifikationssysteme aufgespalten sieht, dann wird das Risiko offenkundig: Wesentliche Teile der Geschichte dieses Felds können verloren gehen, bevor wir überhaupt in der Lage sind, diese Geschichte zu verstehen.

Im Fall der Computersabotage, die das zweite große Themenfeld bildet, verschärft sich das Problem noch weiter. Stuxnet, der wohl bekannteste Fall, ist erstaunlich gut aufgearbeitet.[9] Doch die Tatsache, dass Stuxnet so gut dokumentiert ist, erweckt einen falschen Eindruck. Einer der Sicherheitsvorfälle mit dem größten Schaden aller Zeiten, mit dem wir uns (in diesem Buch) ebenfalls befasst haben, war der Großangriff, durch den im August 2012 die Daten auf etwa 30000 Rechnern von Saudi Aramco gelöscht wurden. Dieser Vorfall stellte für den riesigen Ölkonzern eine gewaltige logistische Herausforderung dar. Was man allerdings gemeinhin nicht weiß, ist, dass derartige Fälle von Sabotage viel häufiger vorkommen, als öffentlich zugegeben wird. Nur wenige Tage nachdem Shamoon Saudi Aramco einen so schweren Schlag versetzt hatte, wurde ein vergleichbarer Angriff nicht auf einen, sondern gleich auf zwei große katarische Energiekonzerne ausgeführt, der darüber hinaus eine verbesserte Datenzerstörungs-Funktionalität aufwies. Andere Großangriffe auf iranische Ziele zum Zwecke des Datenlöschens etwa um dieselbe Zeit bleiben sogar noch rätselhafter. Und auch die Geschichten anderer großer Datenlöschvorfälle sind noch nicht vollständig rekonstruiert, unter anderem nicht die jenes berüchtigten Hackerangriffs auf Sony im Jahr 2014 und diverser Fälle in Südkorea. Ja, es kann sogar sein, dass in den letzten Jahren mehr als 20 saudi-arabische Ziele Opfer erfolgreicher Datenzerstörungsattacken geworden sind. Denn oft werden die Opfer eines solchen hochdestruktiven Sabotageakts ihren Sicherheitsvorfall nicht publik machen wollen, was zwar in verstärktem Maße, aber keinesfalls nur für nicht demokratische Länder gilt. Wahrscheinlich werden wir niemals über ein vollständiges und hochauflösendes Bild der Computersabotage verfügen.

Die dritte wichtige Kategorie, die dieses Buch behandelt, ist die Subversion. Wer Autoritäten untergraben will, bedient sich schon seit Langem der neuesten Informationstechnologie, entweder um seine Ziele effektiver zu erreichen oder um sich selbst besser zu schützen. Zu diesem selbstverständlich anhaltenden Trend gehört schon seit den frühen 2010er Jahren die Verwendung verschlüsselter, also abhörsicherer Smartphone-Apps durch alle möglichen Nutzer, der Einsatz von Anonymisierungssoftware, durch den unter anderem Dissidenten eine Metadaten- und Datenverkehrsanalyse verhindern wollen, aber auch die Nutzung einer Reihe von Tools, die sowohl das Durchstechen geheimer Informationen als auch die Verbreitung übler Propaganda an kleinere und größere Zielgruppen erleichtern können. Die Subversion gehört nicht im engeren Sinne zur Cybersicherheit – sie basiert aber auf strenger Cybersicherheit. Deshalb werden die Debatten um den subversiven Gebrauch von Technologie wahrscheinlich dauerhaft einen Platz an den Rändern und gelegentlich auch mal im Zentrum des breiteren Felds der Cybersicherheit einnehmen.

Auf eine große Schwäche der ursprünglichen Analyse muss noch hingewiesen werden; sie betrifft den irreführenden Begriff »Cyberwaffen«. Seit 2013 gab es eine Reihe von Fällen durchgesickerter Geheimdienstinformationen, besonders im Herbst 2016 und im Frühjahr 2017. Forscher haben nun die Möglichkeit, Dateien zu studieren, die von einigen der mächtigsten Geheimdienste der Welt gestohlen und geleakt wurden. Manche dieser Dateien haben Erkenntnisse über Programme, Verfahren, Fähigkeiten und über diverse Operationen gebracht. Dennoch bleibt es schwierig, sich diese ungewöhnlichen Quellen im Rahmen einer seriösen historischen oder politikwissenschaftlichen Arbeit zunutze zu machen, da sich beispielsweise die Informationen aus Präsentationsfolien der amerikanischen Nationalen Sicherheitsbehörde NSA oder der britischen Regierungskommunikationszentrale GCHQ nur schwer überprüfen lassen und zum Teil auch widersprechen.[10] Andere Dateien, die seit Mitte 2016 geleakt wurden, ließen sich wiederum nicht nur von Menschen, sondern auch von Maschinen lesen. Die wichtigste Veröffentlichung über Exploits und Schwachstellen – in diesem Fall der NSA – erfolgte in mehreren Schüben, beginnend im August 2016, durch eine mysteriöse Gruppe namens »Shadow Brokers«. Diese Operation trug alle Merkmale einer brisanten, aber ungewöhnlich aktiven Maßnahme gegen die amerikanischen Nachrichtendienste. In einem überaus bemerkenswerten Fall Mitte Mai 2017 nutzten Kriminelle eine Windows-Schwachstelle, die von der mysteriösen Gruppe öffentlich gemacht worden war, in einem Erpressungssoftware-Paket – der hässliche rote Sperrbildschirm von »WannaCry« verbreitete sich in Windeseile in aller Welt und schädigte Hunderttausende ungeschützter Rechner, darunter Workstations in Krankenhäusern, Geldautomaten, Anzeigetafeln in Bahnhöfen und Regierungsbehörden auf der ganzen Welt. Diese Erfahrungen mit Schwachstellen und die Erkenntnisse, die sich daraus ziehen ließen, haben die Grenzen der »Waffen«-Analogie offenbar werden lassen. Die Dynamik des Entdeckens von Schwachstellen, der Entwicklung von Exploits, des Designs der Schadroutine, der Eintrittsvektoren, der Command-and-Control-Infrastruktur, der Skalierbarkeit, des Herausschleusens von Daten, der Enthüllung, der Antiforensik oder der Sicherheits-Updates sind vielfältig und entwickeln sich mit rasanter Geschwindigkeit. In den meisten Fällen funktionieren die Waffenanalogien deshalb heutzutage noch weniger als vor vier Jahren. Sowohl der Forschung als auch der öffentlichen Debatte wäre am meisten gedient, wenn wir auf den abgedroschenen Begriff der »Cyberwaffen« einfach ganz verzichten würden.

Das Gebiet, auf dem in den letzten fünf Jahren die größten Fortschritte erzielt wurden, ist wahrscheinlich die Debatte um die Attribution. Mittlerweile herrscht Einigkeit, dass sich Operationen in Computernetzwerken im Prinzip zuverlässig zurückverfolgen lassen – eine Annahme, die vor einigen Jahren noch umstritten war. Im Grunde ist es eine Frage der vorhandenen Ressourcen, der verfügbaren Zeit und des Entwicklungsstands der Gegenpartei, eine bestimmte Operation etwaigen Kriminellen, nicht staatlichen oder gegebenenfalls staatlichen Akteuren zuzuordnen. Allerdings muss man bedenken, dass bei einer solchen Attribution nicht von 0 oder 1 bzw. Schwarz oder Weiß die Rede sein kann, sondern wie bei den meisten geheimdienstlichen Analysen und Einschätzungen von Fragen der statistischen Sicherheit. Es ist immer noch möglich, der Aufdeckung zu entgehen. Eine Attribution ist schwierig – doch eine Operation im großen Maßstab, ohne irgendwelche Spuren zu hinterlassen, noch schwieriger. Nur die raffiniertesten und diszipliniertesten Gegner werden deshalb in der Lage sein, der Zurückverfolgung zu entgehen und Geheimdienst- und Strafverfolgungsbehörden auf den Ebenen der niedrigsten statistischen Sicherheit herumraten zu lassen. Doch wird ein solcher Gegner diese geheimen und teuren Operationen wahrscheinlich in sehr kleinem Maßstab durchführen müssen, um nicht entdeckt zu werden.[11]

Die Attribution bleibt also das, was Staaten daraus machen. Der bisher prominenteste Attributionsfall war die Einmischung der russischen Regierung in die US-Präsidentschaftswahlen im Frühjahr, Sommer und Herbst 2016. Die öffentlich zugänglichen Informationen waren ungewöhnlich belastbar und detailliert. Doch wie schon die jahrhundertalte Geschichte der Zuschreibung aktiver Maßnahmen im Allgemeinen bringt auch dieser Fall eine Wahrheit ans Tageslicht, die für Politikexperten und mehr noch für IT-Forensiker schwer zu akzeptieren ist: Die verfügbaren Beweise erlauben möglicherweise eine Attribution mit ziemlich großer Sicherheit, und besondere Geheimdiensterkenntnisse, die nicht öffentlich gemacht werden dürfen, stützen diese sichere Einschätzung vielleicht weiter; wenn allerdings politisch viel auf dem Spiel steht, dann reichen Beweise alleine nicht aus. Es ist müßig, darüber zu streiten, ob das gut oder schlecht ist. Studenten und Wissenschaftler in allen Funktionen müssen ein solides Verständnis dafür entwickeln, wie sich strategische Fragen und politische Prozesse auf die Informationssicherheit auswirken. Ich hoffe, dass dieses Buch einigen von ihnen dabei behilflich ist, diese Reise anzutreten.

Thomas Rid, Berlin, im Mai 2017

Anmerkungen

Vorwort

1 *Wargames*, USA 1983.
2 *Live Free or Die Hard*, USA 2007.
3 *2001 – A Space Odyssey*, UK/USA 1968.
4 Beispielsweise Dillon Beresford, »Exploiting Siemens Simatic S7 PLCs«, Vortrag auf der Sicherheitskonferenz Black Hat USA 2011, 8. Juli 2011, http://bitly.com/OtcuJx+
5 Jean Giraudoux, *Kein Krieg in Troja (La guerre de Troie n'aura pas lieu)*, übers. von Annette Kolb, Frankfurt/M.: Fischer Taschenbuch Verlag 1993.
6 John Arquilla und David Ronfeldt, »Cyberwar is Coming!«, *Comparative Strategy*, Bd. 12, Nr. 2 (1993), S. 141–165.
7 William J. Lynn, »Defending a New Domain«, *Foreign Affairs*, Bd. 89, Nr. 5 (2010), S. 97–108, hier S. 101.
8 Richard A. Clarke und Robert K. Knake, *World Wide War. Angriff aus dem Internet*, übers. von Heike Schlatterer und Stephan Gebauer, Hamburg: Hoffmann und Campe 2011, S. 32.
9 Lisa Daniel, »Panetta: Intelligence Community Needs to Predict Uprisings«, *American Forces Press Service*, 11. Februar 2011.
10 Paul Taylor, »Former US Spy Chief Warns on Cybersecurity«, *Financial Times*, 2. Dezember 2012.
11 Michael Joseph Gross, »A Declaration of Cyber-War«, *Vanity Fair*, April 2011.
12 Die Debatte hat seit 2010 von diversen kritischen Wortmeldungen entscheidend profitiert. Zu den wichtigsten Beiträgern zählen der IT-Sicherheitsexperte Bruce Schneier, Obamas ehemaliger Cybersecurity-Koordinator Howard Schmidt und der Wissenschaftler Sean Lawson. Siehe Bruce Schneier, »The Threat of Cyberwar Has Been Grossly Exaggerated«, *Schneier on Security*, 7. Juli 2010; Ryan Singel, »White House Cyber Czar: ›There Is

No Cyberwar‹«, *Wired*, 4. März 2010; Sean Lawson, »Beyond Cyber Doom«, Arbeitspapier, Washington, D.C.: George Mason University, Januar 2011.

1. Was ist ein Cyberkrieg?

1 Carl von Clausewitz, *Vom Kriege*, München: Ullstein 2003 (1832), S. 27.

2 Einer der kreativsten und wichtigsten Theoretiker der Abschreckung, Jack Gibbs, betonte einmal, dass Angst und Androhung von Gewalt integrale Bestandteile der Abschreckung sind: »Wenn man Bedrohung und Angst unter den Tisch fallen lässt, dann ist Abschreckung ein Larifari-Begriff.« Jack P. Gibbs, »Deterrence Theory and Research«, in: Gary B. Melton (Hrsg.), *The Law as a Behavioral Instrument*, Lincoln: University of Nebraska Press 1986, S. 87–130, hier S. 87.

3 Thomas Mahnken bezieht sich in seiner aufschlussreichen begrifflichen Analyse des Cyberkriegs ebenfalls auf Clausewitz' Definition des Krieges als gewaltsam, politisch und »interaktiv«; seines Erachtens hat sich das Wesen des Krieges durch das Aufkommen von Atomwaffen oder Cyberangriffen nicht grundlegend verändert. Thomas G. Mahnken, »Cyber War and Cyber Warfare«, in: Kristin Lord und Travis Sharp (Hrsg.), *America's Cyber Future. Security and Prosperity in the Information Age*, Bd. 2, Washington, D.C.: CNAS 2011, S. 53–62.

4 Clausewitz, *Vom Kriege*, S. 29.

5 »[Der Gegner] gibt mir das Gesetz, wie ich es ihm gebe.« Ebd., S. 30.

6 Ebd., S. 44.

7 In *Vom Kriege* taucht dieser Satz in ähnlicher Form mehrmals auf. In der zitierten Form als Überschrift des 24. Abschnitts von Kapitel 1 des ersten Buches. Ebd., S. 44.

8 Eine raffinierte Kritik an diesem Argument findet sich in John Stone, »Cyber War Will Take Place!«, *Journal of Strategic Studies*, Bd. 36, Nr. 1 (2013); im vorliegenden Buch S. 285–295.

9 Damit ist nichts über die verschiedenen Ebenen des Krieges gesagt: Die Verbindung zwischen der politischen, der strategischen, der operativen und der taktischen Ebene bleibt immer eine Herausforderung.

10 Dieses Problem wurde auch von Rechtswissenschaftlern schon sehr eingehend diskutiert. Ein ausgezeichneter Überblick aus jüngerer Zeit findet sich in: Matthew C. Waxman, »Cyber-Attacks and the Use of Force. Back to

the Future of Article 2(4)«, *The Yale Journal of International Law*, Bd. 36, Nr. 2 (2011), S. 421–459.

11 Besonders eindrücklich wird ein solcher Vorfall in der Eingangssequenz des Buches *World Wide War. Angriff aus dem Internet* von Richard A. Clarke und Robert K. Knake (übers. von Heike Schlatterer und Stephan Gebauer, Hamburg: Hoffmann und Campe 2011) ausgemalt.

12 Vgl. zum Beispiel Yoram Dinstein, »Computer Network Attacks and Self-Defense«, *International Legal Studies*, Bd. 76 (2002), S. 99–119, hier S. 103.

13 Das Argument wird weiter ausgeführt in: Waxman, »Cyber-Attacks and the Use of Force«, S. 436.

14 Michael V. Hayden, »The Future of Things ›Cyber‹«, *Strategic Studies Quarterly*, Bd. 5, Nr. 1 (2011) S. 3–7.

15 Thomas C. Reed, *At the Abyss*, New York: Random House 2004, S. 268 f.

16 Clarke und Knake, *World Wide War*, S. 131.

17 Anatoly Medetsky, »KGB Veteran Denies CIA Caused ’82 Blast«, *The Moscow Times*, 18. März 2004.

18 Nikolai Brusnitsin, *Openness and Espionage*, Moskau: Militärverlag, Verteidigungsministerium der UdSSR 1990, S. 28 f. Ich danke Mike Warner dafür, dass er mich auf diese Quelle hingewiesen hat.

19 Ich möchte mich bei Richard Chirgwin dafür bedanken, dass er mir diesen Teil der Technikgeschichte zu Bewusstsein gebracht und erklärt hat.

20 Richard Chirgwin, E-Mail-Korrespondenz mit dem Autor, 23. März 2012.

21 Eneken Tikk, Kadri Kaska und Liis Vihul, *International Cyber Incidents*, Tallinn: CCDCOE 2010, S. 17.

22 Diese Störungen sollen der Höhepunkt des gesamten »Cyberkriegs« gewesen sein: ebd., S. 20.

23 »Estonia Has No Evidence of Kremlin Involvement in Cyber Attacks«, Ria Novosti, 6. September 2007. Man beachte auch, dass russische Aktivisten und sogar ein Abgeordneter der Duma (wenn auch möglicherweise im Scherz) behaupteten, hinter den Angriffen zu stecken. Vgl. Gadi Evron, »Authoritatively, Who Was Behind the Estonian Attacks?«, Darkreading, 17. März 2009. Vgl. auch ders., »Battling Botnets and Online Mobs«, *Science & Technology*, Winter/Frühjahr 2008, S. 121–128.

24 Tim Espiner, »Estonia’s Cyberattacks. Lessons Learned, a Year On«, ZDNet UK, 1. Mai 2008.

25 Andrej Slobin und Xenija Boletskaja, »Elektronnaja bomba«, *Wedomosti*, 28. Mai 2007, http://bitly.com/g1M9Si+

26 Ron Deibert, Rafal Rohozinski und Masashi Crete-Nishihata, »Cyclones in Cyberspace. Information Shaping and Denial in the 2008 Russia-Georgia War«, *Security Dialogue*, Bd. 43, Nr. 1 (2012), S. 3–24.

27 Die Intensität der Angriffe war hoch, mit einem durchschnittlichen Datenaufkommen von 211,66 Mbps und einem Maximum von 814,33 Mbps. Vgl. hierzu Jose Nazario, »Georgia DDoS Attacks – A Quick Summary of Observations«, Security to the Core (Arbor Networks), 12. August 2008.

28 Eneken Tikk, Kadri Kaska, Kristel Rünnimeri, Meri Kert, Anna-Maria Talihärm und Liis Vihul, *Cyber Attacks Against Georgia*, Tallinn: CCDCOE 2008, S. 12. Ein Bericht des Cybersicherheitsexperten Jeffrey Carr kam zu dem Schluss, dass Russlands Militärnachrichtendienst (GRU) und Inlandsgeheimdienst (FSB) wahrscheinlich eher für die Koordination der Angriffe verantwortlich waren als unabhängige patriotische Hacker. Bis heute wurde diese Behauptung allerdings weder bewiesen noch bestätigt.

2. Gewalt

1 Sunzi, *Die Kunst des Krieges*, übers. von Volker Klöpsch, Berlin: Insel Verlag 2011, S. 56.

2 Jürgen Kraus, *Selbstreproduktion bei Programmen* (Diplomarbeit), Universität Dortmund, Fachbereich Informatik, 1980, S. 160.

3 John Roberts, »Exclusive: Drones Vulnerable to Terrorist Hijacking, Researchers Say«, Fox News, 25. Juni 2012.

4 Scott Peterson und Payam Faramarzi, »Exclusive: Iran Hijacked US Drone, Says Iranian Engineer«, Christian Science Monitor, 15. Dezember 2011.

5 Catherine Herridge, »US Data in Iranian Hands After Downed Drone?«, Fox News, 10. Februar 2012.

6 So lautet der erste Absatz des 13. Kapitels, »Vom Naturzustand der Menschen in bezug auf ihr Glück und ihr Elend«, in: Thomas Hobbes, *Leviathan*, übers. von Jutta Schlösser, hrsg. von Hermann Klenner, Hamburg: Meiner 1996 (1651), S. 102.

7 Ebd., 13. Kapitel, 9. Absatz, S. 105.

8 Hobbes sprach noch nicht von »monopolisieren«; diesen Begriff führte erst Max Weber zur Beschreibung einer bereits wohlbekannten Idee ein. Max Weber, *Politik als Beruf*, Berlin: Duncker & Humblot 1968 (1919).

9 Vgl. zum Beispiel John Austin, *The Province of Jurisprudence Determined*, Plaistow: Curwen Press 1954 (1832); Hans Kelsen, *Reine Rechtslehre. Das Problem der Gerechtigkeit*, 2. vollst. neu bearb. und erw. Auflage, Wien: Deuticke 1960 (1934); Alessandro Passerin d'Entrèves, *The Notion of the State. An Introduction to Political Theory*, Oxford: Oxford University Press 1967.

10 Sofskys Buch hat trotz seiner Qualität bislang noch nicht die Beachtung gefunden, die ihm gebührt: Wolfgang Sofsky, *Traktat über die Gewalt*, Frankfurt/M.: S. Fischer 1996.

11 Heinrich Popitz, *Phänomene der Macht*, Tübingen: Mohr Siebeck 2004, S. 68, auch S. 24; Sofsky, *Traktat über die Gewalt*, S. 31.

12 Sofsky, *Traktat über die Gewalt*, S. 82.

13 Ebd., S. 19.

14 Eine stupende Analyse der Parallelen zwischen den frühen Anhängern der Luftmacht und den Fürsprechern von Cybermacht sowie erstaunliche Zitate aus dieser Debatte finden sich in: David J. Betz und Tim Stevens, *Cyberspace and the State. Toward a Strategy for Cyber-power*, Adelphi Series, London: IISS/Routledge 2011, »Airpower Redux«, S. 82–88.

15 Einen Eindruck davon vermittelt Lamia Joreiges Videoinstallation, die das Trauma dokumentiert, das von der israelischen Offensive von 2006 ausgelöst wurde: »Objects of War No. 4«, 2006, Tate Modern, Referenz T13250, erworben 2011.

16 Eine detailliertere Kritik des »fünften Bereichs« findet sich im Schlusskapitel dieses Buches.

17 Am 5. Dezember 2005 dehnte die US Air Force ihre Mission entsprechend aus. Vgl. ihre Grundsatzerklärung vom 9. August 2012: http://www.airforce.com/learn-about/our-mission. Ebenso: Sebastian M. Convertino II, Lou Anne DeMattei und Tammy M. Knierim, »Flying and Fighting in Cyberspace«, *Air War College Maxwell Paper*, Nr. 40 (2007); Michael Wynne, »Flying and Fighting in Cyberspace«, *Air & Space Power Journal*, Bd. 21, Nr. 1 (2007), S. 5–9.

18 Neben der Zurschaustellung von Stärke kann eine Patrouille noch diverse andere Funktionen haben, unter anderem Informationsbeschaffung und Aufrechterhaltung der Kampfbereitschaft.

19 Eine eingehendere Erörterung des Begriffs der Cyberattacke findet sich im folgenden Kapitel über Cyberwaffen.

20 Vgl. etwa J. David Lewis und Andrew J. Weigert, »Social Atomism, Holism,

and Trust«, *The Sociological Quarterly*, Bd. 26, Nr. 4 (1985), S. 455–471, S. 455: »Mit einem Wort: Gesellschaft kann es nur durch *Vertrauen* in ihre Mitglieder, Institutionen und Formen geben.« Eine erhellende Studie über Vertrauen im Zusammenhang mit Computersicherheit findet sich bei Bruce Schneier, *Die Kunst des Vertrauens*, übers. von Harmut Strahl, Heidelberg u. a.: mitp 2012.

21 Für eine einflussreiche, aber allzu enge Konzeption von Vertrauen vgl. Russell Hardin, *Trust and Trustworthiness*, New York: Russell Sage Foundation 2002.

22 Vgl. J. David Lewis und Andrew J. Weigert, »Trust as a Social Reality«, *Social Forces*, Bd. 63, Nr. 4 (1985), S. 967–986.

23 Bei einem Bürgerkrieg wird das Vertrauen oft sogar innerhalb von Familien untergraben. Vgl. Stathis Kalyvas, *The Logic of Violence in Civil War*, Cambridge: Cambridge University Press 2006, S. 178, 226. Eine radikal andere (und wenig plausible) Argumentation schlägt Gellner vor, nämlich dass nicht der Staat, sondern die Anarchie Zusammenhalt und Vertrauen schafft: Ernest Gellner, »Trust, Cohesion, and the Social Order«, in: Diego Gambetta (Hrsg.), *Trust. Making and Breaking Cooperative Relations*, London: Wiley-Blackwell 1990, S. 142–157.

24 Einer der klassischen Grundlagentexte ist Kelsen, *Reine Rechtslehre* (2. Auflage), besonders das 1. Kapitel.

25 Passerin d'Entrèves, *The Notion of the State*, S. 2.

26 Hobbes, *Leviathan*, 17. Kapitel, zweiter Absatz, S. 141. Dort heißt es weiter: »Und Verträge ohne das Schwert sind nur Worte und haben überhaupt keine Kraft, einen Menschen zu sichern. Wenn keine Macht errichtet wird oder eine, die nicht groß genug für unsere Sicherheit ist, wird und darf daher jedermann ungeachtet der Naturgesetze […] sich rechtmäßig auf seine eigene Kraft und Gewandtheit als Garantie gegen alle anderen Menschen verlassen.« (S. 141 f.)

27 Passerin d'Entrèves, *The Notion of the State*, S. 10.

28 Hobbes, *Leviathan*, Beginn des 30. Kapitels, S. 283.

29 John Locke, *Zwei Abhandlungen über die Regierung*, übers. von Hans Jörn Hoffmann, hrsg. von Walter Euchner, Frankfurt/M.: Suhrkamp 1977 (1689), § 171 der zweiten Abhandlung, »Über den wahren Ursprung, die Reichweite und den Zweck der staatlichen Regierung«, S. 308; vgl. auch § 136: »Zu diesem Zweck verzichten die Menschen auf all ihre natürliche Gewalt und legen sie in die Hände der Gesellschaft, in die sie eintreten.

Und zu diesem Zweck legt die Gemeinschaft die legislative Gewalt auch in solche Hände, die ihr geeignet erscheinen, im Vertrauen, daß nach *festen Gesetzen* regiert werde. Denn sonst würde ihr Friede, ihre Ruhe und ihr Eigentum auch ferner ebenso unsicher bleiben wie im Naturzustand.«

30 Vgl. Hannah Arendts Erörterung von Passerin d'Entrèves Beitrag in Hannah Arendt, *Macht und Gewalt*, übers. von Gisela Uellenberg, München und Zürich: Piper 1970, S. 38 f.; Passerin d'Entrèves-Zitat S. 39.

31 Walter Benjamin, »Zur Kritik der Gewalt« (1921), in: ders., *Zur Kritik der Gewalt und andere Aufsätze*, Frankfurt/M.: Suhrkamp 1965, S. 29.

32 Ebd., S. 30.

33 Ebd., S. 40.

34 Der Einfall in den Irak im Frühjahr 2003 bildet hierfür eines der anschaulichsten Beispiele. Eine detailliertere Analyse findet sich in Thomas Rid, *War and Media Operations. The U.S. Military and the Press from Vietnam to Iraq*, London: Routledge 2007.

35 Ein Beispiel bildet die Westboro Baptist Church, eine unabhängige Extremistengruppe, die für schwulenfeindliche Aktionen, das Demonstrieren bei Beerdigungen amerikanischer Soldaten und das Schänden der amerikanischen Flagge bekannt ist. Vgl. https://de.wikipedia.org/wiki/Westboro_Baptist_Church

36 An diesem Tag wurde, genauer gesagt, das erste falsche Zertifikat ausgestellt. Der Angriff hatte vielleicht sogar schon früher begonnen. Vgl. J. R. Prins, *DigiNotar Certificate Authority Breach ›Operation Black Tulip‹*, Delft: Fox-IT 2011, S. 8.

37 Die falsche Google-Zertifizierung ist auf Pastebin archiviert: »Gmail.com SSL MITM ATTACK BY Iranian Government«, 27. August 2011, http://bitly.com/qGTf0a+

38 Jochem Binst, »DigiNotar Reports Security Incident«,Vasco Presse Release, 30. August 2011, http://bitly.com/vasco-diginotar+; siehe ebenfalls Prins, *Op Black Tulip*, S. 5.

39 Seth Schoen und Eva Galperin, »Iranian Man-in-the-Middle Attack Against Google Demonstrates Dangerous Weakness of Certificate Authorities«, Electronic Frontier Foundation, 29 August 2011.

40 »Is this MITM Attack to Gmail's SSL?«, Google Product Forums, http://bitly.com/alibo-mitm+

41 Schoen und Galperin, »Iranian Man-in-the-Middle Attack«.

42 Heather Adkins, »An Update on Attempted Man-in-the-Middle Attacks«, Google Online Security Blog, 29. August 2011. Vgl. auch Prins, *Op Black Tulip*.

43 Charles Arthur, »Rogue Web Certificate Could Have Been Used to Attack Iranian Dissidents«, *The Guardian*, 30. August 2011.

44 Prins, *Op Black Tulip*, S. 8 sowie S. 13.

45 Vgl. insbesondere den Post des vermeintlichen Hackers vom 7. September 2011 auf Pastebin: http://pastebin.com/u/ComodoHacker

46 Somini Sengupta, »Hacker Rattles Security Circles«, *The New York Times*, 11. September 2011.

47 Comodo-Hacker, »Striking Back …«, Pastebin, 5. September 2011, http://pastebin.com/1AxH30em

48 Mikko Hypponen, »DigiNotar Hacked by Black.Spook and Iranian Hackers«, F-Secure, 30. August 2011.

49 Zitiert nach https://www.wired.com/2007/08/ff-estonia/

50 Ian Traynor, »Russia Accused of Unleashing Cyberwar to Disable Estonia«, *The Guardian*, 6. September 2007.

51 Tim Espiner, »Estonia's Cyberattacks. Lessons Learned, a Year On«, ZDNet UK, 1. Mai 2008.

52 »Statement by the Foreign Minister Urmas Paet«, *Eesti Päevaleht*, 1. Mai 2007, http://bitly.com/QoC9FE+

53 Andrej Slobin und Xenija Boletskaja, »Elektronnaja bomba«, *Wedomosti*, 28. Mai 2007, http://bitly.com/g1M9Si+

54 Joshua Davis, »Hackers Take Down the Most Wired Country in Europe«, *Wired*, 21. August 2007.

55 Ralph Peters, »Washington Ignores Cyberattack Threats, Putting Us All at Peril«, *Wired*, 23. August 2007.

56 Eigentlich: »a pup-tent affair«; damit, mit »einer Art abgerundetem kleinem Zelt«, verglich Zappa in einer Ansage seines Stücks »Cheepnis« über seine Vorliebe für billige Monsterfilme das besonders billige Monster aus dem Streifen *It Conquered the World*, A.d.Ü.

57 Eine detailliertere Beschreibung findet sich im nächsten Kapitel.

58 David Sanger, *Confront and Conceal. Obama's Secret Wars and Surprising Use of American Power.* New York: Crown 2012, S. 199.

59 Ebd.

60 Ebd., S. 200.

61 Mikko Hypponen, »Emails from Iran«, F-Secure, 23. Juli 2012.

62 Ebd., vgl. auch Ladane Nasseri, »Iran Nuclear Plants Hit By Virus Playing AC/DC, Website Says«, Bloomberg News, 25. Juli 2012.

63 »Iran Denies its Nuclear Computer Systems Hit by New Virus«, *Haaretz* (DPA), 1. August 2012.

64 Vgl. Dexter Filkins, *The Forever War*, New York: Knopf 2008, S. 3.

3. Cyberwaffen

1 Ellen Nakashima, »U.S. Cyberweapons had Been Considered to Disrupt Gaddafi's Air Defenses«, *The Washington Post*, 18. Oktober 2011.

2 William J. Lynn III., »The Pentagon's Cyberstrategy, One Year Later. Defending against the Next Cyberattack«, *Foreign Affairs*-Website, 28. September 2011.

3 Department of Defense, »Defense Strategic Guidance«, Washington, D.C., Januar 2012, S. 4.

4 Joint Publication 1–02, in der geänderten Fassung vom 15. September 2011, S. 365.

5 Thomas Rid, »Cyber War Will Not Take Place«, *Journal of Strategic Studies*, Bd. 35, Nr. 1 (2012).

6 Department of Defense, »Cyberspace Policy Report«, November 2011, S. 2.

7 Für eine ähnliche Unterscheidung in Verbindung mit einer recht allgemeinen Definition vgl. Lior Tabansky, »Basic Concepts in Cyber Warfare«, *Military and Strategic Affairs*, Bd. 3, Nr. 1 (2011), S. 75–92.

8 Keith Alexander, »Cybersecurity Symposium Keynote Address«, University of Rhode Island, 11. April 2011, http://bitly.com/tNyDmX+

9 US Department of Energy, »Russian Hydroelectric Plant Accident. Lessons to Be Learned«, Office of Health, Safety and Security, 4. August 2011, http://bitly.com/t4LDzy+

10 Steve Gutterman, »Negligence Factor in Russian Power Plant Accident«, Associated Press, 3. Oktober 2009.

11 Eine detaillierte Erörterung findet sich in Geoffrey Blainey, *The Causes of War*, New York: Free Press 1973, S. 35–56.

12 Als ein Beispiel für eine zu enge Definition: »Eine Cyberwaffe ist ein IT-basiertes System zu dem Zweck, die Struktur oder Tätigkeit eines anderen IT-basierten Systems zu *beeinträchtigen*.« Peeter Lorents und Rain Ottis, »Knowledge Based Framework for Cyber Weapons and Conflict«,

in: C. Czosseck und K. Podins (Hrsg.), *Conference on Cyber Conflict Proceedings 2010*, Tallinn 2010, S. 129–142.

13 Anatoly Medetsky, »KGB Veteran Denies CIA Caused '82 Blast«, *The Moskow Times*, 18. März 2004.

14 David A. Fulghum, Robert Wall und Amy Butler, »Cyber-Combat's First Shot«, *Aviation Week & Space Technology*, Nr. 167, 26. November 2007, S. 28–31.

15 John Markoff, »A Silent Attack, But Not a Subtle One«, *The New York Times*, 26. September 2010.

16 Sally Adee, »The Hunt for the Kill Switch«, *IEEE Spectrum*, Mai 2008.

17 Geoff McDonald et al., »Stuxnet 0.5. The Missing Link«, Symantec, 2013, S. 2.

18 Nicolas Falliere, Liam O Murchu und Eric Chien, *W32. Stuxnet Dossier. Version 1.4*, Symantec, 2011, S. 3.

19 Ebd.

20 Die Infektionsmechanismen von Stuxnet werden in Kapitel 5, »Spionage«, detaillierter behandelt.

21 Das ist Ralph Langners Theorie über das Ziel. Die Frage, ob Stuxnets Code 417-»Sprengkopf« deaktiviert war oder nicht, ist unter Ingenieuren umstritten. Vgl. Falliere, Murchu und Chien, *W32. Stuxnet Dossier*, S. 45, sowie Ralph Langner, »Matching Langner's Stuxnet Analysis and Symantec's Dossier Update«, The Last Line of Cyber Defense, 21. Februar 2011.

22 Ralph Langner, »Cracking Stuxnet«, TED-Talk, März 2011.

23 William J. Broad, John Markoff und David E. Sanger, »Israeli Test on Worm Called Crucial in Iran Nuclear Delay«, *The New York Times*, 16. Januar 2011, S. A1.

24 Falliere, Murchu und Chien, *W32.Stuxnet Dossier*, S. 3.

25 Vgl. Gary McGraws Debatte mit Ralph Langner im Silver Bullet Security Podcast, 25. Februar 2011, http:// www.synopsys.com/software-integrity/resources/podcasts/show-059.html

26 Falliere, Murchu und Chien, *W32.Stuxnet Dossier*, S. 3.

27 Vgl. beispielsweise Markoff, »A Silent Attack, But Not a Subtle One«, S. A6.

28 David Fulghum, »Cyber Attack Turns Physical«, *Aerospace Daily & Defense Report*, Bd. 235, Nr. 61 (2010), S. 3.

29 Ein Nachrichteneinspieler der CBS über das Experiment ist abrufbar unter: http://youtu.be/rTkXgqK1l9A

30 Samuel M. Katz, *The Hunt for the Engineer*, New York: Fromm International 1999, S. 260.

31 »Hezbollah Got Inside MI's Inner Sanctum«, Ynet, 13. September 2009.

32 Es blieb unklar, wie der Wurm Sicherheitssysteme beeinträchtigen konnte, die durch einen Luftspalt getrennt waren. Siehe »Virus Hits Secret Pentagon Network«, BBC, 6. Mai 2000.

33 Tom Raum, »More CIA Employees May Be Disciplined in Computer Case«, *Associated Press*, 6. Mai 2000.

34 D. Moore, V. Paxson, S. Savage, C. Shannon, S. Staniford und N. Weaver, »Inside the Slammer Worm«, *IEEE Security & Privacy*, Bd. 1, Nr. 4 (2003), S. 33–39.

35 Ebd., S. 33.

36 Kevin Poulson, »Slammer Worm Crashed Ohio Nuke Plant Net«, The Register, 20. August 2003.

37 Vgl. ebd.

38 Schreiben von Edward J. Markey an Nils Diaz, 20. Oktober 2003, http://bitly.com/PrRvow+

39 Dale Peterson, »Offensive Cyber Weapons. Construction, Development, and Employment«, *Journal of Strategic Studies*, Bd. 36, Nr. 1 (2012).

40 Eine Einführung in die Agenten-Technologie geben M. Luck, P. McBurney und C. Preist, »A Manifesto for Agent Technology. Towards Next Generation Computing«, *Autonomous Agents and Multi-Agent Systems*, Bd. 9, Nr. 3 (2004), S. 203–252.

41 David Sanger, »America's Deadly Dynamics with Iran«, *The New York Times*, 6. November 2011, S. SR1.

4. Sabotage

1 John Leyden, »Hack on Saudi Aramco Hit 30,000 Workstations, Oil Firm Admits«, The Register, 29. August 2012.

2 »Saudi Aramco Emerges Stronger from Cyber Attack«, *Arab News*, 1. September 2012.

3 William J. Donovan, *Simple Sabotage Field Manual*, Washington, D.C.: Office of Strategic Services 1944, S. 1.

4 Émile Pouget, »Die Sabotage« (1910), in: ders., *Die Revolution ist Alltagssache.*

Schriften zur Theorie und Praxis des revolutionären Syndikalismus, übers. von Michael Halfbrodt, Lich/Hessen: Verlag Edition AV 2014, S. 211.

5 Elizabeth Gurley Flynn, *Sabotage. Die bewusste Verringerung der industriellen Effizienz* (1916), übers. von Ruth Schäfer, Duisburg und Istanbul: Verlag Dialog-Edition/Trikont 2016, S. 10.

6 Pouget, »Die Sabotage«, S. 243. Die Stelle im französischen Original *Le sabotage*, Paris: M. Rivière 1910, lautet: »Si vous êtes mécanicien, disait cet article, il vous est très facile avec deux sous d'une poudre quelconque, ou même seulement avec du sable, d'enrayer votre machine, d'occasionner une perte de temps et une réparation fort couteuse à votre employeur. Si vous êtes menusier ou ébéniste, quoi de plus facile que de détériorer un meuble sans que le patron s'en aperçoive et lui faire perdre ainsi des clients?«

7 Émile Pouget und Arturo M. Giovannitti, *Sabotage*, Chicago: C. H. Kerr & Co. 1913, S. 6.

8 Ebd.

9 Zitiert nach Ralph Darlington, *Syndicalism and the Transition to Communism*, Aldershot, UK: Ashgate 2008, S. 36.

10 Jim Finkle, »Exclusive: Insiders Suspected in Saudi Cyber Attack«, Reuters, 7. September 2012.

11 »The Shamoon Attacks«, Symantec, 16. August 2012.

12 »Shamoon/DistTrack Malware«, US-CERT, 29. August 2012, http://www.us-cert.gov/control_systems/pdf/JSAR-12-241-01-pdf

13 Ein Gast, »Untitled«, Pastebin, 15. August 2012, http://pastebin.com/HqAgaQRj

14 Ein Gast, »Untitled«, Pastebin, 17. August 2012, http://pastebin.com/tztnRLQG

15 Nicole Perlroth, »Among Digital Crumbs from Saudi Aramco Cyberattack, Image of Burning U.S. Flag«, *The New York Times*, 24. August 2012.

16 Dmitry Tarakanov, »Shamoon the Wiper in Details«, Securelist, 21. August 2012.

17 »Hackers Fail to Access Iranian Oil Ministry's Sensitive Data«, Fars, 27. April 2012.

18 »What Was That Wiper Thing?«, Securelist, 29. August 2012.

19 Camilla Hall und Javier Blas, »Aramco Cyber Attack Targeted Production«, *Financial Times*, 10. Dezember 2012.

20 Einen Überblick über SCADA-Netzwerke gibt Vinay M. Igure, Sean A.

Laughter und Ronald D. Williams, »Security Issues in SCADA Networks«, *Computers & Security*, Bd. 25, Nr. 7 (2006), S. 498–506.

21 Éireann P. Leverett, *Quantitatively Assessing and Visualising Industrial System Attack Surfaces* (Diplomarbeit), University of Cambridge 2011.

22 Igure, Laughter und Williams, »Security Issues in SCADA Networks«, S. 500.

23 Brian Krebs, »Chinese Hackers Blamed for Intrusion at Energy Industry Giant Telvent«, Krebs on Security, 26. September 2012.

24 Das United States Airforce Office of Special Investigations (AFOSI), eine unmittelbar der Leitung des amerikanischen Luftwaffenamtes unterstehende Behörde, hat Berichten zufolge die Verbindung zwischen der Comment Group und der Volksbefreiungsarmee hergestellt. Der damalige Codename in der US-Regierung war »Byzantine Candor« (etwa: »byzantinische Aufrichtigkeit«). Siehe das geleakte Telegramm: Secretary of State, »Diplomatic Security Detail«, Reference ID 08STATE116943, 30. Oktober 2008. Vgl. auch Michael Riley und Dune Lawrence, »Hackers Linked to Cina's Army Seen from EU to DC«, Bloomberg, 27. Juni 2012.

25 Shodans URL lautet: http://www.shodan.io

26 ICS-CERT, »Control System Internet Accessibility«, Alert 10-301-01, 20. Oktober 2010.

27 Kim Zetter, »10K Reasons to Worry About Critical Infrastructure«, *Wired*, 24. Januar 2012.

28 Rubén Santamarta, »Reversing Industrial Firmware for Fun and Backdoors«, Reversemode, 12. Dezember 2011, http://bitly.com/OsFWPI+

29 ICS-CERT, »Schneider Electric Quantum Ethernet Module Multiple Vulnerabilities«, ICS-Alert 11-346-01, 12. Dezember 2011.

30 Vgl. Dillon Beresford, »Exploiting Siemens Simatic S7 PLCs«, ein für Black Hat USA+2011 angefertigtes Papier, 8. Juli 2011, http://bitly.com/OtcuJx+

31 Elinor Mills, »SCADA Hack Talk Canceled after U.S., Siemens Request«, CNet, 18. Mai 2011.

32 ICS-CERT, »Key Management Errors in RuggedCom's Rugged Operating System«, ICS-Alert 12-234-01, 21. August 2012.

33 Vgl. Dale Peterson, »Construction, Deployment and Use of Offensive Cyber Weapons«, *Journal of Strategic Studies*, Bd. 36, Nr. 1 (2013), S. 120–124.

34 Siehe beispielsweise Ralph Langner, »Enumerating Stuxnet's Exploits«, Langner.com, 7. Juni 2011.

35 Siehe beispielsweise Dale Peterson, »Langner's Stuxnet Deep Dive S4 Video«, Digital Bond, 31. Januar 2012.

36 Dale Peterson, Telefoninterview mit dem Autor, 11. September 2012.
37 https://www.theregister.co.uk/2011/12/14/scada_bugs_threaten_criticial_infrastructure/
38 Eine gegenteilige Meinung vertritt etwa Dusko Pavlovic, »Gaming Security by Obscurity«, arXiv 1109.5542, 9, 2011.
39 Eine eingehendere Erörterung findet man bei Bruce Schneier, »Secrecy, Security, and Obscurity«, Crypto-Gram Newsletter, 15. Mai 2002.
40 Vgl. Eric Byres und Justin Lowe, »The Myths and Facts Behind Cyber Security Risks for Industrial Control Systems«, Vortrag beim Verband der Elektrotechnik, Elektronik und Informationstechnik (VDE), Proceedings of the VDE Congress, Oktober 2004, S. 1.
41 Paul Quinn-Judge, »Cracks in the System«, *Time*, 9. Juni 2002.
42 Jill Slay und Michael Miller, »Lessons Learned from the Maroochy Water Breach«, in: Eric Goetz und Sujeet Shenoi (Hrsg.), *Critical Infrastructure Protection*, Boston: Springer 2008, S. 73–82.
43 Garry Barker, »Cyber Terrorism a Mouse-Click Away«, *The Age*, 8. Juli 2002.
44 Tony Smith, »Hacker Jailed for Revenge Sewage Attacks«, The Register, 31. Oktober 2001.
45 »Arlington Security Guard Arrested on Federal Charges for Hacking into Hospital's Computer System«, FBI, Dallas Office, 30. Juni 2009.
46 Ein Screenshot ist abgebildet in Dan Goodin, »Feds: Hospital Hacker's ›Massive‹ DDoS Averted«, The Register, 1. Juli 2009.
47 United States Attorney James T. Jacks, »Press Release«, US Department of Justice, Northern District of Texas, 18. März 2011.
48 Joe Weiss, »Water System Hack – The System Is Broken«, ControlGlobal.com, 17. November 2011.
49 Ellen Nakashima, »Water-Pump Failure in Illinois Wasn't Cyberattack After All«, *The Washington Post*, 25. November 2011.
50 Ellen Nakashima, »Foreign Hackers Targeted U.S. Water Plant in Apparent Malicious Cyber Attack, Expert Says«, *The Washington Post*, 18. November 2011.
51 Byres und Lowe, »The Myths and Facts behind Cyber Security Risks for Industrial Control Systems«, S. 2.
52 Dan Goodin, »Water Utility Hackers Destroy Pump, Expert Says«, The Register, 17. November 2011.
53 Ein Gast, »loldhs pr0f«, Pastebin, 18. November 2011, http://pastebin.com/Wx90LLum

54 Die persönlichen Informationen über pr0f gehen auf Berichte der *Washington Post* zurück.
55 Robert O'Harrow Jr., »Cyber Search Engine Shodan Exposes Industrial Control Systems to New Risks«, *The Washington Post*, 4. Juni 2012.
56 »Vulnerabilities in Tridium Niagara Framework Result in Unauthorized Access to a New Jersey Company's Industrial Control System«, SIR-00000003417, FBI Newark Division, 23. Juli 2012, https://web.archive.org/web/20170625182721/https://www.wired.com/images_blogs/threatlevel/2012/12/FBI-AntisecICS.pdf
57 Dan Goodin, »Intruders Hack Industrial Heating System Using Backdoor Posted Online«, *Ars Technica*, 13. Dezember 2012.
58 Ein Gast, »#US #SCADA #IDIOTS part-II«, 23. Januar 2012, http://pastebin.com/eL9j3SE1
59 Ebd.
60 Ebd.

5. Spionage

1 Michael Polanyis Schlüsselwerk ist *Personal Kowledge*, Chicago: University of Chicago Press 1962.
2 Zur Zeit der Niederschrift dieser Zeilen war das Buch auf Google Scholar annähernd 28 000-mal zitiert worden, also fast doppelt so oft wie Karl Poppers Klassiker *Logik der Forschung*. Siehe Ikujiro Nonaka und Hirotaka Takeuchi, *Die Organisation des Wissens. Wie japanische Unternehmen eine brachliegende Ressource nutzbar machen*, übers. von Friedrich Mader, 2., erw. Auflage, Frankfurt/M. und New York: Campus 2012. Vgl. auch Ikujiro Nonaka, »A Dynamic Theory of Organizational Knowledge Creation«, *Organization Science*, Bd. 5, Nr. 1 (1994), S. 14–37.
3 Details bei Justin Scheck und Evan Perez, »FBI Traces Trail of Spy Ring to China«, *The Wall Street Journal*, 10. März 2012.
4 Ben Elgin, Dune Lawrence und Michael Riley, »Coke Gets Hacked and Doesn't Tell Anyone«, Bloomberg, 4. November 2012.
5 Tom Whitehead, »Cyber Crime a Global Threat, MI5 Head Warns«, *The Telegraph*, 26. Juni 2012.
6 Siobhan Gorman, »Chinese Hackers Suspected In Long-Term Nortel Breach«, *The Wall Street Journal*, 14. Februar 2012.

7 Bradley Graham, »Hackers Attack Via Chinese Web Sites«, *The Washington Post*, 25. August 2005.

8 Dawn S. Onley und Patience Wait, »Red Storm Rising«, *Government Computer News*, 17. August 2006.

9 Joel Brenner, *America the Vulnerable*, New York: Penguin Press 2011, S. 80.

10 William J. Lynn, »Defending a New Domain«, *Foreign Affairs*, Bd. 89, Nr. 5 (2010), S. 97–108, hier S. 97. Dass die Spionagesoftware russischen Ursprungs war, behaupteten Clarke und Knake, siehe nächste Anmerkung.

11 Richard A. Clarke und Robert K. Knake, *World Wide War. Angriff aus dem Internet*, übers. von Heike Schlatterer und Stephan Gebauer, Hamburg: Hoffmann und Campe 2011, S. 220.

12 Eine in Teilen unleserlich gemachte Fassung der E-Mail findet sich bei Hon Lau, »The Truth Behind the Shady RAT«, Symantec-Blog, 4. August 2011.

13 Ebd.

14 Ebd.

15 Dmitri Alperovitch, *Revealed: Operation Shady RAT*, Santa Clara, CA: McAfee, 2. August 2011.

16 Ebd., S. 4.

17 Greg Keizer, »›Shady RAT‹ Hacking Claims Overblown, Say Security Firms«, *Computerworld*, 5. August 2011.

18 Lau, »The Truth Behind the Shady RAT«.

19 Aliya Sternstein, »Attack on Energy Lab Computers Was Isolated and Limited, Officials Say«, Nextgov, 22. April 2011.

20 Jack Date et al., »Hackers Launch Cyberattack on Federal Labs«, ABC News, 7. Dezember 2007.

21 Symantec, »W32.Duqu«, Oktober 2011, S. 1.

22 Ebd.

23 Dan Goodin, »Duqu Targeted Each Victim with Unique Files and Servers«, The Register, 12. November 2011.

24 Aleks Gostev, »The Duqu Saga Continues«, Securelist, 11. November 2011.

25 Symantec, »W32.Duqu«, Anhang, S. 15.

26 Sean Sullivan, »Duqu. Questions and Answers«, F-Secure, 3. November 2011.

27 »sKyWIper. A Complex Malware for Targeted Attacks«, Technische und Wirtschaftswissenschaftliche Universität Budapest, 28. Mai 2012.

28 Alexander Gostev, »The Flame. Questions and Answers«, Securelist, 28. Mai 2012, http://bit.ly./2AppGxP

29 Ellen Nakashima, Greg Miller und Julie Tate, »U.S., Israel Developed Flame Computer Virus to Slow Iranian Nuclear Efforts, Officials Say«, *The Washington Post*, 19. Juni 2012.

30 »Flamer: Urgent Suicide«, Symantec Connect, 6. Juni 2012.

31 »Back to Stuxnet. The Missing Link, by Alexander Gostev«, Kaspersky Lab, 11. Juni 2012«, http://bit.ly/2BF5yYR

32 »Full Analysis of Flame's Command & Control Servers«, Securelist, 17. September 2012.

33 Nakashima, Miller und Tate, »U.S., Israel Developed Flame Computer Virus to Slow Iranian Nuclear Efforts, Officials Say«.

34 »Computer Virus Briefly Hits Iran's Oil Industry«, Associated Press, 30. Mai 2012.

35 Kaspersky Lab, »Gauss: Abnormal Distribution«, 9. August 2012, S. 5.

36 Ebd., S. 39.

37 Ebd., S. 4.

38 Ebd., S. 48.

39 Osama Habib, »No Proof Lebanese Banks Linked to Terrorist Financing: Sader«, *The Daily Star*, 4. Juli 2012. Vgl. auch Jeffrey Carr, »Was Flame's Gauss Malware Used to Uncover Hezbollah Money Laundering via Lebanese Banks?«, Digital Dao, 9. August 2012.

40 Im englischen Sprachraum heißt die Malware R2D2, vgl. Sean Sullivan, »More Info on German State Backdoor: Case R2D2«, F-Secure, 11. Oktober 2011.

41 Chaos Computer Club, »Analyse einer Regierungs-Malware«, Berlin, 8. Oktober 2011.

42 Lily Kuo, »Cyber Attacks Grow Increasingly ›Reckless‹, U.S. Official Says«, Reuters, 7. September 2012.

43 Eli Lake, »Israel's Secret Iran Attack Plan: Electronic Warfare«, *The Daily Beast*, 16. November 2011. Die Abbildung einer Kopie des Viren-Droppers findet sich unter https://web.archive.org/web/20170625183340/http://3.bp.blogspot.com/-QbhbjUAkl1o/UAVDA1gEocI/AAAAAAAAAAU/mXpHkM-P4u6A/s1600/daily.png

44 »The Mahdi Campaign – Part I«, Securelist, 17. Juli 2012.

45 Vgl. »Mahdi – The Cyberwar Savior?«, Securelist, 17. Juli 2012.

46 Dan Senor und Saul Singer, *Start-up Nation. The Story of Israel's Economic Miracle*, New York: Twelve 2009, S. 11.

47 http://www.socialbakers.com/facebook-statistics/israel, Statistik mit Stand vom 18. April 2011.

48 »Hezbollah Using Facebook to Kidnap Israeli Soldiers«, *Ya Libnan*, 7. September 2008.

49 Sarah Stricker, »Die schöne Facebook-Freundin der Elitesoldaten«, *Spiegel Online*, 17. Mai 2010.

50 »Soldiers from ›Secretive‹ Israeli Base Set Up Facebook Group«, *The Jerusalem Post*, 8. Juli 2010.

51 Peter Behr, »Chinese Company Accused of Economic Espionage in Wind Turbine Case«, *Environment & Energy Publishing*, 26. Januar 2012.

52 Eliza Strickland, »A Test Case for Intellectual Property in China«, *IEEE Spectrum*, März 2012.

53 Kid Möchel und Stefan Melichar, »Strafprozess gegen ›China-Spion‹«, *Wiener Zeitung*, 20. September 2011.

54 Erin Ailworth und Eugen Freund, »Engineer Guilty in Software Theft«, *The Boston Globe*, 24. September 2011.

55 Ebd.

56 David E. Sanger, *Confront and Conceal. Obama's Secret Wars and Surprising Use of American Power*, New York: Crown 2012, S. 196.

57 Ebd.

58 Die Angaben stammen von Siemens' inzwischen abgeschalteter iranischer Website, http://siemens.ir. Eine archivierte Fassung des »About us«-Bereichs vom 27. Juni 2009 findet sich auf der Wayback Machine, vgl. http://bitly.com/Q79tBs+

59 Sanger, *Confront and Conceal*, S. 196.

60 Dan Raviv und Yossi Melman, *Spies Against Armageddon. Inside Israel's Secret Wars*, Sea Cliff, NY: Levant Books, S. 10.

61 Vgl. auch Ralph Langner, »The Third Man Wears Black, Red, and Gold«, Langner.com, 30. Juli 2012.

62 Auch der Verfasser teilte diese Annahme, vgl. Thomas Rid und Peter McBurney, »Cyber Weapons«, *The RUSI Journal*, Bd. 157, Nr. 1 (2012), S. 6–13.

63 Ein kluger historischer Essay über Technologie und Geheimdienste ist Michael Warner, »Reflections on Technology and Intelligence Systems«, *Intelligence and National Security*, Bd. 27, Nr. 1 (2012), S. 133–153.

64 Nigel Inkster, »Intelligence Agencies and the Cyber World«, in: *Strategic Survey*, London: International Institute for Strategic Studies 2012.

65 Jonathan Evans, »The Threat to National Security«, London: The Worshipful Company of Security Professionals, 16. September 2010.

66 Rhys Blakely, Jonathan Richards, James Rossiter und Richard Beeston, »MI5 Alert on China's Cyberspace Spy Threat«, *The Times*, 1. Dezember 2007, S. 1.

67 Office of the National Counterintelligence Executive, *Foreign Spies Stealing US Economic Secrets in Cyberspace*, Washington, D.C., Oktober 2011.

68 Brenner, *America the Vulnerable*, S. 9.

69 Evans, »The Threat to National Security«.

70 Vgl. auch Nigel Inkster, »Intelligence Agencies and the Cyber World«, *Strategic Survey*, London: International Institute for Strategic Studies 2012.

71 Iain Lobban, »Ian Lobban Address«, London: International Institute of Strategic Studies, 12. Oktober 2010.

6. Subversion

1 2001 war der islamistische Extremismus noch nicht wesentlich durch das Internet beeinflusst, doch das hat sich im Laufe des folgenden Jahrzehnts drastisch geändert. Eine gute Einstiegslektüre in die ausgreifende Debatte um Online-Radikalisierung bieten: Thomas Rid und Marc Hecker, *War 2.0. Irregular Warfare in the Information Age*, Westport: Praeger 2009, 9. Kapitel, sowie: Thomas Rid, »Cracks in the Jihad«, *The Wilson Quarterly*, Bd. 34, Nr. 1 (2010), S. 40–48.

2 Die Kurven bilden die Häufigkeit des Gebrauchs der angegebenen Wörter in gedruckten Büchern und Zeitschriften in englischer Sprache von 1750 bis 2008 ab.

3 Edmund Burke, *Betrachtungen über die Französische Revolution*, übers. von Friedrich Gentz, Zürich: Manesse 1987 (1790), S. 312.

4 Samuel Johnson, *Dictionary of the English Language*, Dublin: W. G. Jones 1768.

5 James Leslie, *Dictionary of the Synonymous Words and Technical Terms in the English Language*, Edinburgh: John Moir 1806.

6 William Belsham, *Memoirs of the Reign of George III to the Session of Parliament Ending A.D. 1793*, Bd. 1, London: J. Robinson 1795, S. 123; siehe auch S. 221 und 303.

7 Charles James, *Military Dictionary, In French and English*, London: Egerton 1810.

8 Zitiert nach Tim Weiner, *FBI. Die wahre Geschichte einer legendären Organisation*, übers. von Christa Prummer-Lehmair u. a., Frankfurt/M.: S. Fischer 2012, S. 26.

9 Frank Kitson, *Im Vorfeld des Krieges. Abwehr von Subversion und Aufruhr*, übers. von Kurt Jaeger und Frank S. Rödiger, Stuttgart: Seewald 1974, S. 18; Übers. erg., A.d.Ü.

10 Ebd., S. 120 f.

11 Das Paradebeispiel eines Militärtheoretikers, der die politischen Aspekte des Krieges hervorhebt, eine detaillierte Analyse dieser Aspekte aber vermissen lässt, ist wohl Carl von Clausewitz, *Vom Kriege*, Berlin: Ullstein 2003 (1832), 1. Buch, 1. Kapitel.

12 Einer von Agnolis Studenten gab diese Vorlesungen später als Buch heraus. Vgl. Johannes Agnoli, *Subversive Theorie*, hrsg. von Christoph Hühne, Freiburg im Breisgau: Ça ira 1996.

13 Ebd., S. 29. Ein anderer Autor mit einem positiven Subversionsbegriff ist Diedrich Diederichsen, ein führender deutschsprachiger Poptheoretiker und Kunsthistoriker, der Subversion als künstlerische Methode mit politischen Zielen beschrieben hat. Diedrich Diederichsen, »Subversion – Kalte Strategie und heiße Differenz«, in: ders., *Freiheit macht arm. Das Leben nach Rock 'n' Roll 1990–1993*, Köln: Kiepenheuer & Witsch 1993, S. 33–52, hier S. 35.

14 »Doch die Verhältnisse, sie sind nicht so« ist Brechts Refrain aus dem ersten Akt der *Dreigroschenoper*: »Über die Unsicherheit menschlicher Verhältnisse«; zitiert nach Agnoli, *Subversive Theorie*, S. 11.

15 Ebd., S. 12.

16 Ebd., S. 13.

17 Ebd.

18 Hegels ursprüngliche Formulierung, die Agnoli nicht zitiert, ist wirklich erstaunlich: »Das *Tiefe*, das der Geist von innen heraus, aber nur bis in sein *vorstellendes Bewußtsein* treibt und es in diesem stehenläßt, – und die *Unwissenheit* dieses Bewußtseins, was das ist, was es sagt, ist dieselbe Verknüpfung des Hohen und Niedrigen, welche an dem Lebendigen die Natur in der Verknüpfung des Organs seiner höchsten Vollendung, des Organs der Zeugung, und des Organs des Pissens naiv ausdrückt. – Das unendliche Urteil als unendliches wäre die Vollendung des sich

selbst erfassenden Lebens; das in der Vorstellung bleibende Bewußtsein desselben aber verhält sich als Pissen.« G.W.F. Hegel, *Phänomenologie des Geistes*, Werke, Bd. 3, Frankfurt/M.: Suhrkamp 1986 (1807), S. 262.

19 William Rosenau, *Subversion and Insurgency*, Santa Monica, CA: RAND 2007, S. 5.

20 Kitson, *Im Vorfeld des Krieges*, S. 18.

21 Clutterbuck und Rosenau entwickeln einen ähnlichen Gedanken: »Wir müssen Subversion begrifflich als Facette einer allgemeineren Kampagne fassen, die auf nichtlineare Art und Weise ein ganzes Spektrum von gewaltsamen, weniger gewaltsamen und nicht-gewaltsamen Instrumenten zum Einsatz bringt, die einander wechselseitig verstärken.« Lindsay Clutterbuck und William Rosenau, »Subversion as a Facet of Terrorism and Insurgency«, *Strategic Insights*, Bd. 8, Nr. 3 (2009).

22 Vgl. Steven Best und Anthony J. Nocella, *Igniting a Revolution. Voices in Defense of the Earth*, Oakland, CA: AK Press 2006.

23 Stefan H. Leader und Peter Probst, »The Earth Liberation Front and Environmental Terrorism«, *Terrorism and Political Violence*, Bd. 15, Nr. 4 (2003), S. 37–58, hier S. 37.

24 Ebd.

25 https://web.archive.org/web/20110701034124/http://earthliberationfront.org, 29. April 2011.

26 Ebd.

27 Die Reaktion der amerikanischen Regierung auf »mehr als 20 Akte des Inlandsterrorismus« war die »Operation Backfire«. Die neun Jahre dauernde Untersuchung wurde gelegentlich – in Analogie zur »Roten Angst« der McCarthy-Ära – als »Grüne Angst« bezeichnet und gemeinsam von bundesstaatlichen, einzelstaatlichen und kommunalen Strafverfolgungsbehörden in diversen Staaten, unter anderem in Oregon, Colorado, Washington und Kalifornien, durchgeführt. Sie gipfelte zwischen Dezember 2005 und Ende 2006 in über einem Dutzend Festnahmen. US Department of Justice, *National Security Division*, »Progress Report«, 2008, S. 48.

28 Aus den Frequently Asked Questions der ELF, nachgedruckt in Leslie James Pickering, *The Earth Liberation Front, 1997–2002*, Portland, OR: Arissa Media Group 2007, S. 61.

29 Leader und Probst, »The Earth Liberation Front and Environmental Terrorism«, S. 37.

30 Einen guten Überblick gibt Sean Parson, »Understanding the Ideology

of the Earth Liberation Front«, *Green Theory & Praxis*, Bd. 4, Nr. 2 (2009), S. 50–66.

31 Clausewitz, *Vom Kriege*, S. 69.

32 David Galula, *Counterinsurgency Warfare. Theory and Practice*, New York: Praeger 1964, S. 71.

33 Eine historische Diskussion der Rolle, die Ideologien für den Guerillakrieg spielen, findet sich in: Walter Laqueur, *Guerrilla. A Historical and Critical Study*, Bd. 4, Boston: Little, Brown 1976.

34 Vgl. John Jordan, »Our Resistance is as Transnational as Capital«, in: David B. Solnit (Hrsg.), *Globalize Liberation*, San Francisco, CA: City Lights Books 2004, S. 9–17.

35 Pope, zitiert nach Walter Kirn, »The New Radicals«, *Time*, 24. April 2000, S. 21.

36 Mitch Frank, »Organized Chaos«, *Time*, 24. April 2000.

37 »Anti-Globalization – A Spreading Phenomenon«, Canadian Security Intelligence Service, Ottawa, 22. August 2000.

38 »Charta der Prinzipien«, Organisationskomitee des Weltsozialforums, São Paulo, 9. April 2001, mit Änderungen am 10. Juni 2001 durch den Internationalen Rat des Weltsozialforums angenommen. http://weltsozialforum.org/prinzipien/print.html

39 »The Anarchogeek Interview«, Reader-List, https://web.archive.org/web/20070103160213/http://mail.sarai.net:80/pipermail/reader-list/2002-January/001110.html

40 Ein Überblick über die Literatur findet sich bei R. Kelly Garrett, »Protest in an Information Society«, *Information, Communication & Society*, Bd. 9, Nr. 2 (2006), S. 202–224.

41 Peter Van Aelst und Stefaan Walgrave, »New Media, New Movements? The Role of the Internet in Shaping the ›Anti-Globalization‹ Movement«, *Information, Communication & Society*, Bd. 5, Nr. 4 (2002), S. 465–493, hier S. 466.

42 Ebd., S. 487.

43 Eine ausgewogene Position vertritt W. Lance Bennett, »Communicating Global Activism«, *Information, Communication & Society*, Bd. 6, Nr. 2 (2003), S. 143–168.

44 John D. Clark und Nuno S. Themudo, »Linking the Web and the Street. Internet-Based ›Dotcauses‹ and the ›Anti-Globalization‹ Movement«, *World Development*, Bd. 34, Nr. 1 (2005), S. 50–74.

45 Clay Shirky, *Cognitive Surplus. Creativity and Generosity in a Connected Age*, New York: Penguin Press 2010.

46 Der spezielle Humor dieser Subkultur wird gut eingeführt und erklärt auf der Website http://ohinternet.com/lulz

47 Siobhan Courtney, »Pornographic Videos Flood YouTube«, BBC News, 21. Mai 2009.

48 Ein paar spektakuläre Fälle hat Parmy Olson zusammengetragen: *Inside Anonymous. Aus dem Innenleben des globalen Cyber-Aufstands*, übers. von Dagmar Mallett u.a., München: Redline 2012, S. 357–364.

49 Das Video wurde seither über fünf Millionen Mal angesehen: »Message to Scientology«, 21. Januar 2008, http://youtu.be/JCbKv9yiLiQ

50 Das bis heute mit Abstand beste und kenntnisreichste Buch über Anonymous ist: Olson, *Inside Anonymous*.

51 Für einen Überblick über DDoS-Angriffswerkzeuge vgl. Curt Wilson, »Attack of the Shuriken. Many Hands, Many Weapons«, Arbor Networks, 7. Februar 2012.

52 Parmy Olson beschreibt diese Episode ganz vortrefflich: vgl. Olson, *Inside Anonymous*, 7. Kapitel, »Feuer Feuer Feuer Feuer«, S. 103–123.

53 Gabriella Coleman, »Our Weirdness Is Free«, *May*, Bd. 9, Nr. 6 (2012), S. 83–95, hier S. 84.

54 Wael Ghonim, *Revolution 2.0. Wie wir mit der ägyptischen Revolution die Welt verändern*, übers. von Stephan Gebauer und Barbara Kunz, Berlin: Econ 2012.

55 Vgl. etwa ebd., S. 232.

56 Ebd., S. 242.

57 Die oben zitierten Arbeiten von Kitson und Rosenau sind Beispiele für einen so engen Begriff der Subversion.

58 Ich möchte mich bei Josh Welensky dafür bedanken, dass er mich in diesem Zusammenhang auf die Bedeutung der Zeit hingewiesen hat.

59 Eine ausgezeichnete Übersicht über diesen Trend bietet Barton L. Ingraham, *Political Crime in Europe. A Comparative Study of France, Germany and England*, Berkeley: University of California Press 1979.

60 Thomas Kuhn, *Die Struktur wissenschaftlicher Revolutionen*, zweite revidierte Auflage, übers. von Kurt Simon und Hermann Vetter, Frankfurt/M.: Suhrkamp 1976 (1962).

61 Der Autor in einer Reihe von Diskussionen mit Konstanzer Literaturwissenschaftlern im Frühjahr und Sommer 2011. Siehe auch Thomas

Ernst, »Subversion. Eine kleine Diskursanalyse eines vielfältigen Begriffs«, *Psychologie & Gesellschaftskritik*, Bd. 42, Nr. 4 (2009), S. 9–34, hier S. 26f., sowie Thomas Ernst, *Literatur und Subversion. Politisches Schreiben in der Gegenwart*, Bielefeld: Transcript 2012.

62 Irene Rima Makaryk (Hrsg.), *Encyclopedia of Contemporary Literary Theory*, Toronto: University of Toronto Press 1993, S. 636.

63 Friedrich Nietzsche, »Ueber Wahrheit und Lüge im aussermoralischen Sinne«, in: Kritische Studienausgabe, hrsg. von Giorgio Colli und Mazzino Montinari, Band 1: *Die Geburt der Tragödie. Unzeitgemäße Betrachtungen*, München: dtv 1980, S. 880f.

64 Geoffrey Galt Harpham, *The Ascetic Imperative in Culture and Criticism*, Chicago: University of Chicago Press 1987, S. 218.

65 Grundgesetz für die Bundesrepublik Deutschland, Art. 20 (1) Die Bundesrepublik Deutschland ist ein demokratischer und sozialer Bundesstaat. (2) Alle Staatsgewalt geht vom Volke aus. Sie wird vom Volke in Wahlen und Abstimmungen und durch besondere Organe der Gesetzgebung, der vollziehenden Gewalt und der Rechtsprechung ausgeübt. (3) Die Gesetzgebung ist an die verfassungsmäßige Ordnung, die vollziehende Gewalt und die Rechtsprechung sind an Recht und Gesetz gebunden. (4) Gegen jeden, der es unternimmt, diese Ordnung zu beseitigen, haben alle Deutschen das Recht zum Widerstand, wenn andere Abhilfe nicht möglich ist.

66 »[D]ie Restauration der Ordnung [stellt] eine ständige Drohung dar […], weil immer neue Götter und Götzen auftauchen. Und insofern wird die theoretische und praktische Arbeit der Subversion nie beendet sein.« Agnoli, *Subversive Theorie*, S. 20.

7. Attribution

1 Mike McConnell, »Mike McConnell on How to Win the Cyberwar We're Losing«, *The Washington Post*, 28. Februar 2010.

2 Leon Panetta, »Remarks by Secretary Panetta on Cybersecurity to the Business Executives for National Security«, New York City, 11. Oktober 2012.

3 Ähnlich argumentieren David D. Clark und Susan Landau, »Untangling Attribution«, in: Committee on Deterring Cyberattacks (Hrsg.), *Proceedings of a Workshop on Deterring Cyberattacks*, Washington, D.C.: National Academies Press 2011, S. 26.

4 Bruce Hoffman, »Why Terrorists Don't Claim Credit«, *Terrorism and Political Violence*, Bd. 9, Nr. 1 (1997), S. 1–6.

5 Eine gründlichere Untersuchung des Attributionsproblems im Zusammenhang mit Gewaltanwendung ist mir nicht bekannt.

6 Ron Deibert und Rafal Rohozinski, *Tracking GhostNet. Investigating a Cyber Espionage Network*, Toronto: Munk Centre for International Studies 2009, S. 47.

7 Für ein Beispiel einer solchen E-Mail siehe ebd., S. 20.

8 Shishir Nagaraja und Ross Anderson, *The Snooping Dragon. Social-Malware Surveillance of the Tibetan Movement*, Technical Report Nr. 746, Cambridge: University of Cambridge Computer Laboratory 2009, S. 6.

9 Kim Zetter, »Electronic Spy Network Focused on Dalai Lama and Embassy Computers«, *Wired*, 28. März 2009.

10 Weitere Details einschließlich Webcam-Aufnahmen nichtsahnender Computernutzer finden sich bei Mikko Hypponen, »Behind GhostNet«, F-Secure, 30. März 2009.

11 Deibert und Rohozinski, *Tracking GhostNet*, S. 48.

12 Nagaraja und Anderson, *The Snooping Dragon*, S. 3.

13 Eine eingehendere Erörterung findet sich bei W. Earl Boebert, »A Survey of Challenges in Attribution«, Committee on Deterring Cyberattacks (Hrsg.), *Proceedings of a Workshop on Deterring Cyberattacks*, S. 41–54; vgl. auch Clark und Landau, »Untangling Attribution«.

14 Jack Goldsmith und Tim Wu, *Who Controls the Internet? Illusions of a Borderless World*, Oxford: Oxford University Press 2006.

15 http://www.whois.net/ip-address-lookup, abgefragt am 5. September 2012.

16 Eine Reihe von Fällen im Zusammenhang mit Anonymous beschreibt ausführlich Parmy Olson, *Inside Anonymous. Aus dem Innenleben des globalen Cyber-Aufstands*, übers. von Dagmar Mallett u. a., München: Redline 2012.

17 Richard Clayton, *Anonymity and Traceability in Cyberspace*, Technical Report Nr. 653, Cambridge: University of Cambridge Computer Laboratory 2005, S. 3.

18 Ebd., S. 151f.

19 Eine der besten Quellen zu dem Fall ist Gary Cartwright, »Search and Destroy«, *Texas Monthly*, März 1989, S. 122–171.

20 Richard E. Overill, »Trends in Computer Crime«, *Journal of Financial Crime*, Bd. 2, Nr. 6 (1998), S. 157–162.

21 Cartwright, »Search and Destroy«, S. 171.

22 »Programmer Convicted After Planting a ›Virus‹«, *The New York Times*, 21. September 1988, S. 15.
23 David Drummond, »A New Approach to China«, Google Official Blog, 12. Januar 2012.
24 McAfee, »Protecting Your Critical Assets. Lessons Learned from ›Operation Aurora‹«, Whitepaper, 3. März 2010.
25 Ariana Eunjung Cha und Ellen Nakashima, »Google China Cyberattack Part of Vast Espionage Campaign, Experts Say«, *The Washington Post*, 14. Januar 2010.
26 John Markoff und David Barboza, »2 China Schools Said to Be Tied to Online Attacks«, *The New York Times*, 18. Februar 2010.
27 Ebd.
28 US Embassy Beijing, »Google Update: PRC Role in Attacks and Response Strategy«, Cable reference ID #10BEIJING207, 26. Januar 2010.
29 Gavin O'Gorman und Geoff McDonald, »The Elderwood Project«, Symantec, 7. September 2012.
30 Jeremy Kirk, »Irked by Cyberspying, Georgia Outs Russia-Based Hacker – with Photos,« *IT World*, 30. Oktober 2012.
31 Siehe den Blogeintrag von Alexander Klink, »Evading AVs Using the XML Data Package (XDP) Format«, *Shift or Die*, 9. Februar 2011.
32 »Georbot Botnet«, Georgisches Justizministerium, Oktober 2012, S. 22, http://bitly.com/Wp3E64+
33 Ebd.
34 Mandiant, »APT1. Exposing one of China's Cyber Espionage Units«, Alexandria, Virginia, 19. Februar 2013, S. 52.
35 Ebd., S. 54.
36 Hier die ursprüngliche Quelle, mit meinen Hervorhebungen: »(61398 Unit). Das zweite Büro *scheint* als führende Einrichtung der dritten Abteilung *zu dienen*, die auf die Vereinigten Staaten und Kanada zielt und sich *höchstwahrscheinlich* auf politische, ökonomische und militärnahe Geheimdienstinformationen konzentriert.« – Mark A. Stokes, Jenny Lin, L. C. Russell Hsiao, »The Chinese People's Liberation Army Signals Intelligence and Cyber Reconnaissance Infrastructure«, *Project 2049 Institute*, 11. November 2011, S. 8.
37 Mandiant, »APT1«, S. 59 f.
38 Ebd., S. 60.
39 Eine eingehendere Analyse des Berichts, die weitere Mängel hervorhebt,

stammt von Jeffrey Carr, »More on Mandiant's APT1 Report«, Digital Dao, 22. Februar 2013.

40 Ausführlich erörtert wird dies im sogenannten Butler-Bericht: Lord Butler of Brockwell, »Review of Intelligence on Weapons of Mass Destruction«, House of Commons, London, 14. Juli 2004.

41 Der klassische Text stammt aus der Feder von Sherman Kent, »Words of Estimative Probability«, *Studies in Intelligence*, Bd. 8, Nr. 4 (1964), S. 49–65.

42 Siehe McAfee, »Global Energy Cyberattacks: ›Night Dragon‹«, Whitepaper, 11. Februar 2011, S. 4.

43 Joseph Menn, »Chinese Hackers Hit Energy Groups«, *Financial Times*, 11. Februar 2011.

44 Ebd.

45 McAfee, »Global Energy Cyberattacks«, S. 18, Hervorhebung im Original.

46 Ed Crooks, »Hackers Target US Natural Gas Pipelines«, *Financial Times*, 8. Mai 2012.

47 Martin Libicki, *Cyberdeterrence and Cyberwar*, Santa Monica: RAND Corporation 2009, S. 44.

48 Eli Jellenc, »Cyber Deterrence«, *iDefense Weekly Threat Report*, Verisign, April 2011.

49 Mohamad Saleh, »Al Qaeda Claims Responsibility for Power Blackout in US«, *Dar Al Hayat*, 18. August 2003, http://bitly.com/Q3jV9f+

50 Die Nutzung nicht nur der technischen, sondern sämtlicher Quellen am Ort eines Angriffs bezeichnet Herbert Lin als »quellumfassende Attribution« *(all-source attribution)*. Vgl. Herbert Lin, »Escalation Dynamics and Conflict Termination in Cyberspace«, *Strategic Studies Quarterly*, Bd. 6, Nr. 3 (2012), S. 46–70, hier S. 49.

8. Jenseits des Cyberkriegs

1 Ich möchte mich bei David Betz für diesen Hinweis bedanken. Der Text, in dem »Cyberspace« ein einziges Mal und ohne nähere Erklärung vorkam, erschien im Juli 1982 im *Omni*-Magazin. Zum Gebrauch von Analogien vgl. David J. Betz und Tim Stevens, »Analogical Reasoning and Cyber Security«, *Security Dialogue*, Bd. 44, Nr. 2 (2013), S. 147–164.

2 William Gibson, *Neuromancer*, in: ders.: *Die Neuromancer-Trilogie*, übers. von Reinhard Heinz und Peter Robert, München: Heyne 2014, S. 11.

3 William Gibson, zitiert nach David J. Betz und Tim Stevens, *Cyberspace and the State. Toward a Strategy for Cyber-power,* Adelphi Series, London: IISS/Routledge 2011, S. 36.

4 Dieser Dreischritt ist inspiriert von W. H. Murray, »The Application of Epidemiology to Computer Viruses«, *Computers & Security*, Bd. 7, Nr. 2 (1988), S. 139–150.

5 »War in the Fifth Domain«, *The Economist*, 1. Juli 2010.

6 Diese Behauptung wurde erstmals 1996 aufgestellt und gehört seitdem zum festen Repertoire der Debatte. Vgl. John Arquilla und David Ronfeldt, *The Advent of Netwar*, Santa Monica: RAND Corporation 1996, S. 94.

7 Department of Defense, »Cyberspace Policy Report«, November 2011, S. 2.

8 Siehe beispielsweise Martin Libicki, *Cyberdeterrence and Cyberwar*, Santa Monica: RAND Corporation 2009, S. 32 f.

9 Dale Peterson, Telefoninterview mit dem Autor, 11. September 2012.

10 Ralph Langner, »A Declaration of Bankruptcy for US Critical Infrastructure Protection«, *The Last Line of Cyber Defense*, 3. Juni 2011.

11 Der anhaltende Trend zu offenen Standards kann die Möglichkeiten generischer Attacken ebenso berühren wie die Möglichkeiten, aus der Ferne Informationen über die Ziele zu sammeln. Vgl. Vinay M. Igure, Sean A. Laughter und Ronald D. Williams, »Security Issues in SCADA Networks«, Bd. 25, Nr. 7 (2006), S. 498–506, hier S. 500; sowie Eric Byres und Justin Lowe, »The Myths and Facts Behind Cyber Security Risks for Industrial Control Systems«, Vortrag beim Verband der Elektrotechnik, Elektronik und Informationstechnik (VDE), Proceedings of the VDE Congress, Oktober 2004.

12 Zu einem Vergleich zwischen Malware und Automobilherstellung siehe Symantec, »W32.Duqu«, Oktober 2011, S. 1.

13 Karl Frederick Rauscher und Andrey Korotkov, »Working Towards Rules for Governing Cyber Conflict«, East West Institute, 4. Februar 2011, S. 27.

14 Brent Scowcroft, »Cyber Security Issues Like Cold War«, Georgetown University, 29. März 2011.

15 Auf durchaus fruchtbare Weise in Joseph S. Nye, »Nuclear Lessons for Cyber Security?«, *Strategic Studies Quarterly*, Bd. 5, Nr. 4 (2011), S. 18–38; sowie Andrew F. Krepinevich, *Cyber Warfare: A Nuclear Option?*, Washington, D.C.: Center for Strategic and Budgetary Assessments 2012.

16 Ein frühes und aufschlussreiches Beispiel liefert Michael N. Schmitt,

»Computer Network Attack and the Use of Force in International Law«, *Columbia Journal of Transnational Law*, Bd. 37 (1998), S. 885–937. Jüngeren Datums sind Matthew C. Waxman, »Cyber-Attacks and the Use of Cyber Force. Back to the Future of Article 2(4)«, *The Yale Journal of International Law*, Bd. 36, Nr. 2 (2011), S. 421–459; sowie Marco Roscini, »World Wide Warfare-›Jus Ad Bellum‹ and the Use of Cyber Force«, *Max Planck Yearbook of United Nations Law*, Bd. 14 (2010), S. 85–130.

17 Eine prägnante Auseinandersetzung mit diesem Problem findet sich bei Noah Shachtman und Peter W. Singer, »The Wrong War«, *The Brookings Institution*, 15. August 2011. Vgl. auch Jerry Brito und Tate Watkins, »Loving the Cyber Bomb? The Dangers of Threat Inflation in Cybersecurity Policy«, *Harvard National Security Journal*, Bd. 3, Nr. 1 (2011), S. 39–84.

18 Ich danke Ron Tira, dass er mich auf diesen Punkt aufmerksam gemacht hat.

19 Paradoxerweise war der Luftwaffengeneral Lauris Norstad, Oberster Alliierter Befehlshaber Europa, einer der ausdrücklichsten Gegner dieser Doktrin, weil die mit ihr verbundene Truppenstärke in seinen Augen nicht ausreichte; er forderte einen »Schutzschild«, keinen Stolperdraht. Howard D. Belote, *Once in a Blue Moon*, Maxwell, AL: Air University Press 2000, S. 18.

20 Vgl. Ron Deibert, »Tracking the Emerging Arms Race in Cyberspace«, *Bulletin of the Atomic Scientists*, Bd. 67, Nr. 1 (2011), S. 1–8.

21 William J. Lynn III, »The Pentagon's Cyberstrategy, One Year Later. Defending against the Next Cyberattack«, *Foreign Affairs*-Website, 28. September 2011.

9. Epilog

1 Bernard Brodie, *War and Politics*, London: Cassell 1973, S. 452.

2 Hannah Arendt, *Macht und Gewalt*, übers. von Gisela Uellenberg, München und Zürich: Piper 1970, S. 44. Darüber hinaus stellt Arendt fest: »Es gibt natürlich eine reiche Literatur über Krieg und Kriegsführung; sie befaßt sich jedoch nur mit den Gewalt*mitteln*, nicht mit der Gewalt als solcher.« (S. 12, Fn. 8)

3 Zu einer Diskussion des Verhältnisses zwischen Strategischen Studien und Sicherheitsstudien unmittelbar nach dem Ende des Kalten Kriegs vgl.

R. K. Betts, »Should Strategic Studies Survive?«, *World Politics*, Bd. 50, Nr. 1 (1997), S. 7–33.

4 Thomas Rid, »Cyber War Will Not Take Place«, *Journal of Strategic Studies*, Bd. 35, Nr. 1 (2012), S. 5–32.

5 »*Act of force*« in der englischen Clausewitz-Übersetzung; darauf bezieht sich Stones Argumentation, A.d.Ü.

6 Ebd., S. 7. Im vorliegenden Buch vgl. S. 19.

7 Carl von Clausewitz, *Vom Kriege*, München: Ullstein 2003 (1832), S. 27.

8 Thomas M. Coffey, *Decision Over Schweinfurt. The US 8th Air Force Battle for Daylight Bombing*, London: Robert Hale 1978, S. 60, 325.

9 Albert Speer, *Erinnerungen*, Berlin 2005 (1969), S. 297 ff.

10 Rid, »Cyber War Will Not Take Place«, S. 16 (Hervorhebung im Original).

11 Ebd., S. 8 und 16. Im vorliegenden Buch vgl. S. 21.

12 C. A. J. Coady, »The Idea of Violence«, *Journal of Applied Philosophy*, Bd. 3, Nr. 1 (1986), S. 16.

13 Eine Betrachtung der Technik als Kraftverstärker findet sich beispielsweise in John Stone, »Technology and War. A Trinitarian Analysis«, *Defense and Security Analysis*, Bd. 23, Nr. 1 (2007), S. 27–40.

14 Ein weiterer von Coadys Fällen – der eines langsam wirkenden Gifts, das in mehreren Dosen verabreicht werden muss – passt nur schwerlich in den Rahmen dieser Analyse, aber nicht, weil es ein Fall wäre, den man üblicherweise als eine Kriegshandlung würde bezeichnen wollen.

Nachwort

1 Es gibt eine Reihe von Ausnahmen. Die bemerkenswerteste ist vielleicht die Arbeit des *Citizen Lab* an der Universität von Toronto. Vgl. Lorenzo Franceschi-Bicchierai, »Ron Deibert's Lab Is the ›Robin Hood‹ of Cybersecurity«, *Motherboard*, 6. Februar 2017.

2 Vgl. https://www.us-cert.gov/tlp.

3 Eines der seltenen Beispiele für einen geleakten Bericht ist Googles »Peering into the Aquarium« von Neel Mehta, Billy Leonard und Shane Huntley vom 5. September 2014. Er wurde erst im Februar 2017 öffentlich gemacht: Lorenzo Franceschi-Bicchierai, »A Glimpse Into How Much Google Knows About Russian Government Hackers«, *Motherboard*, 15. Februar 2017.

4 Siehe hierzu die Antworten auf »Tough Q for the DFIR community: how many TLP-restricted reports are out there in total? Hard to estimate – ›100s‹ strikes me as conservative«, 14. Mai 2017, 22:15 CET, https://twitter.com/RidT/status/863865352165494784.

5 Vgl. z. B. Thomas Rid, »Disinformation. A Primer in Russian Active Measures and Influence Campaigns«, Zeugenaussage, United States Senate Select Committee on Intelligence, Washington, D.C., 30. März 2017, 15 S.

6 Thomas Rid, *Maschinendämmerung. Eine kurze Geschichte der Kybernetik*, übers. von Michael Adrian, Berlin: Propyläen 2016.

7 Jason Healey (Hrsg.), *A Fierce Domain. Conflict in Cyberspace, 1986–2012*, Washington, D.C.: Cyber Conflict Studies Association 2013.

8 Juan Andres Guerrero-Saade, Daniel Moore, Costin Raiu, Thomas Rid, »Penquin's Moonlit Maze. The Dawn of Nation-State Digital Espionage«, *Securelist*, Kaspersky Lab, 3. April 2017, 65 S.

9 Das beste Buch darüber ist Kim Zetter, *Countdown to Zero Day. Stuxnet and the Launch of the World's First Digital Weapon*, New York: Broadway 2014.

10 Das beste Buch, das einen kompetenten Gebrauch von vielen der Dateien Edward Snowdens macht, ist: Ben Buchanan, *The Cybersecurity Dilemma. Hacking, Trust, and Fear Between Nations*, London / Oxford und New York: Hurst / Oxford University Press 2017.

11 Thomas Rid und Ben Buchanan, »Attributing Cyber Attacks«, *Journal of Strategic Studies*, Bd. 38, Nr. 1/2 (2015), S. 4–37.

Auswahlbibliographie

Die meisten Primärquellen des vorliegenden Buches wurden nicht in die Bibliographie aufgenommen, diese Quellen sind in den Anmerkungen nachgewiesen. Die folgenden Seiten enthalten eine Auswahl an Büchern, Artikeln und einigen wenigen Berichten.

Adee, Sally, »The Hunt for the Kill Switch«, *IEEE Spectrum*, Mai 2008.

Aelst, Peter Van, und Stefaan Walgrave, »New Media, New Movements? The Role of the Internet in Shaping the ›Anti-Globalization‹ Movement«, *Information, Communication & Society*, Bd. 5, Nr. 4 (2002), S. 465–493.

Agnoli, Johannes, *Subversive Theorie*, hrsg. von Christoph Hühne, Freiburg im Breisgau: Ça ira 1996.

Air Material Command, *Reconnaissance Aircraft and Aerial Photographic Equipment 1915–1945*, Wright Field: Historical Division 1946.

Alperovitch, Dmitri, *Revealed: Operation Shady RAT*, Santa Clara, CA: McAfee, 2. August 2011.

Arendt, Hannah, *Macht und Gewalt*, übers. von Gisela Uellenberg, München und Zürich: Piper 1970.

Arquilla, John, und David Ronfeldt, »Cyberwar is Coming!«, *Comparative Strategy*, Bd. 12, Nr. 2 (1993), S. 141–165.

Arquilla, John, und David Ronfeldt, *The Advent of Netwar*, Santa Monica: RAND Corporation 1996.

Austin, John, *The Province of Jurisprudence Determined*, Plaistow: Curwen Press 1954 (1832).

Belote, Howard D., *Once in a Blue Moon*, Maxwell, AL: Air University Press 2000.

Belsham, William, *Memoirs of the Reign of George III to the Session of Parliament Ending A.D. 1793*, Bd. 1, London: J. Robinson 1795.

Benjamin, Walter, »Zur Kritik der Gewalt« (1921), in: ders., *Zur Kritik der Gewalt und andere Aufsätze*, Frankfurt/M.: Suhrkamp 1965.

Bennett, W. Lance, »Communicating Global Activism«, *Information, Communication & Society*, Bd. 6, Nr. 2 (2003), S. 143–168.

Best, Steven, und Anthony J. Nocella, *Igniting a Revolution. Voices in Defense of the Earth*, Oakland, CA: AK Press 2006.

Betz, David J., und Tim Stevens, *Cyberspace and the State. Toward a Strategy for Cyber-power,* Adelphi Series, London: IISS/Routledge 2011.

Blainey, Geoffrey, *The Causes of War*, New York: Free Press 1973.

Boebert, W. Earl, »A Survey of Challenges in Attribution«, Committee on Deterring Cyberattacks (Hrsg.), *Proceedings of a Workshop on Deterring Cyber-attacks*, Washington, D.C.: National Academies Press 2011, S. 41–54.

Brenner, Joel, *America the Vulnerable*, New York: Penguin Press 2011.

Brito, Jerry, und Tate Watkins, »Loving the Cyber Bomb? The Dangers of Threat Inflation in Cybersecurity Policy«, *Harvard National Security Journal*, Bd. 3, Nr. 1 (2011), S. 39–84.

Broad, William J., John Markoff und David E. Sanger, »Israeli Test on Worm Called Crucial in Iran Nuclear Delay«, *The New York Times*, 16. Januar 2011, S. A1.

Brusnitsin, Nikolai, *Openness and Espionage*, Moskau: Militärverlag, Verteidigungsministerium der UdSSR 1990.

Burke, Edmund, *Betrachtungen über die Französische Revolution*, übers. von Friedrich Gentz, Zürich: Manesse 1987 (1790).

Byres, Eric, und Justin Lowe, »The Myths and Facts Behind Cyber Security Risks for Industrial Control Systems«, Vortrag beim Verband der Elektrotechnik, Elektronik und Informationstechnik (VDE), Proceedings of the VDE Congress, Oktober 2004.

Cartwright, Gary, »Search and Destroy«, *Texas Monthly*, März 1989, S. 122–171.

Clark, David D., und Susan Landau, »Untangling Attribution«, in: Committee on Deterring Cyberattacks (Hrsg.), *Proceedings of a Workshop on Deterring Cyber-attacks*, Washington, D.C.: National Academies Press 2011, S. 25–40.

Clark, John D., und Nuno S. Themudo, »Linking the Web and the Street. Internet-Based ›Dotcauses‹ and the ›Anti-Globalization‹ Movement«, *World Development*, Bd. 34, Nr. 1 (2005), S. 50–74.

Clarke, Richard A., und Robert K. Knake, *World Wide War. Angriff aus dem Internet*, übers. von Heike Schlatterer und Stephan Gebauer, Hamburg: Hoffmann und Campe 2011.

Clausewitz, Carl von, *Vom Kriege*, München: Ullstein 2003 (1832).

Clayton, Richard, *Anonymity and Traceability in Cyberspace*, Technical Report Nr. 653, Cambridge: University of Cambridge Computer Laboratory 2005.

Clutterbuck, Lindsay, und William Rosenau, »Subversion as a Facet of Terrorism and Insurgency«, *Strategic Insights*, Bd. 8, Nr. 3 (2009).

Coleman, Gabriella, »Our Weirdness Is Free«, *May*, Bd. 9, Nr. 6 (2012), S. 83–95.

Convertino, Sebastian M. II, Lou Anne DeMattei und Tammy M. Knierim, »Flying and Fighting in Cyberspace«, *Air War College Maxwell Paper*, Nr. 40 (2007).

Darlington, Ralph, *Syndicalism and the Transition to Communism*, Aldershot, UK: Ashgate 2008.

Deibert, Ron, »Tracking the Emerging Arms Race in Cyberspace«, *Bulletin of the Atomic Scientists*, Bd. 67, Nr. 1 (2011), S. 1–8.

Deibert, Ron, und Rafal Rohozinski, *Tracking GhostNet. Investigating a Cyber Espionage Network*, Toronto: Munk Centre for International Studies 2009.

Deibert, Ron, Rafal Rohozinski und Masashi Crete-Nishihata, »Cyclones in Cyberspace. Information Shaping and Denial in the 2008 Russia-Georgia War«, *Security Dialogue*, Bd. 43, Nr. 1 (2012), S. 3–24.

Department of Defense, »Cyberspace Policy Report«, November 2011.

Diederichsen, Diedrich, »Subversion – Kalte Strategie und heiße Differenz«, in: ders., *Freiheit macht arm. Das Leben nach Rock'n'Roll 1990–1993*, Köln: Kiepenheuer & Witsch 1993, S. 33–52.

Dinstein, Yoram, »Computer Network Attacks and Self-Defense«, *International Legal Studies*, Bd. 76 (2002).

Donovan, William J., *Simple Sabotage Field Manual*, Washington, D.C.: Office of Strategic Services 1944.

Ernst, Thomas, »Subversion. Eine kleine Diskursanalyse eines vielfältigen Begriffs«, *Psychologie & Gesellschaftskritik*, Bd. 42, Nr. 4 (2009), S. 9–34.

Ernst, Thomas, *Literatur und Subversion. Politisches Schreiben in der Gegenwart*, Bielefeld: Transcript 2012.

Evans, Jonathan, »The Threat to National Security«, London: The Worshipful Company of Security Professionals, 16. September 2010.

Evron, Gadi, »Battling Botnets and Online Mobs«, *Science & Technology*, Winter/Frühjahr 2008, S. 121–128.

Falliere, Nicolas, Liam O Murchu und Eric Chien, *W32. Stuxnet Dossier. Version 1.4*, Symantec, 2011.

Filkins, Dexter, *The Forever War*, New York: Knopf 2008.

Flynn, Elizabeth Gurley, *Sabotage. Die bewusste Verringerung der industriellen Effizienz*, übers. von Ruth Schäfer, Duisburg und Istanbul: Verlag Dialog-Edition/Trikont 2016 (1916).

Fulghum, David, »Cyber Attack Turns Physical«, *Aerospace Daily & Defense Report*, Bd. 235, Nr. 61 (2010).

Galula, David, *Counterinsurgency Warfare. Theory and Practice*, New York: Praeger 1964.

Garrett, R. Kelly, »Protest in an Information Society«, *Information, Communication & Society*, Bd. 9, Nr. 2 (2006), S. 202–224.

Gellner, Ernest, »Trust, Cohesion, and the Social Order«, in: Diego Gambetta (Hrsg.), *Trust. Making and Breaking Cooperative Relations*, London: Wiley-Blackwell 1990, S. 142–157.

Ghonim, Wael, *Revolution 2.0. Wie wir mit der ägyptischen Revolution die Welt verändern*, übers. von Stephan Gebauer und Barbara Kunz, Berlin: Econ 2012.

Gibbs, Jack P., »Deterrence Theory and Research«, in: Gary Melton, Laura Nadar und Richard Dienstbier (Hrsg.), *Law as a Behavioral Instrument*, Lincoln: University of Nebraska Press 1986.

Gibson, William, *Neuromancer*, in: ders.: *Die Neuromancer-Trilogie*, übers. von Reinhard Heinz und Peter Robert, München: Heyne 2014 (1984).

Giraudoux, Jean, *Kein Krieg in Troja (La guerre de Troie n'aura pas lieu)*, übers. von Annette Kolb, Frankfurt/M.: Fischer Taschenbuch Verlag 1993 (1935).

Goldsmith, Jack, und Tim Wu, *Who Controls the Internet? Illusions of a Borderless World*, Oxford: Oxford University Press 2006.

Gross, Michael Joseph, »A Declaration of Cyber-War«, *Vanity Fair*, April 2011.

Hardin, Russell, *Trust and Trustworthiness*, New York: Russell Sage Foundation 2002.

Harpham, Geoffrey Galt, *The Ascetic Imperative in Culture and Criticism*, Chicago: University of Chicago Press 1987.

Hayden, Michael V., »The Future of Things ›Cyber‹«, *Strategic Studies Quarterly*, Bd. 5, Nr. 1 (2011), S. 3–7.

Hegel, G. W. F., *Phänomenologie des Geistes*, Werke, Bd. 3, Frankfurt/M.: Suhrkamp 1986 (1807).

Hobbes, Thomas, *Leviathan*, übers. von Jutta Schlösser, hrsg. von Hermann Klenner, Hamburg: Meiner 1996 (1651).

Hoffman, Bruce, »Why Terrorists Don't Claim Credit«, *Terrorism and Political Violence*, Bd. 9, Nr. 1 (1997), S. 1–6.

Igure, Vinay M., Sean A. Laughter und Ronald D. Williams, »Security Issues in SCADA Networks«, *Computers & Security*, Bd. 25, Nr. 7 (2006), S. 498–506.

Ingraham, Barton L., *Political Crime in Europe. A Comparative Study of France, Germany and England*, Berkeley: University of California Press 1979.

Inkster, Nigel, »Intelligence Agencies and the Cyber World«, in: *Strategic Survey*, London: International Institute for Strategic Studies 2012.

James, Charles, *Military Dictionary, In French and English*, London: Egerton 1810.

Johnson, Samuel, *Dictionary of the English Language*, Dublin: W.G. Jones 1768.

Jordan, John, »Our Resistance is as Transnational as Capital«, in: David B. Solnit (Hrsg.), *Globalize Liberation*, San Francisco, CA: City Lights Books 2004, S. 9–17.

Kalyvas, Stathis, *The Logic of Violence in Civil War*, Cambridge: Cambridge University Press 2006.

Kaspersky Lab, »Gauss: Abnormal Distribution«, 9. August 2012.

Katz, Samuel M., *The Hunt for the Engineer*, New York: Fromm International 1999.

Kelsen, Hans, *Reine Rechtslehre. Das Problem der Gerechtigkeit*, 2. vollst. neu bearb. und erw. Auflage, Wien: Deuticke 1960 (1934).

Kitson, Frank, *Im Vorfeld des Krieges. Abwehr von Subversion und Aufruhr*, übers. von Kurt Jaeger und Frank S. Rödiger, Stuttgart: Seewald 1974.

Kraus, Jürgen, *Selbstreproduktion bei Programmen* (Diplomarbeit), Dortmund: Universität Dortmund, Fachbereich Informatik 1980.

Krepinevich, Andrew F., *Cyber Warfare: A Nuclear Option?*, Washington, D.C.: Center for Strategic and Budgetary Assessments 2012.

Kuhn, Thomas S., *Die Struktur wissenschaftlicher Revolutionen*, 2. rev. Auflage, übers. von Kurt Simon und Hermann Vetter, Frankfurt/M.: Suhrkamp 1976 (1962).

Laqueur, Walter, *Guerrilla. A Historical and Critical Study*, Bd. 4, Boston: Little, Brown 1976.

Leader, Stefan H., und Peter Probst, »The Earth Liberation Front and Environmental Terrorism«, *Terrorism and Political Violence*, Bd. 15, Nr. 4 (2003), S. 37–58.

Leslie, James, *Dictionary of the Synonymous Words and Technical Terms in the English Language*, Edinburgh: John Moir 1806.

Leverett, Éireann P., *Quantitatively Assessing and Visualising Industrial System Attack Surfaces* (Diplomarbeit), University of Cambridge 2011.

Lewis, J. David, und Andrew J. Weigert, »Social Atomism, Holism, and Trust«, *The Sociological Quarterly*, Bd. 26, Nr. 4 (1985), S. 455–471.

Lewis, J. David, und Andrew J. Weigert, »Trust as Social Reality«, *Social Forces*, Bd. 63, Nr. 4 (1985), S. 967–985.

Libicki, Martin, *Cyberdeterrence and Cyberwar*, Santa Monica: RAND Corporation 2009.

Lin, Herbert, »Escalation Dynamics and Conflict Termination in Cyberspace«, *Strategic Studies Quarterly*, Bd. 6, Nr. 3 (2012), S. 46–70.

Lobban, Iain, »Ian Lobban Address«, London: International Institute of Strategic Studies, 12. Oktober 2010.

Locke, John, *Zwei Abhandlungen über die Regierung*, übers. von Hans Jörn Hoffmann, hrsg. von Walter Euchner, Frankfurt/M.: Suhrkamp 1977 (1689).

Lorents, Peeter, und Rain Ottis, »Knowledge Based Framework for Cyber Weapons and Conflict«, in: C. Czosseck und K. Podins (Hrsg.), *Conference on Cyber Conflict Proceedings 2010*, Tallinn 2010, S. 129–142.

Luck, M., P. McBurney und C. Preist, »A Manifesto for Agent Technology. Towards Next Generation Computing«, *Autonomous Agents and Multi-Agent Systems*, Bd. 9, Nr. 3 (2004), S. 203–252.

Lynn, William J., »Defending a New Domain«, *Foreign Affairs*, Bd. 89, Nr. 5 (2010), S. 97–108.

Lynn, William J. III, »The Pentagon's Cyberstrategy, One Year Later. Defending against the Next Cyberattack«, *Foreign Affairs*-Website, 28. September 2011.

Mahnken, Thomas G., »Cyber War and Cyber Warfare«, in: Kristin Lord und Travis Sharp (Hrsg.), *America's Cyber Future. Security and Prosperity in the Information Age*, Bd. 2, Washington, D.C.: CNAS 2011, S. 53–62.

Makaryk, Irene Rima (Hrsg.), *Encyclopedia of Contemporary Literary Theory*, Toronto: University of Toronto Press 1993.

Mandiant, »APT1. Exposing one of China's Cyber Espionage Units«, Alexandria, Virginia, 19. Februar 2013.

Moore, D., V. Paxson, S. Savage, C. Shannon, S. Staniford und N. Weaver, »Inside the Slammer Worm«, *IEEE Security & Privacy*, Bd. 1, Nr. 4 (2003), S. 33–39.

Murray, W. H., »The Application of Epidemiology to Computer Viruses«, *Computers & Security*, Bd. 7, Nr. 2 (1988), S. 139–150.

Nagaraja, Shishir, und Ross Anderson, *The Snooping Dragon. Social-Malware Surveillance of the Tibetan Movement*, Technical Report Nr. 746, Cambridge: University of Cambridge Computer Laboratory 2009.

Nietzsche, Friedrich, »Ueber Wahrheit und Lüge im aussermoralischen Sinne« (1873), in: Kritische Studienausgabe, hrsg. von Giorgio Colli und Mazzino Montinari, Band 1: *Die Geburt der Tragödie. Unzeitgemäße Betrachtungen*, München: dtv 1980.

Nonaka, Ikujiro, »A Dynamic Theory of Organizational Knowledge Creation«, *Organization Science*, Bd. 5, Nr. 1 (1994), S. 14–37.

Nonaka, Ikujiro, und Hirotaka Takeuchi, *Die Organisation des Wissens. Wie japanische Unternehmen eine brachliegende Ressource nutzbar machen*, übers. von Friedrich Mader, 2., erw. Auflage, Frankfurt/M. und New York: Campus 2012.

Nye, Joseph S., »Nuclear Lessons for Cyber Security?«, *Strategic Studies Quarterly*, Bd. 5, Nr. 4 (2011), S. 18–38.

Office of the National Counterintelligence Executive, *Foreign Spies Stealing US Economic Secrets in Cyberspace*, Washington, D.C., Oktober 2011.

Olson, Parmy, *Inside Anonymous. Aus dem Innenleben des globalen Cyber-Aufstands*, übers. von Dagmar Mallett u. a., München: Redline 2012.

Onley, Dawn S., und Patience Wait, »Red Storm Rising«, *Government Computer News*, 17. August 2006.

Overill, Richard E., »Trends in Computer Crime«, *Journal of Financial Crime*, Bd. 2, Nr. 6 (1998), S. 157–162.

Parson, Sean, »Understanding the Ideology of the Earth Liberation Front«, *Green Theory & Praxis*, Bd. 4, Nr. 2 (2009), S. 50–66.

Passerin d'Entrèves, Alessandro, *The Notion of the State*, Oxford: Oxford University Press 1967.

Pavlovic, Dusko, »Gaming Security by Obscurity«, *arXiv 1109.5542*, 9, 2011.

Pickering, Leslie James, *The Earth Liberation Front, 1997–2002*, Portland, OR: Arissa Media Group 2007.

Polanyi, Michael, *Personal Knowledge*, Chicago: University of Chicago Press 1962.

Popitz, Heinrich, *Phänomene der Macht*, Tübingen: Mohr Siebeck 2004.

Pouget, Émile, *Le sabotage*, Paris: M. Rivière 1910.

Pouget, Émile, »Die Sabotage« (1910), in: ders., *Die Revolution ist Alltagssache. Schriften zur Theorie und Praxis des revolutionären Syndikalismus*, übers. von Michael Halfbrodt, Lich/Hessen: Verlag Edition AV 2014.

Pouget, Émile, und Arturo M. Giovannitti, *Sabotage*, Chicago: C. H. Kerr & Co. 1913.

Prins, J. R., *DigiNotar Certificate Authority Breach ›Operation Black Tulip‹*, Delft: Fox-IT 2011.

Raviv, Dan, und Yossi Melman, *Spies Against Armageddon. Inside Israel's Secret Wars*, Sea Cliff, NY: Levant Books.

Reed, Thomas C., *At the Abyss*, New York: Random House 2004.

Rid, Thomas, *War and Media Operations. The U.S. Military and the Press from Vietnam to Iraq*, London: Routledge 2007.

Rid, Thomas, »Cracks in the Jihad«, *The Wilson Quarterly*, Bd. 34, Nr. 1 (2010), S. 40–48.

Rid, Thomas, »Cyber War Will Not Take Place«, *Journal of Strategic Studies*, Bd. 35, Nr. 1 (2012).

Rid, Thomas, *Maschinendämmerung. Eine kurze Geschichte der Kybernetik*, übers. von Michael Adrian, Berlin: Propyläen 2016.

Rid, Thomas, und Ben Buchanan, »Attributing Cyber Attacks«, *Journal of Strategic Studies*, Bd. 38, Nr. 1/2 (2015), S. 4–37.

Rid, Thomas, und Marc Hecker, *War 2.0. Irregular Warfare in the Information Age*, Westport: Praeger 2009.

Rid, Thomas, und Peter McBurney, »Cyber Weapons«, *The RUSI Journal*, Bd. 157, Nr. 1 (2012), S. 6–13.

Roscini, Marco, »World Wide Warfare-›Jus Ad Bellum‹ and the Use of Cyber Force«, *Max Planck Yearbook of United Nations Law*, Bd. 14 (2010), S. 85–130.

Rosenau, William, *Subversion and Insurgency*, Santa Monica, CA: RAND 2007.

Sanger, David, *Confront and Conceal. Obama's Secret Wars and Surprising Use of American Power,* New York: Crown 2012.

Schmitt, Michael N., »Computer Network Attack and the Use of Force in International Law«, *Columbia Journal of Transnational Law*, Bd. 37 (1998), S. 885–937.

Schneier, Bruce, *Liars and Outliers*, Indianapolis, IN: Wiley 2012.

Senor, Dan, und Saul Singer, *Start-up Nation. The Story of Israel's Economic Miracle*, New York: Twelve 2009.

Shirky, Clay, *Cognitive Surplus. Creativity and Generosity in a Connected Age*, New York: Penguin Press 2010.

Slay, Jill, und Michael Miller, »Lessons Learned from the Maroochy Water Breach«, in: Eric Goetz und Sujeet Shenoi (Hrsg.), *Critical Infrastructure Protection*, Boston: Springer 2008.

Sofsky, Wolfgang, *Traktat über die Gewalt*, Frankfurt/M.: S. Fischer 1996.

Stokes, Mark A., Jenny Lin, L. C. Russell Hsiao, »The Chinese People's Liberation

Army Signals Intelligence and Cyber Reconnaissance Infrastructure«, *Project 2049 Institute*, 11. November 2011.

Sunzi, *Die Kunst des Krieges*, übers. von Volker Klöpsch, Berlin: Insel-Verlag 2011.

Tikk, Eneken, Kadri Kaska, Kristel Rünnimeri, Meri Kert, Anna-Maria Talihärm und Liis Vihul, *Cyber Attacks Against Georgia*, Tallinn: CCDCOE 2008.

Tikk, Eneken, Kadri Kaska und Liis Vihul, *International Cyber Incidents*, Tallinn: CCDCOE 2010.

Warner, Michael, »Reflections on Technology and Intelligence Systems«, *Intelligence and National Security*, Bd. 27, Nr. 1 (2012), S. 133–153.

Waxman, Matthew C., »Cyber-Attacks and the Use of Force«, *The Yale Journal of International Law*, Bd. 36, Nr. 2 (2011), S. 421–459.

Weiner, Tim, *FBI. Die wahre Geschichte einer legendären Organisation*, übers. von Christa Prummer-Lehmair u. a., Frankfurt/M.: S. Fischer 2012.

Wynne, Michael, »Flying and Fighting in Cyberspace«, *Air & Space Power Journal*, Bd. 21, Nr. 1 (2007), S. 5–9.

Mehr Bäume.
Weniger CO_2.
www.cpibooks.de/klimaneutral

MIX
Papier aus verantwortungsvollen Quellen
FSC® C083411
FSC
www.fsc.org